教育研究方法

教师教育精品课程系列教材

丛书主编 ◉ 李中国　马晓春

JIAOYU
YANJIU
FANGFA

马晓春　李爱娟 ◉ 主 编

北京师范大学出版集团
BEIJING NORMAL UNIVERSITY PUBLISHING GROUP
北京师范大学出版社

图书在版编目(CIP)数据

教育研究方法 /马晓春,李爱娟主编. —北京:北京师范大学
出版社,2016.8(2024.2 重印)
教师教育精品课程系列教材
ISBN 978-7-303-20703-9

I. ①教… II. ①马… ②李 III. ①小学教育－教育研究－研
究方法－高等学校－教材 IV. ①G622.0

中国版本图书馆 CIP 数据核字(2016)第 119725 号

图书意见反馈: gaozhifk@bnupg.com 010-58805079
营销中心电话: 010-58802755 58800035
北师大出版社教师教育分社微信公众号 京师教师教育

JIAOYU YANJIU FANGFA

出版发行:北京师范大学出版社 www.bnupg.com
        北京市西城区新街口外大街 12-3 号
        邮政编码:100088
印   刷:北京天泽润科贸有限公司
经   销:全国新华书店
开   本:730 mm×980 mm 1/16
印   张:24
字   数:450 千字
版   次:2016 年 8 月第 1 版
印   次:2024 年 2 月第 5 次印刷
定   价:38.00 元

策划编辑:王剑虹   责任编辑:薛 萌
美术编辑:焦 丽   装帧设计:吴乾文
责任校对:陈 民   责任印制:马 洁 赵 龙

总　序

百年大计，教育为本；教育大计，教师为本。教师是促进教育事业改革发展的主体力量，其素质和水平直接关系到教育改革发展的整体质量和进程。近年来，随着基础教育课程改革的持续深入和国家教师资格证考试大纲、教师专业标准、教师教育课程标准等系列标准纲要的出台和实施，高校教师教育课程教材建设工作进入了后标准时代。该时代提出了教师教育的价值理念和理想追求，明确了其规格取向和质量标准，规约着其行为范式和督评机制，有效破解了高校教师培养的规格设计与中小学教师岗位素养需求之间的错位和失衡问题，对增强教师培养的针对性和实效性，推进教师教育的科学性和专业化具有重要的引领和驱动作用。

综观我国高校教师教育课程教材建设的现状，在课程结构优化、课程内容选择、课程教学改革等方面取得一定成效的同时，也存在着培养目标不够明确、内容体系不够精练、对接岗位需求不够密切等问题。尤其在"国标、省考、县聘、校用"的教师准入和管理制度框架下，在《国务院关于加强教师队伍建设的意见》《教育部关于实施卓越教师培养计划的意见》《国务院办公厅关于印发乡村教师支持计划（2015—2020年）的通知》等政策文件的引领推动下，怎样培养"下得去、留得住、教得好"的优秀教师，满足人民群众对优质教育的诉求，切实推进教育公平，有效提升中小学教育质量，成为当下高校教师教育工作必须思考的现实问题。

临沂大学地处红色沂蒙热土，肩负着重要的教育使命，承担着来自全国三十多个省、市、自治区师范生的培养工作。基于上述教师教育改革发展的现实背景和地方高校师范生的毕业去向，如何打造高质量的教师教育课程教材业已成为我们近年来着力思考、精心设计和全力建设的重要任务。为此，我们组织多所院校的相关专家学者编辑撰写了本套"十三五"教师教育系列教材。本套教材在汲取相关教材编写成功经验的基础上，结合自身实际，努力凸显以下特色：

标准导向。此系列教材以国家教师资格证考试大纲、教师专业标准、教师教育课程标准等为主要依据，密切对接基础教育课程改革实际，力图反映教育教学改革和发展的实践要求和未来走向，体现学生为本、德育为先、能力为要、终身学习的基本理念，强化实践智慧，关注专业发展。

注重应用。努力改变教材内容理论偏多、知识理念滞后的面貌，密切联系教育改革发展现实，着眼于解决教育教学实际问题，培养学生从事教育教学活动的能力，注重基于未来工作岗位的内容设计，解析不同工作环节的内容要求，以常见问题解析为主线，强化案例分析和实训，促进知识的深化和拓展。

立体设计。充分发挥"互联网＋"的优势，按照教学网站、电子教材、教学课件、教学视频、教学资源信息库的思路构建立体化教材，探索模拟课堂、翻转课堂、微格教学、现场教学、移动学习等多种形式，实现"线上研修、线下实践"的双轮交互驱动机制，满足当下学习的即时性和个性化需求。

国际视野。人才培养地点的区域化与人才需求市场的国际化，人才培养时间的现实性与人才作用发挥的未来化，都要求课程教材建设要有国际视野和国际文化元素。本套教材注重汲取国际上尤其是发达国家教师教育课程教材建设领域的最新成果，力求国际化与本土化的有机结合。

本套教材主要面向各高校教育学院、教师教育学院、教育科学学院等学院的师范生，也可作为在职教师继续教育的读本。本套教材的编写工作得到了广大师生的大力支持，临沂大学教师教育学院的领导给予了高度重视，北京师范大学出版社也为本套教材的出版做出了较大贡献，在此，我们一并表示感谢。我们希望本套教材的出版能够进一步推进教师教育课程教材建设，为我国教育事业的发展和创新型人才的培养做出一定贡献。

李中国

2015 年 10 月

前　言

2001年起，《教育研究方法》列为临沂师范学院（临沂大学前身）教育技术学、公共事业管理（教育管理方向）和小学教育等师范专业的专业必修课程。该门课程不仅具备独立的逻辑框架和系统的知识体系，同时还具有较强的方法指导价值和实践操作意义，是一门集理论性与实践性于一体的实践应用型课程。

2011年，《教育部关于大力推进教师教育课程改革的意见》（教师〔2011〕6号）中指出："教师教育课程应引导未来教师参与和研究基础教育改革。"因此，培养师范生具备较强的教育研究意识和一定水平的教育研究能力是未来教师培养的重要任务之一，也是本课程的价值追求。另外，也有学者指出："教育研究的意味就是揭示教育本质、批判教育现实、表达教育理想、介入教育实践和提升生活境界。"基于课程学习目标、教师教育课程改革需要和教育研究的价值所在，我们将"专业成长源于研究，能力提升源于实践"作为《教育研究方法》课程建设的基本理念，以省级精品课程建设为目标，以优化课程内容为核心，以教学研究为抓手，以提升学生的教育研究能力为追求，有组织、有步骤地深入进行课程教学改革。经过多年的建设，《教育研究方法》课程于2010年被评为校级精品课程和校级双语示范课程，2013年被评为山东省高等学校精品课程。

任何一门课程的教学改革，最终都会体现在教材编写中，《教育研究方法》的教学改革与教材编写也不例外。本教材力图凸显自身特色，主要体现在如下方面。

首先，本教材的基本定位是地方高校教师教育类课程教学用书，强调实践性和可操作性，力图将理论与实践更好地融合。每章列出的关键术语用方框加以突出，目的是让学生更加深刻地领会基本概念的含义；每一个学习要点都伴有示例，目的是便于学生更好地理解和掌握教育研究方法的具体运用要求。

其次，本教材在内容编排上体现"以学生为中心"的基本理念，强调学生自主学习意识和能力的提高。每一章的前面提示了"内容提要""学习目标"和中英文对照的"关键术语"，让学生在学习前就要明确本章应掌握的知识点和应具备的能力。每章后面设计了"学习与反思""实践与思考""拓展阅读""资源链接"，前两项是让学生自行检验本章的学习情况和教育研究方法的运用情况，后两项主要用于拓展学生的知识背景和思维视野。

本教材是课程教学团队集体研究的成果，编写者是从事该门课程教学的教师。教材由马晓春、李爱娟担任主编，编写思路、章节选择和编排由集体讨论确定。具体分工如下：第一章、第二章、第四章，马晓春；第三章、第八章、第十一章，李爱娟；第五章、第六章、第七章，张文娟；第九章、第十章，张世爱；第十二章，牛欣欣。

本教材在编写过程中，参考、借鉴了许多相关教材、著作、论文等，在书中都尽可能注明，若有遗漏，恳请原谅！在此，我们对有关作者表达诚挚的谢意！

由于编者视野及能力所限，错误和不足之处在所难免，敬请读者多提宝贵意见和建议。

编　者
2016 年 3 月

目　录

第一章　绪论 / 1

第一节　教育研究概述 …………………… 2

第二节　教育研究的分类 ………………… 13

第三节　教育研究范式的历史演进 …… 21

第四节　教育研究的一般过程 ………… 24

第五节　教育研究者应有的道德准则

　　　　　………………………………… 28

第二章　确定教育研究问题 / 31

第一节　教育研究问题的选择 ………… 32

第二节　教育研究问题的陈述 ………… 37

第三章　查阅教育文献 / 42

第一节　教育文献概述 ………………… 43

第二节　教育文献检索 ………………… 48

第三节　教育文献的整理 ……………… 56

第四节　教育文献综述 ………………… 62

第四章　制订教育研究计划 / 71

　　第一节　教育研究设计的内容 ……………………………………… 72

　　第二节　假设的提出、陈述与验证 ………………………………… 76

　　第三节　确定教育研究变量 ………………………………………… 83

　　第四节　给出操作性定义 …………………………………………… 85

　　第五节　确定研究对象 ……………………………………………… 87

第五章　教育观察研究 / 103

　　第一节　教育观察研究概述 ………………………………………… 104

　　第二节　教育观察研究的设计 ……………………………………… 111

　　第三节　教育观察研究的实施 ……………………………………… 127

第六章　教育调查研究 / 135

　　第一节　教育调查研究概述 ………………………………………… 136

　　第二节　问卷调查 …………………………………………………… 145

　　第三节　访谈调查 …………………………………………………… 158

第七章　教育实验研究 / 181

　　第一节　教育实验研究概述 ………………………………………… 182

　　第二节　教育实验研究的基本程序 ………………………………… 197

　　第三节　教育实验研究的设计 ……………………………………… 204

第八章　教育测量研究 / 223

　　第一节　教育测量研究概述 ………………………………………… 224

　　第二节　教育测量的质量指标 ……………………………………… 231

　　第三节　教育测量的一般程序与方法 ……………………………… 238

　　第四节　常用的几种教育测量量表 ………………………………… 247

第九章　教育个案研究 / 256

　　第一节　教育个案研究概述 ························· 257

　　第二节　教育个案研究的基本程序、原则与方法 ······· 263

第十章　教育行动研究 / 278

　　第一节　行动研究概述 ······················· 279

　　第二节　教育行动研究的操作运用 ············· 288

　　第三节　教育行动研究的思考 ··············· 297

　　第四节　教育叙事研究 ······················· 299

第十一章　教育研究资料的整理与分析 / 310

　　第一节　教育研究资料的整理 ··············· 311

　　第二节　教育研究资料的定性分析 ············· 320

　　第三节　教育研究资料的定量分析 ············· 329

第十二章　教育研究成果的表述与评价 / 343

　　第一节　教育研究成果的表述 ··············· 344

　　第二节　教育研究成果的评价 ················· 361

参考文献 / 369

第一章　绪论

【内容提要】

　　绪论是本书体系架构的介绍。本章从最基本的概念理解——研究是什么？教育研究是什么？研究方法是什么？研究范式是什么？着手，并以对这些基本概念的内涵及实质的理解作为全书展开的线索。

　　本章主要介绍了教育研究及教育研究方法的特点与分类；教育研究的一般过程；教育研究方法的发展历史；教育研究者应遵循的道德原则。

【学习目标】

1. 树立教育研究严谨的科学态度
2. 理解教育研究、教育研究方法的概念与特点
3. 掌握教育研究的类型
4. 理解教育研究范式的含义与演变
5. 掌握教育研究的一般过程及各环节任务
6. 掌握教育研究者应有的道德原则

【关键术语】

研究	research	教育研究	educational research
基础研究	basic research	应用研究	applied research
范式	paradigm	定量研究	quantitative research
质性研究	qualitative research	人种学研究	ethnographic research
描述研究	descriptive research	理论研究	theoretical research
思辨研究	theoretical research	实证主义	positivism
混合研究	mixed research		
相关与比较研究	correlation and comparative research		

1

苏联著名的教育理论家与教育实践家苏霍姆林斯基（Sukhomlinskii）（1918—1970）曾指出：如果想让教师的劳动能够给教师带来乐趣，使天天上课不至于变成一种单调乏味的义务，那就应当引导教师走上从事研究这条幸福的路上来。他还提出：凡是感到自己是一个研究者的教师，则有可能变成教育工作的能手。1975年，英国课程论专家斯腾豪斯（L. Stenhouse）首次提出"教师是研究者"，在其专著《课程研究和开发概论》（1975年）中初步提出了教师作为研究者从事教育科学研究的基本概念和方法。

20世纪80年代以来，我国教育进入改革阶段。为适应经济社会发展要求，我国又吹响了深化教育综合改革的号角。教育改革与发展要想取得理想的效果，就需要加强教育研究。从事教育研究，就需要熟悉教育研究方法，需要科学地运用教育研究方法。而学习教育研究的基本概念，又是掌握和运用教育研究方法的基础。

第一节　教育研究概述

教育研究是社会科学研究大家族的一个成员，它是一种以科学的理性精神来考察人类社会的教育现象，并通过一定干预试图改变教育的原有结构或特性，以满足主体教育价值需求的一种认知与实践活动。

一、科学与科学研究

实际上，许多同类教材都是从如何理解科学开始的，这主要是由于科学、研究与研究方法长期以来建立了具有密切联系的研究传统。

（一）科学的含义

"科学"一词，人们在日常生活中经常用到。尽管科学的发展源远流长，但是对其确切含义，人们往往不甚明确。科学是经过实践检验的关于客观世界各个领域中事物现象的本质与特征的知识，或客观世界运动规律的理性认识。科学是从确定研究对象的性质和规律这一目标出发，通过观察、调查和实验等方式而得到的系统的知识，因此，科学又是建立在严密逻辑论证基础上的。

科学是系统的、有组织的知识体系。科学不同于学科，因为科学的领域更为广阔，而且新的学科在不断涌现，它们同现有的学科一样，可以划分为科学类和非科学类的学科。科学也不同于技术，科学反映客观事物的规律或本质，技术是科学的应用和人类的发明与创造，技术需要科学为理论基础，科学的发展必须借助技术的力量。

(二)科学研究的含义与特点

"研究"一词是人们日常生活及科学领域经常使用的词汇。日常生活中,研究有推敲、分析、思考等含义。在科学语境中,科学研究简称研究,是指人们的理性探究或认知活动,是寻求问题解释、解决的过程,这个问题可能是自然现象,也可能是社会现象或是精神现象。《辞海》对"研究"的解释是"钻研、推究"的意思,"今谓用科学方法探究事物的本质和规律"①。"研究"的英文"research"源自中古法语,其基本内涵是严密的探寻、验证或调查。随着科学的发展,"研究"一词的含义已大大超出了上述意义,探究世界、研究事物的本质和规律,成为"研究"的主体内涵,理性、逻辑性等特征已成为"研究"的属性或内在规定性。

美国学者贝斯特(J. W. Best)和卡恩(J. V. Kahn)曾经比较全面地给出了"研究"的特征。概括起来,主要包括如下几个因素。(1)目的:"研究"是一种有计划、有意图的活动。它以发现事物的规律性、解决新问题或改进某种实际情景为目的。(2)过程:为了达到目的,"研究"将按步骤、分阶段进行。它有一套严格而系统的操作原则和程序。(3)方法:"研究"的过程,就是运用各种方法认识和解决问题的过程。方法以自己的尺度调节着整个活动的进行,它的正确选择与使用是研究成败的关键。② 从"科学研究"层面来看,研究区别于各种原始经验的自然积累,应该具有如下特点。

1. 研究对象的问题性

科学研究是一种有目的的行为过程,它总是由前人尚未解决的某些问题引起,旨在对人类活动形成更深入、系统的认识,从而为改进这些活动提供新的思路。没有真实的问题,也就没有严格意义上的科学研究。提出什么样的问题和怎样提出问题,往往决定了一项研究的性质和方向。正因为如此,才有科学家说:善于提出问题,就等于解决了问题的一半。有些教师很善于提出问题,但可能没有注意到提出问题的视角等方面的局限,因而可能围绕着一个"假问题"进行研究。这就有必要开阔视野,尤其需要与同行专家进行交流与探讨。

2. 研究内容的创造性

科学研究是以求新为目的的人类实践活动,需要发现新事实、获得新知识、寻求新途径、解决新问题。为此,就不能因循守旧,而需要努力寻求具有创造性的思想和措施。要形成并保持开放的心态、学会从不同角度反思自己的

---

① 辞海(缩印本)[M]. 上海:上海辞书出版社,1989:1848.
② 韩延伦. 教育研究方法[M]. 北京:高等教育出版社,2011:3.

日常实践，使之成为"研究性改革实践"，而不是停留于原初状态的自然经验。

3. 研究资源的继承性

新的研究有必要充分利用已有文明成果，才能保证在所涉及的领域中处于新的问题空间。从历史角度来看，许多问题之间往往是相互联系的，对一个问题的探讨往往难以毕其功于一役，往往需要几代人乃至几十代人前赴后继地努力。新的研究有必要以前人的成果为基础、同时又结合新的问题的空间时间做出新的创造。

4. 研究过程的规范性

要达到尽可能澄清事实、从中发现事物本质或特点，从而提出新的、有价值的认识，科学研究显然必须超越原始经验的自然积累方式。为此，就有必要保证研究过程符合一定的规范，从而尽可能排除干扰、克服随意性，从原始经验中提炼出理性认识或形成更具有先进性的感性认识。就学校教育领域而言，这种规范一方面体现为要以新的教育理念为指导，另一方面则体现为要以科学的研究方法和程序为依据。

科学研究的上述特点，必然明显地影响和制约着科学研究的方法和方法论。

二、教育研究及其特点

由于"研究"的多义性，以及教育现象和教育研究活动的复杂性，人们对"教育研究"的认识和理解也不尽相同。但我们可以从对"研究"的分析和关于教育研究诸多观点得到启示，对教育研究的概念进行梳理。

(一)教育研究的含义

教育研究(educational research)是教育科学研究的简称。教育研究是采用科学的研究方法，系统地收集和评价有关教育资料，探求教育客观规律的过程。

教育研究与科学研究一样由三个基本要素组成，即客观事实、科学理论和方法技术。

首先，教育研究是具有目的性的。为什么要开展教育研究？教育研究一定有着研究的目的或意图，要么解释或揭示教育现象、教育事件或教育问题的本质、规律，要么通过研究寻求教育的改进或改革的方法、途径或策略等。教育研究绝不是无目的的或盲目"试误"性的活动，这是教育研究的基本规定。

其次，教育研究必须借助于一定的方法或技术手段。研究其实是方法的运用。在教育研究中，经常运用诸多的方法或技术手段，如问卷调查法、观察研究法、测量研究法、比较研究法、文献研究法、个案研究法等，可以说，不存在无方法的教育研究。因此，选择和运用方法技术，是教育研究的基本依托。

再次，教育研究具有过程的组织性、规划设计性和程序性。为达成教育研究的目的，要设计研究框架或方案，使研究有计划、有秩序地组织展开，这是教育研究的基本要求。只有当人们在一般的实践和认识基础上确定某一对象作为自己研究的课题，有计划、有组织地开展自己实践和认识活动的时候，才实际上进入一个研究过程。一般而言，开展教育研究，可分为如下步骤：确定问题、查阅文献、收集资料或分析资料、得出结论。当然，上述步骤绝不是僵化或固定不变的，有些研究，如实验研究，问题已经被确定了，也就不要"确定问题"这一步骤了；而在调查研究中，就需要首先确定研究的问题。

最后，教育研究既是分析探究性的认识活动，也是实践性或验证推广性的实践活动。通过调查、访谈或收集相关资料，分析、比较、讨论问题，提出解决问题的方法等，都属于认识活动的范畴。特别是确定研究问题、分析讨论资料、提出假设和验证假设等研究环节，集中体现了研究的认识论属性。研究及其所获得的结论，一方面用于构建、完善或验证相关理论，另一方面用于解释教育现象及教育的现实问题，改革教育实践、完善教育行为或推广验证新的教育理论与实践等。因此，教育研究具有双重属性：认识性和实践性。

基于上述的分析，本教材认为：教育研究是人们按照规划设计的步骤，运用科学的方法研究教育现象及问题，探求教育本质和规律，取得科学结论，解决教育问题，促进教育发展的认识和实践活动。

(二)教育研究的特点

教育研究具有科学研究的基本特征，但又区别于自然科学研究和许多社会科学研究，具有自身独特的特点。

1. 教育研究对象的复杂性

教育活动是教育研究最基本的对象，它所具有的复杂性主要表现为：它是人为的社会实践活动，不同于自然现象和物质运动；它以人为直接对象，以影响人的发展为直接目的，不同于其他的人为社会实践活动；它具有教与学两类活动双边、共时、交互作用的特点和要素关系的复合性；它具有动态生成性。教育活动固有的复杂性和多维性使得人们要认识它的全部，几乎需要具备人类的全部知识，任何单一的专业背景都很难胜任教育研究。因此，教育研究不仅需要具备不同专业背景的人联合起来，共同参与教育活动的研究，而且对单个研究者而言，也应尽可能地掌握或具备相关学科的知识与素养。

2. 教育研究主体的复合性

教育研究的主体有两部分：专业研究人员与来自实践一线的教育管理者和

学校教师。这两部分研究者相互依赖，相互促进：专业研究人员无论是从事教育基础研究，还是从事教育应用研究，都需要接触实践、了解实践；来自实践一线的教育管理者或学校教师，也有从事教育研究的必要性与可能性。"教育实践人员不像生产线上的工人，只要能读懂图纸，掌握操作工序和技能就能完成生产任务，因为再具体的教育理论，也不能代替教师对进行中的教育活动的主动判断和策略选择。正是教育实践的生成性，要求教师工作富有创造性。成功教师的实践经验和其中包含的对教育的理解与创造，是教育理论的重要资源。"①

近些年来，倡导教育实践者成为研究者的呼声日益高涨，这既是提高教师职业专业化水平的内在要求，也是教师职业享有内在尊严的客观依据。教师只有将自己的专业服务与专业学习、专业研究融为一体，教师职业才不致成为单纯的谋生手段，教师才会在自己的职业生涯中不断地充实自我、发现自我，体验到生命成长的感觉与喜悦。

3. 教育研究方法的多元性

本教材对教育研究类型的阐述及教育研究方法的阐述展示了一个基本结论，即教育研究方法具有多元性特点。真正地说来，教育研究的方法不只是一种方法，而是一个方法的组合与体系。其中，每一种类型的方法都有它自身的优势，也有它自身的不足与弱点。关键在于，研究者如何根据研究目的、研究对象或研究问题的特性，来选择与之相适应的研究方法。

4. 教育研究方式的人文性

教育研究方式的人文性体现在三个方面。首先，无论是对教育活动进行质性的研究还是定量的研究，都必须满足基本的伦理道德要求。当研究者以儿童作为研究对象时，这一点显得尤为重要，因为无论是从生理上还是从心理上来讲，儿童都比成人更脆弱、更易受到伤害。其次，在质性的教育研究中，教育研究的人文性表现得尤其明显。质性的教育研究利用研究者自身作为收集资料的主要工具，这一点之所以可能，就是因为教育研究的主体与研究的对象同是人，人与人之间具有精神的同质性或共通性，人与人之间可以实现双向交流与互动，人可以运用他的直觉力与洞察力、运用他自己关于生命的体验去直接地理解研究对象，这一点在自然科学研究中是不可能做到的。正因为如此，教育研究者与研究对象之间具有一种精神生命的"互构性"，即在研究活动中，研究者不仅研究对象，而且直接创造对象，并且在创造对象的过程中也创造了自

① 叶澜.教育研究方法论初探[M].上海：上海教育出版社，1999：335.

身。最后，当教育实践者(如教师)把自己的工作对象作为研究对象时，教育研究就具有一种强烈的自我反思特征，实践者通过研究活动得以改变原有的教育观念及行为方式，此时的教育研究就起到了一种"自我解放"的作用。

总之，教育研究是一门涉及多种类型的研究对象，需要运用多种研究方法和了解多种其他相关学科的知识，需要运用多种证明逻辑进行论证，具有高度的人文性的一种研究，这种研究也许是人类迄今为止最为困难的研究之一，正如瑞士著名儿童心理学家皮亚杰(J. Piaget)所认为的那样："教育学乃是一门可与其他科学相比较的科学，而且由于它所包括的各种因素的复杂性，这门科学甚至是一门研究起来十分困难的科学。"①

(三)中小学教育研究的特点

中小学教师的研究目标不是或主要不是指向新规律的发现、新理论的生成，而是立足于解决自己面临的教育实际问题。中小学教师研究的问题应是教师"自己的问题"而非"他人的问题"，是在学校里发生的"真实的问题"而非"假想的问题"，研究应把教师个体发现和提出的问题转化为教师群体共同关注和思考的问题，把学校里发生的真实的问题概括、提炼、升华为有价值的课题。从"中小学教育研究"层面看，它区别于其他教育研究，具有如下特点。

1. 研究目的的实践应用性

中小学教师所从事的教育研究是一种实践性的研究活动，主要目的是解决教育教学实践中遇到的问题，寻求真实的答案或改进性的措施。因此，"实践性"和"应用性"是其研究的目的特征。目前较为缺乏、同时还值得大力提倡的，正是以"实践性"和"应用性"为目的指向，教师结合自己日常教育活动撰写的札记、案例等"小调查报告""小实验报告""小文章"，而不是动辄引用大道理或名人名言所作的"宏大叙事"；这是因为，教师每天面对的教育场景都有其独特性，这与学生状态、教师底蕴、学校文化等因素都有密切关系，其中出现的新问题、新空间、新内容，需要采用的新思考、新方法，往往需要结合具体因素进行考虑，而不应机械地套用大道理或搬用预定的标准答案。只有更多教师对自己的教育行为有了更深刻、更全面的理解，中小学教育质量才能切实得到提高。在达到这一目的的过程中，教师有可能对教育活动形成更为系统的认识，从而撰写出正式的论文或研究报告，这固然是值得肯定的科研成果；但是，取得此类形式的科研成果不应成为主要研究目的。

---

① 皮亚杰. 教育科学与儿童心理学[M]. 傅统先，译. 北京：文化教育出版社，1981：13.

2. 研究方式的反思重建性

教育研究当然离不开对教育理论、对同行研究成果的学习；但若离开了教师对自己日常教育行为的反思，不仅这些研究资源的价值难以体现，更重要的是，中小学教育研究将失去生命源泉。对于中小学教师而言，真正有效的研究往往是从自己的日常实践中发现问题、然后再展开的具体研究。这就需要教师学会从不同角度（如学生角度和教师角度，不同教育观念、教育方法的角度等）反思自己的行为，从中看到不同的可能性，而不是局限于一种思路、一种做法；在此基础上，还要学会比较鉴别不同的选择可能产生的教育效果，然后才能富有创造性地在思想上重建新的教育活动，并在后续的工作中予以检验、落实，再开始新一轮的"反思——比较——鉴别——重建"。若能结合一个教育行为、一组教育活动、一类教育措施逐步产生新思考，形成一篇篇有创意的札记、案例，教育研究也就落在实处了；以此为基础形成的论文、研究报告等成果，就具有扎实的根基。

3. 研究话语方式的具体针对性

中小学教师在进行研究时所采用的话语方式，不应是套用抽象的理论话语，或者大段引用名人名言，而应是针对具体教育场景中具体的学生情况、具体的内容、具体的教育思路及其他相关资源的综合思考。这些思考，很可能受到一些理论或名言的启发，但这种启发的体现应该具体化。在这种有具体针对性的研究话语中，居于核心地位的就是"我"——每一位从事教育研究的教师；这些话语所要表达的，正是"我"的教育行为、"我"对学生和其他教育资源的具体把握、"我"先前的设想、"我"在活动过程中的感受与调整、"我"与学生进行互动、"我"在事后的反思与重建、"我"这样思考和行动的理由……当然，反思与重建可能需要别人思想的启发，尤其需要同行们的相互交流和讨论；相应形成的研究就反映着"我们"的选择。如果有条件的话，还可以与教科研部门、高校教师进行合作，以提高研究效益、提升研究质量。无论如何，中小学教师进行的研究应是让自己的思想结合自己的教育行为得以滋养、成长、发展和成熟的过程。

三、教育研究方法与方法论

教育研究方法是教育科学研究方法的简称，具有系统性、层次性和可操作性等方面的属性。

（一）教育研究方法的含义

教育研究方法（educational research methods）主要是指教育研究所采用的

方式、办法、手段和途径，以及开展教育研究活动的策略、一般程序和准则等的总和。

教育研究活动绝不是随意的，而是有着一定的目的性、计划性和过程性。因此，教育研究方法的采用，也不是主观随意的。研究方法是否科学，是否可用、实用及有效，直接关涉教育研究的信度和效度，关涉教育研究的水平和质量，因此，依据教育研究的需要全面分析和选择研究方法，是思考教育研究方法问题的前提性限定。所以，服务于教育研究或满足教育研究的需要，这是教育研究方法的内在规定，否则，研究教育研究方法就失去了现实理由。

(二)教育研究方法的特点

教育研究方法除具有一般研究方法的特性外，还具有自身独特的特点。

1. 目的性

教育研究的目的就是通过研究教育现象和教育问题，揭示教育的本质和内在规律，采用哪种教育研究方法开展研究，并不是无目的的，应指向是否有利于教育研究的推进、是否有利于教育研究目的的达成。所以，在现实的教育研究中，采用哪种方法不是随意的，必须考虑方法与研究之间的适宜性。否则，就可能因为方法不当或错误而影响研究活动的质量、效益，甚至导致教育研究活动的失败。

2. 系统性

教育研究方法的系统性主要体现在教育研究所采用的方法之间的关联性或相互支撑性。如对教育中某一现象或问题开展研究，既可以采用定量研究，也会有质性研究；既可以采用问卷调查法，也会辅之以观察法、访谈法或小组座谈法等。在现实的教育研究中，仅用单一的方法进行研究不容易得出科学的研究结果。每一种方法都有其优点与局限性，采用单一的方法，往往只能获取部分信息，而遗漏许多其他有用信息，难以得出全面准确的结论。所以，在现实的教育研究中，在采用教育研究方法时，要关注研究方法的系统性。

3. 规范性

教育研究方法，并不是仅仅在"操作和工具"的层面上发挥作用，还具有"怎样做"的规范性及调节组织研究活动的"能动性"。教育研究方法的"路径、规则及方式、手段和途径"，实质上发挥着"调节、组织、规范"教育研究活动的功能作用。忽视或弱化教育研究方法自身所具有的这种"能动性"，就会导致对教育研究方法在认识上的偏失。

4. 移植性

教育研究方法不论是我国还是西方，最早都只有总结教育经验的记载，所用方法有的是有关事实记录，也有初步的经验总结，但没有形成自己的一套科学的研究方法，而现在所采用的调查法、文献法、历史法及实验法等都是从社会科学研究和自然科学研究中移植而来的。

(三)教育研究方法论

方法论是关于认识世界和改造世界的方法的理论，是方法的体系。一般来说，科学研究的方法论体系，按其从高到低的水平结构，可以分为三个不同的但又紧密联系的层次，即哲学方法论、一般科学方法论和具体的研究方法与技术(科学方法)。

1. 哲学方法论

哲学方法论是教育研究中最高级、最抽象、最普遍的方法论。唯物辩证法是科学研究的哲学方法论。科学的哲学方法论的基本观点是：普遍联系观、动态发展观、矛盾统一观、质量结合观。

2. 一般科学方法论

一般科学方法论是哲学方法论和具体研究方法技术之间的中介。一般科学方法论具有跨学科的性质，是现代科学共同适用的科学研究方法。系统论是"三论"(系统论、控制论、信息论)和"新三论"(耗散结构论、协同论、突变论)的基本思想方法，是教育研究的重要的一般方法论。系统方法论是唯物辩证法的具体化。系统方法是按事物本身的系统性把研究对象作为一个具有一定组织、结构和功能的整体来加以考察的一种方法。具体地说，即从整体与部分之间、整体与外部环境之间的相互联系、相互制约、相互作用的关系中综合地研究对象的一种方法。系统方法运用于心理与教育研究的基础在于人的心理现象、教育现象本身是一个有一定结构和功能的系统。

3. 具体的研究方法与技术

具体的研究方法与技术是分别适用于特定科学的专门研究手段和技术，如观察研究法、实验研究法、调查研究法等是教育领域的主要研究方法。

随着教育科学和方法论的发展，很难设计出一个单一的分类方法囊括全部研究类型，而一项研究往往是多方面的、综合的，可以归入好几种一般方法。

(四)教育研究与教育研究方法

任何一种研究，其实都是在运用一定的方法，不存在不使用方法的研究。不同的研究，可能采用同样的方法，也可能采用多种方法，即使是同一种研究，其方法也并不是唯一的，所以，研究与方法存在多维关系。

教育研究与教育研究方法，既相互区别又相互联系。两者的区别在于：教育研究是以教育现象和教育问题为对象，以探索和揭示教育本质和规律为目的，具有目的性、过程性和方法技术性及创造性等特点，其形态是认识和实践活动；而教育研究方法是教育研究所采用的方式、办法、手段和途径，以及开展教育研究活动的策略、一般程序和准则等的总和，既是一个认识过程，又是一个知识体系和行为规则系统，既是解决教育研究和发展教育理论的重要工具，也在一定程度上规范研究活动并提供研究活动应遵循的原则标准，其形态是程序、步骤、路径、方式、手段及规范和法则等。两者的联系是：教育研究，需运用一定的方法才能有效地开展，没有方法的教育研究是不存在的；教育研究方法，其实仍属于教育研究的范畴，是教育研究者思考分析和解决教育问题不可或缺的工具。

科学的研究方法本身就是一门科学，其发展与各学科的发展密不可分。研究方法每前进一步，必然带来科学的发展；没有研究方法上的革命，就没有学科理论的突破。不断地完善与改造学科的研究方法，积极促进学科研究手段的现代化，是各学科工作者十分重要的研究课题。

美国大学率先开设教育研究方法课，而且相继出版了一批教育研究方法的专著。如芝加哥大学 1909 年开设了"教育入门""教学法"，以实际问题为材料，以研究方法为内容。1917 年后，一些对本学科有重要影响的著作，如 *An Introduction to the Scientific Study of Education* 等陆续问世。在我国，最早的教育研究方法著作是朱智贤教授的《教育研究方法》，阐述了教育研究的历史和现状，列举了当时的通用方法。

四、教育研究的意义

教育研究作为人们研究教育现象和教育问题、揭示教育规律、构建教育理论的重要途径和手段，具有重要的意义。

（一）教育研究是教育改革的需要

从社会方面来看，随着社会生活日益丰富与复杂，人们越来越需要以研究的态度对待工作和生活。教育领域更是如此，让教师成为研究者、成为反思的实践者已成为流行的口号。在当代中国社会，教育改革需要在吸取以前教育改革经验教训的基础上，将教师的积极参与视为决定改革成败的一个关键因素。从学生方面来看，社会发展日新月异，青少年的发展也呈现出许多新的特点。在新的时代，文化生活内容越来越丰富，为人们提供着越来越多的选择，于是，青少年拥有更多的精神生活内容，拥有更多的发展条件，同时也面对着更多的挑战和诱惑。更重要的是，这些生活内容、发展条件和挑战、诱惑还在不断变化。在中小学，如果教师缺乏足够的研究性态度和科学的研究方法，试图仅仅靠一些自然积累的、朴素的教育经验而游刃有余地处理学生中不断涌现的新思想、新做法，是绝对要遇到越来越多的困难的。教师只有通过研究性的实践，才能主动发现学生的真实思想和生活内容，从中动态地把握学生发展需要，合理调整教育内容和教育方法，在沉着应对挑战中感受成功的快乐。

(二)教育研究是教育理论构建的需要

教育活动可以说是与人类文明同步发展的，在漫长的教育活动史上，许多教育家，提出了精辟的教育见解，对人们加深对教育和教育规律的认识有深刻的意义。但是，从整体上说，古代教育基本上是经验性教育，教育活动的内容和形式变化都比较缓慢。20世纪以后，随着社会变化的加剧，教育变革成为社会变革的一个重要方面，从而产生了一大批像蔡元培、陶行知、梁漱溟、晏阳初、陈鹤琴等教育改革家，产生了对教育性质、特点、效率的回顾和反思，形成了一大批教育改革的理论。

(三)教育研究是教师专业发展的需要

社会变革的新进展使得教师要能够把握未来。知识社会使教师拥有前所未有重要地位。进入21世纪以来，面对现代信息技术的挑战，教育教学形式表现出新的特征。如今，我国教师职业正处于一个战略转变的关键时间点。相关指标表明我国正处于教师培养本科化、教师教育机构综合化和教师专业化的入门线上。教师供求关系正在发生重大结构性变化，表现为：教师数量矛盾缓解，质量矛盾凸显；高校扩招和高等教育大众化大大改善中小学教师的供给状况；教师社会地位的提高增加了教师职业的吸引力；市场经济条件下我国教师资源配置方式已经发生重大变化。建立教师专业标准、教师教育机构的资质标准、教师教育课程标准、教师教育质量评估标准等教师教育质量标准体系已迫在眉睫。知识经济时代的教师如何迎接这个挑战？教师成为研究者，这是一个必然的选择。没有教师的发展就没有学生的发展。当前，我国中小学实施的基础教育课程改革对教师角色转换等都提出了新的要求，教师是课程的建设者和开发者，应该是反思型、科研型的教师，以实现教师自身的专业发展。在教育部颁布的教师教育课程标准中，都把教育研究方法列入学习领域的建议模块，无论是幼儿园职前教师教育课程，还是中小学职前教师教育课程。

总之，没有教育研究，就没有教育改革的理论。现在，社会的发展更迅速，教育的差异性更明显，教育变革的要求更深刻，教育研究的迫切性也就更强烈。

第二节 教育研究的分类

在教育研究的实践中，存在着各种类型的研究，从不同的角度有不同的分类。这些分类就如同给教育研究领域描绘了一幅地图，了解这幅地图有利于选择更合适的教育研究方法和路径。鉴于教育活动和教育研究的复杂性，在每一个维度的几类研究之间，可能存在着部分重复的情形。此外，一项具体的研究也有可能同时包含几类研究。

一、按教育研究水平划分

一般来说，教育研究可以分为四个不同的水平。

(一)知觉观察水平(data collection)

这一水平要回答的问题是"发生了什么"(What's happening)，这些事情是应该发生的还是不应该发生；存在什么问题，这些问题的性质如何。例如：王淼淼的数学成绩下降了；班里三分之一的学生这道题做错了。这些都是教师每天都会碰到的问题，关键在于教师是否有意识地、自觉地观察和收集有关的信息，并从中发现存在的问题。

(二)探索原因水平(internal validity)

探索原因水平属于探究因果关系水平的研究。这一水平要回答的问题是"为什么会发生这种现象"(what is causing this to happen)，要寻找产生某种教育问题的内在原因，并探求解决的办法，即要搞清楚：什么原因导致出现这样的问题？能否有办法解决这个问题，怎样改变现有的状态？例如：一位物理教师上课发现同学们对他讲的内容不感兴趣，原因是学生不适应他的教学方法，于是改变教学方法，果然提高了学生的学习兴趣。

(三)迁移推广水平(external validity)

这一水平要回答的问题是"在不同环境条件下将发生同样现象吗"(Will the same thing happen under different circumstances)，如前面那位改变教学方法提高了学生兴趣的教师是否可以推论出学生兴趣的提高是因为教学方法的改变引起的，还不能这么说，可能还存在其他因素影响学生的学习兴趣。这一水平的研究主要是证实某种方法在不同的条件或情况下也会产生同样的效果。这一水平的研究，一般需要专门的设计和适合的测量工具。

(四)理论研究水平(theoretical research)

这一水平要回答的问题是：研究中有哪些潜在的基础理论和原则(Is there

some underlying principle at work)。这是要把上述研究的结果与一定的理论联系起来，弄清改革中所用的方法或采取的措施是在哪些理论指导下进行的，概括出以这些研究为依据的理论模型或原理，用这些原理可以指导更广泛的教育实践。

二、按教育研究目的划分

按教育研究目的，或教育研究的功能和作用分，可分为下列五种研究类型。

(一)基础研究

基础研究(basic research)即研究目的在于发展和完善理论，通过研究寻找新的事实，阐明新的理论或重新评价原有理论。

这类研究主要回答"为什么"的问题，其目的在于发展和完善理论。例如，研究对学习内容采用不同的表现形式，对学习会产生什么不同的影响。该研究可以增加人们对学习是如何发生的认识。

通常而言，通过研究寻找新的事实、阐明新的理论或重新评价原有理论，这类研究往往与建立教育科学的一般原理有关，但这并不等于说中小学教师在研究活动中必定与这类研究无缘。事实上，随着教育改革的深化，教师在理解和运用教育理论时，一个重要的方面就在于通过对自己亲身实践深入、系统的反思而形成并提升其个人知识系统，并以朴素的语言揭示出教育活动本真面目，从而敏感地发觉教育基本原理尚未做出成熟回答的问题，或尚需进一步开拓的前沿领域——这就在某种程度上参与了基础研究。

(二)应用研究

应用研究(applied research)即为解决当下实际的特定问题，研究的目的在于应用或检验理论，评价理论在解决教育实际问题中的作用。

这类研究主要回答"是什么"的问题，其目的在于应用或检验理论，评价它在解决教育实际问题中的合理性与有效性。如，调查某县中学教师，了解他们对几个阅读方案的看法和意见，研究结果将为购买何种教材提供决策依据。

应用研究具有直接的实际应用价值，可以解决某些特定的实际问题或提供直接有用的知识。应用研究并不是理论的直接搬用，更不是根据某些理论前提进行直接演绎，而是结合具体的教育场景进行的创造性活动；这种创造性活动显然不仅仅是工具制作或操作技能、技巧的改进，而更多地涉及研究者对于具体场景中包括教育理念、教育策略、教育行为等多层面中的相关因素和有关理论的整体把握。

基础研究与应用研究存在相互支撑的关系：一方面，基础研究是应用研究的依据和指导；另一方面，应用研究又是对基础研究的验证和丰富。

（三）发展研究

发展研究（development research）即主要目的是开发与创造用于学校教育的有效策略，为某一领域的教育改革提出改进建议。

这类研究的主要目的在于发展用于学校的有效策略，回答的问题是"如何改进"。如在基础教育阶段教师数量得到满足后，我国基础教育阶段教师教育的重点和前景研究；提高教师素质的有效途径、提高课堂教学效率、提高生命教育有效性的策略、增强学前教育办学质量等方面的研究，都可看作发展研究。这类研究往往需要综合运用基础研究和应用研究的成果，从而为教育活动的设计和实施提供事实依据、价值选择依据和行为决策依据。当然，发展研究较多地涉及更大的问题，如教育发展战略规划问题、教育经费问题、教师培训问题、课程改革方向问题、社会力量办学问题等。

（四）评价研究

评价研究（evaluation research）即对某教育现象进行价值判断的过程，一个教育方案是否科学、是否具有价值和实施的可行性以及实际执行的效果。

这类研究的目的是通过收集和分析资料数据，对一定教育目标和教育活动的相关价值做出判断，回答的问题是"怎么样"。如对教师教育课程改革成效的评价，对中学有效教学策略实施的评价。在教育活动中，常常需要对教育教学活动质量，以及学校办学质量、学生发展质量、课程内容难度、教学水平、一项决策的合理性与有效性等因素做出评判，以便准确把握这些方面的发展状态，为反思和总结过去工作、设计和实施将来的教育活动提供尽可能科学客观的依据，这就需要开展评价研究。需要注意的是，不应指望某一种评价研究获得的结果能够放之四海而皆准，因为在一个时间、一个地区、一种教育场景中适用的评价标准，不一定也适用于另一时空场景。由于它是评价一项实践活动或方案在一个特定情境下的价值，所以也有将其归纳到应用研究的。

（五）预测研究

预测研究（prediction research）即对教育的某一个领域未来发展和趋势的研究，在对历史和现状的考察中，在对现实各种条件分析的基础上，以一定的理论模型为基础，对教育的发展趋势作预测。

这类研究主要回答"将会怎么样"的问题，其目的在于分析教育活动未来发展的前景和趋势。这种研究往往因为需要展望的"未来"时间跨度较大而涉及较为抽象的问题，如现代信息技术与中小学教学改革的关系。就中小学而言，也可开展一些预测研究，如对某些类型的学生未来几年内发展情况的研究，对一所学校未来几年发展规划的研究，对未来几年基础教育教师队伍的研究，对教育教学改革趋势的展望，等等。

三、按教育研究范式划分

范式(paradigm)就是某一个历史时期为大部分共同体成员所广泛承认的问题、方向、方法、手段、过程、标准等等。

美国科学史家、科学哲学家托马斯·库恩(Thomas Samuel Kuhn，1922—1996)最有名的著作之一为《科学革命的结构》(*The Structure of Scientific Revolutions*，1962)。因为库恩的这本著作，让范式变成当代最常出现的词汇之一。范式有两个显著的特点：一是它可以把一大批坚定的拥护者吸引过来；二是它能指导这些拥护者进行研究活动。

(一)定量研究

定量研究(quantitative research)就是用数字和量度来描述教育对象的某些特征，或求出某些因素间的量的变化规律。

1. 实证主义是一种哲学思潮

实证主义是由法国著名的哲学家、社会学奥古斯特·孔德(Auguste Comte，1798—1857)提出，对20世纪的哲学格局产生了重大影响，成为一种强大的哲学范式，在20世纪差不多2/3的时期里在各个研究领域都占据主导地位，其基本特点是要求经验与逻辑的证明。在实证主义范式的影响下，教育研究开始向着科学化的方向发展。1879年，德国生理学家、心理学家威廉·冯特(Wilhelm Wundt，1832—1920)在莱比锡大学建立了心理学实验室，使心理学从哲学分化出来成为一门独立的学科。实验心理学的建立导致了实验教育学的产生。实验教育学由冯特的学生、德国心理学家、教育家恩斯特·梅伊曼(Ernst Meumann，1862—1915)于1901年提出，追求通过科学化的、量化的研究来建立教育的科学体系，它的产生意味着教育的思辨研究传统开始解体。实验教育学实验教育学的另一位代表人物、德国教育家威廉奥古斯特·拉伊(Wilhelm August Lay，1862—1926)提出，实验是当代教育学的标志。实验教育学倡导运用实验、观察和统计的方法对教育进行比较精确的描述。这种以科学化、定量化为目标的倾向，从19世纪末兴起，在20世纪30年代达到其发展的繁荣时期。

2. 定量研究根源于实证主义

定量研究强调事实、关系和原因，多注意个别的变量和因素，而不是关心整体的作用，相信事实和价值可以分离。所谓定量，就是以数字化符号为基础去测量。定量研究是一种对事物可以量化的部分进行测量和分析，以检验研究者自己关于该事物的某些理论假设的研究范式。定量研究有一套完备的操作技术，如抽样方法、数据收集方法、数字统计方法等。其基本步骤是：研究者事先建立假设并确定有因果关系的各种变量，通过概率抽样的方式选择样本，使用经过检测的标准化工具和程序采集数据，对数据进行分析，进而检验假设。

3. 定量研究更接近演绎法

定量研究从一般的原理推广到特殊的情境中，从开始便更倾向于以理论为基础，也许理论并不明晰确定，但理论的基础存在于这样或那样的形式之中。

4. 定量研究适用范围

宏观研究，大范围的统计调查；因果关系和相关关系；人的某些特质（身体、知识技能）；检验并完善理论假设；通过随机抽样可以得到有代表性的数据和普适性研究结果。

（二）质性研究

质性研究（qualitative research）一般是用文字来描述现象，基于描述性分析，本质上是一个归纳的过程，从一般的特殊情境中归纳出一般性的结论。

质性的教育研究兴起于 20 世纪 60 年代，与西方国家面临解决的众多社会问题有关，也与人类学研究、社会学研究的兴起有关。如芝加哥社会学派的社会学研究者，根据深入的交谈、生活史、现场观察、案例记录、日记、信件和其他人的文献来了解社会现实。就教育研究而言，学校是教师、学生真实的社会生活发生场所，每个人都有自己的生活经历、家庭的和文化的背景，处于不同的位置和角色，分属不同的文化群体。它强调现场研究、强调教师通过观察和直接经验研究学生的成长变化。

1. 质性研究是以研究者本人作为研究工具

质性研究是在自然情境下采用多种资料收集方法对社会现象进行整体性探究，使用归纳法分析资料和形成理论，通过与研究对象互动对其行为和意义建构，获得解释性理解的一种活动。在开始研究时质性研究并不强调对所研究的问题有一个理论基础，理论可以在研究的过程中形成，并在研究进行中被改变，或放弃，或进一步精练。

2. 自然情境

因为人们所处的情境对人的行为具有重大的影响，因此，研究者通常需要深入到特定的情境中去，只有在发生行为的情境中观察行为，才能更好地理解行为。

3. 描述性

质性研究资料的表达通常采用文字或图片的方式，而不是采用数据的形式。质性研究中的描述主要依据交谈记录的副本、现场笔记、照片、录像带等。

4. 过程性

质性研究者关心的是过程，而不只是关心结果和产品，质性研究显示出对过程的敏感性。质性研究并不从一开始就拟订详细的、可操作的研究计划，也不从一开始就提出研究假设，而是随着研究的进展与收集资料的增多，不断调整研究计划、逐步提出研究假设。

5. 意义

质性研究最关心的基本事情是意义。在质性研究中，研究者感兴趣的是不同的人对他们各自生活意义的理解，关心的是"参与者"的看法，以及参与者是怎样解释他们自己的这些看法的。质性研究者要从被研究者的角度出发，了解和体验他们的思想、情感、价值观、行为意味着什么，他们自己是如何对这些东西做出解释的。

6. 质性研究的适用范围

在微观层面上深入细致地描述和分析；了解事件发展的动态过程；直接了解当事人看问题的方式和观点；对研究者不熟悉的现象进行探索研究，有利于理论创新。

如果说，20世纪近2/3的时间内定量研究独领风骚，六七十年代质性研究发展成熟起来，那么到了20世纪末就形成了"混合研究"（mixed research）的新的研究范式。随着教育研究中定量和质性研究范式的各自推进，越来越多的研究者从它们各自的强势与弱项中看到它们导向结合的趋势。混合研究的倡导者认为定量研究与质性研究具有内在的可以结为一体的和谐，各种方法都可以被置于从质性研究到定量研究的连续体之中。

四、按研究策略和方法维度划分

按研究策略和方法维度划分，教育研究可分为如下六种类型。

(一)历史研究

历史研究（historical research）是利用文献或其他资料，通过批判性的探究重建过去，对过去发生的事件进行分析和解释，进而总结出规律性的东西，以指导或改进现实的研究方法。

历史研究涉及对过去发生事件的了解和解释，主要回答曾经是什么或发生过什么？如对我国古代教育思想的评述研究，美国 20 世纪 60 年代课程改革对我国当前课程改革的启示等。一般来说，中小学教师较少进行历史研究。但是，这类研究的思路可为某些研究提供借鉴，如了解一个学生过去的成长经历、一个班级或一个学校以往的发展过程等。这些研究有利于教师理解这个或其他学生、班级或学校的现状，把握其未来发展趋势。

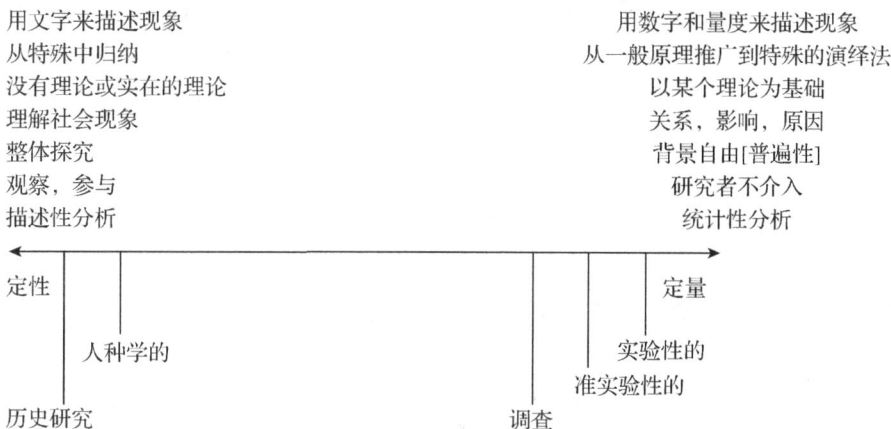

用文字来描述现象	用数字和量度来描述现象
从特殊中归纳	从一般原理推广到特殊的演绎法
没有理论或实在的理论	以某个理论为基础
理解社会现象	关系，影响，原因
整体探究	背景自由[普遍性]
观察，参与	研究者不介入
描述性分析	统计性分析

定性　　人种学的　　　　　　　　调查　　实验性的/准实验性的　　定量

历史研究

图 1-1　教育中定性定量研究等连续性特征

(二)描述研究

描述研究(descriptive research)是通过问卷、调查、访谈、观察及测验等手段收集资料以验证假设或回答有关现时研究的问题。

描述研究可以涉及如下一些方面：某年龄层次的教师如何支配他们的教学时间；某县中学生的文化思想状况；大学生学习动机调查；对某位教师教学风格的跟踪调查；对自己某节课的实录及反思；对某项发展计划实施情况的调查；教师对某些管理措施的反应，等等。这些方面的研究，既可以单独形成一项研究成果，也可以成为更大研究中的一个部分。

(三)相关研究与比较研究

1. 相关研究

相关研究(correlation research)是对两个或更多数量的变量(因素)之间是否存在相关及相关程度进行判定的研究。

相关研究的目的在于了解各因素之间的联系，或者用于预测；例如，对中学生学习兴趣与学习成绩之间关系的研究；学生对班级生活满意度与其幸福感之间关系的研究；教师对先进教育理念的理解程度与其教学成绩之间关系的研究；学校对社区内教育资源的利用程度与其办学效益之间关系的研究，等等。

2. 比较研究

比较研究(comparative research)是按一定标准对彼此有联系的事物加以对照分析，以确定它们的共同点和差异点、共同规律和特殊本质，从而得出符合客观实际结论的研究。

对一位教师执教的两个平行班学习情况进行对比；对同一年级不同班级的班主任工作方式进行分析；对当前课程改革中出现的同一学科不同版本的教材进行比较分析；对不同学校办学条件进行对比；对相近条件下不同学生发展水平进行的对比；对不同教育方法的效果进行对照；对不同管理模式所产生的效果进行分析……这些都属于比较研究。这些研究有的要用到定量数据，有的则需要分析质性材料。

(四)实验研究

实验研究(experimental research)是按照一个假设，通过人为控制某种因素，有目的、有计划地观察和分析现象的变化和产生的结果，进而论证某种因果关系的研究。

实验研究主要根据一定的假设，在教育活动中创设能验证这一假设的条件，主动控制其中的某些因素，尽量排除无关因素的干扰，从而探索事物之间的因果关系(它与上面所研究的"相关关系"属于事物间不同性质的联系)。主要回答实验变量的影响是什么，如研究某教学方案的效果，3个班级作为实验组用这个方案，另外3个班级作为对照组用传统的方案，10周后所有6个班的学生参加统一考试，以确定哪个教学方案更有效。

(五)理论研究

理论研究(theoretical research)是对教育活动的性质、各种教育因素之间的相互关系，从理论上加以分析和综合、抽象和概括，以发现其内在规律或一般性结论的研究。

理论研究主要是由专门的研究人员承担，但中小学教师并非与此毫无关系。一方面，中小学教师自身深入的反思和学习有可能涉及一些基本理论问题，也有可能由此进行更多的研究、从而成为教育家；另一方面，中小学教师在结合工作实际展开的研究中，也极为需要从理论研究中吸收先进的理念和策略，从中获得启发，而不是简单地套用理论研究中的话语。

(六)人种学研究

人种学研究(ethnographic research)是对特定情况下的教育制度、过程和现象的科学描述的过程。

人种学是人类学的分支学科，主要对个体文化进行科学描述。人种学研究是为特定情境中的教育系统、教育过程及教育现象提供完整和科学的描述，即整体描述发展了的实际现象。它所要回答的问题是：现象的性质是什么？人种学研究大量依赖于对所研究现象的观察、描述、质性判断或解释，在研究着手之前很少有具体的假设。如研究某小学科学课程的开设情况，研究者要在开设科学课的班级进行一年多的考察，做大量的实地笔记，与学生和教师面谈，在此基础上，对这所学校科学课程的教学情况做出精确的描述和解释。在课程与教学领域中，有许多问题适合于人种学研究，例如，乡村课堂生活研究、教师教学文化研究、学生合作问题研究、教师互动模式研究、组织文化研究等。人种学研究过程的特点之一是，其活动或方法比其他的研究更加强调整体性，各种研究方法在过程中是并行不悖的。在人种学研究中，包括多种收集资料的方法，如观察、访谈、录像、查阅资料、三角互证法等。

教育研究的分类从范围和种类上描述了教育研究的一些思想。分类的目的不是把研究类型相割裂而是强调它们是相联系的。一般方法论意义上的研究种类都适用于教育研究。研究目的决定研究类型。不管是教育研究还是研究方法，都不要看成是僵硬的、不变的、死板的程序设定。

第三节　教育研究范式的历史演进

范式的变革是学科发展的标志和动力所在。教育研究范式的变革推动着教育的进步与革新，它经历了哲学—思辨研究范式、实证—定量研究范式、解释—质性研究范式、混合研究与行动研究范式的历史演进。

一、哲学—思辨研究范式

思辨研究（theoretical research）是一种古老的、也是最经典的研究方式。所谓思辨，其本质就是进行思想的辩论。思辨研究大多是感想式的、思考性的、哲学性的、主张式的或指示性的。

思辨研究范式是按照理论的逻辑进行研究，一般讨论的都是事物的或研究对象的最基本、最核心的问题，目的在于回答一个事物或现象存在的本质和发展变化的规律。

思辨研究范式与其他研究的区别点在于它所运用的资料主要不是自己亲身经历获得的，而是大量地借助于间接的资料，因此文献研究是其采用的最基本方法。

思辨研究范式在教育学的萌芽阶段就已出现，在 18 世纪的教育研究中达到顶峰。在夸美纽斯之后，教育研究从经验的描述上升到理论的概括，教育学开始从哲学中分离出来成为一门独立学科。该时期教育研究的思想成就突出体现在赫尔巴特的教育理论之中。赫尔巴特不仅给"经验—描述"研究阶段画上了一个圆满的句号，而且创造了"哲学—思辨"研究阶段的辉煌成就，更启迪了其后"实证—定量"的研究新时代。

二、实证—定量研究范式

实证主义（positivism）是一种哲学思潮，其基本特点是要求经验的或逻辑的证明。众多的自然科学家是实证主义研究的拥趸者。实证研究范式的兴起与现代科学和技术在社会生活中功能的提升息息相关。

实证研究（empirical research）本着科学的精神，强调从问题出发，提出理论假设，尔后用实验或者调查等方式加以验证。

实证研究采用的基本研究程序是问题→假设→命题→验证→结论。实证研究的基本信念是教育科学与自然科学并无实质区别。在实证主义范式影响下，教育研究开始向着科学化方向发展。人们认为教育的思辨研究传统虽然表达着睿智的教育智慧，形成了许多不朽的教育名著，拥有了各个时代不朽的教育思想家，但随着近代科学的兴起，使人们对它缺乏统一规范而感到不满和质疑。20 世纪初，教育研究的目光开始转向科学，期待用自然科学的方式探讨教育，模仿自然科学研究来研究教育，于是开始形成教育的定量研究传统。

教育的定量研究传统在 19 世纪末形成，实验教育学的产生是其重要标志之一。实验教育学的主要特征就是通过实验分析解决教育教学、教育中的各种问题，通过实验的研究方法对传统的旧教育学的理论、原则和方法进行检验，以摆脱经验的束缚，从而把教育研究从思辨中解放出来。实证研究作为英美国家现行教育研究中的主流，一直盛行了近 60 年。直到 20 世纪 70 年代前后，实证研究才开始遭到质疑。实证研究虽然受到了日益增多的责难，但是，这种责难是以实证研究的"过度发展"为背景的。令人遗憾的是，实证研究在我国的教育研究领域还势单力薄，我国教育研究中大量充斥的仍是思辨研究。

三、解释—质性研究范式

在教育研究的科学化发展使定量研究走向繁荣，成为欧美各国教育研究的主流的同时，质性研究也开始了自己兴起和发展的历程。

18 世纪末，法国学者居住在研究对象的家里，参与他们的生活，仔细观察他们在工作、游玩、教堂和学校中所做的事，详细描述欧洲工人的家庭生活。他们因这一做法在 20 世纪 30 年代被称为"参与观察"研究方式的先驱。"参与观察"成为今天称为质性研究的重要来源和获取研究数据的重要手段。这种参与观察的态度和方式对质性研究传统的形成产生了重要的影响。人类学是研究人类根源、发展和特性及人类社会风俗、信仰和文化发展的学科。一些人类学家为了从文化的内部意义出发，真正形成对于一种文化的理解，逐步形成了一种"田野（现场）研究技术"（field research）。

人类学家在研究土著民族文化时，深入到土著民族部落之中，长期在那里生活，通过直接的观察，在土著人生活的现场去理解和解释他们的思想观念，对他们的文化进行具体的描述，由此形成了成为质性研究主要来源的"人种志研究"（ethnography）。人种志研究的词义，是对一个种族或文化群体的描述，这是一种跨越文化的边界而对另一种文化的理解、翻译和解释，可广泛运用于现代社会文化生活中，研究各种不同的文化人群、不同的文化及其对不同文化人群的不同影响。

对教育研究来说，学校正是教师、学生真实的社会生活发生场所，每个人都有自己的生活经历、家庭的和文化的背景，处于不同的位置或角色，分属不同的文化群体。在人种志研究中，强调现场研究，强调教师通过观察和直观经验研究学生的成长变化。这种研究的一个特点是从特定的具体情境去理解，而不以统计的普遍性来解释，因此，它离不开对研究对象的独特把握、现场情况的理解和参与，而这就意味着研究者敏锐的洞察力和深度思维力在构成并且实现着教育的研究。

质性研究在近百年的历史发展中形成了与思辨研究、定量研究不同的研究传统，具有独特的研究风格和特色，日益受到关注，并且在诸多领域中显现出它对于教育研究特有的优势和魅力。

四、混合研究与行动研究范式

质性研究在 20 世纪六七十年代发展成熟起来，造成了教育研究中定量研究与质性研究近一个世纪并驾齐驱的格局。随着教育研究中定量和质性研究范式的各自推进，越来越多的研究者从它们各自的强势与弱项中看到它们导向结合的趋势。混合研究的倡导者认定，定量研究和质性研究具有内在的可以结为一体的和谐，这种和谐可以在各种不同方法的结合中得到体现，也可以在研究的各个环节中得以贯彻。

混合研究（mixed research）是研究者以定量的和质性的研究技术相结合并

运用于同一研究之中①。

它的意义不仅仅在于因此可以取长补短，获得更好的研究结果，重要的方法论意义更在于它实质上消解、弥平了方法的边界，使得教育研究更加专注于研究的问题和环境。

质性教育研究的兴盛发展，与教育本身的实践性质有关。它对意义、互动关系和影响的关注，在教育作为实践的根本层面与教育自身相一致，其特有的深描方式有利于实践意义的理解和解释。质性研究适用于教育研究的优越性便在于此。

从根本上说，教育研究是实践层面的研究，主要都是着重于研究如何采取行动使得教育真正发生。最早的教育研究也正是这样的研究。这是由教育的实践性质所决定的，也是任何时代的教育研究所不可或缺的。如孔子和苏格拉底的教育实践，同时也是最早的教育研究，这种教育研究完全是内在于教育实践的，与教育实践完全是一体的。从一定意义上说，它的确类似于今天的行动研究，完全是为了实践的改进，由实践者自己在实践中实行着。

从 20 世纪 40 年代开始逐渐发展起来的行动研究（action research），它的产生是教育改革的现实需要，也与 20 世纪哲学思潮的转折相关。行动研究以实践自身为目的的研究，从方式、策略上开辟着教育研究新的道路。

总之，实证—定量研究范式为教育研究引进了现代科学研究方法，使得教育研究迅速科学化。解释—质性研究范式以其真实的、深度的描述，对意义的关注，对研究中互动关系的关注。混合研究所带来的范式变革意义，突出地表现在它对于方法唯一支配地位的消解。行动研究强调研究应与教育实践融为一体。教育研究范式的变革在经历了实证—定量研究范式、解释—质性研究范式的演进过程之后正在走向教育实践自身。

第四节　教育研究的一般过程

教育研究活动虽然具有多样性和复杂性，但教育研究作为有目的的一种探究性科学认识和实践活动，也具有一定的系统性和程序步骤。不同的研究者对于教育研究的一般过程有着不同的划分。一般而言，教育研究的基本过程可以划分为如下阶段。

----

① Johnson，B.．Educational Research：Quantitative，Qualitative and Mixed Approaches[M]. New Jersey：Pearson Education，2004：410.

得出研究结论

整理分析研究资料

收集研究资料

制订研究方案或研究计划

查阅教育文献

确立研究课题

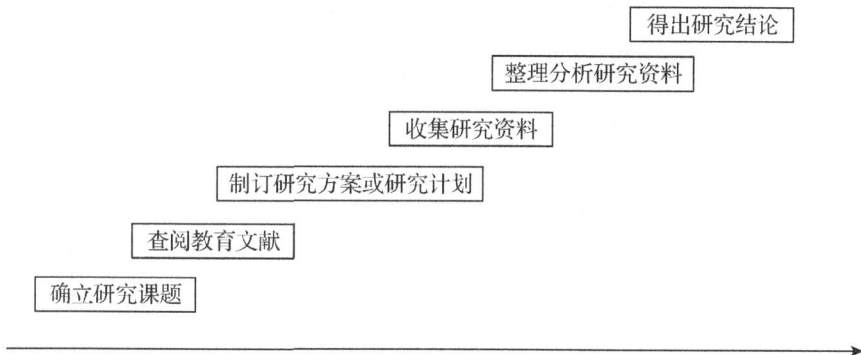

图 1-2 教育研究的一般过程

一、确立研究课题（identify problem）

这包括提出问题和确定课题。这是研究过程的初始活动，有时也是最困难的。选择和确定研究课题是一项完整的研究工作的开端，它决定着研究工作的方向和研究工作的性质。充分地确定问题是研究过程展开的必要条件。对于研究者来说，选定一个研究问题是研究过程中最难的一个步骤。研究者不仅要发现和确定一个问题的范围，而且还要在那个范围中选定所要研究的专门问题，而且问题必须能体现出特定的意义。研究问题的确定需要研究者对可能的问题进行全面的了解，并通过不断地思考，以及与他人探讨方能确定，并且随着研究的展开，问题会不断地修改和再确定，有时问题会扩展，有时被精练，并且还可能产生与之相关但方向不同的问题。

从课题研究的角度来看，所提问题的质量是研究者学术素养和研究能力的综合体现。要提出有价值的问题，研究者就不能满足于随机性的感悟，而应主动、系统地审视教育活动，从中发现值得改进的方面、思考改进的策略。为此，中小学教师要有开放的心态，注意吸收先进的教育理念和同行们已有的成功经验，由此形成反思实践的新颖视角和思维方法，这样才能及时抓住教育活动中的某些问题，并对这些问题进行鉴别、提炼，形成课题。这时就需要研究者综合考虑问题本身的理论价值和实践价值，分析该课题有无进一步扩展的可能性，即有无发展价值（这时就已开始需要检索相关研究文献了）；还要考虑自身的研究实力、学术兴趣；最后还要考虑有无必需的研究资源（如研究资料、评价手段）、有无合作者、有无相关的仪器设备等因素。综合考虑这些因素，研究者在确定课题时需要防止贪大求全。一般来说，在相关领域刚开始探索的研究者，选择相对具体、微观的课题比较合适。

二、查阅教育文献（review literature）

对于一项认真的课题研究来说，查阅相关的研究文献往往需要花费相当多的精力和时间，甚至占到整项课题研究所花时间的50％。通过查阅大量的相关文献，可以了解前人所做研究的进展，查询是否有人曾经提出过同类问题；如果别人提出了类似的问题，那么他们的研究结论是否令人满意、是否适用于研究者当下面对的教育情境，他们采用的研究方法是否可靠。如有必要，还可以对查阅结果进行整理，形成"已有研究综述"或"文献综述"。

三、制订研究方案或研究计划（planning）

研究方案是通过系统的设计把研究问题的理论界定具体落实到研究步骤中去。研究问题的理论界定，即对研究问题的内涵、实质、意义、边界及相关联系和理论依据形成深刻理解并做出明确的说明。理论界定包括依据相关的理论、经验和从现实生活中的获得形成对研究问题的内涵实质的深刻理解，从而对研究形成明确的意识指向，在此基础上形成研究方案，以把研究推向深入。

假设，又称假说，是指用来解释某种事物或现象的推断；也可以说，它是研究中有待证明或进一步发展的命题。一般地，当研究者提出某个问题时，就会考虑到这一问题可能有的多种答案或解决思路；如果把每一种可能的答案或解决思路进一步明确化，它就有可能成为一个比较清晰的判断命题。在确定课题、查阅文献的基础上，研究者需要使研究假设尽可能明确、清晰，这样便于后面设计和实施研究过程。

定量研究要求在研究开始时就有明确的、可以通过实验验证的假设。质性研究则往往深入具体的教育情景，对于需要研究的内容往往只是从初步的推想开始，较少在研究之初就提出明确的研究假设；当然，这并不是说它没有研究方向，而是说，它的研究假设隐含在收集资料等过程之中。它往往很容易引进新的假设，同时又不轻易放弃其他假设，因为每一种假设都具有某种可能性；它在研究进程中不断修正假设，并把这看作是准确描述教育现象的过程。

需要注意的是：大量的研究往往兼有定量研究、质性研究的部分特点，因此，对于教育研究来说，仍有必要在开始研究之前形成尽可能清晰的假设。其中一个重要方面就是对关键概念要有清晰的界定，以免在具体制订研究方案和实施研究时流于抽象、空泛，无法操作；也可以说，不仅要界定清楚关键概念的内涵、外延，还有必要界定其"操作性定义"，即能够尽可能准确把握这些概念在实际教育活动中的表现。如果对于这些关键概念没有界定清楚，后面的设计和实施就有可能停留于看似具体、实则抽象空泛的浅层描述，而难以达到科学研究的规范。

接下来就需要确定研究类型、将研究假设转化为可操作的概念（即给概念下一个"操作定义"）、选取研究对象（这里的研究对象是指研究中具体指向的学生、教师、校长等被研究者）、选择研究方法和收集资料的手段、制订研究计划；所有这些，最终就构成一个研究方案。不同类型的研究往往在后面几方面有着不同的要求。无论采用哪种类型，最后都需要对整个研究过程有一个基本规划，其中包括时间进程、经费预算、实施安排等方面。如果研究需要多人合作、甚至需要不同部门的人共同组成课题组，还需要对合作方式、课题组活动方式作基本的策划。

四、收集研究资料（collect data）

这一阶段就是根据前面确定的内容和方案具体开展研究，需要根据研究假设及其中的操作定义，根据所选择的研究类型和研究方法，或者具体控制某些因素，以了解其相应的效果，或者设计某些具体收集研究资料的方法，如观察记录表、调查问卷、访谈提纲、收集学生作品的手段等，并具体运用这些方法和手段获取本研究项目最终所需要的事实材料或数据。

五、整理分析研究资料（analyzing data）

教育研究往往面对着大量复杂、甚至凌乱的原始资料（如学生作业、学生的谈话记录、教师的教案、讨论记录），要从中获得有价值的信息，就需要有清晰的思路、可行的办法整理、分析这些资料。整理和分析资料，是指对所收集来的全部资料加以汇总，按材料的横向联系与纵向联系做一番整理使之系统化，并在此基础上，进行逻辑分析和统计分析。

六、得出研究结论（making conclusion）

研究结果有可能证实了前面提出的假设，也有可能否定了预定假设，还有可能形成新的假设或结论。因此，在收集资料、分析资料和做出结论等环节，研究者都要本着探索真理的精神，尽可能客观地探讨所要研究的问题。

无论最初的假设是否被证实，研究者都应如实地提供一份课题研究报告，简明地阐述该课题完整的研究过程，客观介绍前面各阶段的基本情况，并以结论的形式说明该研究所形成的认识，并加以分析、论证和讨论。在研究过程中及研究结束时,都可以将其中部分成果或全部成果撰写成论文。

总之,教育研究是有系统的,在一个大的框架中遵循着科学的方法步骤。但是,不同的研究类型在如何完成这些步骤时有较大的灵活性。研究过程可以被看做是一个连续性的活动,其间时有重叠和变化。

第五节　教育研究者应有的道德准则

因为教育研究的受试者往往是儿童、青年,某些研究的性质可能妨碍、伤害、惊吓或消极地影响受试者的生活,如当受试人被隐藏的研究者暗中观察时,可能侵犯了受试人的秘密权,因此从事教育科学研究的人员,应知晓有关的道德原则,以避免不必要的事情发生。

一、有不参加协作权

不参加协作权指的是参与科学研究的人可以要求某些个人信息不公开的权利。为保证被试的秘密,研究者必须做到:注意避免询问不必须的问题;可能的话,避免记录个别的项目答案;被试如果是成人,要直接征得本人参加研究的同意;若是儿童,应征得其父母和教师参加研究的同意。

二、有保持不署名权

被试有坚决要求不以他们的身份为研究的权利。要保证不署名权,可以采用如下方式:选用集体数据而不选用个人数据,可将研究中的个别分数合并起来而报告它们的平均数;不用受试者的姓名,而以号码来代表他们。在测试开始之前,说明他们是随机抽选的代表,研究目的是研究他们所代表总体,可以减轻被试的顾虑。

三、有保密权

被试有权利要求从他们身上收集的资料必须按机密资料来处理。要做到这一点,研究者必须用号码而不用姓名登记所有被试者资料;研究一经结束,销毁测验原始记录;可能时为受试者提供贴好邮票,填好被研究者姓名和住址的信封,将问卷直接寄给(而不是通过教师或校长转交)被研究者。

四、有要求实验者承担责任权

被试有权要求实验者尊重人类尊严,有些研究开始可能不便告知真实目的，但是在目的达到之后，研究者应对被试讲明研究的原委，特别要注意克服受试者因参与实验而产生的任何消极的后果。

【学习与反思】

1. 如何认识教育研究？教育研究的基本类型有哪些？

2. 教育研究方法发展多元化的具体表现在哪些方面？

3. 如何理解教育研究的人文性特点？

4. 如何理解教育研究的基本过程（包括哪几个步骤，每个步骤的任务是什么）？

5. 简要叙述教育研究在教育科学发展及教师专业发展中的主要作用。

6. 谈谈你对当前我国教育研究方法的现状及发展趋势的认识。

【实践与思考】

走访某中学或小学，了解该校教育研究开展情况，并撰写调查报告。

【拓展阅读】

1. 嘎日达. 论科学研究中质与量的两种取向和方法[J]. 北京大学学报(哲学社会科学版)，2004(1).

2. 杨艳玲. 教育科学研究中量的研究与质的研究方法的讨论[J]. 国家教育行政学院学报，2003(5).

3. 胡中锋，黎雪琼. 论教育研究中质的研究者[J]. 华南师范大学学报(社会科学版)，2005(4).

4. 项贤明. 教育改革中的问题辨析[J]. 中国教育学刊，2015(1).

【资源链接】

1. [美]威廉·威尔斯曼. 教育研究方法导论[M]. 袁振国，译. 北京：教育科学出版社，1997.

本书是一本在美国比较流行的教育研究方法教科书，在其他许多国家和地区广为运用。它从最基本的概念入手，到当今正在被广泛使用的比较高级的研究方法，层层演进，可以说是一部登堂入室之作。本书开头几章根据教育研究的一般顺序，说明了教育研究的性质和研究的一般过程。接下来介绍了如何确定研究问题、如何查找文献、如何进行研究设计的方法；然后分别介绍了五种不同类型的研究，即实验研究、准实验研究、调查研究、历史研究和人种学研究。最后几章介绍了抽样、数据的收集和处理、如何撰写研究报告与定量研究的争议，质性研究的内容也被大大地扩展了。国际上流行的人种学研究和计算机的应用都有较多介绍。

参阅本书"第一章 教育研究概述"。

2. 杨小微. 教育研究方法[M]. 北京：人民教育出版社，2005.

本书分三编：教育研究概论、教育研究方法的类型、教育研究的过程，阐述了教育研究的对象性质和价值，教育研究的历史现状，教育研究的实证方法、质性方法，教育研究课题的选择、方案的设计等。

参阅本书"第一章 导论"。

第二章　确定教育研究问题

【内容提要】

在教育研究的准备阶段，必须考虑一个关键问题，就是"研究什么"。选择并确立教育研究问题就是要明确"研究什么"，只有这样才能进一步确定"如何研究"。一个问题需要精心加工才能成为有效教育研究的恰当形式。确定教育研究问题的目的在于进一步明确研究的方向、任务、对象及范围。研究问题的课题化是指把研究问题纳入专业的、规范的程序进行研究。

本章主要介绍教育研究问题的来源与选择；好的教育研究问题的标准；教育研究问题的陈述与界定；课题论证的内容以及开题报告构成要素。

【学习目标】

1. 熟练掌握教育研究问题的来源与选择
2. 掌握并熟练运用好的教育研究问题的标准
3. 熟练陈述教育研究问题
4. 学会撰写开题报告
5. 熟悉开题论证报告内容构成

【关键术语】

研究问题	research problem
研究问题陈述	research problem statement
关键因素	key factors

教育研究是一项非常复杂的系统工程。研究问题选择是否恰当直接关系到教育研究有无成效。研究问题选择本身是一门科学，也是一种艺术。它反映了人们对于本学科发展规律认识的广度和深度。合理选择并恰当界定教育研究问题，是教育研究的起始阶段。本章主要介绍如何选择、确定并表述教育研究问题。

第一节　教育研究问题的选择

爱因斯坦、英费尔德在其合著的《物理学的进化》中阐述了这样一个观点：提出一个问题往往比解决一个问题更重要，因为解决一个问题也许仅仅是一个数学或实验上的技能而已，而提出新的问题、新的可能性，从新的角度去看旧的问题，都需要创造性的想象力，而且标志着科学的真正进步。

选择研究问题，简称选题（identify problem），指经过选择来确定所要研究的中心问题。

从广义上讲，选题包括两方面含义：一是确定研究的方向；二是选择进行研究的问题。选择和确定研究问题是进行教育研究的第一步，并且是关键性的一步。问题的选择是研究工作的起点，问题选择的好坏决定着研究工作的成败和研究质量的高低，并在一定程度上规定了科学研究应采取的方法与路径。能否确定一个有意义的问题，对教育科学的发展也将起积极的作用。科学研究过程是不断提出和解决问题的过程，其第一个环节就是选择并确定研究的中心问题。在某种意义上说，研究问题的选择是从事教育研究活动的一项基本功。要想做好教育工作，就必须要努力掌握好这一基本功。

一、教育研究问题的主要来源

教育研究问题的主要来源，即研究问题产生的途径是十分广泛的，可以概括为以下几个方面。

(一)从社会需要中寻找问题

进入 21 世纪，社会各个方面正处于不断变革之中。社会的快速发展，尤其是互联网的普及，对人提出了更多更高的要求，使得教育面临着日益加剧的变革现实。当前社会实践中迫切需要解决的重大问题，以及教育事业发展急切需要解决的问题，为教育研究问题的选择提供了一个取之不尽用之不竭的永恒源泉。如我国高等教育层次结构、类别结构、形式结构、区域结构的研究；农村基础教育质量规格的指标体系、基本要求的研究；城乡教育均衡发展问题研究；农村留守儿童教育管理问题研究；创新型人才培养研究，等等。特别是要紧紧围绕立德树人这个主题，多层次、多方面、多角度地研究它所涉及的经济、政治、文化、社会与教育发展的重大理论问题和实际问题。

(二)从教育实践中寻找问题

改善教育实践是教育研究的基本目标和任务。教育实践是我国当前教育研究选择问题的主要途径，也是广大中小学教师最重要的选择研究问题的途径。在日常丰富的教育实践中，教师会遇到各种各样的疑惑，如果教师们能敏锐地捕捉、思考这些问题，对其进行深入地探究，就会基于实践提出一系列实际问题。要想解决或回答这些问题，特别是要厘清在教育改革中反映出来的种种矛盾，就离不开对教育教学实践的分析、反思和总结。在分析、反思和总结的过程中，必然要寻找丰富的教育教学经验事实之间的内在联系，揭示其内在的规律性。在寻求规律或是进行争论的过程中，必然会出现新的思考，提出新的问题。

如小学如何构建校本课程？如何构建学校特色文化？中小学如何进行差异化教学？如何让语文教学回归语文本身？如何打造一流师资队伍？学校如何实现"选课走班"？学校如何实现自主管理？等等。

(三)从学习中寻找问题

教师职业是一个需要终身学习的职业。教师可通过多种途径的学习寻找教育研究的问题。

一是通过理论学习寻找研究问题。理论不但可以解释目前的现象，而且可以预测未来的发展。从一个良好的理论中，研究还可以推演出很多新的预测，这些新的预测就成为可研究问题的重要来源。因此，若要发现可研究的问题，研究者可以从有关的教育理论(如教学理论、德育理论、学习理论)中，使用演绎的推理方法推导出一些合乎逻辑的研究问题和假设，然后再设计研究方法加以验证。

二是通过向专家学习寻找研究问题。教育专业人员长期从事某些领域的研究活动，对于该领域存在的问题和未来的发展趋势有较为全面、深刻的了解，经常提出一些需要关注和研究的教育现象和问题。因而，与教育专业人员接触是获得教育研究问题的一个重要途径。教师还可以通过参加有关的学术会议、学术交流活动，如教育座谈会、教育思想研讨会、教育经验交流会、教育学术年会、教育专题讨论会等，获取研究问题。

三是通过向同行学习寻找研究问题。在我国，许多一线教师在实际工作中勤于思考，摸索出了大量行之有效的教育教学方法，有些上升到理论高度，实现了教育规律的新探索。与同行切磋、交流，或向同行学习也是获取研究问题的一个重要途径。

(四)从国内外教育信息分析中寻找问题

目前，我们处在一个多元文化的社会，经济全球化已成为现实。随着现代信息技术的快速发展，知识传播的渠道更加丰富和多样，要想更好地借鉴和吸收世界最先进的教育理念，只局限于国内的教育信息和文献资料是远远不够的，需要我们借助各种现代化的手段获取大量的国外优势教育资源和信息，从对当前国内外教育信息的分析总结中，对世界教育发展潮流及趋势的分析中，从引进国外先进的教育理念和理论观点中，可以结合中国国情、校情找到并确定研究问题。此外，国外的教育资源中含有众多的优秀教育研究成果和教育实践范例，只有超越国度，以开放和积极的心态借鉴国外的优秀教育资源，才有可能另辟蹊径地发现新的教育问题，或以新的视角分析原有的教育问题。如自2000年经济合作与发展组织开展国际学生评估项目（PISA）以来，芬兰因其名列前茅的成绩和独具特色的基础教育引发全球关注，"全球教育落差最小""没有差生""无差别的义务教育""优质的师资队伍"成为芬兰基础教育特色。借鉴其成功经验，结合自己的国情校情，加强研究、为我所用是提升教学质量的重要途径。

此外，随着国家对教育重视程度的逐年提高，教育研究的价值也越来越受到人们的重视。各级各类学校都非常重视教育研究工作，根据本校的资源特色和发展需要提出具体的教育研究的目标和规划，为广大教师提供了可选择的研究问题。这不仅在一定程度上激发了教师自主研究的积极性和专业意识，也为学校的长远发展奠定了坚实的理论基础。如全国教育科学规划领导小组编写的全国教育科学"十二五"规划课题指南，根据"十二五"期间教育发展的基本方针、目标和任务，经过反复酝酿和充分讨论提出了涉及13个学科的课题，每个学科又列出诸多的研究项目，研究者可以根据自己的兴趣爱好和所学专业从中申请研究立项，确立自己的研究问题。

需要强调的是：发现问题的首要前提是研究者要对自己从事的领域有一定的了解并保持经常的关注，要做到多看、多读、多思；发现问题的另一重要前提是研究者具有好思索、不安于现状的个性特征。

二、好的教育研究问题的标准

确定一个有价值的教育研究问题，对教育科学的发展必将起到积极的促进作用。一个"好"的教育研究问题应具备以下基本特征。

（一）重要性：问题必须有价值

问题的意义是确立选题的重要依据，制约着选题的根本方向。值得人们探讨的研究问题，不仅对本学科研究领域具有好的内部价值，而且对其相关领域如心理学、哲学等有高的外部价值。

如何衡量选定问题有无意义及意义的大小，主要是看两个基本方面。一是所选择的研究问题是否符合社会发展、教育事业发展的需要，是否有利于提高教育质量，是否促进青少年全面发展。这方面强调的是问题要具有重要的应用价值，选题范围要广，要从当前教育发展的实际出发，针对性要强，选取有代表性的，被普遍关注、争论较大的亟须解决的问题。二是所选择的研究问题是根据教育科学本身发展的需要，为检验、修正、创新和发展教育理论，建立科学的教育理论体系的需要。这方面问题一般较专深，具有重要的学术价值，在理论上要有所突破和建树，或有重要的补充和完善。

教育研究的实际问题，有的强调应用价值，有的强调学术价值，有的二者兼而有之。但无论哪一种，都要选择那些最有意义的教育问题作为研究对象。要"从大处着眼"，用综合的、普遍联系的观点去分析研究个别事物及其相互关系。提高教育研究价值的有效方法之一是关注教育热点问题，将研究与当前教育的热点难点问题结合起来。

（二）科学性：问题必须有根据

选题是在充分占有资料的基础上形成的，以科学原理为依据或有事实依据。一是选题应以教育科学基本原理为依据，这就是选题的理论基础。教育科学理论将对选题起到定向、规范、选择和解释作用。没有一定的科学理论依据，选定的问题必然起点低、盲目性大。二是选题要有一定的事实依据，这是选题的实践基础，研究问题是从实践中产生的，具有很强的针对性。应该看到，选题的理论基础和实践基础制约着选题的全过程，影响着选题的方向和水平。为了保证选题具有科学的现实性，还需要对选定的问题进行充分的论证。

（三）明确性：问题必须具体

选择研究问题要"从大处着眼"，同时要"从小处着手"。选定的研究问题一定要具体化，界限要清，范围要小，不能太笼统，问题是否具体往往影响全局的成败。那种大而空、笼统模糊，针对性不强的问题往往科学性差。只有对问题有清晰透彻的了解，才能对建构指导研究方向的参照系统提供最重要的依据。因此不宜把问题选得太宽、太大、太复杂。

怎样使研究的问题能够具体清楚？研究问题中涉及的重要概念首先应明晰具体。第一，概念要有操作性。定义概念的方式有两种：一是抽象性定义；二是操作性定义。研究中涉及的重要概念一定是可以给出操作性定义的。第二，概念要有公共性。研究中涉及的概念最好是学术界公认的术语。如果概念存在争议，必须自我界定。

（四）创新性：问题最好独创

选定的研究问题应是前人未曾解决或尚未完全解决的问题，通过研究应有所创新，要有新意和时代感。要做到选题新颖，就是把研究问题的选择放在总结和发展过去有关学科领域的实践成果和理论思想的基础上，没有这个基础，任何新发展，新突破都是不可能的。应该看到，科学上的任何重大成果，几乎都是科学工作者在前人、别人工作成就基础上一步步取得的，即使是被人认为非常新的、第一次开辟的新领域，也仍然是以前的研究者的工作奠定了基础。

因此，要通过广泛深入地查阅文献资料，搞清所要研究问题在当前国内外已达到的水平和已取得的成果，要了解是否有人已经或者正在将要研究类似的问题。如果要选择同一问题作为研究问题，这就要对已有研究工作进行认真审视，在此基础上，重新确定自己研究的着眼点。只有在原有研究成果基础上的突破和创新，才具有研究的意义。

(五)可行性：具备众多条件

所谓可行性，指的是问题是能被研究的，存在现实可能性。具体包含三个方面的条件。

一是客观条件。除必要的资料、设备、时间、经费、技术、人力、理论准备等条件外，还有科学上的可能性。有的选题看起来似乎是从教育发展的需要出发，但由于不符合现实生活实际，违背了基本的科学原理，也就没有实现的可能，这样的选题不仅徒劳，并且常常会导致实践的盲目性。

二是主观条件。指研究者本人原有知识、能力、基础、经验、专长，所掌握的有关这个问题的材料及对此问题的兴趣。也就是说，要权衡自己的条件寻找结合点，选择能发挥自己优势特长的问题。有的人擅长实践操作，就不一定非要选理论研究问题；反过来，有的人擅长理论思维，就不一定非要选择实践研究问题。对于研究的初学者，最好选择那些本人考虑长久、兴趣大的问题，而一线教师选题最好小而实。总之，知己之短长，扬长避短，才能尽快出成果。

三是时机问题。选题必须抓住关键性时期，什么时候提出该研究问题要看有关理论、研究工具及条件的发展成熟程度。提出过早，问题会攻不下来。如前几年有人曾尝试从生理学角度，通过对脑电图的研究来考虑人的认识规律，由于各方面条件还不具备而调整。提出过晚，又会被认为是亦步亦趋，毫无新意。这里有一个胆识问题，善于抓住新问题，又要注意时机。如何辨别有希望的线索，是研究艺术的精华所在。

在教育研究中经常出现以下选题不当的情况：一是范围太大、无从下手；二是主攻目标不十分清楚；三是问题太小，范围太窄，意义不大；四是在现有的条件下问题太难，资料缺乏；五是经验感想之谈，不是科研题目。因此，正确选题并非一蹴而就，它要求研究者不仅要有科学的教育理论指导，还要从实际出发，通过对事实材料的分析比较，善于发现和抓住重要问题；不仅要把握该领域理论研究的全局，而且要对教育实践有深入地了解；不仅要有问题意识，而且要了解和掌握选题的有关知识和方法，不断提高自己的选题能力和创新、判断、评价等综合能力。

第二节　教育研究问题的陈述

研究问题(research problem)的选择并不意味着这个问题有了恰当的陈述，教育研究问题还需要用简洁而规范的学术语言表述出来，做到适宜、新颖、醒目，能给人留下深刻的印象，即研究问题的正确陈述。研究问题陈述得好，可以为研究者提供研究计划的方向、资料收集与分析的方法，也可以使他人了解研究问题的内容和意义。通常的情况是，一个问题需要反复几次才能成为有效研究的恰当形式。在研究工作的初始阶段，问题可先粗略陈述一下，然后通过查阅文献后系统地限制，这种做法比一开始陈述得很狭窄片面然后再来扩展的做法要好。

一、研究问题陈述的基本原则

陈述研究问题可采用叙述或描述的形式，也可采用问题的形式。问题陈述一般要借助概念来进行，要精确和无可置疑，最重要的是它必须为研究提供足够的焦点和方向。

研究问题的陈述(statement)应该简洁明了，并确定研究活动的关键因素(变量)。

(一)研究问题陈述要规范

规范就是所用的词语、句型要规范、科学，似是而非的词不能用，口号式、结论式的句型不要用，"大白话"不能用。在研究问题的陈述上应适用学术性语句。

(二)研究问题陈述要简洁

研究问题的陈述要简洁，讲究严谨性和精密性，且不能太长。不管是论文、专著或调查报告等，名称都不能太长，能不要的字就尽量不要，一般不要超过 20 个字，若超过 20 个字可改为副标题形式。如"乡村学校本土化课程资源的开发与利用研究——以沂蒙山区为例"就采用了副标题的表达形式。

(三)研究问题要善于分解

当有必要的时候，要善于对问题进行分解，即从抽象到具体、从整体到局部、从大到小，将问题具体化。也就是说当一个问题涉及的范围比较大或足够复杂的时候，要将其按照内在逻辑体系分解成相互联系的许多问题，从而找到解决这个问题的步骤和相关的网络。也就是说，要将所研究的问题展开成一定层次结构的问题网络，从而能在问题具体化的基础上深入进行研究。

需要强调的是，在表述问题时，很多术语必须界定。这就是教育研究核心概念的界定问题。

二、教育研究课题的论证

研究问题课题化是指把研究问题纳入专业的、规范的程序进行研究。在这个过程中，研究问题因为被专业程序所规范而成为研究课题。所谓论证，包含两层含义：一是指对课题研究设计，如研究价值、有关概念、理论依据和假设、研究思路等进行；二是指有组织地、系统地鉴别课题研究的价值。

课题论证(subject demonstration)是对选定的课题进行分析、预测和评价。

课题论证目的在于避免选题中的盲目性。进行课题论证，其本身也是一种研究，它必须依据翔实的资料，并以齐全的参考文献和精细的分析来支持自己关于研究的主张。通过课题论证，进一步完善课题研究方案，创设落实研究的主客观条件。凡重要课题一般包括立项论证与开题论证。

(一)课题论证的主要内容

课题论证要回答如下问题：(1)研究课题的性质和类型；(2)本问题研究的迫切性和针对性，具有的理论价值和实践意义；(3)本问题以往研究的水平和动向，包括前人及其他人有关研究的基础，研究已有的结论及争论等，进而说明该问题研究将在哪几方面有所创新和突破；(4)本问题的理论或事实的依据及限制，研究的可能性，研究的基本条件(包括人员结构、任务分配、物资设备及经费预算等)及能否取得实质性进展；(5)问题研究策略步骤及成果形式。

在系统的分析综合基础上写出简洁、明确具体、概括的论证报告，一般约五六百字。问题论证报告不仅用于申报研究项目，而且也应用于发表论文的开篇、学位论文的前言部分。

(二)开题报告的主要内容

对于重大研究问题，常常必须写出开题报告，并经过同行专家的审议。开题报告内容一般包括：(1)问题名称；(2)本问题研究的目的、意义(即研究本项目的实际意义和理论意义)；(3)研究的主要内容；(4)本问题国内外研究现状，预计有哪些突破；(5)完成本问题的条件分析，包括人员结构、资源准备和科研手段等。

总之，确定研究问题的途径与方法是灵活多样的，不同研究问题，研究的性质、方向不同，加上研究者本身的差异，因此选题方法无一定之规。但要选好题，要注意以下几点：首先，要有明确、相对稳定的研究方向；其次，要善于对问题进行分解，在问题具体化基础上选题；最后，要对选定的问题进行论证。

三、课题论证报告的内容

课题论证报告要求简洁、明确、具体、概括。课题论证方案主要包括以下几个内容。

(一)课题名称

课题名称是课题研究内容的高度概括，要能画龙点睛般地反映整个课题研究的最主要特征。在确定题目名称时，要着重考虑题目名称与课题内容，尤其是课题的研究论点之间的关系。一个好的题目名称既可以揭示课题，又可以揭示课题的论点。题目名称一般不宜过长。

(二)本课题研究的目的及意义

课题研究的目的与意义亦即选题依据。在课题研究方案中要简明扼要地阐明.本研究的目的、研究的出发点以及本选题研究的理论价值和现实意义。预期本选题研究可在哪些方面能有所突破、有自己新的见解，或能在实际中解决哪些问题，借以说明本课题研究的必要性和紧迫性。只有明确了本选题研究的目的和意义，才能确保课题研究工作的价值，不至于偏离研究方向。

(三)本课题国内外研究现状

综合分析前人研究的成果，可以使后来的研究者少走弯路，才会敏锐地发现研究的切入角度与突破方向，从而做出进一步的理论和实践创新。只有明确国内外与研究课题相关的理论成果，并充分地拥有相关材料，才能使课题研究成为有源之水，从而保证选题的研究能建立在坚实的事实基础上，不至于成为空中楼阁。

(四)本课题研究的主要范围

课题研究范围主要指课题研究内容、研究对象、研究目标及所需采用的资料、设备等方面的范围。只有确定了课题研究的范围，才可能使研究工作能集中优势兵力，有的放矢地进行。明确选题研究任务，做到有所为、有所不为，以避免徒劳无益的劳动。

(五)本课题的研究方法及具体措施

课题的创新性表现的一个重要方面就是方法新，指研究的技术、角度、思路有新意。方法选择的正确与否与方法运用是否合乎规范，决定着研究是否成立和研究结果是否科学。研究的步骤、方法和时间进程都是确保课题研究方案实施的具体保证。没有这些具体研究工作的措施安排、时间保障，方案就会落空。因此，在确定课题研究步骤时要注意符合该课题的性质，在选择研究方法时更要兼顾课题要求和研究者的特长及可能提供的研究条件。在规划时间进程时，要注意留出一定备用时间，以应付那些原先预料不及的特殊情况，做到有备无患。

(六)本课题完成的条件分析

开展任何课题研究都需要一定的人力、物力、财力及设备等研究条件来保障和支撑。离开了必需的研究条件，课题研究是无法进行的。因此，在课题研究方案中，对开展选题研究需要哪些设备、设施，需要多少研究用的物质材料，需要多少研究经费等都必须事先分类分项做出估算。当然，在确定研究条件时，要本着节约高效的原则，尽量降低不必要的投入，争取课题研究的效益能提高。这样才能在课题申报和竞争中，增强自身竞争力。

(七)本课题研究成果预期及表现形式

一切课题研究的最终目标都是为了取得一定的研究成果。若对研究成果及其表现形式事先缺乏一个大致的预想，就会使课题研究迷失方向，进入盲目状态。当然，对研究成果的预期应当是恰如其分的，估计自己经过努力能达到的。预期时，宁愿将困难考虑多些，目标定得低些。在明确了成果的具体目标后，尽心努力，使课题研究工作顺利地沿着成果目标的既定方向前进。

课题论证报告主要包括上述几个方面内容，但在实际课题研究过程中，课题论证报告并不是一成不变的。在研究中，如果出现了一些预料不到的特殊情况而影响课题研究的正常开展，那就必须迅速及时地对报告进行必要的修正。

【学习与反思】

1. 如何理解问题对于研究的重要性？
2. 怎样找到一个有价值的研究问题？
3. 课题论证的过程主要包括哪几个方面？
4. 分析课题论证报告的构成要素。
5. 一个好的教育研究问题应有哪些标准？

6. 如何规范地表述研究问题？

【实践与思考】

1. 根据课题选择的有关要求，试选定一个研究问题，并撰写出该课题的开题报告。

2. 结合你的选题，尝试为自己的研究做出具体的研究设计。

3. 选择一教育课题申报书，仔细分析其内容，指出每一部分存在的问题。

【拓展阅读】

1. 李春萍. 教育研究方法[M]. 长春：东北师范大学出版社，2001.

2. 裴娣娜. 教育研究方法导论[M]. 合肥：安徽教育出版社，1995.

3. 宁虹. 教育研究导论[M]. 北京：北京师范大学出版社，2010.

4. 袁振国. 教育研究方法[M]. 北京：高等教育出版社，2000.

【资源链接】

1. 杰克·R. 弗林克尔，诺曼·E. 瓦伦. 教育研究的设计与评估[M]. 蔡永红，等译. 北京：华夏出版社，2004.

该书是一本专为教育研究课程的初学者写的入门教材，在美国等西方国家也是非常有名的一本畅销书。该书在介绍每种研究方法之后，作者都附上了一篇真实的研究论文的例子，并加上了对该论文使用某种研究方法之好坏的详细评论，使得该书非常具有操作性。

参阅本书的"第二、三、四、六章"。

2. [美]威廉·威尔斯曼. 教育研究方法导论[M]. 袁振国，译. 北京：教育科学出版社，1997.

该书是一本在美国比较流行的教育研究方法教科书，在其他许多国家和地区也广为运用。它从最基本的概念入手，到当今正在被广泛使用的比较高级的研究方法，层层演进，可以说是一部登堂入室之作。

参阅本书的"第二部分 研究问题的确定"。

3. 唐盛明. 实用社会科学研究方法[M]. 上海：立信会计出版社，1998.

该书以全面介绍与论述社会科学研究的方法为目的，书中有意识避免了深奥的理论阐述与复杂的计算公式推导，而以研究方法的实用性为重。

参阅本书的"第二章 社会科学研究的要素与过程"。

第三章 查阅教育文献

【内容提要】

查阅教育文献包括文献的检索、整理、分析和利用，是教育研究中的一个重要步骤，是研究过程的前期工作之一，也是贯穿整个研究过程的工作。这是一个需要周密计划并充分注意细节的系统阅读、整理和分析的过程。

本章首先对教育文献查阅做总体上的概述，然后介绍教育文献检索的基本过程和主要方法，并着重讲述基于 Internet 的教育文献检索，然后介绍了教育文献的阅读、整理与分析，最后介绍了教育文献综述的基本结构和撰写要求。

【学习目标】

1. 了解查阅教育文献的意义和过程
2. 了解教育文献的不同类型
3. 掌握教育文献检索的方法
4. 掌握教育文献的整理工作
5. 掌握教育文献综述的撰写要求

【关键术语】

文献	literature	教育文献	education literature
一次文献	primary literature	二次文献	secondary literature
三次文献	tertiary literature	参考文献	bibliography
索引	index	摘要	abstract
检索工具	retrieval tools	检索系统	retrieval system
数字图书馆	data library		
教育专著	educational monographer		
教育文献检索	educational literature retrieval		
文献综述	review of educational research		
顺查法	sequential examination method		

递查法	reverse examination method		
抽查法	sampling method		
引文查找法	citation examination method		
综合查找法	comprehensive examination method		
电子信息检索系统	electronic information retrieval system		
浏览	browse	泛读	read intensively
精读	read extensively		
外审法	external audit method	内审法	internal audit method

　　任何一项科学研究，不管规模如何，都要考察他人在有关领域的研究成果。查阅文献是教育研究中的一个重要步骤，是研究过程的前期工作之一。教育文献是分析和论证的依据，更是选题的依据。研究问题确定前后必须围绕选题广泛地查阅文献资料，以便确立在前人研究基础上的创新起点。同时查阅文献又贯穿教育研究的全过程，有助于研究者知悉相关研究的动态并使研究过程更趋有效。查阅文献可以告诉研究者在本领域内已做了哪些工作，也可为研究者提供一些可能对当前研究有用的研究思路及方法，又可为解释研究结果提供背景材料。

　　查阅教育文献不是一件轻松的工作，要想从大量资料中获取有用的信息，这是一个需要周密计划并充分注意细节的系统阅读、整理和分析的过程。

第一节　教育文献概述

　　文献不仅可以帮助研究者选择和确定研究问题，还能为课题的论证提供理论与事实依据。文献研究法还可以作为一种独立的研究方法使用。查阅文献包括文献的检索、阅读、整理、分析和利用等环节。本节首先介绍教育文献的含义、类型和研究价值。

一、教育文献的含义

1. 文献

　　文献(literature)是指运用文字、图形、符号、音像等手段记录人类知识的一切载体，包括已经发表过的或虽未发表但已被整理、报道过的知识及其他信息的一切载体。

　　文献的形态是多种多样的，有图书、期刊、学位论文、科学报告、档案、统计数据、实物形态的历史文物等，还有音像资料、缩微胶卷、磁盘、光盘等电子形态的数据资料等。

2. 教育文献

教育文献(educational literature)是指记载有关教育知识和信息的载体，是一切用各种符号形式保存下来的、对教育研究有一定历史价值和资料价值的文献资料，是对人类从事教育活动尤其是教育研究的客观记录。

文献资料对于教育研究有着重要的价值，只有吸收和借鉴已有的研究成果，教育研究才能得以发展。文献的收集、阅读、整理、分析和利用是教育研究中不可缺少的一环，只有充分地占有资料，了解前人已经取得的研究成果和其他研究者取得的进展，才能进行有价值的研究。

二、教育文献的类型

按照不同的标准，教育文献可以划分为不同类型。

(一)按其加工程度划分

教育文献按加工程度划分，可以分为四个结构等级。

1. 零次文献

零次文献(preliminary literature)包括两类：一是形成一次文献以前的知识信息，即未经记录、未形成的文字材料，是人们的口头交谈，是直接作用于人的感觉器官的非文献型的情报信息；二是未公开于社会，即未经正式发表的原始的文献，或没正式出版的各种书刊资料，如书信、手稿、记录、笔记和包括一些内部使用通过公开正式的订购途径所不能获得的书刊资料。教师的教案、教学日志，学生的作业、试卷、论文等均属于零次文献。

2. 一次文献

一次文献(primary literature)，也称原始文献，是指未经加工的原始文献，是直接反映事件经过和研究成果，产生新知识、新技术的文献。

一次文献在整个文献中是数量最大、种类最多、所包括的新鲜内容最多、使用最广、影响最大的文献，包括调查报告、实验报告、科学论文、学位论文、专著、会议文献、专利、档案等，也包括个人的日记、信函、手稿和单位团体的会议记录、备忘录、卷宗等。一次文献是研究者在教育教学实践中直接产生的原创文献，是离事实最近的文献。

由于这类文献是以事件或成果的直接目击者身份或以第一见证人身份出现，具有创新性、学术性等明显特征，是科技查新工作进行文献对比分析的主要依据，具有较高的参考和借鉴价值。但一次文献储存分散，不够系统。

3. 二次文献

二次文献(secondary literature)也称作二级文献、检索文献，是指对一次文献加工、整理、提炼、压缩后所得到的产物，是为了便于管理和利用一次文献而编辑、出版和累积起来的工具性文献。

二次文献是将大量分散、零乱、无序的一次文献进行整理、浓缩、提炼，并按照一定的逻辑顺序和科学体系加以编排存储，使之系统化，以便于检索利用。其主要类型有目录(content)、索引(index)、文摘(abstract)、题录等。

二次文献是关于文献的文献，是一种派生的文献，它本身不直接产生新知识、新技术，其目的是使原始文献简明、浓缩，并系统化、条理化，为方便查找一次文献提供线索。

4. 三次文献

三次文献(tertiary literature)也称参考性文献，是在利用二次文献的基础上，对一次文献进行系统的整理并概括论述的文献。

三次文献通常是围绕某个专题，利用二次文献检索收集大量相关文献，对其内容进行深度加工而成，包括研究动态、研究综述、专题评述、进展报告、年度百科大全以及专题研究报告等。

三次文献也是一种派生的文献，它覆盖面广，浓缩度高，信息量大，具有较高的实用价值，便于研究者在较短的时间里了解某一研究领域最重要的原始文献和研究概况。

一次文献是基础，是检索利用的对象；二次文献是检索一次文献的工具，故又称之为检索工具；三次文献是一次文献内容的高度浓缩，也是我们利用的一种重要情报源。

对教育文献进行分类，有助于指导研究者更好地利用文献资料，由一次文献到三次文献，经过加工与压缩，文献资料由分散到集中，由无组织到系统化。

(二)按其分布划分

由于创造、记录与传播的方式不同，教育文献资料的分布极为广泛且形式多样。

1. 书籍

书籍(book)包括名著要籍、教育专著、教科书、资料性工具书(如教育辞书和百科全书)及科普读物等。它是教育科学文献中品种最多、数量最大、历史最长的一种情报源。

(1)名著要籍(masterpieces)是一个时期、一个领域内最有影响的权威著作。

例如，我国古代教育学专著《学记》、法国教育家卢梭的小说体教育著作《爱弥儿》、美国进步主义教育学家杜威的《民主主义与教育》等。名著要籍是人类文化的瑰宝，是治学和研究的基石。教育名著要籍是古今中外著名教育家、哲学家对教育问题思考的结晶和精华，一般都作为必读书、必备书收入各种导读书目。

（2）教育专著（educational monographer），是就教育领域内某一学科、某一专门问题进行系统全面深入论述的书籍，一般就某个问题的发展历史和现状、研究方法和成果、不同学派的观点和争论及存在的问题和发展趋势加以论述，并附有大量的参考文献和书目。教育专著包括论文集。

教育专著特点是内容专深、见解独到、材料新颖，通常反映学术研究的较高成果，往往是作者多年研究的结晶，且论述较系统、形式较规范。随着教育学科的发展，古今中外的教育家和学者们奉献了数以百万计的专门著述，成为教育研究的宝贵财富。而论文集往往汇集了某位专家或众多学者的学术论文，论题集中，观点各异，信息容量较大，有很高的学术价值，如瞿保奎主编的26卷本《教育学文集》就属此类。

（3）教科书（textbook）也叫教材，主要指提供给教学使用的专业书籍，侧重于阐述学科的基础知识、基本理论以及学科领域内的科研成果和有待讨论的问题，具有严格的科学性、系统性和逻辑性。

教科书追求学术上的稳定性，名词术语规范，结构系统严谨，叙述概括，可读性强。不足之处是内容过于求稳，时效性不强。教科书作为入门读物尚可，而要做更深入的钻研则欠深度。

（4）资料性工具书就某一学科有关问题的历史与现状、方法与结论以及各种争论观点作广泛客观的阐述，不涉及作者本人的见解，类例分明，叙述简练，小型实用，查阅方便。教育研究的工具书主要有《中国大百科全书·教育》《教育大辞典》《国际教育百科全书》。

（5）科普读物是面向大众、以普及教育科学知识为宗旨的读物，有初、高级层次之分，文字浅显、生动，实用性强，贴近日常生活，研究者可以从中获取实用类的信息，但最新信息量较少，尤其是初级科普读物的理论含量较低。

2. 报刊

报刊作为连续性出版物，传递信息迅速，反映有关学科领域研究的最新动态和较高水平，是研究者查阅文献简便有效的重要来源。它分为报纸和期刊两大类。

（1）报纸（newspaper）是以刊登新闻和评论为主的定期连续出版物。

报纸出版周期短，信息时效快，是了解教育研究领域内的最新动态的重要来源。但报纸材料分散、不系统，且不易保存。教育专业类报纸有上百种，较有影响的如《中国教育报》《教育文摘周报》《教师报》《德育报》等，此外《光明日报》《文汇报》《人民日报》等综合性报纸都专辟教育科学版或教育版。这些报纸荟萃了国内外各类教育信息，反映了教育改革动态和教育科研动态，对教育研究具有重要参考价值。

（2）期刊（literature）是定期或不定期的连续出版物。

期刊有周刊、半月刊、月刊、双月刊、季刊等，又可以分为学术理论性期刊、情报性期刊、事业性期刊和普及性期刊四种。

①学术性期刊如《教育研究》《高等教育研究》《课程·教材·教法》《比较教育》《教育研究与实验》等，《华东师范大学学报》（教育科学版）等各高校学报的哲学社会科学版，可以反映教育理论研究的动态与成果。

②情报性期刊包括文摘及复印资料，经过专门人员精选成册定期出版，含有重要文章，并附有一定时期内主要论文的篇目索引，可帮助研究者及时掌握某一特定课题的文献概况。在教育研究中影响较大的如《复印报刊资料》。

③事业性期刊按领域和地区可进一步划分为两类，前者如《中国高等教育》《中国电化教育》《现代中小学教育》等，后者如《人民教育》《北京教育》等，介绍各级各类或各地区教育的发展情况和改革业绩。

④普及性期刊则面向普通读者介绍教育理论与方法，如《父母必读》等，实践性强。

3. 教育档案

教育档案（educational document）是人类在教育实践活动中直接形成的，并且具有保存价值的原始文献资料，包括教育年鉴、教育法令集、学术会议文献、学位论文等。

（1）教育年鉴（annals education）的主要内容有教育方面的学术动态和教育实践、教育政策等方面的情况，其中的统计资料对研究工作具有重要价值。国内与教育有关的年鉴主要有《中国百科年鉴》《中国教育年鉴》《中国教育统计年鉴》《中国教育事业统计年鉴》《中国教育综合统计年鉴》和其他省市年鉴等。

（2）教育法令集（education law sets）是官方的有关教育政策法规的指令性文件汇集，通过立案归档，成为资料的一部分。如我国教育文献法令汇编，高等教育、基础教育、普通教育、成人教育等的政策法令法规文件选编，师范教育法令汇编等。这些文件集中反映了国家的教育方针政策、法令、规章制度、统计数据等情况，是全面了解我国教育状况和制度的沿革及发展演变的有用资料。

（3）学术会议（academic conference）是当代学术界进行学术交流的重要形式之一。在学术会议过程中和会前、会后散发的有关论文、会议报告、纪要等，就是学术会议文献。学术会议文献往往反映一个学科领域的研究动向和研究成果，一定程度上代表了国内外教育发展水平，是进行研究的一个重要资料来源。

（4）学位论文（dissertation）是学生进行专题研究后为取得某种学位而撰写并提交的科学论文，带有一定的独创性，一般选题论证充分，文献综述全面，探讨问题比较专深。学位论文多数不公开发表，由学生所读高校保存，国务院学位委员会指定国家图书馆、中国科学技术信息研究所和中国社会科学院文献信息中心分别负责收藏各个级别的学位论文。

此外，教育文献中还包括校舍、遗迹、绘画、出土文物、歌谣等以声音和形象方式记录信息的非文字资料，具有直接、精练、形象的特点，是教育研究的重要资料来源。

4. 电子信息检索系统

电子信息检索系统（electronic information retrieval system）是随着科技的发展而兴起的一种借助电子方式记录的文献资料，是由计算机程序人员编制的、存储于计算机中的帮助读者查阅文献资料的软件，包括光盘数据库、网络数据库检索和互联网信息检索等。

电子信息检索系统具有容易保存、便于检索的特点，已成为人们获取教育文献的重要手段之一。

教育文献资料的分布是极其广泛的，收集的渠道也是多种多样的。要能够全面地搜寻资料，有效地利用资料，除充分利用图书馆、情报资料中心外，还要很好地利用其他途径，也要注意丰富自己的藏书，以方便研究之用。检索时应主要检索一级文献，特别是具有较高的学术价值、在本学科领域内具有一定的权威性、信息量大、使用率高、被公认为必备的或常用的书籍。

第二节　教育文献检索

全面的文献检索是进行高质量教育研究的前提。教育文献检索作为研究者运用科学的方法查找文献资料的活动，能够使研究者在研究活动中根据研究的需要，快速有效地从数量庞大、种类繁多的文献中检索出有价值的情报资料。快速而有效地进行教育文献的检索是每个研究者必备的能力。

教育文献检索(educational literature retrieval)，就是通过一定的方法从众多的文献中查找并获取所需要的文献信息的过程。这里的"检索"，是指寻求、查找并获取、获得。

一、教育文献检索的意义

(一)选定研究课题并确定研究方向

科学研究的前提是要了解前人对该课题的主要研究成果，达到的研究水平，研究的重点，研究的方法、经验和问题，以及哪些问题已经解决，还有哪些问题有待进一步修正和补充，以便明确课题的研究价值及其突破口。为此，必须查阅有关教育文献，收集现有的与研究课题相关的背景资料，充分地占有和掌握与所要研究的课题有关的一切资料与事实，区分已经完成和尚未完成或正在进行的研究，以此作为提出科学问题和确定研究课题的依据，找准自己研究的突破点，选定最有价值又最值得研究的课题。此外，一个研究问题可能会涉及许多可供探讨的变量，但不是所有的变量都值得研究。如果研究者广泛阅览有关文献，就能从理论或实践的角度，审视各个变量的价值，从而做出取舍，进一步确定研究问题的性质和研究范围。

(二)提供论证依据和研究方法

科学研究是以事实为依据得出正确结论的过程。正确的研究结论必须建立在科学的论证依据和研究方法之上。教育文献检索是跟踪和吸收国内外最新研究成果，及时了解研究课题的理论、手段和方法及发展动向的有效途径。通过检索教育文献，研究者可以从过去和现在的相关研究成果中受到启发，不仅可以获得课题科学回答的线索，使研究范围内的概念、理论具体化，而且可以为科学论证自己的观点提供丰富的、有说服力的事实和数据资料，使研究建立在可靠的材料基础之上。[①]

(三)避免重复劳动提高研究效益

教育研究是一项探索性的工作，其最终目的是为了发现和认识人类尚未认识的教育规律，以便更自觉地遵循教育规律。创新性是科学研究的本质追求，首创性是科学研究实现其价值的前提。研究要想有所创新，就要了解前人在相关领域已经做了哪些研究，留下了什么成果，目前正在做什么研究，发展情况如何，从而避免重复性的研究，防止无效的劳动。有人估计，由于信息渠道不畅和研究人员对信息收集工作重视不够，我国目前正在研究的项目中，大约有

① 韩延伦．教育研究方法[M]．北京：高等教育出版社，2011：71—72.

40％的课题在国外已经有了成果。这种情况的出现，不仅浪费了人力和物力，而且将导致科研工作长期处于低水平状态。随着科学的发展，人们已越来越认识到文献检索的重要，把文献检索工作看作是教育研究不可缺失的一部分，看作教育研究能力的重要组成部分。[①]

二、教育文献检索的基本过程

从众多的文献资料中准确迅速地查找出符合特定需要的文献，需要遵循文献检索原则，使用相应的查找方法，这是进行教育文献检索的基本前提。文献检索应注意相关性、实效性和权威性。一般来说，教育检索文献可以参照下面的基本流程进行。

(一)准备阶段

在开始查找文献资料时，首先要对所要查找的文献课题进行分析研究，包括分析和研究课题，明确自己准备检索的课题要求与范围，确定课题检索标志——关键词、主题、题目、作者等，以确定所需文献的作者、文献类号、表达主题内容的词语和所属类目，进而选定检索工具，确定检索途径。

(二)搜索阶段

搜索与研究问题有关的文献，然后从中选择重要的和确实可用的资料分别按照适当顺序阅读，并以文章摘录、资料卡片、读书笔记等方式记录、收集资料。现在，虽然很多工作可以通过计算机来做，但阅读文献这一根本性的工作却必须由研究者自己认真完成。收集资料时要考虑文献的普遍性和代表性，要从较广的学术领域及较多的资料类型去探查，避免资料收集不全造成偏差。收集文献往往开始时范围大一些，然后向核心内容或关键问题聚集。所收集的文献要能反映相关研究现状，对收集的文献要有所取舍。

(三)加工阶段

文献资料非常庞杂，要从收集到的大量文献中提取有用的资料，就需要对这些文献去粗取精、去伪存真、由表及里地加工。这主要包括：剔除假材料，去掉相互重复、较陈旧的材料；从研究任务的观点评价资料的适用性，保留那些全面、完整、深刻和正确地阐明所要研究的问题的有关资料，以及含有新观点、新材料的资料，对孤证资料要特别慎重。

在资料数量和类型很多的情况下，应对这些资料进行分类编排，并编制题录索引或目录索引，根据需要编好文件名、文件夹。对准备利用的文献资料，

---

① 裴娣娜.教育研究方法导论[M].合肥：安徽教育出版社，1995：90.

必须对其可靠性进行鉴别和评价，对那些不完全可靠的或有待进一步明确的资料，则不予采用。

研究者在对文献资料进行归纳分析之后，还要进一步加以解释，辨识先前研究的焦点，说明文献中较少探讨的方面，以提示未来研究的题材和重点；要分析各个研究的优劣所在，作为未来研究的借鉴；要发现各个研究成果不一致所在，并推论研究结果不一致的可能原因，提示未来研究的问题与假设。

在上述工作的基础上，应该将检索文献的结果写成文献综述报告，其内容主要是：（1）分阶段清理研究问题的发展过程；（2）重点阐明该课题当前研究的重点和难点问题；（3）在研究方法上反思已有研究。查阅的文献书目比文献综述所需的要多得多，但这并不意味着研究者只读过这些资料；许多内容可能都已读过，但只有最相关的材料才被提及。

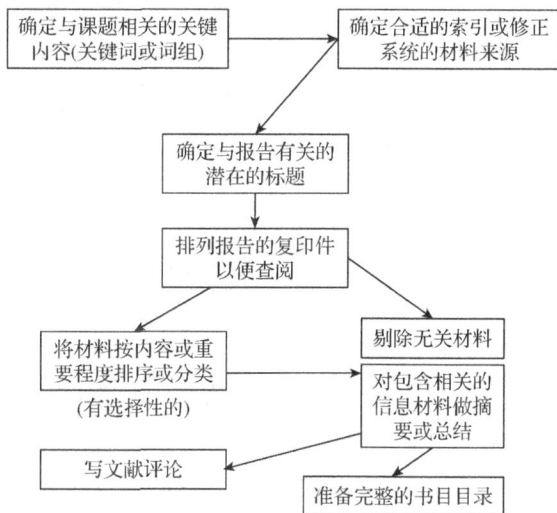

图 3-1　教育文献检索的基本流程

三、教育文献检索的形式

检索（retrieval）即利用一定的工具，通过一定的方式查找和存储档案信息的过程。

检索包括以下三种方式：手工检索、搜索引擎和数据库检索。

（一）手工检索

手工检索是文献检索的初始形态和传统形态，是指用手工方式来处理和查找文献的一种检索工具。

传统的手工检索的第一个办法是查阅图书馆的"主题索引"或"著者索引"，第二个办法是查阅《全国报刊索引》等工具书，第三个办法是直接查阅教育报刊和专著。

查阅教育期刊和专著是至今仍广为流行的手工检索方式。其基本程序如下。(1)选择几种与课题相关的权威专业期刊。(2)从每种期刊的最新一期开始，逆向查阅近5年、10年或20年以来的文献。浏览每一期的目录、相关文章以及文后的参考文献，重点阅读比较重要的文章。(3)查阅完几种专业期刊后，找出一些重要的文章。研究者可以重点考察这些文章的参考文献，进而找出那些频繁被其他文章引用的重点文献。如果这些频繁被引用的"重点文献"是专著，研究者需要找到这些专著，再根据其参考文献去寻找更多的相关文献。

手工检索的方式虽然比较烦琐低效，但并不意味着其会被计算机检索彻底取代。手工检索至少还有补充计算机检索的遗漏、跟踪文献索引的价值。

(二)搜索引擎

搜索引擎是指某些公司或机构为了方便人们查找互联网上网站或网页信息，而在网站上建立的查询数据库。信息技术时代，搜索引擎是互联网上信息的主要检索工具。

1. 百度(http：//www. baidu. com)

百度是一个全球最大的中文搜索引擎，除网页搜索外，还提供 MP3、文档、地图、影视等多样化的搜索服务。用户如果想更快更准确地找到自己需要的信息，可单击百度页面中的"更多"按钮，打开"百度产品大全"，进行更详细的搜索。如：需要查找某篇论文、文章、文档等，可单击"百度产品大全"中的"文本搜索"，这样就避免了在众多的搜索结果中去查找此类文档的不便。

百度具有很多搜索功能，如普通搜索、高级搜索和百度快照等。

2. 谷歌(http：//www. google. com)

Google 是一个常用的多种语言搜索引擎，提供网页、图片、咨询、论坛、网页目录等搜索服务。其特色在于搜索范围广泛，具有搜索特定语言的网页和翻译网页等功能。Google 允许以多种语言进行搜索，在操作界面中提供多达30 余种语言选择，包括英语、主要欧洲国家语言(含 13 种东欧语言)、日语、中文简繁体等。浏览国外的一些网站，会苦于英文水平不是很高，有些重要信息无法获取，此时可利用 Google 的"语言工具"进行翻译，如需要翻译整个网页的内容，只需要在"翻译网页"下的工具条中输入需要翻译的网页地址，后面选择"英语到中文(简体)"，单击"翻译"按钮，网页将自动翻译成中文网页。

Google 包括如下搜索功能，如普通搜索、手气不错、高级搜索、使用偏好、语言工具、更多 Google 产品等。

3. 其他搜索引擎

(1)中国搜索(http：//www. zhongsou. com)。2003 年 12 月 23 日，刚刚上市的慧聪国际集团重拳出击，原慧聪搜索正式独立运作，成立了中国搜索，全力打造中文搜索第一品牌。

(2)搜狗搜索(http：//www. sogou. com)。2004 年 8 月 3 日，搜狐正式推出全新独立域名专业搜索网站"搜狗"，成为全球首家第三代中文互动式搜索引擎服务提供商，提供全球网页、新闻、商品、分类网站等搜索服务。另外，搜狗还提供了天气预报、计算器、IP 地址、手机号码、生字快认、成语查询、单词翻译、文档搜索等实用工具，方便快捷。

(三)数据库检索

当前国内使用较为广泛的数据库主要有知网、维普、万方及超星数字图书馆等。

1. 知网

知网即中国知网，全称为中国知识基础设施工程(China National Knowledge Infrastructure，CNKI)。CNKI 工程由清华大学、清华同方发起，旨在实现全社会知识资源的传播、共享和增值。CNKI 主要的数据库有中国学术期刊网络出版总库、中国博士学位论文全文数据库、中国优秀硕士学位论文全文数据库、中国重要会议论文全文数据库、中国重要报纸全文数据库、国际会议论文全文数据库、中国年鉴网络出版总库等。其中，中国学术期刊网络出版总库是目前世界上最大的中文期刊全文数据库之一，其产品分为十大专辑：基础科学、工程科技 I、工程科技 II、农业科技、医药卫生科技、哲学与人文科学、社会科学 I、社会科学 II、信息科技、经济与管理科学。教育类期刊囊括在社会科学 II 中，包括教育理论与教育管理、学前教育、初等教育、中等教育、高等教育、职业教育、成人教育与特殊教育等专题。

知网具有强大的检索功能，能够显示论文的下载量和引用数，目前已成为中国学者普遍使用的文献资源。

2. 维普和万方

"维普"是"维普期刊资源整合服务平台"的简称，由重庆维普资讯有限公司出品，包括中文科技期刊数据库、外文科技期刊数据库、中国基础教育信息服务平台等。

"万方"是"万方数据知识服务平台"的简称。万方数据由中国科技信息研究所以万方数据(集团)公司为基础，联合科技文献出版社、四川省科技信息研究所等机构建设的数据库，包括中国学术期刊数据库、中国学位论文全文数据库、中国学术会议文献数据库、外文文献数据库等。

3. 超星数字图书馆

超星数字图书馆是目前世界上最大的中文在线数字图书馆。它由北京世纪超星信息技术发展有限责任公司投资兴建，2000 年 1 月在互联网上正式开通。其主要包括"超星读书""超星学术视频"和"超星文献"三个部分。读者下载超星阅览器（SSReader）之后，就可通过互联网阅读超星数字图书馆中的图书资料。读者凭购买的超星读书卡可将馆内图书下载到用户本地计算机上进行离线阅读。

以上介绍的主要是中文数据库，要检索外文文献，可以采用 EBSCO 数据库、PQDD 硕士和博士学位论文数据库、JSTOR 与 Google 图书等①。

4. 数字图书馆

数字图书馆实质上是一种因特网的应用工具，针对某一学科或领域研究者的需要，将互联网上相关的各种资源的 URL 地址（包括有关的研究机构、实验室、电子书籍、学术期刊、会议论坛等的 URL 地址），系统地组织起来存放于某一网页，供用户浏览和检索。其检索方式，可以是目录检索，也可以是关键词检索。由于有专门人员对数字图书馆中的信息进行筛选和组织，故信息质量比较高。知名的数字图书馆有中国国家图书馆、清华大学数字图书馆、英国爱丁堡工程学图书馆、美国总统图书馆及美国国会图书馆等。其中美国国会图书馆是世界上最大的图书馆，其网站也是最大的网站之一，提供了丰富的信息资源。

四、教育文献检索的主要方法

文献检索方法是多种多样的，不同的方法有不同的特点和不同的适用范围，其中几种基本的方法如下。

(一)顺查法

顺查法（sequential examination method）是按时间范围，以课题研究的发生时间为检索始点，按事件发生、发展时序，由远及近、由旧到新的顺序查找。

顺查法在查找时可以随时比较筛选，查出的结果基本上反映事物发展的全

---

① 刘良华. 怎样做"文献检索"：学会找资料［EB/OL］. http：//www. fyeedu. net/info/177567－1. htm，2013-07-24/2015-09-28.

貌。此法多用于范围较广泛、项目较复杂、所需文献较系统全面的研究课题以及学术文献的普查。此法的优点是查全率高，漏检率小；缺点是费时费力。

(二)逆查法

逆查法(reverse examination method)是以课题研究的时间作为检索的始点，由近及远、由新到旧的顺序查找。

这种方法多用于新文献的收集、新课题的研究，因为这种课题大都是需要最近一个时期的较新论文、专著，不太关注历史渊源和全面系统。此法的优点是省时省力，效率高；缺点是查全率低，漏检率高。

(三)抽查法

抽查法(sampling method)是以抽出某一学科发展最迅速、达到鼎盛状态的某一段时期进行检索的方法。

因为研究课题处于兴旺时期中的文献资料数量远远高于处于衰落时期的文献资料量。此法的优点是用时少，获得文献多，检索效率高；缺点是查全率低，漏检率高。使用此法必须在熟悉学科发展状况的前提下进行。

(四)引文查找法

引文查找法(citation examination method)又称跟踪法、回溯法，是以掌握的文献中所列的引用文献、附录的参考文献作为线索查找有关主题的文献。

这种方法的优点在于：文献涉及范围比较集中，获取文献资料方便迅速，并可不断扩大线索。这种回溯过程往往会找出研究领域中重要的丰富的原始资料。缺点在于查得的文献资料受原作者引用资料的局限性及主观随意性影响，资料往往比较杂乱，没有时代特点。

(五)综合查找法

综合查找法(comprehensive examination method)又称循环法、分段法，实际上是将各种方法结合使用，以达到检索目的。

综合查找法的具体做法是先使用检索工具查找某课题近几年内的资料，再用这些资料末尾所附的参考文献进行检索，根据需要再用检索工具查出一批文献进行追溯，这样分批分段地交替进行，循环地向前推移，直到满足检索要求为止。

五、基于 Internet 的教育文献检索算法

基于 Internet 的教育文献资源数据库中信息的查找是通过一定的检索算法来实现的。一般通过简单的关键词检索方式进行查询，但是结果常常不能准确定位。所以，在查询中要通过附加语法规则构造检索式的方式进行有效、准确

地搜索。通常是用布尔逻辑操作符来构造检索式。

1. 逻辑"与"

一般可以用"＋"或"AND"或空格来表示，其含义是查询的结果要同时满足用户给出的所有关键词。例如"教育学 AND 心理学"，表示查找的资料中必须同时包含"教育学"和"心理学"的信息。

2. 逻辑"或"

常用表示方法为","或"OR"，其含义是查询结果只要满足关键词中的一个即可。例如"信息 OR 技术"，表示查找的资料中凡有"信息"或"技术"其中之一或者同时包含的资料都是符合搜索意图的信息。

3. 逻辑"非"

常用的表示方法为"－"或"NOT"，含义是搜索含有"－"或 NOT 之前的关键词的资料，但排除里面含有"－"或 NOT 之后的关键词的资料。例如"教育NOT 技术"，表示查找包含有"教育"，但没有"技术"的所有资料。

第三节　教育文献的整理

收集了大量与研究相关的文献资料后，接下来的工作就是对教育文献的整理，包括阅读、记录、鉴别、分类整理与分析等。

一、教育文献的阅读

(一)阅读原则

要充分利用收集到的教育文献，从中获取对研究课题有价值的信息和资料，就必须善于阅读，遵循以下一些有效的阅读原则。

1. 计划性原则

阅读教育文献时，应当有一个大体的阅读计划，做出具体的时间安排。阅读进度的确定，应考虑到文献资料的数量、难度和性质，以及研究课题完成的总体安排和进度。大量科研经验表明，制订具体、适当的阅读计划，有助于研究者在计划期限内完成阅读任务，并形成高效率阅读和善于控制阅读时间的良好习惯。

2. 顺序性原则

阅读教育文献应遵循一定的顺序，这有助于提高阅读效率，也是制订阅读计划时需要考虑的重要因素。一般来说，应先阅读原始文献，再阅读文献综述；先阅读一般文献，再阅读专业文献；先读理论文献，后看应用文献；先看书籍，后看论文；先读近期文献，后看远期文献；先读难度小的，后读难度大的；先读中文文献，后读外国文献；先读有新内容的，后读新内容少的；先看科研论文的两头（即摘要和结论部分），后看中间；先读主要、关键部分，后读次要、细节部分；先读重要的、权威杂志上的文献，后读次要杂志上的文献等。当然，对于处于不同专业知识水平、学术水平的研究者来说，其阅读顺序是不尽相同甚至差异很大的。

3. 批判性原则

阅读教育文献，研究者无疑可以从中获取对研究课题有价值的资料。但是，它也常常会在一定程度上限制研究者的思路，使人们习惯于用同一方法去看待、研究问题，妨碍人们从新的角度去思考新的有效方法。为此，要求研究者在阅读文献时，要持有科学的怀疑精神，坚持用批判的眼光去看待已有成果，多问几个为什么，不要被已有的文献套住思路。如阅读一篇调查报告时，要注意数据的收集是否科学，包括抽样的方法、统计的方法、有效及缺失数据的定义及处理等。

4. 同时性原则

在查阅教育文献的过程中，研究者并不是将所需要的文献全部收集齐全后才制订阅读计划并着手进行阅读的，相反，有效的做法应当是收集文献和阅读文献的工作是同时或交替进行的。这样，文献阅读工作的结果可以更好地指导文献收集工作，而文献收集工作又反过来更有效地为阅读活动提供最有针对性的、最有价值的文献。

(二)阅读方法

阅读教育文献的方法一般有浏览、泛读和精读三种。这三种阅读方法各有所长和不足，对于研究者阅读分析文献来说，均为非常有用的方法，都应当很好地掌握，并善于在研究过程中综合、灵活地运用。

1. 浏览

浏览（browse），就是把收集到的教育文献粗略地翻阅一遍，目的是对文献的内容、价值有个初步的认识和判断，并据此确定是否需要对文献进行更深入的研读。

浏览的要领是：一要目的明确，即大致了解研究文献的内容，初步判明其价值；二要善于抓要点，了解概况；三要速度快，即要采用"扫描式""跳跃式"方式阅读，坚持视读，不要音读，并善于根据阅读目的和材料的具体内容不断地调整阅读速度，比如，对没有明确价值的部分，可大段大段地跳过去，反之，则应适当放慢速度。

研究者可根据研究的需要，一边浏览一边把文献分为三类：把非常有价值的资料放在一起；把比较有价值的放在一起；把价值较小和初步看起来基本没有价值的放在一起，以备下一步阅读时使用，避免到时忙乱。

2. 泛读

泛读(read intensively)就是为了了解文献的基本观点，搜寻文献引用的主要事实或数据的一种鸟瞰式阅读方式。其目的是在有限的时间内把握文献的主旨与脉络，获取文献的基本观点与主要事实，从而尽可能广泛地涉猎多方面的文献资料。

泛读时，研究者应注意搜寻表达文献基本观点的重点句子和主要事实、数据，力求在总体上抓住文献的基本思想和结论，把握文献中观点与观点、观点与事实、事实与事实之间的主要联系，并结合自己的知识经验对其价值、科学性等做出初步的判断。

3. 精读

精读(read extensively)是在初读的基础上进行的一种求深、求通、求精、求透、求创新的阅读方式，其目的在于理解、鉴别、评价、质疑和创新。它是文献查阅中最关键的一步。通过精读，不仅要全面掌握研究文献的实质内容，而且还要明确选出有价值的资料、发现问题和提出新的见解。可以说，收集文献、浏览和泛读文献，都是为它服务和打基础的。

精读是一种理解性、创造性的阅读。其过程包括准确认读文献、全面把握文献的内容和逻辑结构、对文献的观点和材料等提出质疑，提出超越所读文献的新思想、新观点、新方法等阶段。要做好这一工作，首先，要选好精读的研究文献，具备一定的知识经验、理论水平和能力；其次，在阅读时要遵循慢读的原则，做到眼到、脑到和手到。精读文献必求精，认真思考，加深理解，抓住重点和中心，并力求在思想上融会贯通。为此，要求研究者认真阅读和钻研文献，注意对研究文献中的主要概念、研究变量的操作定义、无关变量的控制、推理与解释等方面进行深入的思考与分析，善于将文献引用的事实、发展的结果、阐述的观点与客观事实、相关研究结果等联系起来，进行反复的对比、研究和鉴别，并在此基础上对文献所引用的事实、取得的结论、阐述的思想，及它们与研究课题之间的关系做出客观的判断和全面的评价，提出新的观点和解决问题的新思路、新方法。

二、教育文献的记录

记录就是把通过阅读找到的有价值的文献资料保留下来，以供进一步分析研究之用。记录不仅可以大大提高阅读效率，而且也是提高研究能力的重要途径。记录教育文献的方法和形式多种多样。

1. 标记式与批语式

标记式就是研究者在阅读教育文献时，用一些符号（如圆圈、着重号、疑问号等）或是彩色的笔（如醒目的红色、黄色等）将文献的重点、难点、疑点、新观点等标记出来。采用此法时，标记不宜过多过密，否则反而难以突出重点，失去做标记的意义。批语式是在所读文献的空白处简单写上自己对文献有关内容的见解、评语、解释、疑问等。标记式与批语式的特点是简单、方便、可随读随写。

2. 抄录式

抄录式指把阅读文献所得的情报资料抄下来。抄录有全录和摘录两种。前者就是全文照抄，如果某文献全部有用，可采用此方式。后者指只将有价值的、自己需要的那部分研究资料有选择地抄录下来。摘录时应注意准确，不能改动原文的字句与标点符号，更不能断章取义，而要整段整句地摘录原文的重要论述和数据资料。摘录时还应注明书名或文献的题目、作者姓名、版本、出版时间、期刊年号和期号、页码等，以便日后查找、核对或引用。

3. 提要式

提要式指根据研究的需要，用自己的语言对原文的基本观点、主要事实和方法、结论要点等加以概括、缩写。概括时应力求用简明的语言准确地反映出原文献的概貌，不要有意或无意地曲解原意，更不要随意发挥。一般来说，以不打乱原文的结构和逻辑顺序为好。

4. 札记式

札记式指阅读文献后，把自己的心得、体会、各种联想、批评、疑点、意见、得到的启发和收获等记下来。科研经验表明，这是及时记录思想火花、积累知识、提高研究水平的有效方式。为此，应善于对札记的内容进行整理、分析。

5. 综述式

综述式指对所阅读的众多有关领域的研究文献进行系统、综合、概括的介绍，并对其进行评论。在后文中将对这方面进行专门的讨论。

三、教育文献的鉴别

鉴别教育文献的主要任务是辨别教育文献的真假与质量的高低。要在检索教育文献基础上充分利用文献，不仅要掌握基本的文献加工方法，更重要的是要有较高的分析与综合能力，有判断识别能力，辨伪证真、去伪存真，才能从收集到的资料中挑选出高质量的文献。鉴别文献真伪的方式有外审法和内审法两类。

(一)外审法

外审法(external audit method)也称外部考证，是指对文献本身真伪的鉴别。

外审法旨在判定资料的真伪或完整性，即"辨伪"和"证真"。在众多的文献中存在着"伪文献"，但文献伪的程度不一，有的是全部伪，有的是部分伪。在部分伪的文献中，作伪的程度也各不相同，有书名伪、版本伪、部分章节伪等。外审法就是企图辨别这些方面真伪的方法。

(1)辨别版本真伪：一是从书的编排体例与同时代的同类出版物比较；二是看成书的内容与当时时代背景是否相符。

(2)辨别作者真伪：一是分析该书的语言风格与该作者其他确定作品的语言风格是否一致；二是分析文献的体例是否一致；三是分析文献中的基本观点、思想，看前后是否一致。

(3)辨别文献的年代：通过对文献载体的物理性质的技术测定来判断。如可根据纸质、纸的脆裂的程度，手稿上墨水的褪色程度，或用同位素碳-40、碳-14 的衰变程度来测定。

(二)内审法

内审法(internal audit method)也称内部考证，是指对文献中所记载的内容是否属实的鉴别。

内审法旨在确定史料本身的意义，评判其正确性与可靠程度。外部考证着重依据史料的形式进行，而内部考证则主要是对其具体内容进行分析判断，确定文献本身的意义。其主要方法如下。

(1)文字性文献的互证，如果同一个事实的发生时间、过程、有关人物记载不一致，则需要进一步核实。

(2)用真品实物来验证文字性文献，看文字记述与可靠的实物证据是否相符。

(3)把文献描述的内容与生产文献的历史背景对照，看它是否与当时的政治、文化背景相悖。

(4)通过研究作者的生平、立场与基本思想和文献形成时的具体环境来判断作者记述的客观性和倾向性。

总之，外审法和内审法都是通过比较来实现鉴别，去伪存真，以提高收集文献质量，在运用中还应根据被审文献的性质或复杂程度，采取多种方法或交错复核的方法。

四、教育文献的分类整理[①]

对文献资料进行归类整理，使之系统化有助于对文献资料作进一步的分析研究。分类整理有两个要求：一是不能以今天的观点甚至理想来美化或苛求历史性文献中的内容；二是不能随意剪裁史料，来满足预先编制的结论或现成的结论。

根据分析研究方式的不同，文献的分类整理又分为定性归类整理和定量归类整理两种方式。

(一)定性归类整理

定性归类整理是将大量的无序文献资料按一定的标准予以分门别类，系统整理的过程。分类的标准可依研究实际需要而定，如可按时间、内容、理论和应用，也可用事物的共同点和差异点等作为标准进行划分。

常用的文献资料归类划分有三种方式：一次划分、连续划分、二分法。一次划分是指进行一次分类划分，如按文献年代划分，每五年为一个划分的区间。连续划分是在一次划分以后再进行划分，形成多层次的划分。二分法是依据文献资料有无某种属性进行划分，是最简单的划分方式。

(二)定量归类整理

定量归类整理是指研究者通过认真研究所收集的文献，根据研究目的确立一套能满足研究需要，可用于分析文献既相互排斥又涵盖所有可能性的类别，然后按每一类别进行登记整理。

五、教育文献的分析

教育文献研究不能只将研究停留在收集、鉴别和整理文献的阶段，对文献资料进行分析、综合，从文献中形成所要证明的观点，这才是研究的直接目的。对文献资料的分析过程，就是研究者对自己掌握的文献资料进行理性的思维加工，形成对事实本身的科学认识的过程。对教育文献资料进行理性加工的具体方法主要如下。

1. 比较法

比较法是通过对已有文献记载的人物、事件、时间、地点等线索的比较，

---

① 韩延伦. 教育研究方法[M]. 北京：高等教育出版社，2011：81.

确定某些事实。比较的形式有：纵向比较与横向比较，事实比较与数据比较，现象比较与本质比较，同类比较与异类比较，相对比较与绝对比较等。研究者要视具体问题采取不同的比较方式。

2. 辩证法

辩证法是通过对文献内容的历史发展、演变进程和相互之间的辩证关系进行分析，得出关于事实或原理的全面、系统结论的一种方法。

3. 归纳法

归纳法是通过对文献记载的同类事实中归纳出共同点或规律性的结论的一种方法。

4. 演绎法

演绎法是根据文献资料和其他线索已经证实的原则，推导出与文献记载有关的结论的一种方法。

5. 历史法

历史法是通过把所收集的文献资料放在具体的历史条件中进行全面深入考察，得出客观正确结论的方法。对文献的分析研究，不能以现今的观点和认识去苛求或美化历史上的人和事，也不能以先入为主的结论去裁剪和取舍史料文献，将符合自己既定观点的文献大加发挥，而对不符合自己观点的资料则避之不提。历史法要求研究者在分析文献资料时应尊重历史的本来面目。

教育文献研究结论的形成就是建立在对资料的分析与综合的基础之上。从文献资料中做出一些事实判断，或归纳、概括出某些原理或原则，这也就是文献研究的结论的形成。

第四节　教育文献综述

教育文献的收集、整理、分析都为教育文献综述的撰写奠定基础。

一、教育文献综述概述

(一)教育文献综述的含义

教育文献综述(review of educational literature)是教育文献综合评述的简称，指在全面收集有关文献资料的基础上，经过归纳整理、分析鉴别，对一定时期内某个学科或专题的研究成果和进展进行系统、全面的叙述和评论。

教育文献综述不是对教育文献资料的简单摘录和拼接，而必须是研究者在对教育文献内容批判性阅读的基础上，根据研究工作的需要从总体上对各种教育文献资料进行概括性的叙述和评价。

教育文献综述的信息量大、覆盖面广，能反映某一学科、专业、课题项目研究的整体状况和新近进展，参考利用价值高，特别有助于研究者开阔视野，把握关键、做好选题、避免重复、节省时间、利用线索、深入研究。

(二)教育文献综述的类型

可以从不同的角度对教育文献综述进行划分，最常见的方法是根据教育文献综述反映内容深度的不同即信息含量的不同划分。按照教育文献综述信息含量的不同，可将教育文献综述分为叙述性综述、评论性综述和专题研究报告三类。

1. 叙述性综述

叙述性综述(narrative review of literature)是围绕某一问题或专题，广泛收集相关的文献资料，对其内容进行分析、整理和综合，并以精练、概括的语言对有关的理论、观点、数据、方法、发展概况等作综合、客观的描述的信息分析产品。

叙述性综述最主要特点是客观，即必须客观地介绍和描述原始文献中的各种观点和方法。一般不提出撰写者的评论、褒贬，只是系统地罗列。叙述性综述的特点使得读者可以在短时间内，花费较少的精力了解到本学科、专业或课题中的各种观点、方法、理论、数据，把握全局，获取资料。

2. 评论性综述

评论性综述(critical review of literature)是在对某一问题或专题进行综合描述的基础上，从纵向或横向上作对比、分析和评论，提出作者自己的观点和见解，明确取舍的一种信息分析报告。

评论性综述的主要特点是分析和评价，因此有人也将其称为分析性综述。评论性综述在综述各种观点、理论或方法的同时，还要对每种意见、每类数据、每种技术做出分析和评价，表明撰写者自己的看法，提出最终的评论结果。可以启发思路，引导读者寻找新的研究方向。

3. 专题研究报告

专题研究报告(report)是就某一专题，一般是涉及国家经济、科研发展方向的重大课题，进行反映与评价，并提出发展对策、趋势预测。

专题研究报告"是一种现实性、政策性和针对性很强的情报分析研究成果"。其最显著的特点是预测性，它在对各类事实或数据、理论分别介绍描述后，进行论证、预测的推演，最后提出对今后发展目标和方向的预测及规划。专题研究报告对于科研部门确定研究重点和学科发展方向、领导部门制定各项决策、有效实施管理起着参考和依据的作用。这一类综述主要表现为预测报告、可行性研究报告、专题调研报告，以及建议、对策与构想报告等。

二、教育文献综述的基本结构

教育文献综述主要是对主题有关的详细资料、动态、进展、展望以及对以上方面的评述。因此，教育文献综述的格式相对多样，但总的来说一般都包含前言、本论、结论、注释和参考文献四个部分。

(一)前言部分

前言部分结构包括以下方面。

(1)正文标题(statement)：即文献综述题目。标题应是综述内容的高度浓缩和概况，能鲜明地表述该综述的主要问题，重点一目了然。

(2)摘要(abstract)：即对本文献综述内容加以概括形成的摘要，简明扼要地阐明本综述的主题内容。

(3)关键词(keywords)：能够代表本文献综述重要主题的单词或术语，一般3~5个。

(4)引言：正文最前面用以交代写作目的、引出正文主题的文字，使读者对全文要叙述的问题有一个初步的认识。引言通常包括以下内容：①课题背景及重要性。扼要说明有关主题的现状或争论焦点，说明该课题被关注的程度。②文献收集与整理过程。说明文献收集的时间范围、内容范围、文献类型范围和整理的文献量。③国内外研究现状分析。一般来说，主要是为了把握研究动态，为下一步选题提供依据，寻求理论上、思路上、方法上的借鉴。④综述的基本内容。简要说明本研究综述主要从哪几个方面(专题)来评述。

(二)本论部分

本论阐明有关主题的历史背景、现状和发展方向，以及对这些问题的评述，主要内容包括以下几个方面。

(1)相关重要概念及定义。

(2)课题研究历程。说明有关课题何时受到关注、开始研究的？谁最先开始研究的？最初研究什么问题？文献发起者的基本观点有哪些、是什么？

(3)研究现状。按研究专题分述(分国内外)。主要揭示以往研究主题(基本内容)都有哪些(把握研究视角)？都有谁提出过哪些基本观点？共识及不同点是什么？

(4)研究方法的分析。分析以往研究都采用了什么样的研究方法，寻求研究方法的借鉴。

本论须指出已经解决的问题和尚存的问题是什么，重点、详尽地阐述对当前的影响及课题研究的最新方向和发展趋势。这样不但可以使研究者确定研究方向，而且便于他人了解该课题研究的起点和切入点，在他人研究的基础上有所创新。本论部分应特别注意对代表性强、具有科学性和创造性文献的引用和评述。

(三)结论部分

结论主要是在简要概括以往研究成就的基础上，指出自己对以往有关课题研究的意见，指出以往有关课题研究中在认识上、理论上、结论上、研究方法上有哪些不足，在研究中尚需要进一步探讨和有待解决的问题有哪些，提出自己对今后研究的建议。

(四)注释和参考文献

1. 注释(annotation)

当一份材料的信息被引证时，它就必须被详细地说明。注释的参考材料可以通过几种方式列出：传统的脚注(本页底部)、尾注(文章后部)或更简短的方法，如作者—日期样式或作者—页码样式。

2. 参考文献(reference)

虽然放在文末，但却是教育文献综述的重要组成部分。其作用是说明综述所依据的资料；表示对被引用文献作者的尊重；增加综述的可信度；为读者深入探讨有关问题提供了教育文献查找线索。因此，应认真对待。参考文献的编排应条目清楚，查找方便，内容准确无误。

三、教育文献综述的撰写要求

(一)教育文献综述的撰写步骤

1. 确定选题

在教育研究中，文献综述一是为完成学位论文和课题研究进行选题，二是选取当前社会关注的教育热点问题进行选题。可作为教育文献综述的选题有很多，比如对国际上出现的教育新技术、新方法、新领域、新思潮、新理论予以综述评价，探讨结合我国具体条件应用的可能性；对某一研究领域的某一时期内的教育研究进展情况进行综述；对我国教育科学中的有关学科在一定历史阶段的发展和变化状况进行评述，以总结经验、发现不足、寻求发展对策；对有关学科中学者们对某些关键概念、不同观点、意见和分歧进行综述评价等。

2. 选好文献资料

确定主题后，选定收集资料的范围、检索途径和方式方法，尽可能做到大量地占有与主题有关的教育文献资料。通过各种渠道，采用多种方法全面查找国内外的有关教育文献资料，并以购买、下载、借阅、复印、做笔记、剪报等方式将所查找到的文献资料收集或摘取出来。

3. 整理文献资料

要写好教育文献综述，必须对所收集到的教育文献进行整理和组织，做好文摘或有关卡片，加上标注，使杂乱无序的教育文献资料能够按照综述的需要，依次序进行排列。认真研究文献，对收集的教育文献资料进行筛选，要依据有关科学理论知识对其解释是否合理，立论是否正确，设计是否科学恰当，推理是否严谨，是否包含新的观点、新的方法、新的结论、新的应用领域，是否适用于社会的需要和利用各种具体条件进行评价，并对研究发展的历史线索、条件和影响因素进行归纳整理和分析。

4. 拟订提纲

提纲是按照一定的逻辑关系逐级展开的、由序号和文字组成的有层次的大小标题。在对资料进行整理、分析、研究的基础上，拟订教育文献综述的提纲。

5. 撰写初稿

根据提纲的逻辑顺序，逐个问题、逐个层次地加以论述，大体完成教育文献综述的撰写工作。要注意对教育文献资料进行综合运用，系统概括。要客观地反映所收集到的教育文献资料的主要内容，对成绩和问题不夸大也不缩小，充分利用典型事例说明问题。在博览和深入分析有关教育文献的基础上，撰写教育文献综述初稿。

6. 修改定稿

在此阶段，不但应对教育文献综述的结构、内容等进行反复审核、推敲，而且还要注意检查符号是否统一，图标使用是否规范，标点是否正确，参考文献目录是否列出，格式是否符合要求等方面。

7. 列出注释和参考文献

注意标明引用的各种原始资料，目的是为读者了解或进行类似的研究提供线索、信息，同时也表示对他人劳动成果的尊重和肯定。

(二)撰写教育文献综述应注意的问题

(1)要选择与当前研究有直接关系的研究，教育文献综述的长度要视研究计划或报告的类型而定。

(2)把各个研究成果放在一起，使它们之间的关系更清楚，要厘清所考察的研究成果与其研究课题的关系，不要中间提供一段综合性的概要。

（3）适当地引用教育文献资料，但不要把教育文献综述变成引证材料的罗列。研究者应该围绕和研究课题相关的关键点来组织教育文献综述，不要勉强地以年代来组织。有些研究成果可能是相矛盾的，研究者应检查它们的不同点，尽可能做出解释，如果只是简单地折中，将会遗漏信息，不利于认清问题的复杂性。

（4）收集文献应尽量全，注意引用文献的代表性、可靠性和权威性。引用文献要忠实文献内容，参考文献不能省略。

（5）教育文献综述也要有结论，研究者应清楚地表明一种事实：所考察的领域的研究还有待拓展，这就给该领域的进一步研究提出了要求。

教育文献综述反对述而不评，也避免流于形式，不能一味告诉别人"我读了些什么"，必须说明研究者对研究状况的了解，并使之成为自己更广泛或更深入研究的导引。

[示例 3-1]农村"留守儿童"教育文献综述撰写应用

（一）综述题目的撰写

例如，农村"留守儿童"教育问题研究综述

（二）综述摘要的撰写

例如，农村"留守儿童"的教育问题是一个日益受到我国关注的研究领域。近 10 年来，我国研究者已对农村"留守儿童"的道德品质问题、学习状况、心理健康问题、安全问题、监护者类型及有效度、解决问题的对策与建议六个方面展开研究。研究虽取得一定的成果，但也存在不容忽视的不足，今后相关研究要进一步加强理论、拓宽视野。此外，研究方法和研究主体要多元化。

（三）综述引言（或绪论）的撰写

例如，农村"留守儿童"的教育问题是一个日益受到我国关注的研究领域，笔者试图通过对 20 世纪 90 年代以来我国研究者在农村"留守儿童"的道德品质问题、学习状况、心理健康问题、安全问题、监护者类型及有效度、解决问题的对策与建议六个方面研究成果的分析，探讨农村"留守儿童"教育问题的研究成就、存在的不足，提出加强农村"留守儿童"教育比较研究的课题。在梳理上述研究成果的同时，从理论上把零散的研究成果系统化，从实践上拓宽研究思路和方法。

（四）综述本论的撰写

1. 农村"留守儿童"教育研究的背景及历程

（1）农村"留守儿童"教育研究的背景。

城市化是现代化的一个重要标志，城市化进程中，整个社会要从一个以农村为主的社会转变为一个以城市为主的社会，其结果必然出现人口流动。"农民工"在"背井离乡寻富路，离田离土求发展"的时候，绝大部分仍然把其子女留在自己的出生地，让他们继续在当地农村学校上学，从而在教育学领域出现一个新兴的名词——"留守儿童"。所谓"留守儿童"，是指其父母一方或双方在外打工而被留在家乡，并需要其他亲人照顾，年龄在16岁以下的儿童。即没有能够跟随外出务工的父母前往城市接受教育，而是被留在家里，在当地农村上学的农村流动人口的子女，故又称之为"留守子女""留守孩""留守儿""留守学生"等。

(2)农村"留守儿童"教育研究的基本历程。

国内研究者对"留守儿童"的关注、研究，始于20世纪90年代初期。根据文献表明，1994年上官子木《"留守儿童"问题应引起重视》率先提出了"留守儿童"这一问题，呼吁农村"留守儿童"作为一个新的社会现象应引起社会的关注。嗣后，相关的文章零星散见于报刊，但多只停留于对农村"留守儿童"这一新生的社会现象观察并呼吁对其关注的层面上，而没有进行系统的研究和探讨。较早对农村"留守儿童"的教育问题进行系统理论研究的是蒋忠、柏跃斌《"民工潮"下的农村家庭教育现状及其思考》一文。该文中提出了关于流动人口中单独外出的打工者，将妻儿安置在家中，由于父母异地而居，家庭教育总量减少，遇事缺乏商量，父亲对孩子的引导教育作用削弱。其研究结果表明孩子的学习成绩与父母的分居有直接关联。此后，关于"留守儿童"教育问题的研究逐渐展开。

最近三年来，由于社会领域提出关注"弱势群体"和教育领域提出教育公平、基础教育均衡发展等重要命题，于是农村"留守儿童"教育问题的研究成为教育科学研究中的一大热点问题。

2. 农村"留守儿童"教育研究的主要内容

关于农村"留守儿童"教育问题的研究，我国研究者已集中对他们的道德品质问题、学习状况、心理健康问题、安全问题、监护者类型及有效度和解决问题的对策与建议六个方面展开较系统的研究。

(1)农村"留守儿童"的道德品质问题研究。

由于"留守儿童"缺乏必要的家庭教育，加之容易受外界不良环境的影响，导致他们的道德品质下降，有的甚至走向违法乱纪的道路。有论者提出，随着经济形式的转轨，农村打工族的兴起，其家庭教养结构发生了深刻的变化，家庭教育出现严重缺失，使得对农民工子女进行德育工作有效度变小了，困难增大。

(2)农村"留守儿童"的学习状况研究(略)。

(3)农村"留守儿童"的心理健康问题研究(略)。

(4)农村"留守儿童"的安全问题研究(略)。

(5)农村"留守儿童"的监护者类型及有效度的研究(略)。

(6)解决农村"留守儿童"教育问题的对策与建议研究(略)。

(五)综述结论的撰写

1.(略)

2.(略)

3.农村"留守儿童"教育研究的反思

十年来,我国研究者从多方面对农村"留守儿童"教育问题进行研究探索,取得了丰硕的成果,但也存在不容忽视的不足,笔者认为在今后相关研究中尚需进一步改进。理论要进一步加强。我国关于农村"留守儿童"教育问题的研究,只对关于他们现状的一些表面现象进行描述,然后提一些宏观的对策与建议。至于这些现象背后的原因是什么,教育和监护的完整体系如何构建,国外相关研究进展如何,这些问题多未做深入和充分的论述。所以,今后的相关研究要在理论上作艰苦的探索,不能仅停留于经验的描述。此外,要研究与借鉴国外关于农村"留守儿童"教育问题积累的一些经验,因为这对我国的农村"留守儿童"教育无疑具有重要的意义。研究视野要进一步拓宽,我们应该运用教育学、心理学、管理学、社会学等多门学科进行综合研究,展开农村"留守儿童"教育的全景。研究方法要多样化。研究的主体要多元化。

(六)综述参考文献的注录(略)

【学习与反思】

1. 举例说明教育文献的类型和级别。

2. 简述教育文献检索的意义。

3. 教育文献检索的方法有哪些?

4. 文献综述的结构包括哪几个部分?各部分应怎样写?

5. 简述教育文献的分析方法。

6. 简述教育文献的整理过程及要求。

【实践与思考】

1. 选择一个感兴趣的主题并列出与此主题相关的可能参考资料的目录。

2. 拟订一个研究课题，列出你所查阅的文献资料与范围，并制作卡片。

3. 四人小组共同协商确定一个研究课题，在组内首先进行分工，分别去检索图书文献以及利用网络进程查询，并相互交流所得信息，写出文献综述。

4. 利用互联网检索"教师角色的研究"相关的资料，并说明选择文献的思路。

5. 选取一教育文献，并对其进行鉴别。

6. 在中国知网博士论文库选取一篇论文，仔细分析其研究综述的写作特点，并指出其撰写中存在的问题。

【拓展阅读】

1. 石然. 我国大学生生命教育文献研究综述[J]. 山东青年政治学院学报，2012(1).

2. 谈秀菁. 如何撰写特殊教育文献综述[J]. 现代特殊教育，2009(5).

3. 李育嫦. 文献检索中提高查全率与查准率的方法探讨[J]. 图书馆学研究，2002(11).

【资源链接】

1. 金哲华，俞爱宗. 教育科学研究方法[M]. 北京：科学出版社，2011.

本书遵从教育研究的基本逻辑和教育研究方法学科发展趋势，主要介绍了教育科学研究的基本原理、方法与技术，内容包括教育科学研究方法概论、教育科学研究选题、教育研究设计、教育研究资料的收集与整理分析的具体方法、教育研究成果的表述与评价等。

参阅本书"第五章 教育文献法"。

2. 温忠麟. 教育研究方法基础[M]. 北京：高等教育出版社，2004.

本书重点介绍了教育研究整个过程中的主要环节和方法，包括如何选题、设计研究方案，如何检索文献、写文献综述，如何总结自己或他人的教育教学经验，如何做调查(包括问卷、访谈和观察等)，如何做个案研究，如何进行实验研究，如何开展行动研究，如何通过中文 Excel 处理数据，如何解释统计结果，如何写出研究报告和论文。

参阅本书"第三章 文献检索与综述"。

第四章　制订教育研究计划

【内容提要】

研究设计是整个研究的施工蓝图和实施计划，是教育研究的重要环节。研究计划是把研究的理论界定进一步操作化，研究计划就是引导教育研究进行的计划或策略。通过确立假设、确定研究变量、给出操作性定义、选择研究对象、明确研究方法与研究工具、确立数据整理与统计分析方法、设计操作化研究路线和论证研究等步骤，实现对研究问题内涵实质的理解。

本章主要介绍教育研究计划的主要内容，即假设的一般特征、作用、类型和检验的提出；自变量、因变量和无关变量的确立；操作性定义的含义、拟订原则与具体方法；抽样过程，简单随机抽样、系统抽样、分层抽样和整群抽样四种概率抽样的具体方法与抽样过程，偶遇抽样、目的抽样、滚雪球抽样等非随机抽样的具体运用，以及课题研究方案的形成与论证。

【学习目标】

1. 掌握建立教育研究假设的方法
2. 理解研究假设的基本类型
3. 理解研究变量与常量的意义
4. 掌握操作定义的设计原则与方法
5. 掌握抽样的基本过程
6. 理解简单随机抽样的含义、掌握其具体步骤及适应的总体特征
7. 理解系统随机抽样的含义、掌握其具体步骤及适应的总体特征
8. 理解分层随机抽样的含义、掌握其具体步骤及适应的总体特征
9. 理解整群随机抽样的含义、掌握其具体步骤及适应的总体特征
10. 理解非概率抽样的含义及适应的总体特征
11. 掌握非概率抽样方法的运用步骤
12. 掌握教育研究课题的论证步骤

【关键术语】

假设	hypothesis
常量	constant
变量	variable
因变量	independent variable
自变量	dependent variable
无关变量	extraneous variable
操作性定义	operational definition
抽象性定义	abstract definition
系统抽样	systematic sampling
分层抽样	stratified sampling
整群抽样	cluster sampling
简单随机抽样	simple randomly sampling
目的抽样	purposeful sampling
概率抽样	randomly sampling
非概率抽样	purposeful sampling

教育研究是一项复杂的系统工程，需要严密的科学性和计划性，需要对如何实施研究进行精巧的设计。研究设计是整个研究的施工蓝图和实施计划，是教育研究的重要环节。研究设计的优劣直接关系到研究的成败。

第一节　教育研究设计的内容

简单地说，研究计划就是引导教育研究进行的计划或策略。作为一种计划，在研究设计中要确定研究的目的、内容，考虑怎样确定研究的对象，如何选择研究方法和研究的材料、工具，又怎样收集分析资料，以及研究队伍如何组织，先研究什么后研究什么等。作为一种研究策略，在研究设计中要考虑，每一研究阶段的技术路线，怎样保证研究的有效性和可靠性，保证研究获得有用的结果，研究设计是引导研究的进度计划或策略。尽管不同的研究课题，研究设计的程序和繁简不完全相同，但大多数的研究设计基本包括如下内容。

一、提出假设

假设就是对选题提出的问题作假想性的回答，根据这种回答建立有关变量关系的陈述。研究方法专家科林格（Kerlinger，1979）认为：假设在科学研究中比结论本身重要，它是增进知识的有力工具[①]。

在课题选定并做了大量深入细致的调查研究之后，当确定研究工作的路线时，往往要对所得到的材料进行一些推测性的解释或猜想，这就是提出假设。然后，根据这些假设进行深入研究，以便验证和修改假设，直至达到预定目的，或者找出事物的本质性规律，上升为正确的理论为止。因此，形成假设既是科学研究活动中的基本程序之一，也是科学研究方法论的一个重要内容。

二、确定研究变量

在研究中，特别是定量研究中，影响因素往往都用变量的形式表现出来。变量就是变化着的量，在研究中，变量一般指不同的个体具有不同价值或条件的特征。教育研究就是通过调查、测试、实验等方法来揭示变量间的关系。在选定具体方法和设计方式之后，应根据研究目的与假设，进一步明确本课题所要研究的变量有哪些，研究的无关变量有哪些，所研究变量的性质是因果的，还是相关的。

因果关系是指一种变量的变化直接导致了另一种变量的变化。如将教学方法和学生成绩看作两个变量，这两个变量间的关系就是因果关系。

相关关系较为复杂，有可能包含暂时未认识的因果关系。如将学生的生物成绩和化学成绩看作两个变量，这两个变量之间就是相关关系。第一种是相关关系中如果两变量的变动方向相同，即某一变量变化时，另一变量同时发生或大或小与前一变量相同方向的变动，这种相关被称为正相关，如学生努力程度和学习成绩的相关就是正相关（positive correlation）。第二种是负相关（negative correlation），即某一变量变动时，另一变量发生或大或小与前一变量方向相反的变动，如打字练习次数越多，出现错误就越小。第三种相关是零相关（preliminary correlation），就是某一变量变动时，另一变量做无规则变动，如学习成绩和体重间的关系。

在研究中要根据研究目的确定研究自变量、因变量和无关变量的特点和数

---

① Kerlinger F. N. Behavioral research：a conceptual approach[M]. New York：Holt, Rinhart & Winston, 1979：79.

目。在确定变量后,要考虑变量的测量水平及变量的指标。研究变量的测量水平实质上是研究指标的测量水平。研究指标是由研究变量分解得到的。如将学生思维能力作为教学方法这个自变量的一个因变量,就要进一步考虑测量思维能力的若干指标,即把思维的流畅性、敏捷性、独创性、精细性等作为指标,对思维能力的测量实际上就是对这些指标的测量。在教育研究中,研究变量或指标往往要有操作性定义。

三、给出操作性定义

在定量研究中的主要变量一经确定,接下来就是要给这些变量下定义,界定变量的含义。给变量下定义的目的在于提供变量的精确含义,便于他人理解,并作为研究者对变量进行操作的依据。给变量下定义的方法主要有两种:一是抽象性定义;二是操作性定义。一般而言,当研究变量已经确定,先提示抽象性定义,然后下操作性定义。操作性定义就是关于如何或用什么办法测量变量及指标的描述。

四、选择研究对象

要保证教育研究具有科学性,而不至于是经验的简单描述或事例和套话的拼凑,就需要采用规范的研究思路。其中,在了解具体的研究方法和课题研究各阶段的策略之前,还有必要了解一些基础的研究常识,包括抽样方法的运用。

在选取研究对象、选择研究资料时,或者在了解别人的研究时,常常会考虑这样的问题:这些人的情况、这些研究资料是否有足够的代表性?如果我们选择了一个典型事例或典型对象进行深入研究(包括进行个案研究),这样获得的研究结果是否能说明同类事例或同类人的情况?中小学教师往往工作繁忙,无暇作大规模研究,而只能选择自己所遇到的事例或自己所接触的任务展开研究,这样做是否合理?为什么合理?这类问题,其实都涉及一个基础常识,即"抽样";其中,关键的是要了解抽样的理论基础(概率)、总体和样本、几种具体的抽样方法及其优缺点;以此为基础,才能做出合适的选择。

如同选择研究类型、研究方法时一样,不可能指望有一种选择研究对象的方法能够具备所有的优点、而没有任何的缺点。所以,要根据研究需要和具体场景的实际情况,做一个合理的选择。

五、明确研究方法与研究工具

教育研究的具体方法是多种多样的,在研究设计时,应根据研究目的、研究对象的特点、研究的主客观条件、各种方法的优缺点与适用条件，选用最适当的研究方法方式去解决研究提出的具体问题。正像教学要选择恰当的方法和手段一样，教育研究也需要精心挑选得心应手的工具，应从"方法总是服务于特定研究目的"这一认识出发，来选择合适的研究方法。如研究目的是形成新的科学事实，且对象又是活动形态的，就应该选择观察、调查、实验等方法，若对象是文献形态，就应选择文献法和内容分析法；研究目的是形成新的科学理论，那就应选择归纳演绎等理论研究方法。在研究中应特别重视理论研究和实证研究的结合、定性与定量的结合。

选择研究工具主要有两种方式：一是购买或选用现有的研究工具和仪器；二是研究者根据研究的特殊要求，自己编制有关的研究材料。各种研究往往还需要使用特定的工具，如观察法需要观察记录表、调查法需要问卷或谈话提纲、实验法需要试题或量表。在没有现成可用的工具时，就要自行编制。工具编制要领，本书将在有关章节介绍。

六、考虑数据整理与统计分析的方法

在研究设计时，要初步考虑如何对收集到的研究数据和资料进行整理、分类，将用什么方法进行统计分析。并据此对收集资料的方法和内容提出进一步的要求。数据整理与统计分析的方法，本书将在有关章节进行简单地介绍，也可通过《教育统计学》等课程的学习获得。

七、设计操作化研究路线

研究路线的操作化设计阶段是研究设计的核心环节，涉及假设、方法、技术、研究对象等各研究单元的组织。研究的方法论、方法、技术维度，既以其逻辑的递进联系，也以其各自的个性品质围绕研究的理论界定与研究对象各维度、研究单元的相互作用，完成操作关系的建立。

若研究对象为事件的基本事实，以数据为呈现方式，则以定量研究的方法论范式与之配合并首选测量技术建立操作关系，以实证主义研究策略建立操作化研究路线。

若研究对象为事件人的角色意识，以活动为呈现方式，则以定性研究的方法论范式与之配合并首选田野观察技术建立操作关系，以定性研究策略建立操作化研究路线。

若研究对象为事件的基本事实，以活动为呈现方式，则定量的、定性的方法论范式均有可能与之配合并首选观察技术建立操作关系。倘若两种范式均可得到对于研究的理论界定满意的解释，便有可能以混合研究策略建立操作化研究路线。

若研究处于研究资料的形成过程，应以个案方式、测量方式等形成研究资料的逻辑线索，从研究问题是否存在、在何等程度和范围内存在以及是否可以改变三个方面形成研究资料，并且把各种研究技术与方法组织在这一研究过程之中。

八、开展研究论证工作

研究的论证是研究设计的最后环节。研究路线的操作化设计完成后，研究的全貌已经在理论的和操作的及二者结合的层面完整呈现。研究的论证是基于上述工作的理论预断。研究的论证主要包括：选题论证、研究的可行性论证、研究的合理性论证。

选题论证主要是对研究问题的来源、性质、学术地位、实用价值做出有依据的预断说明。其主要依据来自两个方面：一是选题的理论根据；二是文献检索的结论。研究的可行性论证主要是对与研究操作的实施相关的人力、财力、物力资源支持保障条件以及理论、技术支持保障条件做出有依据的预断说明。研究的合理性论证主要对研究的理论界定、研究的操作化设计的合理性做出有依据的预断说明，保证研究的效度和信度是研究合理性论证的重要标志。效度是指结论的准确的解释性和结论的普遍性，信度是指研究的一致性以及能在多大程度上重复。研究的操作化设计的合理性论证，重在说明研究样本形成，研究范式、方法、技术的选择及研究的操作化设计过程中怎样保持准确的解释及解释的一致，从而保证研究的效度和信度。研究设计完成后，可以结合选题、理论界定等各部分内容，完成研究设计报告。各种开题报告、立项申请报告在内容、格式上与此相近，研究设计是这类报告的核心内容。

由于研究的类型不一样，研究计划也有一定的差别。一般定量研究计划更具结构性，质性研究计划更具灵活性。研究计划的格式并没有统一要求。

第二节　假设的提出、陈述与验证

研究问题一经选定，其后的步骤就是要形成假说。在定量研究中，假设的建立一般是在研究之初，在收集资料之前进行。质性研究的假设大多产生于研究过程之中，研究初始阶段也许没有一般性的或尝试性的假设，当资料被收集和分析时，研究者可能会逐步提出推测，并不断增加、减少、修改和精练以形成假设。

一、假设的一般特征及其作用

建立假设是研究设计的一项重要内容，因为假设在以后的研究中，具有如下的作用：一是依据假设提出并确定研究中的自变量和因变量的种类、数目及其关系，从而确定研究的方向和具体目标；二是依据假设确定研究中收集资料的方向、范围和方法；三是依据假设确定处理与分析数据资料的方向、范围，以便验证假设。

(一)假设的含义及特征

建立假设是研究工作者最重要的思维方法，也是研究工作中十分重要的智力活动手段。

1. 假设的含义

假设(hypothesis)是用已有的事实材料和科学原理为依据，对未知事实(包括现象间的规律性联系，事物的存在或原因、未来事件的出现)的假定的解释。

假设是在进行研究之前预先设想的、暂定的理论，是对提出的研究问题作假想性的回答，即研究问题的暂时答案。

人类的任何活动都具有预定的目的性。在认识世界和改造世界过程中的一切活动，都不是简单地取决于外界的消极过程，而是一直积极能动的创造性过程。当我们在做一件事或者解决一个问题时，尽管开始并不能完全准确地肯定应该如何解决、如何去做。但是，根据自己的经验或知识，或者通过调查研究有关的资料，我们在头脑中先形成了一个解决问题的初步猜测或设想，这就是科学的假设。

2. 假设的特征

要提出一个好的假设就必须注意把握研究假设的主要特点。好的科学假设，应具有以下显著特点。

首先，假设是一种具体的推测。任何假设都是对于外界各种现象的猜测，尚未达到确切可靠的认识，因而有待于进一步通过科学实验来检验或证实。假设与正确的理论不同，是在不完全或不充分的经验事实基础上推导出来的，是对一定的行为、现象或事件的出现作试验性的、合理的解释，是有待实践证实的，因而它有一定的预测性。由假设所表明的预测必须具体明确地表达出来，否则无法评价假设检验的有效性。研究需要具体的假设，需要具体到时间、地点、方式和程度等。只有把这些概念界定清楚，才可以进行研究，或者说研究的结论才有价值，才可能建立理论框架。

其次，假设具有事实和科学知识的基础。科学的假设，是以真实的事实材料为基础的。教育研究的过程实际上就是研究者通过在抽象的理论世界和具体的现实世界探索规律，最终形成新理论的过程。提出假设不是认识的最终目的，而是为探索新理论做准备。假设只是为了解决最终的问题而提出的暂时性答案，但它却是教育科学探索的必经阶段，是建立和发展科学理论、正确认识客观世界的有效手段。

再次，研究假设涉及两个变量之间的关系。在一个假设中必须就两个变量的关系明确提出某种设想。两个及两个以上研究变量之间的关系主要有两种类型：相关关系和因果关系。有些假设虽然也描述了两个变量，但没有表明彼此之间的可能关联，没有反映两个变量间可能的变化形式，这样的研究假设就不符合规范。

如"小学生的语文学业成绩和英语学业成绩都好"，这个假设仅提及"语文学业成绩"和"英语学业成绩"两个变量，未说明两者之间关联情形，因此不能算作研究假设。可以这样来表述假设："小学生的语文学业成绩和英语学业成绩呈正相关"。

一个假设只能涉及两个变量。如果涉及多个变量之间的关系，要将变量对应组成几组假设。

如要研究教师职业倦怠与教师的性别和教龄的关系，这里就涉及三个变量：教师职业倦怠、教师的性别、教龄。不能把假设表述为"教师职业倦怠与教师的性别和教龄呈正相关。"这是因为教师的性别与教龄混在一起，难以验证教师职业倦怠是教师的性别起决定作用，还是教师的教龄起决定作用。为了研究的科学性，必须设定两组假设并分别进行验证：（1）教师职业倦怠与教师的性别呈正相关。（2）教师职业倦怠与教龄呈正相关。

最后，假设必须是可验证的。研究假设必须是可以验证的，无法验证的假设是不能作为研究假设的。可验证性是科学假设的必要条件。假设可验证的条件是：假设中的主要变量可以数量化或能以可操作的形式来重新表述。

如学生的学业成绩可表述为在某一标准化测验上的得分；教师的文化程度可按教师的学历层次划分为大专、本科、硕士研究生、博士研究生等。当假设中的变量具体化到这种程度，假设便具有被检验的可能性了。

总的来说，教育研究假设面临两种结局：一是假设被证实，这也是每个研究者希望看到的理想结局；二是假设被证伪，也就是说预想的结果被否定。需要指出的是：假设的否定并不代表整个研究计划被否定。否定意味着另一种意义上的成功，这是教育科研工作的必经阶段，是整个研究成果不可分割的一部分。无论假设的正确与否，都应以事实为依据，客观接受事实检验的结果。

二、假设的类型

教育研究的假设具有很多类型，可以从多个角度对其进行分类。

(一)按照假设的性质分类

1. 一般假设

一般假设即推测一般种类之间关系的假设，指向普遍的、抽象的、可推广的事例。如"女生比男生的形象思维能力强"的假设。

2. 特定假设

特定假设即推测特定对象之间关系的假设，指向个别的、具体的、特定的事例。如"甲班学生比乙班学生形象思维能力强"的假设。

3. 虚无假设

虚无假设即推测某种不存在的、无倾向的关系的假设，指向中性的、无差异的、无区别的事例，这种假设实际上就是统计学上的零假设。如"在形象思维能力上，男生与女生无差异"的假设。

(二)按假设中变量变化的方向分类

按假设中变量变化的方向分，假设的表述方式通常有如下几种。

1. 存在式表述(又称描述型假设)

存在式表述的形式是"在 C 的条件下，A 具有 B 的性质"。

[示例 4-1]"对于网络教学软件，清晰的导航设计具有帮助学生掌握知识内容结构的作用"研究。

在这项假设中，条件因素 C＝网络教学软件；自变量 X＝网络教学软件中的导航设计；因变量 Y＝学生掌握知识内容的结构。

2. 条件式表述

条件式表述的形式是"在 C 条件下，如果有 A，则有 B"。

[示例 4-2]"对于小学某年级的学生，在英语课的教学中，如果利用多媒体作情境设计式的教学，能增强对单词的记忆和理解，使长期记忆效果(6 个月后)达到××标准以上"研究。

在这项假设中，条件因素 C＝学生年龄＋学科科目；自变量 X＝多媒体情境教学方式；因变量 Y＝对单词的记忆和理解程度。

3. 差异式表述

差异式表述的形式是"在 C 的条件下，A 和 B 之间存在差异"。差异可表示为 A＞B 或 A＜B。

[示例 4-3]"对于多媒体教学软件《桂林山水》的学习，城市和农村中学生

对'能帮助理解知识'作用的认同程度存在差异"研究。

在这项假设中，条件因素 C＝对电视教材《桂林山水》的学习；自变量 $X=$ 学校类型（城市和农村中学）；因变量 $Y=$ 对"能帮助理解知识"作用的认同程度。

4. 函数式表述

函数式表述形式是"在 C 条件下，随着 A 的改变，B 将作××方式的变化"。

[示例 4-4]"小学生在利用多媒体教学软件进行学习时，随着学习时间的增加，学生的注意保持率将逐渐下降"研究。

在这项假设中，条件因素 C＝小学生使用多媒体教学软件进行学习；自变量 $X=$ 使用软件进行学习的时间；因变量 $Y=$ 学生观看的注意保持率。

(三)按假设的复杂程度分类

依据复杂程度可将假设分为如下三种，这也是研究假设发展的三个阶段。

1. 描述性假设

描述性假设(descriptive hypothesis)是从外部表象和特征等方面来大致地描述研究对象，从而提出关于事物的外部联系与内在性质关系的推测。

描述假设是关于事物外部联系和大致数量关系的推测，是关于对象的大致轮廓的外部表象的一种描写。如通过画几何图形中的线段，研究学生对图形认知结构的心理特征。

2. 解释性假设

解释性假设(explanatory hypothesis)是揭示事物的内部联系，指出现象质的方面，说明事物原因的一种更复杂、更重要的假设。

这是比描述性假设高一级的形式。在研究中，处于解释这个层次的假设，是从整体上揭示事物各部分相互作用的机制，揭示条件与结果、研究主体的最初状态和最终状态的因果关系原理。

3. 预测性假设

预测性假设(predictive hypothesis)是对事情未来的发展趋势的科学推测，它是基于对现实事物的更深入、更全面的了解基础上提出的更复杂更困难的一种假设。

例如，预测性假设主要用于全国范围内的、具有战略意义的某些综合性课题的研究。这类具有战略价值的研究课题，绝不是某一学科研究所能承担的，一般是多学科综合协调完成的。当然，教育研究中多是一些与当前关系密切的现实课题，采用预测性假设不是太多。

(四)按照假设在表述变量关系上的倾向性分类

1. 非定向假设

非定向假设(none-direction hypothesis)即在陈述中不提示假设结果的预期方向，而是期望通过检验结果来提示变量之间的差异，常用虚无假设来表示。

例如，"男孩的欺负性行为和女孩的欺负性行为无差异"假设，当这个非定向假设被拒绝时，就可以从实际的男生和女生欺负性行为的平均次数上判定其方向性，得出研究结果。

2. 定向假设

定向假设(direction hypothesis)即在陈述中示意假设结果的预期方向，指出变量之间差异的特点和倾向。

例如，"学生的学习动机强，则学习成绩好"和"教师的口头警告次数越多，学生上课的注意力就越分散"这两个假设。一般而言，采用定向假设比较符合人们的思维习惯，易于理解和讨论。特定假设和一般假设常为定向假设。

(五)按假设的形成分类

1. 归纳假设

归纳假设(inductive research)是基于观察基础上的概括，是人们通过对一些个别经验事实材料的观察，得到启示，进而概括、推论出的经验定律。

例如，黎世法对于"六课型单元教学法"的研究，就是通过对一万多名各类中学生的学习方法调查，尤其是三百多名优秀生的学习方法特点的深入研究，将学生的"八环节系统学习方法"从心理活动中概括出十条学习心理规律。[1]

2. 演绎假设

演绎假设(deductive research)是从教育科学的某一理论或一般性陈述出发推出的新结论。

演绎假设是根据不可直接观察的事物现象或属性之间的某种普遍性联系，通过理论综合和逻辑推演而提出的理论定律和原理。

例如，冯忠良依据能力、品德的类化经验说、学习的"接受—构造"说、教育系统论观点和教育的经验传递说，推论出"结构—定向"教学实验研究的一系列假设。[2]

三、假设的陈述与检验

假设是对选题提出的问题所做的假想性的回答，并根据这种回答建立有关

---

[1]　裴娣娜. 教育研究方法导论[M]. 合肥：安徽教育出版社. 1995：108.

[2]　同上书，109.

变量关系的陈述。它有待于通过检验去验证。验证的结果，如果假设成立，就表明假设所做出的回答正确；若假设不成立，则说明这种回答不正确，需要用另一种方式陈述。

(一)假设的陈述特征

假设的陈述特征包括如下几方面：首先，假设是包括两个以上变量之间的假想性关系陈述；其次，陈述中各变量具有明确的定义，并且可以被控制、测定或表达；再次，假设的陈述只是一种待检验的关系的陈述，但必须是能被验证的。

(二)假设的检验

假设的检验就是验证假设是否成立。从严格意义上来说，对假设的检验是依赖于概率统计的原理。一般来说，在检验一个假设时，要经过以下三个步骤。

1. 建立一个零假设

零假设也叫无差别假设。假设检验的一个基本思路是，若要检验一个研究假设是否成立，先建立一个"无差别假设"，即零假设。由这个假设出发，运用统计的方法，如果在逻辑上出现矛盾，就可以认为原来的研究假设是正确的。对于一个具体问题，可以提出两个互斥完备的假设，也即零假设和研究假设。

[示例 4-5]教师泛读与学生阅读能力的关系，可以形成以下两个假设：a. 教师泛读不影响学生的阅读能力；b. 教师泛读能提高学生的阅读能力。a 就是零假设，b 就是研究假设。没有示意结果趋向的是零假设。

2. 进行统计量的计算

进行统计量的计算，运用研究中所收集到的数据，选择并计算一种与研究内容和方法有关的统计量，如 T 值、F 值、U 值等。

3. 确定是否接受原假设

根据统计量的计算结果进行判断，确定是否接受原假设。科学的发展就是对假说的不断证实和证伪，正所谓"大胆假设，小心求证"。这种方法论要求研究者对其研究课题亦须先提出假说并通过实证的方法加以检验，但是这种做法只适用于教育的事实问题研究，而对教育的价值问题研究则不能一概而论。对于教育的价值问题研究，往往采用质的研究方法通过定性分析加以检验。一般的教育研究可以采取多种方法对研究的结果进行检验，特别是要把定性方法与定量的方法结合起来。

(三)教育研究问题陈述和假设举例

[示例 4-6]问题的陈述：教师对学生的评价是否影响学生的自我评价？

假设：如果教师增加对学生的积极评价，学生的正面自我评价将显著提高

[示例 4-7]问题的陈述：在 A 学校进行的一项关于实验在初中学生的科学教学中的作用的人种学研究。

假设：(1)实验的功用在于使学生参与合作活动；(2)学术能力强的学生将垄断实验的操作

操作性定义：

研究的参与者：A 学校中所有在科学课程注册的学生；

科学教学：A 学校中所有物理、化学、生物课程；

实验工作：在实验室的活动，这些活动中学生直接进行试验，操作科学仪器，解剖生物样本等；

变量：实验的功用，实验的程度，实验的类型，实验时间安排。

第三节 确定教育研究变量

研究假设仅为研究提供了大致方向，为了说清楚具体的研究内容，还必须确定研究活动的关键因素。

一、研究的常量

常量(constant)即研究中所有个体都具有的相同的特征或条件。

在研究过程中，会有些因素是研究中所有个体都具有的相同的特征或条件。在教育研究中，常量不是要研究的内容。研究变量则是研究者感兴趣的、所要研究与测量的。

二、研究的变量

有些因素在研究中不同的个体有不同的特征或条件，这些就叫做变量(variable)。如一个研究要比较两种不同教学方法对五年级学生学科成绩的影响，这里年级水平就是一个常量，是这个研究中不变的条件；而表征教学方法影响的分数就是变量，另外一个变量是教学方法。不同的变量在研究中担当不同的角色，具有不同的名称。

(一)自变量

所谓自变量(independent variables)，就是由研究者安排的、人为操纵控制的、作有计划变化的诸因素。

自变量通常具有如下特征：它的变化会导致研究对象发生反应；它的变化

83

能够被研究者所操纵控制；它的变化是受计划安排，系统性变化的。

如研究对同一的教学对象和教学内容，应用不同的教学手段将会产生怎样的教学效果时，各类不同的教学方法就是其自变量。

通常把自变量的一系列的变化值称为自变数。

(二)因变量

因变量(dependent variables)又称应变量或依变量，它是随着自变量的变化而变化的，是研究者打算观测的变化因素。

因变量具有如下的特征：它必须是跟随自变量的变化而变化的因素，或对自变量做出响应的；它是根据需要有待观测的因素；它是能够以某种反应参数来表征的可测量因素。对于随着自变量的变化而变化的反应参数，通常称为因变数。

[示例 4-8-1][1]不同教育水平的师生课堂交流研究

自变量：不同的教育水平，分为 3 个类别：高小，初中，高中

因变量：测量出师生交流课堂观察各项指标的分数

[示例 4-8-2]学校地理分布影响七年级学生对学校态度的研究

自变量：学校地理分布，三类：城市、郊区、乡村

因变量：对学校态度的各项指标分数

[示例 4-8-3]不同材料对概念理解的影响研究

自变量：材料的种类：图片，文字，语音，图像

因变量：理解概念所需的时间

[示例 4-8-4]男、女教师职业态度研究

自变量：教师性别：男、女

因变量：职业态度各类指标分数

(三)无关变量

无关变量(extraneous variable)泛指除自变量以外一切可能对研究起干扰作用从而影响研究结果的因素。

无关变量对研究并不是真的"无关"，是指它与自变量无关，与研究目的无关，它只是研究者在研究中未作为自变量的、不打算研究的变量。但由于它对研究结果将产生影响，所以需要在教育过程中加以控制。

此外，还有一些对特定性质变量的描述名称。

(1)有机变量(organismic variables)：用来表示研究中个体的先天特征，如性别和智力都是有机变量。

---

① 袁振国.教育研究方法[M].北京：高等教育出版社，2000：23.

（2）干扰变量（intervening variables）：属于研究中可以判断其存在，但是无法控制或测量的变量，也有的叫中间变量、复合变量。它的存在会对其他变量的效果解释产生不利影响，使研究者无法做出正确判断与解释。如被试者的主观态度、习惯、动机等。

（3）控制变量（control variables）：是一个不同于其主要作用的自变量，它的效果可由研究者控制，如代数教学中，如果男女性别对因变量影响的差异已被确定，那么性别既是有机变量又是可控变量。

（4）减缓变量（slow variables）：是指该变量的存在会影响结论的有效性，比如研究 3 种 4 年级阅读方案对学生阅读成绩的影响，学生先前的阅读水平就是减缓变量。

从以上示例可以看出，对变量的描述并不是相互排斥的，有机变量可以成为控制变量，当研究范围扩大时，控制变量又可能成为自变量。

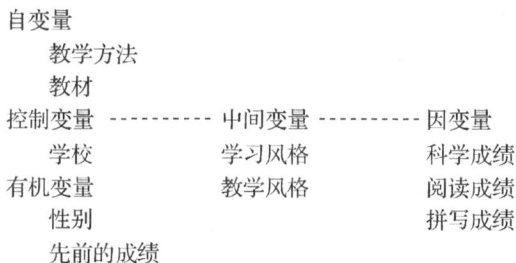

```
自变量
    教学方法
    教材
控制变量 --------- 中间变量 --------- 因变量
    学校            学习风格            科学成绩
有机变量            教学风格            阅读成绩
    性别                                拼写成绩
    先前的成绩
```

图 4-1　研究中各种变量的关系

研究设计也就是要考虑到如何有意改变自变量，如何观察记录因变量，如何控制干扰变量，以使得研究能达到预期的目的。

第四节　给出操作性定义

确定变量的观测指标的第一步是给出变量的定义。给变量下定义的方法主要有两种：一是抽象性定义；二是操作性定义。一般而言，当研究变量已经确定，先提示抽象性定义，然后下操作性定义。

一、抽象性定义

抽象性定义（abstract definition）是对研究变量或指标共同本质的概括。

教育研究中的抽象性定义需要界定，即发现和赋予它一定的意义。教育研究的抽象性定义可以通过五种途径形成：一是从教育理论中吸收；二是从其他学科中移植；三是从日常用语中引进；四是独立地创造；五是转译别国学者的新概念。从文献（专业的教科书、辞典、百科全书等有关条目中）找到合适的抽象性定义是最简单、最常用的方法。但如何测量变量则需要给出变量的操作性定义。

如"阅读能力"辞典定义为"独立地从书面符号中获取意义的能力。"但什么是"独立地"？"书面符号"具体指什么？怎样才算"获取意义"？"能力"有哪些指标？如果这些问题不解决，阅读能力是无法具体测量和操作的。

二、操作性定义

操作性定义是由美国物理学家布瑞格曼（P. W. Bridgman）于1923年提出的。1971年被美国《科学》杂志列为世界五大哲学成就之一。

操作性定义（operational definition）就是用可感知、可度量的事物、事件、现象和方法，或以可以具体呈现为原则，对变量或指标做出具体的界定、说明。

操作化就是将无法直接观察到的概念，用代表他们的外在的、可直接观察的具体事实来替换，以便通过后者来研究前者。

如发散思维（divergent thinking）：又称辐射思维、放射思维、多向思维、扩散思维或求异思维，不少心理学家认为，发散思维是创造性思维的最主要的特点，是测定创造力的主要标志之一。发散思维的抽象性定义是指"从一个目标出发，沿着各种不同的途径去思考，探求多种答案的思维，与聚合思维相对"。但如何测量学生的发散思维，则需要给出一个可测量的操作性定义，即发散思维可采用砖的用途测试的分数，具体指标为在60秒内回答砖头的不同用途达10项以上。

事实上，在教育研究中除了变量要下操作性定义，研究的有关条件也需要操作性定义。

如要调查高中生，就要说明什么叫高中生？高中生的操作性定义可以为：现在正式高中注册的已满12个获12个以上学分还未毕业的学生。可以看出，高中生的这个操作性的定义是确定的、可观察或可证实到的特征。

(一)操作性定义设计的原则

第一，对称性原则。指给变量或指标设计出来的操作性定义必须与其抽象性定义的内涵相对称，而不能过宽或过窄。

第二，独特性原则。指给变量或指标设计出来的操作性定义必须使其具有有别于其他事物、现象的独特特征。

(二)操作性定义设计的方法

1. 方法与程序描述法

方法与程序描述法是通过特定的方法或操作程序来给变量下操作性定义的一种方法。

如"饥饿"在操作上可以定义为，剥夺个体进食 24 小时后个体存在的状态。

2. 行为描述法

行为描述法是通过描述客体或事物所具有的动态特征来给变量下操作性定义的一种方法。

如英国儿童心理学家在研究儿童"Pad 上瘾"时，给其下的操作性定义为：对其他活动没有兴趣；老是吵着要上网；情绪波动爱顶嘴；我行我素不合群；爱偷着用 Pad，具体说明"Pad 上瘾"儿童的各种行为表现。再如，在合作学习研究中对小学生的"旁观"行为，给出的操作性定义为"注视别人的活动达 2～3 分钟，自己未参与"。

3. 指标描述法

指标描述法是通过陈述测量操作标准来界定一个概念，是对所解释对象的测量手段、测量指标、判断标准做出规定。

如幼儿界定为 3～6 岁；再如，发散思维——对同一物体多种用途的设想能力，具体指标为在 60 秒内回答砖的不同用途达 10 项以上。

在研究中，研究者应善于选用最适宜的方法给变量设计操作性定义，使变量能被具体、客观的指标明确界定与测量。需要指出的是，一个变量可能不只有一个操作性定义。不同的操作性定义会影响对研究结果的解释，操作性定义能使研究者确认同样问题的不同研究之间的相似点和差异。

不同类型的研究其变量的操作性定义有不同的表现方式，对于定量研究，一般来讲，操作性定义应当明确具体；而对于质性研究就不一定使每一个变量的操作性定义都十分明确具体，因为质性研究中的变量往往需要在研究过程中逐步清晰。

第五节　确定研究对象

在教育研究中，研究对象往往是数以万计的学生。在很多情况下，我们不可能逐一地研究，只能从中选择一部分。为了揭示教育的规律，就要求选取的研究对象有一定的代表性，才能保证研究结果的可靠，因此确定研究对象是研究设计中十分重要的一个环节。

一、基本概念

(一)取样

取样(sampling)是遵循一定的规则,从总体中抽取样本的过程。

例如,我们从数以万计的一年级小学生中按照一定的规则抽取 100 名学生,这个过程叫取样。

(二)总体

总体(population)是指由研究目的所决定的、一切按特定特征所描述的人物或行为反应的集合。

在教育研究中,总体可以是教师、学生等不同类别的人,也可以是人的行为表现或其他特征。总体单位总数用"N"表示。

特定的研究中,其总体的大小是由课题内涵决定的。假若课题是要研究某校某年级学困生形成的原因,那么,该校该年级中符合学困生定义的所有学生便构成研究对象总体;如果课题是当代中国青少年理想调查,那么中国(包括港澳台)所有青少年便构成这项研究的对象总体。

(三)样本

样本(sample),也叫子样,是指从总体中抽取的用以进行调查研究的一部分研究对象。

样本包括人物或行为反应。样本单位总数用"n"表示。如,我们从某市大学生中抽取 500 名大学生来进行"某市大学生体育锻炼爱好"情况的调查,这500 名大学生就构成一个样本。

抽取的样本要尽可能代表总体,只有样本具有代表性,才能推断总体特征。为了使样本具有代表性,在定量研究中,取样以概率论的大数定律作为理论基础,一般按随机原则取样,使每个个体都有机会选入样本中,从而尽可能使样本保持和总体相同的结构。在质性研究中采用有目的取样,并在逻辑的基础上讨论其代表性。

(四)样本容量

样本容量(一般用英文字母 n 表示),也称样本大小,是指样本中含有的分析单位的数目。

样本有大样本与小样本之分。样本中所有个体的数量就是样本容量。一般来说,样本容量大,使样本更具代表性,也会提高统计精确度。但样本容量大,耗费人力、财力多,花费时间多,有时也会影响收集材料数据的质量和统计的及时性。所以确定样本容量，要从研究的类型、预定分析的精确程度、允许误差大小、总体的同质性、取样的方法，以及人力、物力、时间等方面总体考虑。在定量研究中，如果要求精确度高，允许的误差值小，总体的异质性很大，许多未控制因素会混淆研究结果，或研究的因变量在测量上信度较低，就要考虑使用较大样本。

从统计的角度计算样本容量较为复杂，长期的研究经验提供了以下一些取样的参考值：描述研究、调查研究：样本容量可为总体的 10%，如总体小、抽样率再高些，调查研究的样本容量一般不能少于 100；相关、比较研究的满意样本每组至少 30；实验研究：条件控制较严密的研究，如心理学实验，每组有 15 个左右实验对象且样本总容量为 60 左右可能较充分；条件控制不严密的教育实验，一般以教学班为单位，每班不少于 30 人。

一般来说，质性研究样本容量较小，样本容量大小由信息的需要确定。

(五)抽样框

抽样框(sampling frame)就是抽样单位的具体化的实际名单。

调查总体是某高校的本科生，那么在抽取样本前，我们必须掌握该高校全体本科生的名册，这就是抽样框，样本是从这个名册中产生的。

(六)总体参数与样本统计量

总体参数是关于总体中某一变量取值的综合描述，即根据总体中各单位的已知量计算出来的关于总体的统计指标。

总体参数(population parameter)即反映总体数量特征的指标。其数值是唯一的、确定的。

如研究某大学一年级男生的平均身高。在抽样调查时，这个量一般是未知的(但是唯一的)。因为如果这个量已知，就不必进行抽样调查了。

样本统计量(sample statistics)即根据样本分布计算的指标，是随机变量。

样本统计量是关于调查样本中某一变量取值的综合描述，即根据样本中各单位的已知量计算出来的关于样本的统计指标。如在某大学一年级男生中随机地抽出 200 个人组成一个样本，测得每个人的身高，然后计算出这 200 个男生的平均身高便是样本统计量。

样本统计量，当抽样调查完成后即可计算出来，但它不具有唯一性。抽样调查就是运用样本统计量去推断总体参数，而这种推断误差总是难免的。

抽样误差(sampling error)是指由于抽样方法本身导致样本统计量和总体参数之间差异。

抽样误差是客观存在的，在一定范围内也是允许的。科学的抽样设计其目的在于尽可能减少这种误差。

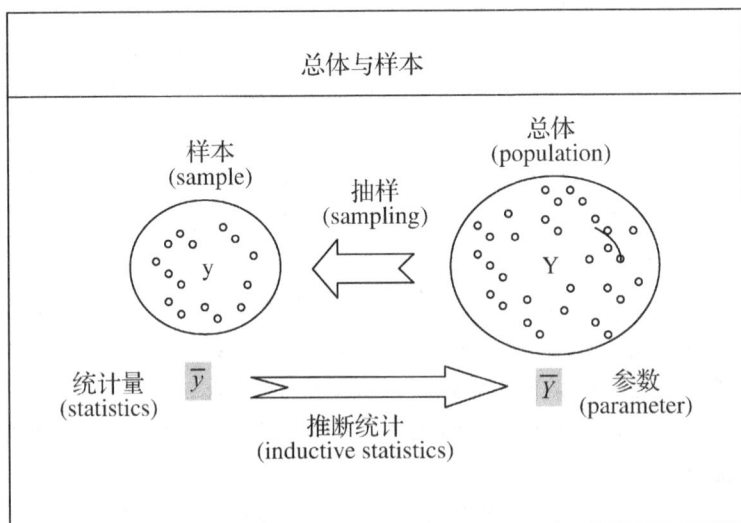

图 4-2　总体与样本

二、抽样过程

(一)界定总体

根据调查的目的要求,确定调查对象的范围,包括时间、地点和人物。例如,我们要研究某高校大学生学习动机,可以界定总体的范围如下:2015 年下半年,该高校一年级至四年级的在校本科大学生。总体的定义越清楚越好,原则上由样本所得的研究结果只能推论到这个界定的总体范围。

(二)确定抽样框

在应用抽样框之前必须审核其完整性和准确性。例如,有无遗漏?有无列于名单上但实际上不存在的个案?有没有重复或不属于研究范围的?等等。

(三)选择抽样方式

抽样一般有概率抽样与非概率抽样两大类。抽样的方法多种多样,要根据研究目的、研究总体的特征和条件等灵活加以选择与运用。在大型的教育研究中往往采用几种抽样方法的组合。

(四)实际抽取样本

按照设计的抽样方法或方法组合,以及进行研究工作的主客观条件等抽取样本。

(五)对样本进行评估

在开始调查之前要对样本进行评估。评估的目的是初步检查样本的代表性，以免由于前面步骤中的失误使样本偏差太大。如果样本与总体的情况相似，这样的样本就有代表性；如果两者资料相差甚多，则表明前面的抽样步骤有问题，要检查和修正。

三、抽样的基本方法

抽样一般有概率抽样与非概率抽样两大类。抽样的方法多种多样，要根据研究目的、研究总体的特征和条件灵活运用。

(一)概率抽样

概率抽样(randomly sampling)也称随机取样。概率抽样应满足的要求是：随机性——总体中的所有个体都有同样被抽出的机会；可行性——抽样的方法在实际中是可实施的；信息性——抽得的样本尽可能反映出分析时所期望的各种信息。

概率抽样包括有简单随机抽样、系统抽样(等距抽样)、分层抽样(类型抽样)和整群抽样等方法。

1. 简单随机抽样

简单随机取样(simple randomly sampling)是直接从总体所有个体中随机抽取样本的方法。

在简单随机抽样中，总体中的每一个个体都有相等的被抽取的机会，而且每个个体的选择与其他个体的选择之间没有必然联系，也就是说，每个样本个体都是被独立地抽取的，这种方法简便易行。

简单随机抽样适用范围：总体异质性较大且所取样本较小的研究。

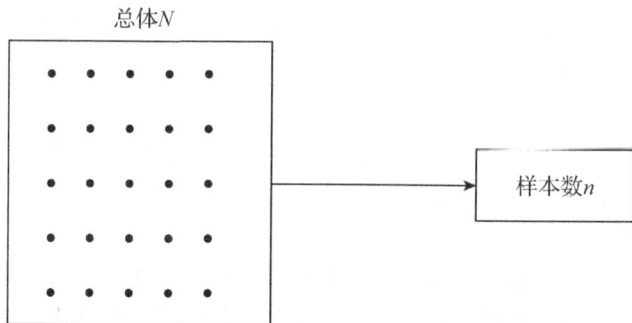

图 4-3　简单随机抽样

为了达到随机抽样的目的，人们一般采用如下方法。

(1)抽签法。把总体中的每一个个体都编上号码，并做成签，充分混合后从中随机抽取一部分，这部分所对应的个体就组成一个样本。

(2)查表法。查随机数表，确定从总体中所抽取个体的号码，则号码所对应的个体就进入样本。随机数表可随意从任何一区、任何一个数目开始，依次向某个选定的方向顺序进行。用电子计算机编造随机数程序，把随机数作为总体中抽出个体进入样本的号码。具体步骤如下。

步骤一：将总体中的每个个体都编上序号，也可以采用原有的编号；如一个年级的 200 名学生分别编号为 1~200。(如果从中选取 50 名学生，则每一名学生被选中的可能性都相等，都是 1/4，或 25%；这就符合"概率抽样"的要求)

步骤二：在随机数码表中随机地选择一行或一列开始，根据需要选择若干行、若干列，然后在每一个具体的随机数码中按同一标准(如都选前三位、或者都选后两位)选取符合要求的(即其数值在欲选取的样本的数目范围之内的)序号。

步骤三：根据已选出的序号挑选样本。

	50~54	55~59	60~64	65~69	70~74
05	36 075	83 967	22 268	77 971	31 169
06	04 110	45 061	78 062	18 911	27 855
07	75 658	58 509	24 479	10 202	13 150

[示例 4-9]上面是一份随机数码表(可在统计学课本的附页中找到)的一部分，利用它在总体中选取 50 个样本。

具体步骤为可以选择 05 行、60~64 列(可以从任一行、任一列开始)，往下选择(同一列结束后转入下一行)，每一行中的后三位数字为被选取的学生编号，则被选择的学生编号依次为：268(大于 200，舍去)，062，479(舍去)，…，971(舍去)，911(舍去)，202(舍去)，…，169，直到选满 50 名。

简单随机抽样的优点：每个个体的被选择不受抽样者的偏见影响，并且能由总体的平均值和标准差而算出抽样误差的平均值(即统计学中所说的抽样分布的标准误 SE)。

简单随机抽样的局限：对于一个大样本或总体范围很大的抽样调查项目，其工作量相当大。目前人们已运用计算机进行抽样以克服简单随机抽样的这个弱点。

2. 系统抽样

系统抽样(systematic sampling)，也称等距抽样或机械抽样，是指将总体中的所有单位或个体按一定的顺序排列起来，然后每隔一定个数等距离地抽取样本的一种抽样方法。

例如，我们要从 1500 个学生中随机抽取 100 个组成样本，就可以确定每隔 15 个个体抽取一个学生。此时，可运用公式求出间距常数。

$$K = N/n = 1500/100 = 15$$

式中 K 表示系统抽样所需的间距常数，N 表示已知总体或抽样范围的个体的数目，n 则表示我们预期的样本容量。在实际工作中，若算出的 K 值不是整数，可以取较接近 K 值的一个整数。具体步骤如下。

步骤一：设总体共有 N 个单位，现需要从中抽出 n 个单位作为样本。先将总体的 N 个单位按与总体特征标志无关的标志进行排队。

步骤二：确定取样间隔，将 N 划分为 n 个单位相等的部分，每部分间隔为

$$K = \frac{N}{n}$$

步骤三：决定起点，抽样起点的选定有多种方式，通常是在第一部分顺序为 1，2，3，$\cdots$，i，$\cdots$，K 个单位中随机取一个单位 i 作为抽样的起点。对于总体单位 N 是奇数时，也可按 $R = (K+1)/2$ 算出 R 值，就按某一部分的第 R 个单位作为抽样起点。对于总体单位 N 是偶数时，则按 $R = (K+2)/2$ 算出起点位置。

步骤四：在第一部分中，随机以 i 为起点抽出第一个样本后，继续在第二部分中抽出第 $i+K$ 单位为样本；以此类推，在第 n 部分则抽取第 $i+(n-1)K$ 单位为样本。

若以 R 为起点，同理顺序地抽出第 $R+K$ 直到 $R+(n-1)K$ 单位为样本。

这样一共抽出了 n 个单位组成样本，而且每个样本的间隔都是 K，所以称这种抽样方法为等距抽样。

[示例 4-10]现有 180 名学生，要利用系统抽样法从中抽取 15 名学生作研究样本，其方法如下。

步骤一：先将学生按与学生学习成绩无关的标志编号，假设按学生座位顺序把学生编为 1～180 号，然后按下述步骤抽取。

步骤二：确定间隔距离 $K = \dfrac{N}{n} = \dfrac{180}{15} = 12$。

步骤三：决定起点 $R = (K+2)/2 = (12+2)/2 = 7$，即决定从第一部分的第 7 号单位作为第一个样本。

步骤四：第二个样本为 $7+12 = 19$ 号单位；以此类推，抽出的 15 个样

本为：

7，19，31，43，55，67，79，91，103，115，127，139，151，163，175。

系统抽样的适用范围：适用于大样本的随机抽样。

系统随机抽样的优点：样本的分布比较均匀；有较高的代表性；抽样误差小于简单随机抽样；简单易行，只要确定了第一个样本单位，整个样本也就确定了。

系统随机抽样的局限：调查总体的单位不能太多，而且要有完整的抽样框，否则就难于进行；使用此种方法要注意避免抽样间隔与调查对象本身的周期性节奏相重合。

3. 分层抽样

分层抽样(stratified random sampling)，也称分层抽样或类型抽样。分层抽样就是指首先按某种特征将总体分成不同的层次或小组，然后在每个层次或小组中再随机抽样的方法。

对总体分层的主要目的是把总体中特征相近的个体集合在一起，以使不同层次之间的差别更为明显，同时使同一层次内各个个体的特征更为集中，从而增加各层样本的代表性。如要调查某中学翻转课堂学习情况，就可以首先将全校学生按年级分成三个组，然后再在每个年级中进行随机抽样。这样抽取的样本就可以更好地代表全校学生这个总体了。

分层抽样适用范围：适用于总体是由大小不同或层次不同的小组(层)构成的研究。

分层是一个关键的步骤，应注意三点：一是分层必须要有明确的标准，标

总体$N=N_1+N_2+N_3+\cdots+N_n$

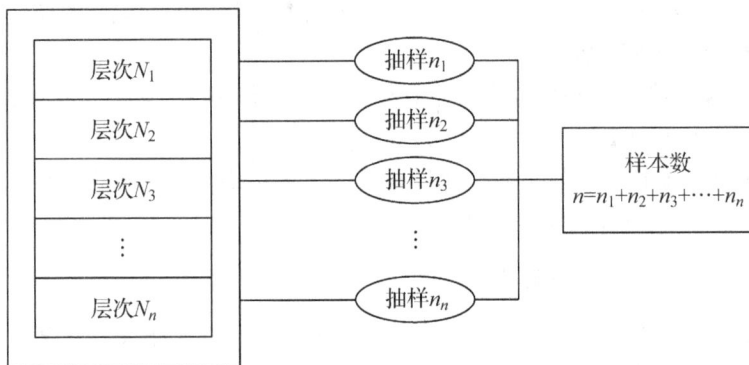

图 4-4　分层抽样

准可以是一个，也可以是两个或两个以上；二是要知道各层中的个体数目及比例；三是分层不宜过多。

在分层抽样时，还必须解决各层抽取的样本究竟应该在最后形成的代表总体的样本中占多大比例的问题，也可以说，各小组（层）所选的样本究竟应有多少个名额。这可以通过求出每个小组在总体中所占的比例来解决。如上例中，一年级学生占全校学生总数的十分之三，那么一年级所选的样本数也应占全部样本数的十分之三。

设总体由 N 个单位组成，现在需要抽取出一组容量为 n 的样本，其步骤如下：

步骤一：把总体按主要标志划分为 R 组，使 $N=N_1+N_2+\cdots+N_R$；

步骤二：然后从各组中的 N_i 中，用单纯随机抽样方法抽取 n_i 个单位构成样本，使得 $n=n_1+n_2+\cdots+n_R$。由于分层是按主要指标分组，各组的单位数不同，而分层抽样通常是按各组单位数占总体单位数的比例来抽出样本，哪一组单位多就应该多取样，单位数少则少取样，并要保证如下关系

$$\frac{n_1}{N_1}=\frac{n_2}{N_2}=\cdots=\frac{n_R}{N_R}=\frac{n}{N};$$

步骤三：各组的样本数应为 $n_1=\frac{n}{N}N_i$。

[示例 4-11]某年级学生共 180 人分为四个班，其中甲班 $N_1=40$ 人，乙班 $N_2=50$ 人，丙班 $N_3=45$ 人，丁班 $N_4=45$ 人，现要抽取 20％作为样本，则每班应抽取的样本单位数按如下步骤算出：

1. 确定样本单位数 $n=N\times20\%=180\times20\%=36$ 人；

2. 每班的样本单位数分别为

$$n_1=\frac{36}{180}\times40=8,$$

$$n_2=\frac{36}{180}\times50=10,$$

$$n_3=\frac{36}{180}\times45=9,$$

$$n_4=\frac{36}{180}\times45=9,$$

则样本容量 $n=n_1+n_2+n_3+n_4=8+10+9+9=36$。

分层随机抽样的优点：样本与总体同质性较好；对于内部差异比较大的总体能够提高样本的代表性，即分层抽样有助于提高研究被试选择的代表性。

分层随机抽样的局限：需要确切知道直接影响研究结果的总体结构特征。

4. 整群抽样

整群抽样(cluster sampling)，也称区域抽样、聚类抽样或成组抽样。它是把总体中的群体而不是个体作为抽样单位进行随机抽样，然后把抽取的群体中的全部个体作为样本个体。

整群抽样适用范围：适用于抽样单位(群体)本身就是抽样分子，而且实际上不可能确定抽样范围的情况。

如调查一个县的适龄儿童入学情况，若首先确定一个包括该县所有适龄儿童的名单，显然不太容易；这时可采用整群抽样的方法，随机选取该县一些乡或村作为抽取的群体单位，在对这些乡(村)的适龄儿童进行调查。再如：要对某市大学生的体质状况做一次抽样调查。该市共有大学生5万人，分布在30所大学中。我们先从30所大学中随机抽取5所大学，然后对所抽中的学校的全部学生逐个进行调查，这便是整群抽样。

整群抽样与分层抽样有相似之处，第一步都是按某种标准将总体划分为一些子群。但整群抽样是抽取若干子群，并将抽出的子群中全部个体作为样本，总体样本只分布在几个群中。

整群随机抽样的优点：不打乱原教学或工作单位。

整群随机抽样的局限：但抽样误差较大，代表性较低。

(二)非概率抽样

有时研究的目的仅仅是获得线索和提出假设，而不是由样本推论总体，在这种情况下一般代之以非概率抽样。

非概率抽样(purposeful sampling)，与概率抽样相对，是指每个抽样单位被选择的概率是未知的。

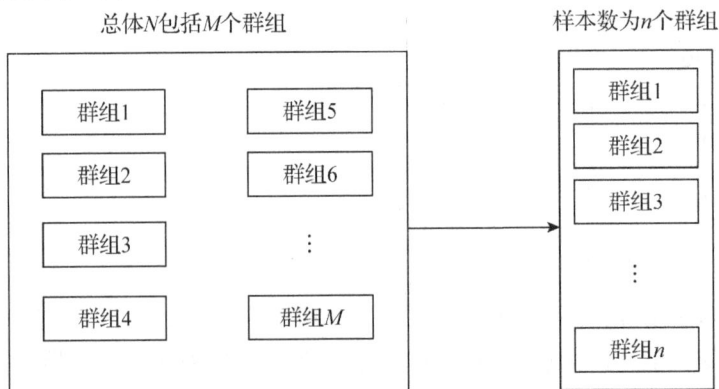

图 4-5　整群抽样

非概率抽样没有概率抽样那样的复杂程序，可以直接利用手边的甚至是偶然得到的抽样单位或抽样分子。

非概率抽样优点：简单易行、节约开支；

非概率抽样缺点：选取的样本的代表性难以确定，其次误差难以有效地控制也难以估计。

非概率抽样适用范围：该类抽样有其特定的有效使用范围，即研究者不打算对此阶段的研究结果作普遍化的推论。例如，所进行的研究只是一项小范围的专题调查、一个个案研究，或者是一项更大规模、更正规研究的模拟试验。非概率抽样常常被用于规模较小的教育质性研究。

1. 偶遇抽样

偶遇抽样是指研究者按照方便性原则将其在一定时间内，一定环境里所能遇见或接触到的人均选入样本的方法。

由于是依据调查者的方便任意选取样本，也称为方便抽样。偶遇抽样的优点是方便省力，但是样本的代表性差，有很大的偶然性。

如一名教师要了解学生在家中承担家务劳动的情况，他可以选取邻居、同事、朋友等家中的学生作为样本。

2. 目的抽样

目的抽样(purposeful sampling)，又称定标抽样、立意抽样、鉴定抽样或判断抽样。它是根据研究者对所要选取的抽样单位的了解和判断而进行抽样的方法。

目的抽样主要用于总体无法确定分界标准，时间和设备等资源有限，或出于伦理原因而不便做随机抽样的情况。

如为了调查学生间的人际交往状况，可以选取一些表现较为典型的学生作为研究对象，包括比较外向与比较内向的学生。

其优点是研究者可运用已有知识技能和抽样经验去选取抽样单位；若研究者对研究目的、内容和对象有足够的了解，就可得到有足够代表性的样本。目的抽样不是随意进行的，但研究者的主观因素仍会影响抽样误差，因而运用目的抽样常常要冒很大风险。

3."滚雪球"抽样

"滚雪球"抽样，又称网络抽样，是研究者首先通过某种方法找到一些研究对象(即被选择的个体)，然后通过这些最初被选取的对象寻找到更多研究对象(个体)。

滚雪球抽样以若干个具有所需特征的人为最初的调查对象，然后依靠他们提供认识的合格的调查对象，再由这些人提供第三批调查对象，依此类推，样本如同滚雪球般由小变大。滚雪球抽样常用于总体单位的信息不足或观察性研究的情况。

如要调查在小学任教的男教师对所从事的工作的态度，就可运用"滚雪球"抽样方法。首先找到并调查第一批小学男教师，然后通过他们的介绍找到并调查更多的小学男教师，如此循环下去，可得到越来越多的调查对象以满足研究工作的需要。

4. 定额抽样

定额抽样，又称限额抽样，即对研究对象总体进行分层(组)，并确定每层(组)样本在其所在总体中的比例；然后再根据这个比例确定各层(组)样本的名额，抽取样本，它其实是非概率分层抽样。

如某教师要了解全班学生的兴趣爱好，他可以先根据性别将学生分成男女两组，再根据他们在全班所占的比例(如男生 55%，女生 45%)确定样本中男女生的名额，如样本为 20 人，则可根据比例确定男生 11 人、女生 9 人。

5. 维度抽样

维度抽样是根据研究目的对研究对象总体的有关特征(即变量或维度)作具体分析、组合，然后根据这些不同组合的类型而确定抽样范围，并抽取样本。

它是定额抽样的一种形式。若一项研究只需要小样本，且研究对象的特征变量有不同组合类型，就可采用维度抽样的方法，从而有代表性地体现总体的特征。

如想调查学生学习态度状况，可将学生学习态度的特征从两个维度进行分析：(1)学习态度的认真程度；(2)学习态度是否长期起作用。这两个维度就可组合成四种情况：认真且长期起作用，认真但不能长期起作用，不够认真且长期如此，不够认真但并非长期如此。这四种组合情况可以在一个较小的样本中得到全面的体现。

总之，非概率抽样不是按照概率均等的原则，而是根据人们的主观经验和便利条件来抽取样本。由于无法说明样本是否重现了总体的结构，因此其样本的代表性往往较小，误差有时相当大并且无法估计，用这样的样本推论总体是不可靠的。

需要强调的是：上面介绍的概率抽样与非概率抽样的多种方法，彼此之间并非相互对立、相互排斥的关系，应注意分清它们的特点和适用条件，并在具体的教育研究工作中充分发挥各自的作用，有时还可以同时使用或交替使用它们，以达到研究目的。

[示例 4-12]"目前，我国普通高中校本课程开发的现状调查和对策研究"研

究问题的确定案例①

一、问题的提出

在教育领域中，课程是一个重要的概念，能敏感地反映整个国家和社会对学校教育的要求。课程的合理开发与设置对于促进学生的全面发展，形成学生健康和谐的人格意义非凡。正因为如此，课程问题才会成为每一次教育改革的核心问题，但如何有效解决课程问题的关键则在于课程的开发，而如何开发、开发什么样的课程是实现学校教育目的，达成学校教育功能的前提。过去，受单一计划体制下形成的课程制度和课程思想的惯性影响，我国的课程体系呈现"单一化""标准化"的局面，过分关注对学生共性的培养，忽视学生的个性差异，由此带来了一系列亟待解决的教育问题。

我国校本课程开发研究始于20世纪80年代初，课程决策权部分下放到了学校。校本课程更具地方特色，更加符合独特的地方环境和教育需求，更能体现每所学校具体的办学宗旨和实践要求。我国目前正在积极进行校本课程开发的理论和实践双重探索，有的学校进行校本课程开发试验，并取得了阶段性的成果。但是从许多基层教师的反应里，我们还是发现了一个事实：校本课程开发的精神并未真正在实践中贯彻下去。许多教师对于校本课程开发这个概念认识模糊，这样的问题带到实际工作中去势必造成对校本课程开发的负面影响。因此，校本课程开发中暴露出来的问题已清晰可见。

二、研究的目的和意义

(一)研究的目的

就目前情况来看，在高考指挥棒的巨大压力下，许多高中学校的校本课程是名存实亡的，实际上对于面临巨大高考压力的学生来说，开设合理可行的校本课程对他们比对别人更为重要，因为学习兴趣的激发可能大大提高学习的效率和成绩，让他们顺利通过人生的独木桥。这也正是本研究的目的所在。本研究选择普通高中作为研究对象，通过调查研究普通高中校本课程开发中所遇到的问题，辅以多元文化理论和多元智能理论的指导和思考，提出应对普通高中校本课程开发中遇到问题的对策，以期实现普通高中校本课程开发的美好愿景。

(二)研究的意义

本研究是想通过对我国普通高中校本课程开发理论与实践的深入、系统研究，实现理论与实践的更好结合。在理论上，丰富发展校本课程开发理论；在实践上，通过调查、分析、归纳等方法关注普通高中校本课程开发实践，提出

---

① 韩延伦.教育研究方法[M].北京：高等教育出版社，2011：64.

实际可行的对策。本研究希望能填补普通高中校本课程开发研究的理论空白，丰富普通高中课程的理论研究，为我国的课程理论建设尽绵薄之力；并期望能引起人们对普通高中校本课程开发的高度重视和关注，使新课程改革的精神能更好地渗透到基础教育的一线。

三、研究现状

"校本课程开发"（School—based Curriculum Development，SBCD）是 20 世纪 60 年代西方发达国家针对国家课程开发的局限性提出的一种与国家课程开发相对应的课程开发策略，其最终目的在于通过教育制度内权力与资源的重新调整和优化配置来提高教育的效益及教育适应变革的能力。但各国教育管理体制的差异和政治、经济、文化、科技发展等方面的各不相同，使校本课程开发各具特色。英国、美国、澳大利亚等地方分权的国家，只是提供统一的课程标准，课程开发的主体在学校，学校的所有课程都可以称之为校本课程；而法国、俄罗斯、泰国等中央集权的国家，制订严密的计划，地方和学校执行计划，在课时安排上只留出一小部分，给学校自主设计课程。即使如此，各国对校本课程开发的研究也形成了一些共识。第一，在课程开发方面获得成功的教育系统，其课程开发机制往往是在确定某种主导机制的同时，十分注意培育多种层次的课程开发机制系统；第二，在校本课程开发的过程中，要注意适时调整课程开发机制系统内的主导与补偿关系；第三，要尊重自己国家和民族的历史文化传统，利用人们在文化心态上的倾向逐步健全校本课程开发机制；第四，时刻保持与先进教育思想和理论的交流与对话，注重课程体系的开放性，让校本课程开发在开放的环境和氛围下日渐完善。

对我国而言，校本课程开发毕竟是一个新生事物，有许多课题亟待研究。国内对校本课程的研究始于 20 世纪 80 年代初，开始的探索大多停留在"概念引入"阶段的新奇，并未走入实质化的研究。直到 90 年代以后，人们逐渐认识到校本课程开发的重要性，纷纷对学校的课程开发权利和范围进行多方面的探讨，肯定了校本课程开发的重要地位。自 2001 年 6 月 7 日教育部颁布《基础教育课程改革纲要》（试行）以来，校本课程开发就在我国的中小学中开展起来，形成了国家、地方、学校的三级课程管理体制，强调要以学校为本位、以学校为基础、以学校为中心，关注教师与学生的课程主体地位，顾及学校与社区的特殊环境和需要，呼吁要以学校为基地，结合学校与学生的特点进行课程开发、实施、评价。到 2004 年秋季，高中新课程改革在山东、广东、宁夏和海南四个省区开始实验，从教育理念、课程设置、教材编制和教学管理都提出了一系列的创新。通过实验的进一步开展和研究的深入，教育工作者发现校本课程开发在四个实验区的高中都存在一些普遍的问题：各学科课程标准和各版本教材之间不一致；与课改相关的配套改革不到位；教材准备不足，教师培训准备不足，教学设备资源准备不足；地域教育发展不均衡；选修课变成必修课的延伸等。针对以上存在的问题，教育工作者需要继续在实践中探索，将校本课程开发真正落到实处。

四、关键词语的界定（略）

五、研究内容（略）

六、研究的过程与方法（略）

七、参考资料（略）

【学习与反思】

1. 研究设计的目的是什么？

2. 设计研究方法的主要依据是什么？

3. 解释下列名词术语：

因果关系　相关关系　自变量　因变量　无关变量　概率抽样　非概率抽样　抽象性定义　操作性定义

4. 为什么要提出研究假设？研究假设有哪些类型？

5. 为什么要给变量下操作性定义？如何下操作性定义？

6. 在一项研究中如何选取研究对象？

7. 选择研究方法的主要依据有哪些？

8. 好的研究假设具有哪些特征？

9. 非概率抽样的适用范围是怎样的？它具有哪几种类型？

【实践与思考】

1. 假定一位研究者想从事"分层作业"对小学生数学学习兴趣的研究，请建立研究假设，并说明哪些术语需要下操作性定义？列举一些对这些术语下操作性定义的例子。

2. 请利用"随机数码表"的一部分，尝试着自己选择一个起点、一个方向，确定一种随机抽样结果的前 2 个数码。请说明你所设计的操作程序。

3. 研究设计的目的是什么？它主要包含哪些内容？

4. 结合第二章实践与思考中你的选题，为自己的研究做出具体的研究设计。

5. 从《教育研究》或其他学术期刊中挑选一篇研究报告，阅读后，请说明该研究的设计特点和抽样过程。

6. 为了解某县 56 所小学 12 640 名四年级学生语文学习情况，应怎样抽样？

【拓展阅读】

1. 李春萍. 教育研究方法[M]. 长春：东北师范大学出版社，2001.
2. 裴娣娜. 教育研究方法导论[M]. 合肥：安徽教育出版社，1995.
3. 宁虹. 教育研究导论[M]. 北京：北京师范大学出版集团，2010.
4. 袁振国. 教育研究方法[M]. 北京：高等教育出版社，2000.

【资源链接】

1. 杰克·R. 弗林克尔，诺曼·E. 瓦伦. 教育研究的设计与评估[M]. 蔡永红，等译. 北京：华夏出版社，2004.

该书是一本专为教育研究课程的初学者写的入门教材，在美国等西方国家也是非常有名的一本畅销书。该书在介绍每种研究方法之后，作者都附上了一篇真实的研究论文的例子，并加上了对该论文使用某种研究方法之好坏的详细评论，使得该书非常具有操作性。

参阅本书的"第二、三、四、六章"。

2. [美]威廉·威尔斯曼. 教育研究方法导论[M]. 袁振国，译. 北京：教育科学出版社，1997.

该书是一本在美国比较流行的教育研究方法教科书，在其他许多国家和地区也广为运用。它从最基本的概念入手，到当今正在被广泛使用的比较高级的研究方法，层层演进，可以说是一部登堂入室之作。

参阅本书的"第四部分 研究设计"。

3. 唐盛明. 实用社会科学研究方法[M]. 上海：立信会计出版社，1998.

该书以全面介绍与论述社会科学研究的方法为目的，书中有意识避免了深奥的理论阐述与复杂的计算公式推导，而以研究方法的实用性为重。

参阅本书的"第九章 抽样"。

第五章　教育观察研究

【内容提要】

教育观察研究是进行教育研究的最基本、最普遍的方法，是教育研究中收集教育活动资料的基本途径，也是检验教育科学假说、发展教育理论的重要手段，具有目的性、客观性、直接性和理论性的特点。根据不同的分类标准，可以把教育观察研究分为不同的类型。教育观察研究有着自身的优势和不足。

本章简要介绍教育观察研究的基本含义、特点和类型，然后就如何设计和实施教育观察研究给予说明。

【学习目标】

1. 掌握教育观察研究的含义和特点
2. 理解科学观察和日常观察的区别
3. 了解教育观察研究的不同类型及特点
4. 理解并能应用教育观察研究的设计方法
5. 能够分析某一实际研究中所用的观察类型和记录方式，可以根据某一主题设计完整的教育观察研究方案
6. 掌握教育观察研究的实施过程

【关键术语】

教育观察研究	education observation research
参与观察	participant observation
结构观察	structured observation
时间取样	time sampling
事件取样	occurrence sampling
行为核查表	behavior checklist
观察者偏见	observer bias
描述性观察	descriptive observation

103

取样观察	sampling observation
评价观察	evaluation observation
现场观察	field observation
等级评定量表	scale of rank evaluation
非参与观察	none-participant observation
无结构观察	unstructured observation
观察代码系统	observation code system

观察是人类科学认识中的重要实践活动，是人类获取外部世界信息最基本的方法。教育观察研究是进行教育研究的最基本、最普遍的方法[①]，是教育研究中收集教育活动资料的基本途径，也是检验教育科学假说、发展教育理论的重要手段，在教育研究中具有不可替代的重要作用。

第一节　教育观察研究概述

教育活动中的观察作为一种研究方法，是从别的学科借鉴而来的。在 20 世纪初，观察法就在其他学科广泛运用。由于观察法在其他学科的成功运用，诱发了人们将其引进教育学科的尝试。20 世纪中期，观察法已经开始大量在教育研究领域施展身手。

一、教育观察研究的含义与特点

什么是观察？"观"指看、听等感知活动，主要是视觉；"察"是分析，即要对所感知的庞杂信息进行一定的梳理和加工，因此观察是一种有目的、有意识的感性认识活动，是对周围存在事物的现象和过程的认识。

(一)教育观察研究的含义

观察有广义和狭义之分。广义的观察即日常观察，是对自然存在的现象进行随机的、自发的感知，事先没有特定的目的和计划，具有较大的自发性和偶然性。狭义的观察是指科学观察，即研究者通过感官或借助于一定的科学仪器，有目的、有计划地考察研究对象、收集研究资料的研究方法。科学观察具有明确的观察目的、系统的观察计划、特定的观察对象及严格而详细的观察记

---

① 董奇.心理与教育研究方法(修订版)[M].北京：北京师范大学出版社，2004：155.

录，从而达到对研究现象的科学系统认识。

教育观察研究（educational observation research）是指在教育活动的自然状态下，研究者通过自己的感觉器官或借助一定的仪器设备，有目的、有计划地对研究对象进行考察、记录和分析的研究方法。

教育观察研究属于科学观察的范畴，是科学观察在教育研究领域中的应用。其中，"教育活动的自然状态"是指教育活动的日常状态，研究者没有对其进行人为的干预和控制；"感觉器官"和"仪器设备"是观察研究的两种方式，研究者可以通过视觉、听觉等感官直接获取观察对象的相关信息，也可以借助于照相机、摄像机、录音机等现代化仪器设备进行间接观察；"有目的、有计划"则体现了教育观察研究和日常观察的重要区别，是指研究者在进行实际观察之前就已经确定了观察对象、观察条件、观察范围和观察方法，而不是对周围所有的教育活动和现象进行观察；"考察、记录和分析"反映了教育观察的基本过程，是指研究者通过仔细观察、详细记录和综合分析了解和认识教育现象的基本事实。

如对于小学生课堂注意力分散的问题，研究者需要事先明确注意力分散的具体表现、确定要观察的小学生年龄群体及在观察中具体采用的观察策略和结果记录方法，然后直接进入小学课堂，通过感官或借助于摄像机等对自然班级的小学生课堂注意力分散现象实施观察。

（二）教育观察研究的特点

教育观察研究是收集非言语行为资料的初步方法，具有如下特点。

1. 目的性

与自发、偶然和随意的日常观察不同，教育观察研究是研究者有目的、有意识收集资料的一种活动。在实施观察之前，研究者根据研究任务的需要，明确规定采用什么观察方法，对哪些研究对象在何种环境中的什么活动进行观察，这样在进行观察时才能有意识地选择对于完成研究任务有意义的相关信息，尽量排除外界无关刺激的干扰，在有限的时间内收集到更为有效的资料。反之，如果研究者的观察目的不明确，就不知道观察的重点和范围，容易遗漏掉与研究问题相关密切的重要信息，或者记录内容零乱而琐碎，不利于进一步的整理分析。

2. 客观性

客观性是指观察所获得的信息能如实地反映客观事实。教育观察研究是在自然状态下实施的活动，研究对象没有受到人为的干扰，其活动是真实自然的，是对他们平时活动的客观反映。同时，作为一种科学的研究方法，教育观察研究要求研究者在观察时不能带有任何预期的主观倾向或偏见，只选择有利于研究目的实现的信息或者将主观推测当成客观现实，更不能随意歪曲观察到的事实，而是要对观察到的事实进行实事求是的记录和分析，并且严格规定记录的方法和要求，从而保证结果的客观性。

3. 直接性

研究者进行教育观察时，和观察对象共处同一时空，所观察的是研究对象当前正在进行的活动现实，具有直接性。这是观察研究和调查研究的区别之一，后者是通过问卷或访谈考察已经发生过的教育活动的事实和现象。而观察研究中研究者对研究对象活动信息即时、直接地获取，可以更大程度上保证研究资料的真实性。

4. 理论性

观察既是一个感知过程，又是一个思维过程[①]，对教育现象的观察和解释均需要一定的教育科学理论为指导。首先，教育观察是在一定的教育科学理论指导下进行的，理论决定着一名研究者能否观察到正在发生的教育现象。例如，对于儿童之间普遍存在的攻击行为，如果没有相关的理论知识，可能就和有的家长或教师所认为的那样"小孩子之间打打闹闹很正常"，研究者不会将其提升为研究主题。其次，研究者对观察结果的解释以相关理论为前提。例如，同样观察到儿童攻击行为的增多，若研究者以操作行为主义理论为指导，则会重点分析儿童行为与其后果之间的关系；若以观察学习理论为指导，则会重点分析儿童行为与他人行为之间的联系。

因此，研究者的教育科学知识和理论水平不同，对结果的观察和解释就可能不同。研究者应不断提高自己的教育理论素养，以为更好地进行教育观察研究提供更为坚实的理论基础。

二、教育观察研究的基本类型

根据不同的分类标准，可以将教育观察研究分为以下不同类型。

(一)直接观察和间接观察

根据观察时是否借助观察工具可分为直接观察和间接观察。

1. 直接观察

直接观察(direct observation)是指观察者直接通过视觉、听觉等感觉器官

---

① 董奇. 心理与教育研究方法(修订版)[M]. 北京：北京师范大学出版社，2004：157.

考察研究对象活动，获得第一手资料的一种方法。

例如，研究者深入小学课堂，不带任何仪器设备，通过亲眼看、亲耳听，对师生课堂互动的内容、方式、频率等情况直接进行观察和记录。

由于直接观察时观察者和观察对象之间不存在任何中介，观察者对观察内容的感受更为真切、直观、具体，有助于形成对观察对象的整体认识。但直接观察也存在很大的局限，容易遗漏许多信息，不能完整地保存研究对象的全部活动内容。首先，人的感官灵敏度有限，无法及时捕捉研究对象过快的活动变化，不能清晰辨识细小的图像或微弱的声音，还可能对于一些活动变化产生错觉；其次，人的注意范围和记忆容量有限，观察对象的活动信息不可能同时、全部被观察者记录，更不可能完整、清晰地再现和保持在个体头脑中；再次，观察者进行直接观察时不能距离观察对象太近，这样就有可能引起观察对象的行为表现失真，影响到观察资料的客观真实性；最后，直接观察中没有对观察对象活动的即时影像记录，无法对观察内容进行仔细推敲和重复分析。

2. 间接观察

间接观察(indirect observation)是指研究者以某种仪器设备或技术手段为中介，对教育活动或现象进行间接观测以获取研究资料的观察。

例如，整堂课师生的互动情况可以采用摄像机拍摄，还可以在微格教室中进行课堂教学，对师生课堂互动实况进行全程、自动记录。

采用间接观察能够克服个体感官的局限性，扩大观察范围，并可以将现场情境以视频形式尽可能完整地保存下来，从某种意义上实现了对同一情境的重复观察和反复分析，提高了观察结果的准确性和精确度，拓展了观察研究的广度和深度，对于提高研究者观察研究的水平具有十分重要的意义。但间接观察必须有专门的仪器设备为中介，相关经费投入较大，且需要观察者熟悉仪器操作，要求较高。此外，现场仪器操作容易引起观察对象的警觉，影响到他们的真实表现。

(二)参与观察和非参与观察

根据观察者是否直接参与观察对象的活动，可分为参与观察和非参与观察。

1. 参与观察

参与观察(participant observation)也称局内观察，是指观察者参与到观察对象的群体中，和观察对象共同活动，从内部进行观察。

根据观察者参与程度的不同，参与观察可以分为完全参与观察和不完全参与观察(或部分参与观察)。

完全参与观察是指观察者（完全参与者）隐瞒自己的真实身份和研究目的，自然加入到被观察者群体中进行的观察。

完全参与观察指观察者完全参与到观察对象的所在情境，和观察对象一起进行活动，对群体的活动进行观察。例如，为了研究社区教育对儿童发展的作用，研究者可以参加自己所在社区组织的各项教育活动，在活动中观察和记录有关情况，以社区成员和研究者的双重身份进行活动。

不完全参与观察是指观察者不隐瞒自己的真实身份和研究目的，在被观察者接纳后进行的观察。

不完全参与观察指观察者事先表明自己的研究者身份，征得观察对象的同意后，和观察对象一起活动，并在活动中进行观察，此时的研究者在群体中是一种半客半主的身份。如研究者到中小学参加教师的教研活动同时进行观察，考察教师专业发展问题。

采用参与观察，可以观察到教育活动和现象的深层结构和全部过程，比较全面深入地考察研究对象的活动特点，但实施起来比较费时费力，且观察结论容易带上观察者自身的主观情绪色彩。

2. 非参与观察

非参与观察（unparticipant observation）指观察者不参与观察对象的任何活动，纯粹以局外人或旁观者的身份进行观察，因此也称为局外观察。

非参与观察不影响观察对象的正常活动，因此可以获得更为真实客观的研究资料，保证研究结果的可靠性。例如，研究者每天下午到幼儿园观察幼儿在室内和室外的社会行为表现。但由于观察者没有参加观察对象的活动，可能记录下来的只是观察对象表面的或偶然的情况，难以对研究现象及其内部机制进行深入考察和分析。

（三）结构观察和非结构观察

根据观察内容是否有系统设计或一定结构要求的观察项目，可以分为结构观察和非结构观察，也称为封闭式观察和开放式观察。

1. 结构观察

结构观察（structured observation）是指研究者事先设计好观察的内容和项目，制定出详细的观察记录表，并在实际观察活动中严格按照设计要求进行的观察。

结构观察一般包括五个方面①：第一，拟定观察提纲；第二，确定观察总

---

① 王守恒. 教育科学研究方法基础[M]. 合肥：安徽大学出版社，2002：123.

体范围；第三，确定要观察的教育现象的具体项目；第四，确定具体的观察对象；第五，制定出标准化的观察记录表(卡片)。

上述五个方面的设计可以确保观察者更方便、迅速地进行观察记录，更易于对所得结果进行量化分析，一般用于验证性研究。结构观察由于采用了标准化的观察程序，在一定程度上控制了观察者主观偏见的影响，科学性更强。但结构观察缺乏灵活性，对观察者的能力有较高要求，比较费时费力。

2. 非结构观察

非结构观察(unstructured observation)只有一个总的观察目的和大致观察范围，没有详细的观察提纲和具体的记录表格，在实际观察时需要根据具体情况而有选择地进行观察。

非结构观察一般用于探索性的观察。非结构观察适用性强，方法灵活，简便易行；但所记录的内容多为文字描述和定性分析，观察结果比较凌乱，不便进行定量分析和比较研究。

(四)描述性观察和取样观察

根据观察记录方式的不同，可以分为描述性观察、取样观察和评价观察[①]。

1. 描述性观察

描述性观察(descriptive observation)指通过详细记载事件或行为发生、发展的过程而获得资料的方法。

描述性观察具体包括日记描述法、逸事记录法和音像记录法。描述性观察要求观察者的描述要具体，设法写出具体行为，不要归纳或用抽象形容词和副词，因此能够比较完整地保存行为事件发生的本来顺序和真实面貌，适用于收集个人的信息资料。但记录信息、分析综合资料所需的时间较长。

2. 取样观察

取样观察(sampling observation)是观察者根据一定的标准，抽取一定的行为进行观察、记录和研究，从而获得对行为进一步认识、理解的方法。

取样观察是一种缩小范围的聚焦观察。首先，它对观察的行为或事件等进行分类，通过分类将其转化为可以数量化的材料；其次，用具体的、可感知的方式对每种类别进行界定；最后，根据类别设计出记录表。常用的取样观察方法有事件取样、时间取样。

---

① 张艳. 中小学教师怎样进行课题研究(六)——教育科研方法之教育观察法[J]. 教育理论与实践，2008(6)：39.

事件取样观察以事件的发生、发展的线索为重点，旨在了解事件发生及变化的规律；而时间取样观察的重点是观察了解事件的有无和多少，而不关心事件的原因和进程等情况。事件取样观察少不了涉及时间，但这种时间一般以事件的过程长短为标准，事先也无法控制；而时间取样观察中的时间是事先安排好了的，不能随便变更。

通常认为取样观察记录的针对性较强，比较省时省力，适用于大样本观察，但其记录结果没有描述性观察详细、具体，缺乏事件和行为发生的背景资料。

3.评价观察

评价观察(evaluation observation)指按照事先确定好不同等级的行为核查表对观察对象的活动进行观察并做出评价判断的资料收集方法。

根据评价方式的不同，评价观察可分为数字等级法、国际评价法、语义类别法、强迫选择法等不同的类型。评价观察易于设计和运用，但是容易受到观察者主观偏见的影响，观察信度较低。

三、教育观察研究的评价

教育研究观察法具有以下几个明显的优势，也有一定的不足。具体有如下方面。

(一)教育观察研究的优势

1.所得资料的可靠性高

观察者和观察对象处于同一情境之中，能够对研究对象的活动和当时的情境特点进行即时的观察和记录，获得大量可靠的第一手资料，这是调查研究无法做到的。且观察是在自然状态下进行的，没有人为因素的干扰，更利于了解教育现象和活动的真实面貌。

2.适用于更多的研究对象群体

对于无法或不能正常采用口头或书面语言报告自身观点与情感的聋哑人、有一定精神障碍的个体、处于改造中的青少年犯群体，以及在调查研究中不配合的研究对象，可以采用观察研究获得相关的资料信息。

3.操作简便易行

教育观察研究的实施通常不需要特殊、复杂的仪器设备，不需要掌握较高难度的专业理论和技术。除了专业的研究者，广大的一线教师经过适当培训也可以熟练进行观察研究。

(二)教育观察研究的不足

教育观察研究有着其他研究方法不可取代的优势，但同时它也存在着一些明显的不足。

1. 难以探讨因果关系

进行观察研究时，研究对象及其活动处于自然状态下，观察结果具有较高的生态效度，但同时，由于缺乏对观察情境和观察对象活动的控制，研究者难以确定教育现象或研究对象行为表现的原因，无法做出因果推论。即，观察研究只能观察到"有什么""是什么"的资料，难以得出"为什么"的结论，因此它主要适合于对研究对象外部表现和外部联系的认识，而不适用于对内在本质和内在联系的研究。

2. 容易受研究者主观因素的影响

如前所述，教育观察研究具有理论性，观察者收集到的资料质量和对结果的分析解释在很大程度上取决于观察者的理论水平、观察能力和心理因素。和实验研究、调查研究相比，观察者在观察过程中更可能有选择性地注意自己认可的事实，而忽略与研究假设相反的信息。

3. 需要花费较大的人力、物力和时间

教育观察研究需要培训观察人员、购置观察仪器设备等，进行观察时多采用一对几个的形式，即一名观察者一次只能观察有限的研究对象，因此一项正式的教育观察研究要比调查研究、实验研究花费更大的人力、物力和更多的时间。

4. 样本的代表性不强

由于教育观察研究的低效性，被试样本一般为小样本，可能导致样本的代表性不强，所得观察结果的普遍适用性不高，影响到研究结果的推广。

5. 观察资料难以进行量化分析

教育观察研究所得资料多为定性资料，是研究者对于教育现象和活动的质性描述和分析，即使可以通过对定性资料的编码获得定量的信息，或者有一些对观察结果的定量测量，但多是关于行为或现象出现频率的信息，测量的尺度较为粗糙，限制了进一步的统计分析。

第二节　教育观察研究的设计

教育观察研究是一种科学的观察，具有明确的观察目的、严密的观察计划和严格的进程要求。在实施观察之前，研究者必须精心设计整个观察过程，明确观察目的和内容，确定观察对象和情境，选择观察途径和方式，设计观察记录表格和方法，拟订观察计划和提纲，训练实施观察人员，以保证教育观察的科学性，实现教育观察的预定目的。

一、明确观察目的

在实施观察之前，研究者应首先明确教育观察研究要达到什么目的或解决什么问题，即要理解和把握研究问题的性质和内容。只有围绕观察目的确定的观察内容、观察方式和记录方法，才是最适宜、最有效的。

如研究小学生的攻击行为，如果观察目的是考察小学生攻击行为发生的普遍性，那么所确定的观察内容就应该涵盖攻击行为的不同表现，所选用的观察方式侧重于对所发生攻击行为的即时记录，而记录方法能够反映出攻击行为发生的频率即可；如果观察目的是揭示小学生攻击行为的产生机制，观察内容则应重点分析攻击性儿童，对他们在学业和同伴交往等方面的表现、做出攻击行为后教师和同伴的反应进行观察，观察方式则要能揭示出与攻击性儿童行为的产生、变化相关的因素，记录方式则偏向于追踪式的描述性观察，这样才可能达到预期的研究目的。

可见，一项研究的观察目的越明确，对问题的界定越清晰，其他内容的设计才不会偏离所要研究的问题，在实际实施观察中也更易于把握观察的重点，提高观察的效率。因此，研究者在确定观察目的时要广泛阅读相关文献，请教同领域富有研究经验的专家，或者与周围的同行讨论、交流，在必要的条件下还可能需要到教育实践中进行试探性的观察，以全面地、深入地了解观察问题的相关知识背景和实践基础，更准确地、清晰地表述观察研究的目的。

二、确定观察内容

研究者一旦确定观察目的，就要进一步规定观察内容，也就是确定要观察那些能够反映研究目的的具体项目和行为。观察内容的确定是整个观察研究的前提，同时也是观察研究能否成功的根本保证[①]，它是对研究目的的具体反映，是能够在观察过程中依循的具体标准。一项好的观察研究，其观察内容应具备两个基本条件：一是能够准确地反映、体现和说明观察目的；二是可以被操作化，即观察者能够据此观察到应该观察到的教育现象或行为者的表现。

如要观察小学生攻击行为发生的普遍性，在观察内容中就要明确什么样的行为是攻击行为？研究者可能通过查阅文献发现攻击行为是指有意对他人造成

---

① 董奇.心理与教育研究方法(修订版)[M].北京：北京师范大学出版社，2004：162.

伤害的行为，它可以分为身体攻击、言语攻击，但这还不是最终的观察内容，还要界定出不同类型攻击在实际中的具体表现，如打、扭、踩、咬等是身体攻击的具体表现形式，说脏话、讽刺人等是言语攻击的具体表现形式。只要上述行为出现则观察者就可判定攻击行为发生。

需要指出的是，由于研究问题所涉及行为的抽象程度不同，观察内容确定的难易程度也不同。比如要研究教师在课堂上的提问行为，该行为比较具体，一经观察即可直接判断，将其转化为观察项目时就比较容易。但有些研究考察的行为比较抽象、需要经过观察者的主观推论才能判断出来，在确定观察内容时就需要经过比较细致地操作化处理。比如，关于小学生主动学习行为研究，就要在明确主动学习内涵的前提下将其转化为能够直接观察到的多个具体行为，如能认真听清老师和同学的话，主动地回答问题，并敢于主动地提出自己不懂的问题，表达自己的意见；根据学习的需要，积极参加小组的学习和讨论，并互相检查等。

要制定出详细的、合适的观察内容，研究者需要查阅有关文献资料，明确核心概念的内涵和外延界定，对于存在质疑的地方应向专家学者咨询请教或者与同行研讨交流，并深入实际，进行初步的调查研究汲取有价值的信息。尤其是初步调查对于观察内容的确定具有重要意义，这与观察研究的特点有关。观察研究所依据的资料是研究者在现场情境中对不断变化的活动场景的即时记录，会有一些偶然的、不可预期，但又可能是研究范畴内的因素出现，只有经过实际的观察才可能捕捉到并将其纳入研究内容。比如，在观察学生攻击行为时，可能会发现有的学生因为打抱不平而打人，这是否要界定为攻击行为？类似的情况就需要研究者不仅要进行理论的思考和分析，还要深入到研究的现场进行前期观察。

总之，在确定观察内容时，要能够让不同的观察者对经过操作化的项目内容没有异议，且能够达到行为出现即可直接判断的程度。

三、选择观察对象

一般情况下，观察对象即该项教育观察研究的被试群体，"有代表性"是选择观察对象时应遵循的基本标准。和观察内容一样，观察对象的选择也应考虑是否能够实现观察目的。

如要考察小学生攻击行为发生的普遍性，所选取的观察对象应该是普通小学生，最好采用随机取样的方式，且要考虑不同性别、不同年级的分层，这样才能得到有代表性的样本。若要考察小学生攻击行为的产生机制，再从普通学生中选择观察对象就难以实现该目的，因为普通学生的攻击行为较少甚至没有，也就无从探讨其产生机制，这种情况下，研究者可以先对较多学生进行攻击方面的测评，然后选择攻击得分较高的个别生进行观察，因为他们的攻击行为较多，研究者可以在其每次攻击发生时对发生情境和相关因素进行观察记录，才可能从中剖析出攻击行为产生或加强的原因。

也就是，对于一般的观察对象，研究者尽可能按照随机抽样的方式进行选择；对于具有某种特质的"异常"的观察对象，如攻击者、学困生、优秀教师、留守儿童等，研究者应先采用某种方式筛选出符合要求的人员，然后再对其进行观察。

四、选定观察方式

确定好观察内容和观察对象后，研究者需要考虑采用何种方式去收集相关群体的内容信息，即确定怎样去观察的问题。如前所述，按照不同的分类标准，观察方法可以分为不同的类别。研究者要确定是直接观察，还是借助仪器进行观察？是参与到对象的活动中进行观察，还是以旁观者的身份进行观察？

研究者要综合考虑研究问题的需要、观察的主客观条件及各类观察方式的优缺点，结合具体情况选择最有利于获得真实信息的最简便的观察方法，提高观察研究的效率。如要观察学生在课堂的主动学习情况，可以采用非参与的、直接观察的方式；要考查学生在课外人际交往的情况，可以采用间接的、取样观察的方式。

五、编制观察记录表

如何记录观察到的信息资料是教育观察研究的关键问题之一。除了摄像机、微格教室等间接观察工具和设施外，观察记录表是观察者必不可少的观察工具和技术手段，而观察代码系统的成熟和完善则保证了观察者在观察现场快速准确地完成观察记录表的填写。此外，在对间接观察得到的连续性资料进行整理时，观察记录表和观察代码系统也是非常好的一种辅助工具，可以帮助研究者形成对大量记录内容的初步概括。因此，观察记录表和观察代码系统是教育观察研究设计中不可缺少的一个环节。

(一)制定观察记录表

如前所述，根据观察记录方式的不同，可以将教育观察研究分为描述性观察、取样观察和评价观察。不同的记录方式对应的观察记录表的项目内容、排列结构、复杂程度等亦有所不同。

1. 描述性观察的观察记录表

描述性观察法（description observation）是指通过详细记载事件或行为发生、发展的过程而获得资料的方法。

描述性观察是一种质的研究，需要研究者进行现场记录，在进行记录时不需要像定量观察研究那样统一、固定，因此观察记录表相对比较简单。除了观察者的姓名、观察对象、观察的内容、地点、时间、本次观察的标号等基本信息外，就是研究者观察的主体内容。主体内容部分，除了留下空白区以便今后补充记录、评价、分类或编码外，还应至少分为"事实笔记"和"个人思考"两大部分[①]。事实笔记部分记录研究者在观察中看到的和听到的"事实"，对于听到的观察对象的原话，研究者可以用引号加以标识以区别于自身的说明。个人思考部分记录的是研究者本人对观察内容的感受和解释，是对研究者同步思考活动的一个现场记录（见表 5-1）。

表 5-1　描述性观察记录表 1[②]

观察者姓名：　　　　观察对象：　　　　　　观察内容： 观察地点：　　　　　　编号：			
时间	事实笔记	个人思考	空白区
8:00	教师走进教室，学生一齐站起来，大声说"老师好！"	学生似乎已经形成了一些固定的课堂规则	
8:05	教师手捧课本，开始念书上的内容	教师似乎对教学内容不太熟悉	
8:10	教师问了一个问题："秦始皇是什么时候统一中国的？"所有学生立刻翻书找答案	教师问的问题都是事实性问题，总需要学生从书中找答案	
8:15	学生回答问题之前都先举手，等待教师点名	学生没有即兴回答问题的可能性，教师的控制很严	

另一种更为精致的现场记录格式由叙兹曼和施特劳斯（L. Schatzman & Strauss）提出。他们将现场观察的记录分为实地笔记、个人笔记、方法笔记和

---

① 陈向明. 质的研究方法与社会科学研究［M］. 北京：教育科学出版社，2000：247.

② 陈向明. 质的研究方法［EB/OL］. http：//wenku. baidu. com/view/704ae4aedd33 83c4bb4cd22c. html，2010-05-30/2015-12-24.

115

理论笔记四个部分，分别记录观察者看到和听到的实时性内容、观察者个人在观察时的感受和想法、观察者使用的具体方法及其作用、观察者对观察资料进行的初步理论分析。

假设一个观察者从中午 12 点到 12 点 30 分在一所大学的食堂里进行观察，其观察内容可以按照叙兹曼和施特劳斯的方法记录见表 5-2①。

表 5-2　描述性观察记录表

实地笔记	个人笔记	方法笔记	理论笔记
12：00——食堂里大约有 300 人，10 个窗口前队伍平均有 4 米长	我感觉很拥挤	这个数字是我的估计，不一定准确	中午 12 点似乎是学生就餐的高潮
12：05——在卖馅饼的窗口排了一个足有 2 米长的队，而且排队的大部分（大约四分之三）是男生	我想是不是今天的馅饼特别好吃？是不是男生特别喜欢吃馅饼？	我站在离卖馅饼的窗口有 5 米远的地方，看不清楚馅饼的质量，不知道这些人买馅饼是否是因为馅饼好吃	也许买一样食物的人数与该食物的质量之间有着相关关系
12：10——食堂里有 5 对成双的男女坐在一起吃饭，两个人坐得很近，都是男的坐在女的左手边	也许他们是恋人	我只是根据他们坐在一起的亲密样子判断他们是恋人，这个猜想需要进一步检验	也许在食堂就餐时，男生习惯于坐在女生的左手边
12：15——一位女生将一勺菜送到旁边男生的嘴边，望着对方的眼睛说："想不想吃这个菜？"	为什么这些"恋人"在公共食堂里如此"放肆"？我对此有反感	我现在与他们坐在同一桌上，可以听到他们的对话	似乎女生喜欢主动向男生"献殷勤"，这一点与我平时的印象不一样，需要进一步观察和检验

虽然描述性观察的记录表格比较简单，但在记录语言上要求较高。研究者在进行记录时，所使用的语言应该尽可能具体、清楚、实在，不要用一些抽象

---

① 陈向明．质的研究方法与社会科学研究[M]．北京：教育科学出版社，2000：247．

的、概括的、模糊的语言。如描述大学食堂"食堂里人很多，很拥挤"的观察记录中，"多"和"拥挤"就是比较抽象、模糊的词语，具体应该写出"食堂有多大"，"食堂里面有多少人"等详细描述。

2. 取样观察的观察记录表

取样观察(sampling observation)包括时间取样、事件取样，本书主要介绍它们对应的观察记录表的编制。

(1)时间取样的观察记录表。

时间取样观察(time sampling)指研究者在一个特定的时间内对预先确定的行为进行观察和记录，可以获得行为是否发生、行为的发生频率和持续时间等信息。

在时间观察取样中，观察对象在每一时间段的行为表现即是一个样本。该方法适合于经常发生和出现的行为，一般而言平均至少每15分钟出现一次。

如某教师想了解幼儿亲社会行为的发生情况，在明确亲社会行为的具体表现后，她可以每天上午9点到10点之间观察班里幼儿的活动，每名幼儿观察10分钟，如果班里有12名幼儿，则可每天观察6名、2天对所有幼儿观察一遍。为使观察的行为具有代表性，可以对每名幼儿重复观察四次。观察结束后，每名幼儿共有4次、每次10分钟的行为记录。综合多名幼儿多次的观察结果，就可以得出亲社会行为的发生频率或持续时间。

而要完成上述观察，在有限的时间区间内有效地、准确地观察记录研究对象的活动，研究者需要事先制定出统一的、严格规定的观察记录表，在观察时直接核对观察记录表上的行为是否发生或持续的时间。除了基本的观察者、观察对象、观察地点等背景信息外，时间取样观察记录表重点要确定两方面内容：一是要记录的行为项目；二是观察时间的安排。前者可根据确定的观察内容在表格中以列项的形式呈现，后者则需要考虑时距、时距间隔、时距数目三个因素来做出安排。

所谓时距是指一次观察时间的长度，时距间隔是指时距和时距之间间隔的时间，时距数目是指在观察中一共要观察多少个时距。时距和所观察行为的发生频率和持续的最短时间有关；时距间隔与所选取的时距长度、在此时距内要观察的对象数目和要记录的行为项目总数有关；时距数量则取决于需要观察多长时间才能取得有代表性的行为样本，当行为的变异较大时或者对行为不甚了解时，所需要的时距数目较多。在上述亲社会行为的观察中，对每名幼儿而言，观察者的时距是5分钟，时距间隔是1天，时距数目是4。在制定观察记录表时，可以以10秒为单位将每分钟划分为6个时间段，记录每名幼儿的亲社会行为表现，详见 5-3。

表 5-3　亲社会行为记录表①

儿童姓名：	年龄：		性别：		时间：	
分钟	0～10	11～20	21～30	31～40	41～50	51～60
1	1 2 3 4 5	1 2 3 4 5	1 2 3 4 5	1 2 3 4 5	1 2 3 4 5	1 2 3 4 5
2	1 2 3 4 5	1 2 3 4 5	1 2 3 4 5	1 2 3 4 5	1 2 3 4 5	1 2 3 4 5
...	...	...	...	...	...	...
6	1 2 3 4 5	1 2 3 4 5	1 2 3 4 5	1 2 3 4 5	1 2 3 4 5	1 2 3 4 5

表 5-3 中，分别用 1～5 代表亲社会行为的类别(1 代表合作、2 代表分享、3 代表谦让、4 代表帮助、5 代表同情)，在现场观察时可在表格相应的数字代号上画圈，观察第一个 10 秒，将结果在第一栏适合的编码上画圈，接着观察第二个 10 秒，将结果在第二栏适合的编码上画圈，依此类推，直到观察记录满 6 分钟为止。如某幼儿在第二分钟 23 秒发生了谦让行为，就在第二行第三列 3 上画圈。

还有的观察记录表对观察时间安排的较为简单，只需要列出观察的项目和时间即可。若要考察行为是否发生，可以采用表 5-4 的形式，列出具体的观察内容，观察时填上具体的观察时间，在观察期间若有行为发生则在相应的单元格内打钩。

表 5-4　亲社会行为核检记录表

		儿童姓名：		年龄：		性别：			备注
时间段	日期	开始时间	结束时间	行为是否发生					
				合作	分享	谦让	帮助	同情	
1	3.20	9:00	9:10	√		√	√	√	
2	3.21	9:20	9:30		√	√	√		
...									

表 5-5 和表 5-4 类似，区别在于可以根据记录行为发生的频率及行为实际

---

① 王琼. 时间取样观察法在幼儿园中的运用[J]. 齐齐哈尔高等专科学院学报，2013(2)：45.

发生的次数在相应的单元格内打钩若干次。

表 5-5　亲社会行为计数数据表

时间段	日期	开始时间	结束时间	行为是否发生					备注
				合作	分享	谦让	帮助	同情	
1	3.20	9:00	9:10	√√		√√√			
2	3.21	9:20	9:30		√		√√		
...									

仔细分析，我们会发现，可以将表 5-3 的结果整理到表 5-4 和表 5-5，当某幼儿在观察时距内出现合作行为时，就可以在表 5-4 的相应栏目内打钩；或者可以数出某幼儿在 5 分钟内出现的行为次数，以表 5-5 的形式呈现。而和表 5-4 相比，表 5-5 也可以为我们提供更多的信息，因为当某行为频率为 0 时，就意味着该行为没有发生。可见，类似表 5-3 的观察记录表可以为我们提供更丰富的信息，也更能够体现出"时间取样"的特点。当然由于观察时间、观察者水平等各因素的限制，表 5-4 和表 5-5 形式的记录表也可以在观察研究中采用。

但无论简单还是复杂的观察记录表，记录表的形式要简洁明了，使得观察者看到相应行为后就可以"对号入座"。另外，表中最好留有备注一栏或空白区，用以记录观察过程中出现的无关但很重要的情况，以备后续分析之用。

(2)事件取样的观察记录表。

事件取样观察(occurrence sampling)是以特定的行为或事件的发生为取样标准，观察和记录预先确定的行为表现或事件的完整过程。

事件取样观察关注的是行为事件本身，无须遵守事先规定的观察时间，只要预定的行为或事件出现，就可以进行记录；且更为关注行为或事件的特征和发生过程，而不是发生的频率或持续时间。

如幼儿的亲社会行为研究，若采用事件取样，观察者应该关注的是幼儿亲社会行为发生的背景、他对谁做出亲社会行为、亲社会行为的结果怎样、行为对象的反应如何及幼儿又相应地做出什么反应等。

事件取样观察的记录表可以按照时间取样记录表的方式，将具体界定的行为列成纲目的形式，观察记录行为是否发生。也可以将关心的行为和事件的特征或过程因素列成表格，在相应栏目下记录观察到的信息。

如表 5-6 是学者 H. DaWe 对学前儿童争执事件的观察记录表。他对 40 名幼儿在自由游戏时间中自发发生的争执事件进行了为期 40 天的观察，详细记录了从争执开始到结束的完整过程，考察了学前儿童争执发生的原因、频率、年龄、性别差异、终止条件等内容，获得了比较全面而有价值的研究资料。还可以对所观察的行为或事件进行质性分析，按照描述性观察的记录方式设计观察记录表。

可见，事件取样观察记录表的编制比较自由、灵活，研究者可以根据研究任务的需要、研究的主客观条件等因素自行决定或综合采用。但它和时间取样观察的记录一样，也应对需要观察的特定事件或行为下具体的操作性定义。

表 5-6　幼儿争执行为的事件取样观察记录表

儿童姓名	年龄	性别	争执持续时间	争执起因	争执什么（玩具，领导权）	参与者的角色	争执的言语、动作	结果（被迫让步、自愿让步等）	后果（高兴、不满等）

3. 评价观察的观察记录表

在评价观察（evaluation observation）中，研究者根据事先制定出评价行为是否出现或者表现强度的行为核查表，对所要观察的目标行为做出评价判断。判断行为是否出现可以使用行为核查表，评定行为出现的强度水平可以使用等级评定量表。二者是实施评价观察的关键手段，能够在很大程度上提高观察活动的针对性。

（1）行为核查表。

行为核查表是核查目标行为是否出现的一种工具。

行为核查表是研究者根据前期确定的观察内容将目标行为具体化为实际要观察的项目，将其按照一定的逻辑关系（如难易程度）排列成清单式的表格，在每个项目表述后标明是否出现的两种选择，通过观察检查核对该行为是否出现。

例如，要考察 6 岁儿童数学技能的发展水平，研究者可以先根据相关的理论知识确定 6 岁儿童应该具备的数学知识和技能，然后将其编成所要观察的目标行为，并按照难易程度从低到高排列起来[1]。具体见表 5-7。

---

① 董奇. 心理与教育研究方法（修订版）[M]. 北京：北京师范大学出版社，2004：171.

表 5-7　幼儿数学预备技能核查表

儿童姓名：	观察日期：		
任务	能	否	第一次出现时间

1. 能否根据名称指出相应的图形
圆
正方形
三角形
长方形

2. 能否从 1 数到 10

3. 能否给下列图形命名
圆
正方形
三角形
长方形

4. 能否举例说明下述关系概念
大于
小于
长于
短于

5. 能否进行逐个匹配
两个物体
三个物体
五个物体
十个物体
十个以上物体

6. 能否在指导下理解下述概念
最先
中间
最后

7. 能否举例说明
多于
少于

行为核查表的使用比较简单，无论是专业研究者还是一线教师都可以迅速掌握并熟练应用；它可以帮助观察者及时记录某种行为是否出现或第一次出现的时间，结果便于整理；但由于项目较少，无法提供行为频率、持续时间、特点等更为丰富的信息，应用范围受限。

（2）等级评定量表。

等级评定量表是对行为事件的特征进行等级程度的判断。

例如，观察小学生在课堂上的注意力集中情况，可以用 1 表示"注意力几乎无法集中"，用 2 表示"经常注意，但有时心不在焉"，用 3 表示"几乎全神贯注"，评定的等级程度越高标明学生的注意力越集中。这样可以在规定的时间内对学生进行多次观察，得到他们平均的注意活动水平。

等级评定量表一般有数字评定和描述评定两种。数字评定量表是用不同的数字来表示不同的等级内容，一般来讲数字越大，行为的强度水平越高。描述评定量表是用文字来描述各类行为的价值程度，在分析时可以对不同的描述等级进行赋值，转换成数字评定量表。例如，对学生作业情况的评定，分别用数字评定和文字描述评定如下。

表 5-8　学生作业情况的数字评定量表

班级 _____		姓名 _____		日期 _____
1	2	3	4	5
1 不好	2 较差	3 一般	4 较好	5 好

表 5-9　学生作业情况的描述评定量表

班级 _____		姓名 _____		日期 _____
错误多	有错误	有错误	正确	正确
不整洁	不够整洁	整洁	够整洁	整洁

（二）制定观察代码系统

虽然观察记录表的形式多样，但快速、准确地记录是它们的共同要求。制定观察代码系统是观察者能够快速、准确记录的重要途径。

1. 观察代码系统

观察代码系统是研究者为方便地记录有意义的、可以观察和处理的行为类别或行为单位而制定的一套符号系统，也就是行为类别或单位与符号之间建立起对应关系，即用一些数字、字母、符号等表示一定的事件和行为单位[①]。

观察代码系统的制定涉及两方面工作：一是对观察问题进行操作化处理，使其成为可以被观察到的具体的行为项目；二是为不同的行为项目选择合适的代码符号进行标定。根据代码符号的不同，一般可以将观察代码系统分为数字型和符号型两种。

2. 数字型代码系统

数字型代码系统即用不同的数字代表观察对象的不同表现，所用数字的多少取决于研究中操作化后的项目数量。

例如，研究者将学生在课堂的活动分为听讲、做笔记、回答问题、练习和讨论 5 个类别，就可以用数字 1～5 分别来表示。观察者记住数字和活动的对应关系，在观察过程中就可以直接记录数字而非文字，从而更快速地记录观察对象的活动，提高观察的效率。

3. 符号型代码系统

符号型代码系统是用特定的符号分别代表观察对象的活动。例如，对于学生出勤情况，观察者可以借助表 5-10 中的符号代码系统进行记录。

若研究中观察的行为单位较多，研究者需要更精致的、系统的设计表示各行为的不同符号。该符号系统以点、线条、圆圈和正方形为基本要素，共包括十四种符号，分别表示不同的意义。观察中使用符号代码系统能够形象、逼真地再现观察对象的活动，但观察之后需要用较多的时间整理，无法直接录入计算机进行统计分析。

表 5-10　学生出勤符号代码系统

	△迟到	▲旷课	□病假	★事假	⊙早退
✽学生 A					
✽学生 B					
✽学生 C					
✽学生 D					
✽学生 E					
✽学生 F					
✽学生 G					

[①]　江芳，王国英．教育研究方法［M］．上海：华东师范大学出版社，2009：127.

六、制订观察计划

教育观察研究是一项系统工程，周密的观察计划是确保观察顺利进行的必要保障。研究者在实施观察之前，要明确观察目的、观察对象、观察时间、观察方式和结果记录方法等，并在观察计划中体现出来。一般可按照表 5-11 的格式内容来制订教育观察计划。

表 5-11　教育观察计划的一般格式

教育观察计划
一、研究问题
二、研究目的
三、研究内容：计划收集观察对象的什么活动或者什么现象的资料？活动或现象的具体表现如何？为什么要对这些内容进行观察？观察的内容是否能够反映研究问题，达到研究目的？
四、观察对象：要对什么群体进行观察？他们的年龄如何？有没有某些突出的特征？要观察多少人能够满足研究的要求？如何将观察对象纳入本研究？
五、观察时间：打算在什么时间进行观察？对一名被试一次观察持续多长时间？对一名观察对象要观察几次？共需多少时间可以完成对全部被试的观察？时间如何分配？
六、观察地点：打算在什么地方进行观察？这些地方有什么特点？观察地点的设置会不会影响观察效果？观察时离观察对象的距离有多远？可能会对结果产生怎样的影响？
七、观察方式：采用什么方式进行观察？要不要参与到观察对象的活动中？是否需要使用摄像机等仪器设备？观察的方式会不会影响到观察对象的正常活动和真实表现？如何保证所采取的观察方式能够获得准确的观察资料？
八、记录方式：在观察现场采用何种方式记录观察信息？是采用日记记录、轶事记录等质性记录方式？还是有严格规定的观察记录表的定量记录？或者利用摄像机等仪器记录下观察对象的活动？可以采用什么符号系统提高记录的速度？
九、其他（观察的组织分工、人员安排和相关要求等）
计划拟订人： 年　月　日

由于研究问题的多样性，研究者可根据需要对计划中的要素进行修改，尽可能做到明确具体、安排周密、符合实际、有较强的指导性和较大的可行性。另外，由于可能会在计划制订后发现一些不符合实际的地方，或者在实际观察中发现新的问题，观察计划的内容在安排上要留有余地，以便后期的适当修补和调整。

七、拟订观察提纲

研究者拟订观察计划后就可以拟订观察提纲。观察提纲是对观察项目内容具体化的纲要式反映。和观察计划相比，观察提纲的制定难度更大，它会涉及与研究问题相关的专业理论知识和对观察对象基本特征的了解。因此，研究者需要查阅已有的研究文献，明确研究变量的内涵和外延，结合教育实际拟定观察提纲。研究者可以先确定具体的观察内容，然后对内容进行分类，再将其分别列入观察提纲。

一般而言，量的观察研究强调观察内容的一致性和统一性，可以把已经制定好的观察记录表作为观察提纲。而质的观察研究面临更加复杂多变的现场情境，观察提纲只是为观察活动提纲一个总体方向，所以要求具备一定的开放性和灵活性。质的观察提纲一般回答以下六个问题[①]。

(一)谁(who)

有谁在场？他们是什么人？他们的角色、地位和身份是什么？有多少人在场？这是一个什么样的群体？在场的这些人在群体中各自扮演的是什么角色？谁是群体的负责人？谁是追随者？

(二)什么(what)

发生了什么事情？在场的人有什么行为表现？他们说/做了什么？他们说话、做事时使用了什么样的语调和形体动作？他们互相之间的互动是怎么开始的？哪些行为是日常生活中的常规？哪些是特殊表现？不同参与者在行为上有什么差异？他们行动的类型、性质、细节、产生与发展的过程是什么？在观察期间他们的行为是否有所变化？

(三)何时(when)

有关的行为或事件是什么时候发生的？这些行为或事件持续了多久？事件或行为出现的频率是多少？

（四）何地（where）

这个行为或事件是在哪里发生的？这个地点有什么特色？其他地方是否也发生过类似的行为或事件？这个行为或事件与其他地方发生的行为或事件有什么不同？

（五）如何（how）

这件事是如何发生的？事情的各个方面互相之间存在什么样的关系？有什么明显的规范或规则？这个事件是否与其他事件有所不同？

（六）为什么（what）

为什么这些事情会发生？促使这些事情发生的原因是什么？对于发生的事情人们有什么不同的看法？人们行为的目的、动机和态度是什么？

八、训练观察人员

训练观察人员并非所有的教育观察研究都需要。在小型的教育研究中，研究者同时也是观察者，不需要额外训练其他人员作为观察者。而有些研究项目观察对象的人数较多，观察持续的时间较长，仅靠研究者自身无法如期完成研究任务，需要其他人员的参与，此时训练观察人员这一环节便必不可少。这是因为未经训练的观察人员容易出现以下问题：（1）缺乏必要的背景知识，不能很好地理解观察目的，不清楚观察的重点所在，不知道怎样记录观察结果；（2）容易出现晕轮效应、宽大效应和趋中效应等主观倾向，影响到观察的客观性和科学性；（3）容易在实际观察和记录的过程中产生较多错误，对同一行为的观察出现较大不一致，无法对不同观察者的信息进行综合分析。对观察人员的培训主要有以下四方面内容。

（一）掌握观察研究的轮廓

介绍观察研究的目的、意义、时间安排、人员分工和工作要求。例如，每次观察需要多少时间？整个研究工作大约什么时间完成？观察的地点在什么地方？协助观察的报酬如何？该研究提出的背景是什么？有何意义？

（二）讲解观察的内容

让观察人员仔细阅读观察方案、观察提纲和一些说明材料。尤其是对于要观察的具体行为，研究者要逐个地读给观察人员听并加以解释，确保他们对要观察的全部行为理解一致；鼓励观察人员提出自己的疑问，并回答他们提出的所有问题；讨论在实际观察中可能遇到的问题，商定统一的解决办法。

（三）演示和模拟观察的方法

达成对观察内容的一致理解后，研究者可以现场演示如何进行观察和记录。比如，如何做事实笔记和个人笔记？二者有何区别？观察中有没有统一采用的编码系统？怎样在保证不漏掉观察信息的前提下准确快速地记录？在做完完整示范后对观察中需要注意的问题进行解释。然后可以让两人一组，一人为观察者，一人为观察对象进行模拟练习。最后全体观察人员交流一下观看演示和模拟练习的体验，并提出改进的建议。

(四)现场模拟观察

这是观察人员训练必不可少的一步。观察人员熟悉观察程序和观察内容后，可以安排一定的时间，让他们到要观察的实际情境中进行现场观察。一方面是要对他们的观察技能进行现场训练，使得他们的演练更有"真实感"，更好地提高自身的观察绩效和方法；另一方面，是让观察对象熟悉观察者的存在，在正式观察中减少新异感，行为更加自然真实。

第三节　教育观察研究的实施

在对教育观察研究的目的、内容、方式、记录方法、计划安排等进行全面设计并拥有实施观察的合格人员后，研究者及其他观察者就可以进入观察现场，实施观察活动了。教育观察研究的实施主要分为进入现场、实施观察和呈现结果三个步骤。

一、进入观察现场

教育观察是一种在自然情景中的观察，观察者是在行为或事件发生的现场进行观察，因此，实施观察的第一步就是进入观察现场。由于观察有可能干扰学校或其他机构的正常作息或侵犯他人隐私，观察者进入观察现场首先要征得相关部门的同意。对此，观察者要准备可信的证明文件，向对方证明自己的合法身份，并向他们介绍观察研究的意义和价值，争取他们的配合。当相关部门同意后，观察者要和观察的目标群体接触，与观察对象建立友善关系，消除他们的怀疑和戒心，为一定时间的深入观察奠定基础。

当然，如果一线教师或其他从事教育相关工作的人员对自己工作范围内的对象进行观察，不会存在上述问题，但需要注意摆脱日常工作模式的惯性，提高对当前研究工作的意识程度和注意水平，以获得更为客观真实全面的资料信息。

二、实施观察活动

当观察者和观察对象的关系比较融洽时，就可以开始正式实施观察活动，即按照预定的观察计划和观察提纲，采用一定的观察策略和技术手段进行观察，并将其按照预定的记录方式即时记录下来。

(一)按照观察计划和观察提纲进行

要有效地实施观察，应该严格地按照观察计划和观察提纲进行。若原计划确有和现场实际不符之处，观察者应灵活地进行处理。一般而言，结构性观察的行为项目内容和安排比较固定统一，观察者最好不要随意改变，若有意外发现可以在观察记录表的空白处记下，等观察结束经过仔细分析思考后再决定是否要改变既有的观察设计。从这点来说，结构性观察前期的设计和预观察尤为重要，研究者尽量在正式观察之前解决对研究产生威胁的因素。

(二)坚持开放式的观察视角

与之相对的是，无结构观察由于研究内容本身的不确定性，就需要观察者持一种开放式的视角，在观察过程中通过"看""听""问""查""思""记"等途径逐渐聚焦到观察的重心，辨别出与自己研究问题密切相关的因素，尤其是要关注观察对象的活动及其引起的反应，进行更为深入的观察。所谓"看"是指观看与观察对象有关的反应和现象；"听"即倾听来自现场尤其是观察对象的言语信息；"问"是向观察对象询问与观察内容相关的问题；"查"是现场查看与观察目的有关的资料，如学生的作业、会议的记录等；"思"是观察的同时进行思考分析以形成对问题的初步认识；"记"指灵活运用各种手段及时记录自己的所看所听所感所想[1]。

(三)选择一个最适当的观察位置

无论是结构观察还是无结构观察，观察者都要选择一个最适当的观察位置。参与性观察中，观察者和观察对象共同活动，他的位置就处于不断地变化中；非参与观察中，观察者可根据观察对象的所在情境和活动特点确定自己的所在位置。如果观察对象的活动比较自由，例如，在课外活动时间观察小学生的游戏行为，那么观察者的位置也应随着学生的移动而变化；如果观察对象受情境限制不能自由活动，如在上课时间观察学生或教师的行为，观察者最好固定坐在某个位置。无论位置可否变化，观察者要保证观的目标行为能够清晰地落在视野之内，同时不会影响观察对象的正常表现。总之，选择最适当的观

---

[1]　江芳，王国英．教育研究方法[M]．上海：华东师范大学出版社，2009：129.

察位置是成功实施观察的必要保证。

(四)及时准确地记录观察信息

个体的记忆是存在遗忘的,在观察现场觉得鲜明、清晰的信息在观察结束后可能变得模糊起来,因此观察者应尽可能在观察实施的同时进行记录。观察者的记录要准确,尊重客观事实,有什么就记什么,不能凭空捏造或随意修改,若有什么感受或思考可以记在观察记录表的空白区或者"个人思考"项目栏。

观察者可借助手机、照相机、摄像机等仪器设备以及观察设计中编制的观察记录表促进记录的及时性和准确性。利用仪器设备进行记录时,观察者要确保仪器的正常运作和自己对仪器的熟练操作。若采用观察记录表,观察者要非常熟悉观察记录表的编排方式,尤其是对于统一规定的结构观察记录表,要达到只要行为出现就能马上在相应位置做出记录的程度;对于描述性的观察记录表,由于要记的内容较多,观察者可以借助于观察符号系统,尽可能节省书写的时间以免影响对现场的观察,记录的语言也应该尽量简洁、清晰,但不能损害观察内容的全面性。

三、呈现观察结果

观察结束后需要对观察结果进行整理和分析,并以观察报告的形式呈现出来。

(一)观察结果的整理与分析

1. 对原始观察材料的形式和内容进行及时的初步整理

观察材料形式的整理根据记录手段的不同而有所差异。对于观察记录表和其他文字材料要按照观察的序号排列起来,并归类存放;对于摄像机、照相机等拍摄的影像资料,要及时导出,做好标签,以备日后查看和分析。

观察材料内容的整理要把握以下两条标准。(1)准确性:指观察记录的内容是否符合真实情况,观察者可以审查观察材料,修改明显错误的内容,也可以对观察过程中有疑问的标记内容进行再回忆或者询问相关人员加以确定。(2)完整性:指观察材料的各方面信息是否完整,例如有没有漏掉观察对象的一些信息,观察记录表的所有行为项目是否都有评定,是否所有的观察事实后面都有个人思考等,对于遗漏的内容最好当场补充完整。

2. 对经过初步整理的资料进行编码归类

编码是用分析的概念或者数字、符号对记录的文字进行标注。研究者可以从事物的过程、活动的特征或者研究对象采用的方法策略等维度考虑,用恰当的文字、数字或符号等将观察资料分为不同的类别，然后将同一类编码的材料放在一起，编上序号，做好标记。对于在结果记录时就采用了数字评定的结构性观察材料来说，在这一步要对观察的各项目名称用文字或字母标示，制订数据分析的编码方案，以备后期分析之用。

3. 建立相应的数据库进行量化分析

一般而言，观察结果的数据性质是间断数据，因此对它们的描述统计采用的是次数、频率的指标，推论统计则采用非参数检验的方法。若观察研究得到的是连续数据，则可以采用平均数及其参数检验的方法进行统计分析。

(二)观察研究报告的撰写

观察研究报告是教育观察研究的成果表现形式。不同类型的教育观察研究，其报告的撰写形式也不同，一般都包括研究背景、观察步骤、结果与分析三个主要部分。具体参考第十二章　教育研究成果的表述与评价。

[示例 5-1]高尔顿的行为核查表研究

英国学者高尔顿(Galton, M.)等人于 20 世纪 70 年代末 80 年代初实施了一项较大规模课堂观察定量研究计划，他们确定了两份独立的观察项目清单，分别用于对教师的观察和对学生的观察。他所确立的项目清单具有两个特征。第一，在该清单中，观察对象不再是笼统的学生总体，而是事先确定的目标学生(target pupil)。研究者在观察之前对这些目标学生的有关社群属性已有所了解。第二，在该清单中，观察项目不只涉及学生行为"性质"，还关涉其行为的"方式"与"情境"。

表 5-12　高尔顿等人对教师的观察项目清单

		对话
一、问题	1. 任务	Q1 唤起对事实的回忆 Q2 提供想法、解决方法(封闭式) Q3 提供想法、解决方法(开放式)
	2. 任务监督	Q4 涉及任务监督
	3. 常规	Q5 涉及常规事项
二、陈述	1. 任务	S1 关于事实 S2 关于想法、问题
	2. 任务监督	S3 告诉学生做什么

对话		
	S4 对工作或努力予以表扬 S5 对工作或努力的反馈	
3. 常规	S6 提供信息、指示 S7 提供反馈 S8 批评性的控制 S9 小型谈话	
沉默		
三、非言语互动	姿势　　　　展示　　　　批改 等待　　　　讲述　　　　阅读 未观察到　　未记录 成人互动　　访问学生	
四、未互动	未互动　　　不在教室	
五、听众	构成 活动	

表 5-13　高尔顿等人对学生的观察项目清单

	学生—成人	
1	目标学生的角色	试图成为注意中心 成为注意中心 充当听众(无任何学生成为注意中心) 充当听众(其他学生成为注意中心)
2	与成人互动	与教师 与观察者 与其他成人
3	成人的互动行为	关于教学本身 关于规章、规律 对学生的任务行为的积极反应(表扬) 对学生行为的消极反应(批评) 对学生引起注意的企图不予理睬

续表

		学生—成人		
4	成人的互动指向	对目标学生予以专门关注 对目标学生的群体予以专门关注 与全班学生互动 对其他单个学生或其他小组的学生予以专门关注，或未进行 互动		

		学生—学生		
5	目标学生角色	目标学生成功地开始了一次新的接触 目标学生对其他学生的主动行为做出合作性反应 目标学生进行新接触的尝试未获成功 目标学生对其他学生的主动行为不予理睬 目标学生持续进行互动		
6	互动的方式	非言语的，仅以材料为中介 非言语的，以身体接触或姿势为中介（同时以或不以材料为中介） 言语的（同时以或不以材料、身体接触、姿势为中介）		
7a	其他学生的任务	与目标学生的任务相同 与目标学生的任务不同		
7b	其他学生的性别、人数	目标学生只与另一个同性别学生互动 目标学生只与另一个异性别学生互动 目标学生与另外两个或两个以上的同性别学生互动 目标学生与另外两个或两个以上的同学互动，其中至少有一个 是异性		
7c	其他学生的组属	与目标学生同组 与目标学生异组 ……		

【学习与反思】

1. 教育观察研究可分为哪些类型？各有何优缺点？

2. 查阅核心期刊发表的有关教育观察的文章，分析其采用的观察方法，并尝试根据内容拟订相应的观察提纲。

3. 教育观察的过程有哪些步骤？每一步骤应注意哪些问题？

【实践与思考】

1. 以小学生课堂行为为主题，设计一个教育观察研究方案，并到附近小学课堂实施观察，写一份观察报告。

2. 到附近某小学，选择其中的一个课堂观察点，与同学一起设计一张课堂观察量表。

3. 结合自己的研究兴趣，从时间取样、事件取样、行为核查表、描述性观察、取样观察中选择一种或几种方法到实地进行观察、记录和整理分析。

【拓展阅读】

1. 董奇. 心理与教育研究方法[M]. 北京：北京师范大学出版社，2000.

2. 荆雁凌. 观察记录方法在课堂提问研究中的应用[J]. 教育理论与实践，2009(11).

3. 陈世联. 对幼儿园班级规则的记录与分析[J]. 学前教育研究，2011(11).

4. 高志娟. 3～6岁幼儿违规行为研究[D]. 南京：南京师范大学，2011.

5. 刘谦，冯跃，生龙曲珍. 家庭教育与学校教育互动的文化机理初探——基于对北京市农民工随迁子女教育活动的田野观察[J]. 教育研究，2012(7).

6. 吴康宁. 课堂教学社会学研究中的现场观察[J]. 教育研究与实验，1998(1).

【资源链接】

1. 陈向明. 质的研究方法与社会科学研究[M]. 北京：教育科学出版社，2000.

本书是国内第一部系统评介"质的研究方法"（qualitative research）的专著，对目前国际社会科学界提出的有关理论问题以及新近发展出来的操作手段进行了深入的探讨，并结合有关西方学者以及作者自己的研究实例对其进行了生动的展示和说明。"质的研究方法"目前在社会科学研究领域是与"量的研究方法"相提并论、交相辉映的一种研究方法，它要求研究者深入社会现象，通过亲身体验了解研究对象的存在方式和意义解释，在原始资料的基础之上建立相关理论。

参阅本书第三部分质的研究的资料收集的"第十五章 观察——我如何了解被研究者的所作所为?"和"第十六章 观察的实施——我看到了什么?"

2. 杨小微. 教育研究方法[M]. 北京：人民教育出版社，2005.

本书分三编：教育研究概论、教育研究方法的类型、教育研究的过程，阐述了教育研究的对象性质和价值，教育研究的历史现状，教育研究的实证方法、质性方法，教育研究课题的选择、方案的设计等。

参阅本书"第四章 教育研究中的观察方法"。

第六章　教育调查研究

【内容提要】

　　教育调查研究是指研究者在教育理论指导下，围绕特定教育问题，运用问卷和访谈等方式有目的、有计划、有系统地收集有关教育问题或现状的数据，从而对教育现状做出科学的认识、分析并提出具体工作建议的一整套研究模式。它具有目的性、自然性、间接性和广泛性特点。根据不同的分类维度可以将教育调查研究分为不同的类型。教育调查研究的程序一般经过准备、实施和总结三个阶段。常用的调查方式为问卷调查和访谈调查。问卷调查是研究者采用统一、严格设计的问卷收集研究对象数据资料的研究方法。访谈调查是一种研究性交谈，是研究者通过与研究对象进行口头交谈的形式获得教育数据的研究方法。问卷调查与访谈调查均具有一定的优势与不足，适合不同的研究总体。

【学习目标】

　　1. 掌握教育调查研究的含义、特点和类型

　　2. 理解教育调查研究的基本程序

　　3. 理解问卷调查和访谈调查的优缺点

　　4. 掌握封闭式问卷的设计，能够根据一个教育研究课题设计一份封闭式问卷

　　5. 掌握访谈调查的实施过程和技巧，并能根据具体问题恰当进行访谈设计，进行实际访谈

【关键术语】

教育调查	educational survey	问卷调查	questionnaire survey
访谈调查	interview survey	题目拟定	item construction
题目形式	item format	前言	cover letter
指导语	direction	回收率	response rate

访谈题目	interview item	网络调查	web-based survey
电话访谈	telephone interview	现状调查	Ex post facto survey
相关调查	correlation survey	全面调查	general survey
抽样调查	sample survey	个案调查	case survey
开放式问题	open-ended item	封闭式问题	selected-ended item
结构式访谈	structural interview	非结构式访谈	unstructural interview
集体访谈	group interview	个别访谈	single interview
提问的技巧	question skill		
半结构式访谈	semi-structural interview		

对教育现象和规律的揭示仅通过"即时""观察"教育活动和实践中外显的表现是远远不够的。很多时候，我们需要了解人们对某种教育现象内隐的态度、观点和立场，已经发生的累积的行为事实，以及教育领域某一方面的实际情况和状态，此时采用教育调查研究更为合适。自 1910 年肯德尔（N. Kendall）首次运用教育调查研究考察美国波士顿地区的学校制度以来，教育调查研究先是在学校内部得到了广泛应用，后又拓展至与教育密切相关的家庭、社区等领域，现在已成为教育科学研究不可或缺的方法之一。

第一节　教育调查研究概述

"调"为计算、算度之意；"查"为查究、查核、考查之意。"调查"就是对客观事物进行考查、查核和计算。① 调查研究，作为了解事实、收集第一手资料的手段，已被广泛地运用于社会各个领域，而其中尤以教育活动中的调查研究最为活跃、最有成效。

一、教育调查研究的含义

教育调查研究（educational survey research）是指研究者在教育理论指导下，围绕特定教育问题，运用问卷和访谈等方式有目的、有计划、有系统地收集有关教育问题或现状的数据资料，从而对教育现状做出科学的认识、分析并提出具体工作建议的一整套研究模式。

和一般社会调查不同的是，教育调查研究以当前教育问题为研究对象，是

---

① 张性秀，常艳娥．调查研究理论与方法［M］．长沙：国防科技大学出版社，2001：1.

为了认识某种教育现象、活动过程或解决某个实际问题而进行的实地考察，在研究问题的确定、研究对象的选择、研究内容的设计、研究数据的收集和处理等方面具有一整套工作程序和相应的技术手段，并以调查报告作为研究成果的表达形式。它在教育科学研究中有着广泛的应用范围，既可以研究教育的现状，考察个体的教育理念、态度和观点等，还可以进行教育的比较研究。

二、教育调查研究的特点

教育调查研究是调查研究的下位概念，既具有一般调查研究的特点，也有别于一般调查研究的特点。

（一）目的性

教育调查研究是一种有目的的科学研究活动，含有调查和研究两个有机联系过程。研究者在实施调查之前就已经规定了调查的范围和内容，通过调查获得关于研究对象的事实性资料，通过研究对事实材料进行分析思考，从而对教育现象和规律的认识从经验层次深入到理论层次。从经验事实到理论提升必须在明确的调查目的指导下进行。

（二）自然性

教育调查研究是一种描述性研究，是在自然状态下通过一定的方式收集教育活动的事实资料，或呈现某教育现象或问题的当前状态，或揭示两个或多个教育变量之间的相关关系。

如蔡志凌对"90后"小学教育专业本科生的教师职业认同感进行了调查研究[①]，揭示了"90后"小学教育专业本科生在职业认知、职业情感、职业意志、职业期望、职业价值观和职业行为倾向方面的总体水平，以及不同性别、年级和生源地学生职业认同的差异情况。该研究呈现了"90后"小学教育专业本科生这一特定群体在教师职业认同方面的基本事实。

调查研究还可以同时考察教育活动中两个或多个因素之间的关系，但不同于实验研究对实验情境的操纵，调查研究是对自然情境下的变量间相关关系的考察，不能得出因果结论。如"农村留守儿童社会支持与孤独感的关系"中[②]，研究者采用社会支持问卷和儿童孤独量表进行了调查研究，对不同支持来源与

---

① 蔡志凌．"90后"小学教育专业本科生教师职业认同感调查研究[J]．教育研究，2013(3)：126—133.

② 张连云．农村留守儿童社会支持与孤独感的关系[J]．中国特殊教育，2011(5)：80—84.

留守儿童孤独感的关系进行了测量，研究中抽取的是河南省某乡镇中小学的留守和非留守儿童，所调查的社会支持和孤独感水平是对他们当前支持状况和孤独程度关系的反映，而非进行特定社会支持干预来降低留守儿童孤独感。

(三)间接性

教育调查研究是研究者通过问卷、访谈的方式向研究对象提出问题，通过被试对调查问题的回答，间接地收集相关资料信息以反映当前的教育现实，这一点和教育观察研究不同，后者是研究者通过感官或仪器设备直接感知现实。

由于教育调查研究是通过间接的方式收集数据，所以调查数据的可靠性是由调查对象所反映的事实的客观性和真实性决定的。在调查过程中，调查对象可能会有意无意地带上自己的主观偏见，按照社会期望的倾向回答问题，或出现趋中反应甚至虚假反应。对此，研究者应从指导语的设置、题目的安排、研究过程的控制等多个方面采取有效措施，尽量争取研究对象的合作，打消他们回答问题的种种顾虑，以最大限度地获得真实的调查结果。

(四)广泛性

教育调查研究的广泛性主要体现在调查内容和调查对象两个方面。研究者可以对广泛存在于教育各个领域的以活动形态或现实存在形态的教育问题、教育现状进行调查，从理论上说一切教育现象都可以称为教育调查研究的内容。另外，教育调查研究对象的选择不受样本容量大小和地理空间的限制，尤其是在使用问卷时，研究者可以对一个人、一个班级或一个学校，也可以对某一县市、省份、国家甚至国际的教育情况进行相关调查。

如中央教育科学研究所(现为中央教育科学研究院)进行的小学六年级学生学业成就调查涵盖了全国东中西部八省共 31 个区县的 18600 名小学生，学业成就涉及语文、数学、科学、品德与社会四个学科①。

三、教育调查研究的类型

教育调查研究是研究者在特定目的指导下，采用一定的方式对某一范围的被试群体进行特定内容的资料收集，因此可以根据目的、范围、内容和方式等不同因素，将教育调查研究分为不同的类型。

(一)根据调查功能

根据调查功能可以分为现状调查、相关调查、发展调查和预测调查。

---

① 中央教育科学研究所中小学生学业成就调查研究课题组．我国小学六年级学生学业成就调查报告[J]．教育研究，2011(1)：27－38．

现状调查(ex post facto survey)是对研究对象的当前状况和基本特征进行调查,以对教育现象的真实情况做出具体的描述,发现教育中存在的各项问题,为教育决策提供参考依据。

如《中国中小学教师专业发展状况调查与政策分析报告》中,调查了全国 9省市的 11 190 名专任教师的一般信息、教学与评价、教师培训与专业发展、工作现状。调查除了介绍研究对象当前情况的总体水平外,还就不同人口学变量水平的情况差异进行比较。该例除了考察教师专业发展的基本情况,还收集了其工作状况与学校管理情况,并基于调查结果提出了促进教师专业发展的政策建议①。根据性别、学历、教龄等人口学变量信息,对不同性别、学历等教师其专业发展情况进行了比较分析。

这种类型的调查有利于全面系统地了解当前状况,为制定相关政策或具体对策提供现实依据。

相关调查(correlation survey)是指调查两种或两种以上研究变量之间是否存在相关关系,找到与特定问题相关的因素,探讨解决问题的方法。

如有学者对农村教师知识、新课程实施程度及其关系进行了研究②,发现农村教师知识的水平和农村学校新课程实施程度呈显著正相关,随着新课程实施程度由浅入深,其对于农村教师知识的依赖性越来越大,其中一般教学法知识对于新课程实施程度影响最大,其次是学科知识和学科教学知识。

可见相关调查研究能够揭示两个教育因素总体水平及子因素之间的双向关系,且能够利用特定统计方法就不同子因素的预测力度做出说明。

发展调查(development survey)是对研究对象在一个较长时间内的特征变化进行调查,比较其前后的变化与差异。

要了解不同年龄儿童的道德价值观,就可以利用发展调查,同时对不同年龄儿童的被试进行道德价值观测查,或者对同一批被试的道德价值观进行跨时间的观测,前者为横向研究,后者为纵向研究。当前的教育调查研究以前者居多,也有少数研究者考察了教育现象的纵向发展变化。

如有学者对成都市中学生吸烟和被动吸烟进行了 3 年的追踪调查,分析了尝试吸烟率、现在吸烟率、规律吸烟率和被动吸烟率的变化情况,并基于调查

① 全国中小学教师专业发展状况调查项目组.中国中小学教师专业发展状况调查与政策分析报告[J].教育研究,2011(3):3—12.
② 张新海.农村学校教师知识、新课程实施程度及其关系研究[J].教育研究与实验,2013(1):35—40.

结果提出应加大青少年控烟干预力度的建议与措施[①]。

预测调查(survey)主要调查某一教育现象随着时间变化而表现出的特征和规律,从而推断未来某一时期的教育发展趋势和动向。

通过对当前高校毕业生就业状况的调查研究,对今后我国高校专业调整情况进行前景分析,就是采用了预测调查。

(二)根据调查范围

根据调查范围可以分为全面调查和抽样调查。

全面调查(general survey)也称为普遍调查,是对某一范围内的所有被试进行调查,目的在于了解特定范围内研究对象的总体情况,为制定教育方针、政策和规划提供必要的事实依据。

如有学者采用调查法考察了西北地区六个国家级贫困县农村基础教育发展的基本情况[②],内容涉及 86 所学校的学生入学率、保留率、辍学率、留级率、教师素质、办学条件等,发现学生入学率比较低,辍学率比较高,不同类型学校的生师比和办学条件存在着显著差异,比较全面准确地揭示了西北贫困地区农村基础教育发展的现状。

全面调查有利于了解研究对象多方面的现实状态,避免以偏概全。但若调查范围过大,调查对象太多,就会耗费很大的人力、物力和财力,研究者难以对调查过程进行组织和实施。

抽样调查(sample survey)是指按照一定的科学方法从研究对象总体中抽取一定数量的被试样本进行调查,根据样本所得结果推断有关总体的情况。

抽样的方法和推断的规则都应符合科学研究的基本要求,这样才能保证从样本推断总体的合理性。由于只是选择了有代表性的样本进行调查,所以可以避免过多地耗费人力、物力和财力,是教育调查研究中常用的方法。

(三)根据调查内容

根据调查内容可以分为事实特征调查和征询意见调查。

事实特征调查是指对研究对象的现有特征及行为或事件事实的调查。此类调查对调查问题的设计应尽量具体。

关于儿童网络素养的现状调查,研究者除了从认知、能力、行为和情义四

---

① 王琼,魏咏兰,何燕,鹿茸,廖江.成都市中学生吸烟和被动吸烟 3 年追踪调查[J].中国学校卫生,2011(12):1434—1435.

② 王嘉毅,梁永平.西北贫困地区农村基础教育发展现状调查与政策建议[J].北京大学教育评论,2007(2):147—156.

个维度考察了儿童网络的基本情况，还收集了性别、年级、学校、网龄等基本信息①。

征询意见调查是指就某个问题向被调查者征求意见和建议，或请他们提出自己的看法和评价。

如可以调查学生或教师对教辅材料的倾向性，或者对教学方式的偏好，为教学方面的改革提供参考依据。

在征求意见调查中，有一个专家调查法又称德尔斐（Delphi）法，是以专家作为索取信息的对象，依靠专家的知识和经验，由专家通过调查研究对问题做出判断、评估和预测的一种方法。它是在专家个人判断和专家会议方法的基础上发展起来的一种直观预测方法，特别适用于客观资料或数据缺乏情况下的长期预测，或其他方法难以进行的技术预测。专家调查法的步骤包括：把咨询内容写成若干条含义明确的问题，分发给不同的专家；专家们在互不通气的情况下对问题做出书面回答，送交组织者；对回收的专家意见进行定量的统计归纳；将结果反馈给专家们，每个专家根据结果修订自己的意见，再送交给组织者；如此经过三四轮的反馈过程，从而得到比较集中的意见。

（四）根据调查目的

根据调查目的可以分为常模调查与比较调查。

常模调查（norming survey）的目的在于了解教育对象或教育活动某一方面的一般状况。

例如，"小学生课外作业的调查研究"，其目的是了解我国小学生课外作业的一般状况。

比较调查（comparative survey）的目的在于了解不同教育对象或教育活动某方面的差异状态。

例如，"城乡小学教师参加教育培训的比较调查"，其目的是了解我国城市小学教师与乡镇小学教师在参加教育培训方面的差异状态。

（五）根据调查对象

根据调查对象可以分为团体调查和个案调查。

团体调查（group survey）是针对某一典型教育事件或问题，以一个团体为对象进行的调查。

例如，2013年5月，山东省教育厅委托省社情民意调查中心在全省范围

---

① 李宝敏. 儿童网络素养现状调查分析与教育建议——以上海市六所学校的抽样调查为例[J]. 全球教育展望，2013(6)：56－66.

内开展了 2013 年度山东省普通中小学生课业负担调查。本次调查采用计算机辅助电话调查(CATI)的方法。调查抽取义务教育阶段小学四年级、初中二年级(即八年级)和普通高中二年级共三个年级。此调查就属于团体调查。

个案调查(singal survey)是针对某一典型教育事件或问题,以一个个体、一个群体、一件事、一个社会集团或一个社区为对象进行的调查。

个案调查可以对研究对象进行全面地、深入地、系统地调查研究,既可以历史地,也可现实地弄清调查对象的来龙去脉,还能跟踪其发展变化的情况,全面、深入、具体地把握个案的全貌。如关于一个教师班级管理经验的调查就属于个案调查。

(六)根据调查方式

根据调查方式可以分为问卷调查和访谈调查。

问卷调查(questionnaire survey)是研究者根据研究目的设计相应的问卷,将编制好的问卷当面发放或邮寄给被试,请求填写答案。

问卷调查是指研究者通过书面形式进行调查、收集相关资料的方法。我国当前大部分调查研究都是采用问卷调查的形式进行的。

访谈调查(interview survey)是研究者通过口头交谈的形式,向研究对象提出有关教育现象的问题,让他们进行回答,了解他们对所提现象的态度和观点。

访谈的对象可以是被试本人,也可以是与被试有关的其他个体。如研究某学生为什么辍学的研究中,研究者的调查对象不仅包括学生本人,还包括他(她)的母亲、学校的校长和原来的班主任老师等。

关于问卷调查和访谈调查的详细内容将在后续内容介绍。

四、教育调查研究的程序

虽然教育调查研究可以采用不同方式进行,每种方式的步骤各有侧重,但一般都经过准备、实施和总结三个阶段。

(一)准备阶段

调查前的准备工作是搞好调查研究的基础和前提。准备阶段包括以下内容。

1. 确定调查课题

问题是调查研究的起点。调查课题的选择直接影响调查研究的顺利实施和调查结果的研究价值。研究者在选择研究课题时首先要明确研究的主题领域,然后在该主题领域内明确具体的研究课题。

如减轻中小学生课业负担是《国家中长期教育改革和发展规划纲要（2010—2020年）》的一个重要内容，研究者可以以此作为研究主题，围绕这个主题，可以考虑是研究小学生还是中学生的课业减负？是考察中小学课业负担的现实情况还是考察影响课业负担的各种因素？是探讨减轻中小学课业负担的相关教育政策的内容和效果，还是考察减轻中小学课业负担的课程设置或教学评价机制？家长在减轻中小学课业负担中扮演着何种角色？如何实现学校与家长在减负方面的良好合作？

不是所有的教育问题都可以称为研究课题，调查课题应具有一定的现实意义或特定的理论价值，符合当前教育教学实践和发展的需要。研究者可以根据自己对教育现状的感性把握，或者查阅相关的研究文献，或者分析国家的教育政策加以确定。调查课题的选择还应具有可行性，符合研究者的主客观条件，如是否掌握科学调查的基本方法，能否对调查结果进行统计处理，是否拥有进行调查研究必要的仪器设备等。

2. 确定调查内容

明确调查课题后，研究者要确定能够反映调查课题的具体项目指标，并将其分解、操作化为若干要素，将所要调查的文字、数据资料、事实材料、态度和意见等方面的情况用列表或列提纲的方式呈现出来。

如"儿童网络素养调查"就将儿童网络素养分为认知、能力、行为和情义四个维度，并对各维度的项目进行了详细设定，如儿童网络素养的"知"是指儿童拥有的网络知识，内容涉及儿童对网络本质、网络世界本质的认识，对网络与生活、网络与自我关系的认识方面，以及儿童所拥有的安全与个人隐私、伦理道德方面的知识[1]。

需要指出的是，在确定调查内容时，除了调查的主要变量外，还应包括被试基本的人口学变量或与调查问题相关的背景信息。如研究对象的年龄、性别、学校所在地、教师的教龄和学历、学生的年级和网龄等。

3. 选择调查对象

教育调查研究既可以采用总体研究，也可以进行抽样研究。总体研究涉及的对象范围较广，一般难以施行。采用抽样研究，要确定抽样的方法及样本容量。研究者可以根据调查课题的目的确定要抽取的样本数量及地域分布的范围。调查的方式不同，调查对象的选择方法亦有所差别。一般来说，问卷调查

---

[1]　李宝敏. 儿童网络素养现状调查分析与教育建议——以上海市六所学校的抽样调查为例[J]. 全球教育展望，2013(6)：56—66.

比访谈调查需要更大的样本量。

4. 选择调查方式

教育调查的方式主要包括问卷调查和访谈调查。问卷调查适用的范围较广、效率高，能够比较快速地收集到大量被试的相关信息，适用于规模较大且有不同调查点的调查；访谈调查则比较深入、细致，能够更好地了解事物的本质，适用于小样本调查。研究者要根据课题调查的目的和内容，针对不同调查方式的优点和局限性，选取与研究课题最适合、最有效的调查方式，必要时可以两种调查方式配合使用。确定使用何种调查方式后，应设计或编制出相应的调查工具或准备适宜的技术手段。问卷调查可以采用自编问卷，也可以采用他人已经编制且经过研究证明的达到测量学标准的问卷；访谈调查除了准备访谈提纲外，还应准备进行访谈的记录表或录音笔等辅助工具。

5. 制订调查计划

调查计划是对整个调查研究工作的程序安排，一般包括以下几部分内容：(1)调查课题和目的；(2)调查对象和范围；(3)调查时间和地点；(4)调查方式和方法；(5)调查步骤和时间安排；(6)调查的组织领导和人员分工；(7)调查报告完成的日期。

研究者要对根据研究的主客观条件，对上述计划内容进行详细、周密的安排，按照既定的时间表完成预期的研究任务，也要有一定的灵活性和机动性，准备一些突发事件的应对预案，保证调查计划的顺利实施。

(二)实施阶段

调查研究的实施是整个调查研究工作的中心环节，是决定调查研究能否取得成功的关键。在该阶段，研究者根据调查研究设计方案，采用既定的调查方式对特定群体展开预定内容的调查，获取所需的数据信息。进行实际调查时，研究者首先要抽取样本，选择研究对象，然后向被试分发问卷或展开访谈，最后回收问卷，汇总访谈的原始资料。在整个调查过程中，应注意以下三点[①]。(1)在调查、访谈时，必须严格执行指导语。要实事求是，言简意赅。不要信口开河，夸大其词。(2)研究者要忠于事实。科学、客观、实在，排除人情因素，最大限度地保证调查的客观性和可靠性。(3)研究者要深入细致，不要浮于表面、流于形式。要采用同一标准的工具、统一格式作调查记录、分析，以保证调查材料的精确性。

---

① 岳亮萍. 中小学教师怎样进行课题研究(三)——教育科研方法之教育调查研究法 [J]. 教育理论与实践，2008(3)：46—48.

(三)总结阶段

总结阶段包括对调查所获原始数据的整理分析和撰写调查报告。

1. 整理分析数据

经过问卷、访谈所得的数据一般叫作原始数据。研究者需要先对这些原始数据进行科学、系统的整理和分析，才能得出有意义的结论。这一阶段的主要工作包括三个方面。

一是审核、整理数据。审核数据就是识别调查数据的真伪及其价值，分清真、伪，去除假、错、缺，以保持数据的真实、准确与完整。整理数据就是对审核后数据的进行分组、分类、汇总、加工，使之系统化和条理化，并以集中、简明的方式反映调查对象的总体情况。

二是数据的统计分析。这就是应用统计学原理和方法，对审核、整理后的数据进行数量关系的研究分析，从而揭示调查对象的发展规模、水平及与其他事物之间的内在关系，以便为理论研究提供切实可行的数据资料。统计分析可采用计算机来处理各种数据。

三是对数据展开理论研究。运用逻辑思维方法和教育科学有关的理论与方法，对已经审核的事实材料和经过统计处理之后的数据进行科学的思维加工，揭示所调查教育现象或问题内在本质及产生这种问题的前因后果，并预测其未来发展趋势。

2. 撰写调查报告

调查报告是整个教育调查研究成果的集中体现。调查报告要着重说明调查结果与研究结论，并对调查研究的过程、所采用的方法及调查结果进行系统的阐述与说明。同时，要提出建设性意见和解决存在问题的方式方法，以便发挥教育调查研究的理论功能与实践作用。

第二节　问卷调查

问卷调查不如观察研究了解行为反应那样具体细致，也不如实验研究控制条件那么严密，但是它由于样本大、代表性强，可以在短时间内获得较多的资料，更适合在大面积范围内使用。

一、问卷调查的含义与特点

问卷调查（questionnaire survey）是研究者根据研究目的，将研究课题设计成若干个具体问题，按照一定的规则排列起来，编织成书面的表格，以邮寄、个别分送或集体分发等方式交给研究对象作答，然后收回进行整理和分析，最后得出研究结论。

问卷调查是研究者采用统一、严格设计的问卷收集研究对象数据资料的研究方法。问卷调查具有如下特点。

首先，标准化程度较高。这是问卷调查的最大特点①。首先，调查所用的问卷是经过科学设计形成的具有固定结构的问题组合，问题的编排、陈述和回答方式等都有统一的规定和严格的要求；其次，问卷调查的实施过程遵循科学研究程序的基本规范，研究对象的选取和组织、问卷的发放和回收、研究结果的处理和分析等都严格按照一定的标准和要求进行。随意编几个题目找一些被试作答的调查，不是严格意义上的问卷调查。

其次，研究效率高。问卷调查可以在较短的时间内收集到大量的研究资料，是一种省时省力高效的研究方法。和访谈法一对一的研究形式不同，问卷调查可以采用集体组织的形式，一名研究者可以同时对几十名被试进行数据的收集，这样就可以在短时间内收集到大量被试的资料信息。而且，调查问卷中的问题和答案都经过科学的标准化设计，便于对调查结果进行定量分析和处理。

最后，适用范围广。一方面，从研究对象来看，只要是具备书面语言识别能力的个体都能够完成问卷调查，在个别情况下，研究者可以通过逐个读题的方式来灵活地收集数据。另一方面，从研究问题来看，既可以是关于教育活动和主体的一些事实性资料，也可以探讨个体对教育现象的了解程度、意见和态度，还可以考察研究对象的行为表现。

二、问卷调查的设计

问卷调查设计是进行问卷调查研究的关键环节，涉及问卷设计的基本程序、问卷的基本结构、问卷中问题和回答方式设计等方面。

(一)问卷设计的基本程序

问卷设计由一系列程序组成，一般需要经过准备、初步设计、试用和修改、形成正式问卷几个环节。

1. 问卷设计的准备

问卷设计的准备是整个问卷设计的基础，是问卷调查能否取得成效的重要前提。研究者在明确研究问题之后，就要通过各种方式收集相关的资料信息，

---

① 董奇. 心理与教育研究方法(修订版)[M]. 北京：北京师范大学出版社，2004：185.

向富有研究经验的专家或同行征询意见，或者对与研究对象特征相似的个体进行开放式调查或访谈，了解他们对将在问卷中出现的问题和可能的答案有何反应，避免在正式问卷中出现表述有歧义、难以理解的问题及不符合实际的答案。

2. 初步设计问卷

在准备工作的基础上，研究者可以根据收集到的资料，按照一定的原则对问卷进行初步设计。一方面，在问卷的形式上，研究者应综合考虑研究目的、被试特点和结果处理等因素，确定问卷的结构，并设计出问卷的标题、前言和指导语等；另一方面，在问卷的内容上，研究者要确定调查的问题和相应的答案，这是问卷设计中最重要的工作，具体包括问卷中题目的数量、类型、表述方式、排列方式和回答方式等。

3. 问卷的试用和修改

初步设计的问卷不能直接作为研究之用，必须经过试用阶段，找出问卷初稿中存在的问题并进行修改。试用一般是将初步设计的问卷印出若干份，选取30~60名与研究对象同质的个体为预试样本，对他们回答的结果进行统计处理，分析问卷的信效度指标，然后进行修改。修改时可以针对问卷的各个组成部分进行，考虑题目表述是否合适，前言是否简洁、诚恳、富有权威，指导语是否清晰明了，问题的表述和排列是否恰当，回答方式是否适宜等。一般来说，如果问题的敏感性较强、难度过大、意义不明确、数量太多等会使得一些被试不答；指导语不明确、问题表述不清晰等会导致被试误答；问卷排版不合理会导致漏答；问题本身意义不明确或表述不恰当会导致其区分度降低。研究者要根据具体情况对问题进行修改。

研究者还可以向同领域的专家和研究人员请教，征求他们的意见，根据他们的意见进行必要的修改。经过试用和修改，一份正式的研究问卷就形成了。

(二)问卷的基本结构

问卷的结构一般包括题目、前言和指导语、问题与答案、结束语等内容。

1. 题目

题目即问卷的标题，是对问卷目的和内容的最简洁的反映。

问卷的题目不仅要与调查目的相符，反映问卷的内容，而且还不能对研究对象造成不良影响。在确定题目时，要注意避免一些敏感性、消极性的表述，采取一种模糊的处理。

如要考察大学生人际交往困扰和抑郁的关系，若在题目中就体现出两个重要变量，由于"困扰"和"抑郁"是两个比较消极的词汇，就容易激起被试的抗拒和掩饰心理，因此可以表述为"大学生人际关系和情绪调查问卷"。

2. 前言和指导语

在问卷设计中，一般将前言和指导语写在一起。

前言是问卷中的一段话，是对研究目的、意义和内容的简要说明。

前言的目的是引起研究对象的重视和兴趣，消除他们的戒备心理，争取他们的积极合作。研究者在设计前言时，一般先介绍调查者的个人身份或组织名称，然后说明调查的目的和意义，接下来要向被试强调回答的匿名性和保密性，向他们提出真实回答的重要性。前言中常用的词句有"本问卷为匿名问卷，不需要填写姓名""答案没有对错之分""只做科学研究之用"等。

[示例 6-1] 调查问卷中的前言表述注意事项

您好！

"中国民间组织法律环境调查"是由清华大学 NGO 研究所在民政部民间组织管理局的大力支持下所进行的社会调查。我们此次调查的目的是为了了解目前中国民间组织所处的法律环境和政策法规执行中存在的问题，以便为国家未来改善民间组织政策法律环境提供科学依据。我们按照统计科学方法挑选了一部分 NGO 作为全国 NGO 的代表，贵组织是我们选定的调查对象之一。作为 NGO 领域的工作者，您提供的信息和意见对改善民间组织政策法律环境有重要的参考价值。本调查不用填写姓名和单位，我们将对所有的组织的信息进行严格保密。这些信息在将来的研究和分析中均以统计方式出现。您所选的答案无对错之分，请您不必有任何顾虑，根据贵组织的实际情况填写。

送给您一件小小的礼物，作为这次调查的纪念。衷心感谢您的合作与帮助！

清华大学公共管理学院 NGO 研究所

"民间组织法律环境问题调查组"

××××年×月×日

TEL：(010)××××－××××　　Email：×××××××××@

联系人：×××

指导语是用来指导调查对象填写问卷的一组说明性文字，其作用是对填表的方法、要求、时间和注意事项等做一个总的说明。

指导语要明确，能够让被试准确理解和接受。为了便于答卷人的回答，指导语有时还附有一两个例题帮助研究对象理解如何作答。

如常见的指导语如"请在符合自己情况的选项上画圈，注意每一个问题只能选择一个答案""答案没有好坏之分，请独立完成，不要与别人商量……"

3. 问题与答案

这是问卷的主体部分。关于问题与答案的设计将在本节后面内容中进行详细介绍。

4. 结束语

结束语在问卷的最后，一般表示对被试的感谢，请其再检查一遍，不要出现漏答或错答的情况。也可以设计几个开放性问题，让研究对象补充说明有关情况，对有的问题进行更深入地回答，或者谈谈对问卷或研究的认识和建议。

(三)问题的设计

问题即问卷的内容，是问卷的核心。问题设计的质量直接关系到问卷本身的质量，关系到所获得研究结果的科学性、真实性和可靠性。问题设计的第一步是建立理论框架，第二步是根据理论框架中提出的变量设计问题。

1. 问题的类型

问题一般分为两类：一为事实性问题；二为态度性问题。

(1)事实性问题。

事实性问题是关于曾经发生的、现在就有的和将要发生的事件或行为的问题，具体又可分为人口学资料和一些有关教育活动和个体行为实际的问题。

人口学资料的问题一般放在问卷主体的第一部分，要求被试填写其性别、年龄、文化程度、所学专业、教师的教龄等基本资料。这些资料与问卷内容本身关系不大，但却是进一步分析资料的必要信息。如要考察某地区教师专业发展的基本情况，不仅要分析教师专业发展的总体水平，还要比较不同性别、文化程度或教龄等教师的专业发展有何异同。实际行为类问题主要向研究对象询问一些实际情况。

如询问教师："在你所教的课程上，学生一周要完成几次书面作业?""学生一次作业需要多长时间"，或者"你在工作后参加过教育培训吗""你所参加的培训主办方是谁"等。

(2)态度性问题。

态度性问题是询问被试对某些事物、现象或行为的认识、评价，或者就某个问题征求他们的意见。

如"你认为学生现在作业负担重吗?""你觉得有必要减轻学生的作业负担吗?""你对学校组织的培训满意吗?""你想参加关于什么内容的培训?"等。

2. 问题的表述

(1)问题表述的形式。

问题表述的形式主要有开放式和封闭式两种。

开放式问题也叫非结构性问题，研究者不事先提供任何选择答案，只向被试提出问题，让他们根据自己的情况自由回答。

开放式问题的提问比较简单，被试可以自由回答，回答的主动性和积极性较高，有利于研究者得到更为丰富的资料。

如"你觉得影响学生课业负担过重的因素有哪些?""你认为如何保证教师培训取得良好效果?"等。

开放式问题的不足在于难以对收集到的资料进行定量分析，有时所获得的信息和研究问题关联不大。开放式问题一般在研究初期，研究者对研究问题不甚清晰或者难以预料回答结果时使用，也可以在研究进行到一定程度，研究者需要对问题进行更深入的了解以确定下一步研究工作的情况下使用。

封闭式问题(selected-ended item)，也叫结构性问题，不仅要提出问题，还要提供可选择的答案，限制回答的方向和数量，让被试从中选择。

封闭式问题主要包括是否式、选择式、分叉选择式、排列式、量表式和填空式等。对此我们将在后面进行详细介绍。封闭式问题由于答案进行了标准化处理，因而容易回答，也便于对结果进行处理分析。其不足在于限制性较强，难以发挥被试的主动性，无法充分表现他们的真实想法。

(2)问题表述的文字要求。

问题表述时文字使用是否得当，是否符合调查目的和被试特点，是影响问卷质量的重要因素之一。一般来说，问题表述所使用的文字应达到以下要求。

首先，表述应准确、具体。不要用含糊不清或有多重含义的句子。

如"你认为我国现行的教育体制，总体怎么样?"这个问题过于笼统，不够具体，被试难以回答。又如要调查学生对课外特长班的态度，提问："你喜欢在课外上美术班、钢琴班吗?"该问题实际包括"你喜欢在课外上美术班吗"和"你喜欢上钢琴班吗"两个问题，研究者要仔细考虑设计这个题目的目的，如果是想考查学生对课外特长班类型的偏好，可以将其拆分为"你喜欢在课外上美术班吗"和"你喜欢上钢琴班吗"两个独立的问题；若是想考查学生对在课外上特长班这一活动安排的倾向，而不考虑特长班的类型，可以修改为"你喜欢在课外上特长班吗，如美术班、钢琴班等?"

其次，表述应客观、谨慎。不要用倾向性或引导性的口气进行提问，不要问一些敏感性或刺激性的问题。

如"大多数教师认为中学生不能抽烟，你是否同意这一观点?"这是一个带有权威倾向性的问题，"大多数教师"是一个权威群体，他们反对抽烟的观点明确出现在提问中，无疑会使问题带上诱导性和倾向性。又如，"你愿意在教学中不断提升自己，是吗?"是一个带有叙述倾向性和一定社会赞许性的问题，被试一般会回答"是"。

再次，表述应简洁、易懂。不要用太长的句子和晦涩的学术词语，以便于被试理解和接受。

如"你认为影响青少年主观幸福感的因素有哪些?""主观幸福感"是一个专业词汇，若研究对象不了解它的含义，就可能无法回答或靠猜测来回答。

最后，一般采用正面肯定提问。不要用假设句，更不要用反问句或否定句。

如"您是否认为儿童有不想学好的?"就会让被试比较难以回答。

3. 问题的排列

问卷中问题的排列方式也是设计问卷时需要考虑的一个重要问题。问题的顺序安排不当，会使被试在回答问题时感到不舒服、不方便，容易降低回答的积极性。一般来说，对问题的排列应遵循以下几个规则①。

(1)时间顺序。在时间顺序上，一般按照时间先后由远到近或由近及远来提出问题。不能打乱问题的时间顺序，否则容易影响被试的回答。

(2)内容顺序。在内容顺序上，问题的排列一般应遵循由浅到深、由易到难的原则，把容易回答的、人们感兴趣的问题放在前面，把不容易回答的或人们生疏的问题放在后面。这样排列容易让被试接受并愿意合作。但是如果许多问题的性质相同，即使不符合内容顺序，仍应放在一起。

(3)类别顺序。在类别顺序上，一般先呈现人口学变量的问题，再呈现实际行为性问题，最后是态度性问题。人口学变量，如性别、年龄、城乡、专业、家庭结构等属于事实性问题，是被试最方便回答的，所以放在最前面；实际行为性问题是已经发生的具体的客观事实，也比较容易回答；态度性问题与被试的主观因素有关，所以放在最后。

(4)性质顺序。从问题性质上，一般应将敏感性问题和开放性问题放在问卷后面。因为敏感性问题容易引起被试的戒备心理和反感，使他们不愿意合作；开放性问题需要被试较多的思考和书写，放在问卷前面容易影响被试的情绪和信息，使他们放弃回答。

(5)范围顺序。在问题的具体程度上，一般按照"漏斗顺序"，即从大到小，先提大的一般性的问题，再提小的、具体的、特殊的问题。由于开始的问题不具威胁性，被试没有抵触情绪，而且通过一般性问题的提问，可以探明问题是

---

① 江芳，王国英. 教育研究方法[M]. 上海：华东师范大学出版社，2009：174.

否需要继续深入下去，使提问更具针对性。

(四)回答方式的设计

设计回答方式时应考虑有利于被试的填写和回答，并易于对结果的处理和分析。问题的提问和表述方式不同，回答方式也有所不同。对于开放式问题，一般是在问题的后面留下长短不一的空白让被试填写，形式简单。封闭式问题的回答方式较多，下面介绍几种常用的封闭式问题的回答方式。

1. 是否式

是否式是指回答方式只有"是"和"否"两种选择。它适用于互相排斥的二选一的定性问题。如：

(1)你是班干部吗？（请在适当的位置上画圈）　　　是　　　否

(2)你是否获得过校级以上的奖励？　　　　　　　　是　　　否

当调查对象因为年龄或能力等原因无法准确区分不同程度的回答时，也应采用是否式的回答。例如考察幼儿对自己的认识，如：

(1)我身体强壮　　　　　　　　　　　　是　　　否

(2)我是个聪明的孩子　　　　　　　　　是　　　否

2. 填空式

这种方式通常用于那些对被试来说既容易回答，又方便填写的问题。如：

你的年龄是_____，你的性别是_____。

3. 选择式

选择式分为多项选择式和单项选择式两种。

多项选择式的问题有多种答案，被试可以在其中自由选择几种，适用于几种互相不排斥的答案的定性问题。如：

你喜欢的课程是什么(可以选三项)

A. 语文　　　B. 数学　　　C. 英语　　　D. 物理

E. 化学　　　F. 生物　　　G. 地理　　　H. 历史

单选式则需要被试从多种答案中选择一项最合适的答案。如：

你最喜欢的课程是哪一门？

A. 语文　　　B. 数学　　　C. 英语　　　D. 物理

E. 化学　　　F. 生物　　　G. 地理　　　H. 历史

4. 排列式

排列式是先把问题的答案列出，要求被试根据一定的标准排出它们的顺序。这种回答方式适用于要表示一定先后顺序或重要性的定序问题。如：

请将下面科目按照你感兴趣的程度排列，将感兴趣的放在前面。

A. 语文　　　B. 数学　　　C. 英语　　　D. 物理
E. 化学　　　F. 生物　　　G. 地理　　　H. 历史_____

5. 量表式

量表式是将问题的答案列出等级，要求被试选择与自己实际情况相符合的选项。该方式比较适用于表示意见、态度、情感的等级或强弱程度的定序问题。如：

(1)你对课下不向学生布置书面作业的看法是：

1(　)　　　2(　)　　　3(　)　　　4(　)　　　5(　)
非常不赞成　　比较不赞成　　无所谓　　　比较赞成　　　非常赞成

(2)你常感到寂寞吗？

1(　)　　　2(　)　　　3(　)　　　4(　)
从不这样　　很少这样　　有时这样　　一直这样

(3)你对学校教学设备的态度是：

	非常满意；	满意；	不确定；	不满意；	很不满意
图书	(　)	(　)	(　)	(　)	(　)
实验设施	(　)	(　)	(　)	(　)	(　)
网络教学设备	(　)	(　)	(　)	(　)	(　)
教学场所	(　)	(　)	(　)	(　)	(　)

教育调查研究常用的量表式问题为李克特(Likert scales)四点、五点量表，例如：非常赞同；赞同；不确定；不赞同；很不赞同；非常满意；满意；不确定；不满意；很不满意；完全不；有一点；有一些；很多。统计时，给这些点指派1～5分，或1～4分，然后把有关同一问题或主题的得分总计起来。

6. 相倚式问题(分叉式问题)

问卷设计中最为重要的目的之一，就是使所有问题均对被试有针对性。我们一般不能保证每一个问题均适合于每一个被试。如果一个特别的问题仅对一小部分被试有关，则问此问题就会造成仅有一小部分的回答可用，而大部分都回答"不知道"或"不适于(本人)"。这就不会有足够的分析资料，因此，这样的问题就不应问。另外的情形是，问题不是对所有被试都有关，但问题太重要了，以致不能弃而不用。在此情形下，逻辑程序要求使用过滤和相倚问题。如：

1. 你是否参加过课外辅导班？(　　)

A 参加过　　　B 从未参加过

"如果(被试)参加过，回答第2个问题，否则就跳到第3个问题。"

2. 你参加了哪些课外辅导班?

除上面的 6 种回答方式外,研究者还可以设计成表格式、图画式等形式,但在使用频率上不如上面的方式更广泛。总之,在进行回答方式的设计时,要综合考虑问题的种类、类型、答案的种类、被试的回答以及结果的处理分析等,这样才能设计出结构科学、逻辑合理的高质量问卷。

(五)问题设计原则

一般而言,在设计问卷的问题时,必须遵循一些基本的要求,在措辞上注意使用一些技巧。

1. 相关原则

本原则强调除了少数几个要求提供背景或统计信息的题目外,问卷中所有问题应和研究主体相符,要切合主题、针对主题。否则,既浪费时间,又影响资料的整理和统计。因此,问卷中问题的形成,一般经过如下步骤:(1)课题分析,提出假设;(2)概念具体化,寻找变项;(3)确定指标;(4)为测定已经确定的指标,编制直接与间接的问题。

2. 简洁原则

题目要清楚、不含糊,使用的术语要使被试能明白,避免使用模糊的、技术性的术语及行话。在一个题目中只准包含一个问题,而下列问题则违反了这一原则。

例如,"你赞同对学生进行竞争性较低的测验和实施教师的等级制度吗?""您对您孩子的情绪智力有何评价?"

3. 礼貌原则

避免那些会对被试带来社会或职业压力的问题;避免问那些个人的或微妙的问题;题目必须在被试所能记忆的范围之内,避免引起被试情绪困扰的内容。而下列题目违反了这一原则。

例如,问一个老师"你对维持良好的课堂学习气氛感到困难吗?"再如,"在幼儿时,父母是否惩罚过你?""读小学时,你受老师表扬过多少次?"又如,"你经常在考试时作弊吗?"通常把这一问题转移到不具名的第三者身上。

4. 方便原则

调查问卷中题目应该尽量方便调查对象回答,不必浪费过多笔墨,也不要让调查对象觉得无从下手,花费很多时间思考。

5. 定量准确原则

当收集定量的信息时,要求答出明确的数量(如行动频率)而不是平均数。

例如,可以问"在前两个星期,你帮助你的孩子做了几次功课?"而不能问

"在一个月内，你帮助你孩子做功课的次数平均是多少？"

6. 选项穷尽原则

题目的选择答案应当是可以穷尽的，选项应具排他性。下面这个问题属于类别项目，由于备选答案列举不完整，被试可能无法选择。

例如，当你学习上有困难时，常常先找谁？

A. 父母　　B. 老师　　C. 同学

对有些题目，为避免强迫被试做不愿做的回答，提供一种中立或中庸答案是必要的，例如"没有明确的态度"或"不确定"等。

7. 题意清晰原则

问卷中的每一个问题，都要力求简洁、明了，便于回答，切忌繁杂。题意要清楚，避免过于空泛。

例如，比较下列两个问题："你以为大众传媒会对儿童产生影响吗？"与"你认为电视会对儿童的功课产生影响吗？""你在哪儿读书？"与"你在哪一个学校读书？"

8. 适合身份原则

调查问卷总题目的语言风格与用语，应该与调查对象的身份相称。因此，在题目编拟之前，要考察调查对象群体的情况，如果对象身份多样，则在语言上尽量大众化；如果调查对象是儿童、少年，用语要活泼、简洁、明快；如果调查对象是专家、学者，用语应该科学、准确，并可适当运用专业语言。

9. 非导向原则

例如，许多专家呼吁不要择校，您的意见呢？

A. 择校　　B. 不择校

以专家意见作为问题的开头，很容易引导被试与专家意见一致。

10. 非假设原则

例如，你是如何评价《致我们终将逝去的青春》这部电影的？

这个问题里隐含了一个不适当的假设，即假定所有被试都看过《致我们终将逝去的青春》，但事实上并非如此。这里最好改用一个有条件的问题，先提一个过渡问题，然后进一步问上面这个问题。

例如，"你看过电影《致我们终将逝去的青春》吗？"如果回答"是"，就加问"你喜欢看吗？"

11. 选项排斥原则

例如，你长大后想干什么？

A. 科学家　　B. 天文学家　　C. 教师　　D. 工人　　E. 医生　　F. 其他

上面这个问题，选项 A 与选项 B 出现重合，选项 B 包含在选项 A 中。像这样的问题，在问卷中不宜出现。

三、问卷调查的实施

问卷的实施涉及被试的选取、问卷的发放和回收三个环节。

(一)被试的选取

问卷调查中通常采用抽样方法选取被试，可以采用随机抽样，也可以采用分层随机抽样，或者整群抽样，或几种抽样方法的组合。具体抽样方式要根据问卷研究的具体情况决定。抽样方式详见第四章相关内容。

(二)问卷的发放

问卷发放的方式可以分为邮寄式、送发式和访问式。

1. 邮寄式(包括网络在线调查、电子邮件调查)

简单易行，能够节省时间和费用，控制问卷发放的范围和对象，提高被试样本的代表性。但研究者难以控制被试回答的过程，无法判断影响回答的因素，问卷的回收率较低。

2. 送发式

指有组织的分配、发送问卷。发放迅速，回收率高，便于汇集与整理，有助于提高回答质量和回收率。

3. 访问式

有利于选择调查对象、控制访问过程，回收率高、效率高，但取样范围、数量有限，费时费力，对访问者素质要求较高。

(三)问卷的回收

问卷回收时，研究者要剔除废的问卷，还要保证一定的回收率。不同发放方式的问卷，其回收情况亦不同。一般来说，访问问卷回收率(responses rate)通常能达到 100%，回收效果最好；送发问卷的回收率也较好，一般要求 70%以上；邮寄问卷的回收率较低，一般要求 50%以上。低于 70%的回收率是不能作为研究结论的依据的。有关研究认为，要想提高问卷的回收率可从以下三方面入手：一是提高问卷质量，如注意问卷的长度，应在 30～40 分钟内完成问卷的填答，问题结构安排合理，问卷的版式力求新颖别致，引人入胜；二是采用适当的刺激、激励手段；三是与被调查者保持联系。

四、问卷调查的评价

问卷调查是教育研究中常用的研究方法，有着很多突出的优点，同时也存在着一些局限性。

(一)问卷调查的优点

1. 内容客观统一，易于量化分析

问卷调查尤其是封闭式问卷调查，通常是通过相同的问题和标准化的回答方式让被试填写，所有被试的答题要求相同、答题方式相同，这样就能在一定程度上避免调查过程中的一些误差因素，得到较为客观的数据资料。根据统一设计的问卷所得的结果，特别适于用计算机进行处理和定量分析，尤其是"社会科学统计软件包"的广泛应用，大大提高了对大数据进行统计处理的效率。

2. 研究成本较低，比较经济

问卷调查可以同时对大量被试进行调查，能够在较短时间内收集较多的资料，特别是邮寄式(含 email 等)的调查方式不必专门训练研究人员，也不必派人分发和回收问卷，更加节省问卷费用和人力，因此很适合进行大规模的研究。另外，问卷调查是一种纸笔式调查，不需要购买专用的实验设备或者观察所用的摄录设备，更加经济。

3. 匿名性强，回答较为真实

问卷调查中，被试可以匿名回答，可以不和研究者直接接触，因此被试在回答的时候没有顾虑，更能反映自己真实的观点和态度，特别是对那些比较敏感性的问题，在回答时心理压力相对较小，回答的真实性较强。因此，问卷调查特别适合研究那些涉及人们内心深处的动机、观点、情感等问题。

4. 样本容量大，具有代表性

问卷调查研究中，样本容量高达数千甚至数万都是常见的。这样的大样本研究对于描述一个总体的性质很有意义，能够更好地代表总体。研究所得的结论也更具普适性，可以用来解释更广范围内的教育现象或规律。

(二)问卷调查的局限性

1. 灵活性不强

问卷调查中所用的问卷经过严格的设计，问题和回答方式比较固定，所以难以根据调查对象的特点和调查的实际情境进行灵活调整。例如，对于某些结构性较强的问题，有的被试虽然明知问题不符合自己的情况，但也只能从中选择较为合适的一个答案，无法充分反映自己的观点和态度。另外，问卷调查适合具有一定文化程度、能够读懂问题内容的个体，对于文化程度较低的个体不能采用问卷调查的方法。

2. 指导性较低

问卷调查大多以发放问卷或邮寄问卷的方式进行，主试一般不能有效地指导被试填写问卷，也难以了解被试填写时的真实情况，无法对被试不清楚、不理解的内容进行及时的解释，这样必然会影响到被试回答的真实性和准确性。

3. 深入性不够

问卷调查一般只能对一些比较简单、表面的问题进行考察，而难以对复杂问题进行深入的探索和研究。因此，根据问卷调查结果所得的研究结论与社会实际情况之间有时存在一定的差距。对此，研究者可以在问卷中设计开放式的问题，了解被试对教育现象认识的背后原因，弥补封闭式问卷调查的不足。

第三节　访谈调查

访谈调查是一种最古老、最普遍的收集资料的方法，也是教育研究中最重要的调查方法之一。访谈研究广泛适用于教育调查、教育咨询等，既有事实的调查，也有意见的征询，更多用于个案研究。对于大范围的调查使用问卷调查较为合适，但是如果希望获得更深入更具体的信息，运用访谈调查较为合适。

一、访谈调查的含义

顾名思义，访谈调查就是研究者寻访、访问研究对象并且预期进行交谈和询问的一种活动。

访谈调查(interview survey)是一种研究性交谈，是研究者通过与研究对象进行口头交谈的形式获得教育资料的研究方法。

虽然都是口头的交流，但教育研究中的访谈是一种有特定目的和一定规则的研究性交谈，交谈双方的地位和权力存在较大区别。访谈中研究者有权力控制访谈的内容、风格及信息的类型和容量。日常生活中的谈话则是一种目的性较弱的、随意的、松散的交流方式。

访谈调查在教育研究中具有特殊的意义和作用，通过访谈调查，可以了解人们的态度、情感、思想观念，从而对教育现象和教育主体活动的各项特征进行多方面分析。

如果访谈的目的是为了从某个人的"口述"中获得某个历史事件的真相，这种研究方式也称为"口述史"研究。如今口述史研究受到广泛的关注与应用，如北京师范大学出版社 2007 年出版的《潘懋元教育口述史》。

访谈研究适用如下情形：一是研究内容为价值感、价值观念或情感信仰等内隐性的内容；二是了解受访者过去经历过的相关事件及对其感受、意义解释；三是需要对事件进行比较深入、细致、全面的了解。

二、访谈调查的类型

根据不同的标准，可以将访谈调查划分为不同的类型。

(一)结构式访谈、非结构式访谈和半结构式访谈

根据访谈内容和过程有无统一的设计要求、有无一定的结构，可以分为结构式访谈、非结构式访谈和半结构式访谈。

1. 结构式访谈

结构式访谈(structural interview)又称标准化访谈、封闭式访谈，是指按照统一的设计要求、按照有一定结构的问卷进行的比较正式的访谈。

结构式访谈对于访谈对象的选择标准和方法、访谈中提出的问题、提问的方式和顺序、访谈对象回答的方式、访谈记录的方式等都有统一的要求，有时甚至对访谈的时间、地点和周围环境等外部条件也有一致要求。

结构式访谈的结果便于统计分析，能够对不同访谈对象的回答进行对比分析。但访谈过程缺乏弹性，访谈者难以在访谈过程中根据双方的具体情况对访谈方式和程序进行灵活调整，也难以对问题进行深入探讨，因而不利于发挥访谈者和被访谈者的积极主动性。

2. 非结构式访谈

非结构式访谈(unstructural interview)又称非标准化访谈，是只按照一个粗线条式的访谈提纲而进行的非正式的访谈。

这种访谈没有固定的格式，访谈问题可以根据当时的情况随时改变。它对于访谈对象的条件、访谈的问题只有一个粗略的基本要求，访谈者可以根据访谈时的实际情况灵活地进行必要的调整。

非结构式访谈有利于发挥访谈者和访谈对象的主动性、创造性，有利于适应被访谈者的具体和特殊情况，有利于拓宽和加深对研究问题的考察，也有利于处理原来访谈设计方案中没有考虑到的新情况和新问题。其不足包括：所得的结果难以进行定量分析，也难以对不同被访谈者的情况进行比较分析，且对访谈者的访谈技巧有较高的要求。

3. 半结构式访谈

半结构式访谈介于结构式访谈和非结构式访谈之间，是基于结构式访谈和非结构式访谈的优势和不足而形成的一种访谈调查形式。

半结构式访谈(semi-structural interview)是研究者可以事先准备一个粗略的访谈提纲，根据研究设计提出相应的问题，同时允许被访谈者参与其中，鼓励他们提出自己的问题，并且根据具体情况进行灵活调整。

一般而言，在研究初期，研究者对访谈对象情况不甚了解时，或者想就教育现象、问题或事件进行全面深入地了解时，可以进行非结构式访谈。但当研究者想系统收集有关数据资料，进行定量分析时，则适宜采用结构式访谈。在教育科学研究中，研究者可以根据研究的需要灵活安排。

(二)直接访谈和间接访谈

根据访谈时是否借助一定的中介物，分为直接访谈和间接访谈。

1. 直接访谈

直接访谈(direct interview)是访谈者和被访谈者进行面对面的交谈。

其突出特点是，访谈双方直接发生相互影响、相互作用。访谈者不仅能广泛、深入地探讨有关问题，了解被访谈者的思想、态度、情感和其他情况，还可以直接观察到被访谈者的有关特征和他们访谈时表现出来的非言语信息，从而更深入地理解谈话的内容，更易于判断访谈结果的真实可靠性。但访谈者和被访谈者之间的相互作用可能对访谈结果产生不良影响。

2. 间接访谈

间接访谈(indirect interview)就是访谈者通过一定的中介物与被访谈者进行非面对面的交谈。

当前，常用的间接访谈方式是电话访谈，适用于访谈内容较少、较为简单的调查研究。通过电话访谈，研究者可以快速地收集数据资料，节省研究费用，保密性较强，对于某些不适宜面谈的敏感性或隐私性问题，可以采用电话访谈形式进行调查。但是，间接访谈需要一定的中介物方能进行，因此适用范围有限。并且，通过中介物进行交谈就不能直接观察被访谈者的相关特征和非言语信息，不利于对访谈结果的分析和解释。

(三)个别访谈和集体访谈

根据一次访谈中被访谈者的人数，分为个别访谈和集体访谈。

1. 个别访谈

个别访谈(single interview)是指访谈者对每个被访谈者逐一进行的单独访谈。

这种访谈方式使得访谈者和被访谈者之间易于沟通，更利于灵活处理访谈问题和安排访谈进程。且在个别访谈中，每个被访谈者被提问和回答的机会较多，有助于研究者对其内心思想、观点和态度的深入考察。

2. 集体访谈

集体访谈(group interview)是指一名访谈者或者多名访谈者同时对多名被访谈者进行访谈调查。

　　一组被访谈者一般在 10～15 人合适，座位安排以圆形为佳，被访谈者的背景，诸如学历、智力水平、社会经济地位等以接近为好。相对于个别访谈，集体访谈可以节约访谈时间，且更利于被访谈者之间的互动，调动他们参与访谈的积极性，获得更为丰富全面的资料。但集体访谈时访谈者可能不会兼顾每一个被访谈者，可能有的被访谈者始终保持沉默；另外集体访谈具有一定的公开性，一些被访谈者可能不愿意公开发表自己的意见，尤其是对于一些敏感性问题。因此，成功的集体访谈需要访谈者具有较高水平的访谈技能。

三、访谈调查的基本程序

　　访谈调查要经过设计、实施和总结三个阶段。

(一)访谈调查的设计

　　研究者在正式实施访谈之前应进行周密的设计，科学、合理和完善的访谈调查设计是访谈调查成功的重要保障。

　　1. 明确访谈问题

　　研究者要根据访谈调查的目的确定具体的研究问题，针对问题列出研究中所涉及的所有变量的类别和名称，确认访谈调查中要收集的具体信息。

　　同问卷调查一样，访谈调查的问题也可分为封闭式问题（selected-ended）和开放式问题（open-ended）。实际研究中采用何种形式要视研究的目的、访谈对象的特征、访谈者的知识经验而定。一般而言，开放式问题更可能应用在访谈调查中，因为这类问题可以给访谈对象留下大量可解释的空间，研究者能够根据研究目的控制和掌握访谈对象解释的方向和程度，有助于对研究问题的深入考察和分析。

　　在确定具体访谈问题时还应考虑访谈问题的文字表述方式，问题的回答方式以及排列顺序，例如，问题的表述应具体明确、避免引导性提问等；被试可以按照填空式、等级排列式、量表式等方式对问题做出回答；问题的排列应按照"漏斗顺序"原则进行，以上内容具体参见问卷调查部分。需要指出的是，在访谈调查中，访谈者的提问更要考虑到访谈对象的心理感受，注意创设一种轻松的谈话氛围，以激发访谈对象更积极的回答倾向。

　　2. 确定访谈对象

　　一般而言，进行个别访谈时要尽量选择典型对象，或对研究问题比较熟悉的对象，以便获得更为丰富的信息。若要进行集体访谈，除了考虑访谈对象的代表性外，还要考虑访谈对象之间的关系，不要选择相互对立、存在矛盾的访谈对象，避免在访谈过程中出现冲突或隐瞒，同时尽量选择角色、地位、经验等方面相似的对象，以免访谈时出现个别的权威人物，影响其他受访者内心想法的真实表达。

3. 选择和培训访谈者

访谈者的选择和培训是访谈调查的一项重要准备工作。一个小型的访谈调查，如果研究者时间允许，他可以既是研究的设计者，也是实际收集数据资料的访谈者。但若一项访谈调查研究涉及的访谈对象数量较多、地域分布范围较广，那么就必须选择一些人作为访谈者。具体如何选择访谈人员并无统一标准，一般而言，他们应该对工作认真负责，对访谈研究感兴趣，具备一定的科学文化知识、技能和能力，有一定的交际意识和能力等。此外，还应考虑访谈对象的特点，选择与访谈对象年龄相近、性别相同的个体作为访谈者。然后对所选择的人员进行访谈目的、意义、访谈方法和技巧等方面的培训。

4. 设计访谈提纲

研究者正式进行访谈调查之前，一般需要事先设计访谈提纲，提醒访谈者一些重要的信息和环节，避免在实际访谈时出现遗漏。若是开放式问题，访谈提纲中的问题要尽量开放、全面，在实际操作中，研究者可以对提纲的内容和顺序灵活地做出调整；若是封闭式问题，研究者要逐项展开提问，但也要根据被试的具体情况做出有针对性的改变。

(二)访谈调查的实施

1. 做好实施前的准备工作

访谈调查设计完成之后，在进行正式访谈之前，访谈者应做好以下几项准备工作[1]。

第一，要充分熟悉访谈调查的内容，最好能达到背诵的程度。充分熟悉访谈内容有助于访谈者掌控访谈的主动权，把主要精力集中在倾听对方谈话、观察对方行为表现、思考对方谈话内容、追问和记录等工作上。若访谈者本身都不熟悉访谈内容，就很容易给访谈对象留下不好的印象，影响到双方合作。

第二，带齐进行访谈所需要的有关材料。包括访谈者的身份证明，记录需要的本子和笔。若访谈调查需要录音或照相，还应带上录音笔、照相机、电池等。

第三，尽可能了解访谈对象。研究者要尽可能收集已确定的访谈对象的相关信息，如性别、年龄、文化、经历、性格、爱好等，以便有针对性地选择适

---

① 董奇. 心理与教育研究方法(修订版)[M]. 北京：北京师范大学出版社，2004：175.

当的访谈方法，建立良好的人际关系，取得访谈对象的配合。

第四，选择合适的访谈时间和地点。访谈时间和地点的选择，应有利于访谈对象准确、如实、充分地回答问题。一般来说，访谈时间最好选择在访谈对象学习、工作、劳动、家务不太繁忙，心情比较舒畅的时候。访谈地点的选择要考虑方便因素和具体情况，但无论是在家里还是在学校或者工作场所，最好是安静的地方，能够保证谈话时不受干扰。

2. 接近访谈对象

接近访谈对象是进行访谈调查的第一步。此阶段，访谈者要与访谈对象建立信赖、真诚、合作的关系。一般来说，访谈者要先做自我介绍，然后说明来访的目的、意义和内容，完成访谈需要的时间及将其选为访谈对象的原因，请求访谈对象的支持与合作，必要时应作出保密的承诺。为得到访谈对象的接纳，访谈者在接近访谈对象时衣着打扮应干净整洁，行为举止要得体大方，自我介绍和说明研究目的时应沉着自信，并确信自己研究工作的重要价值，另外应使用正面肯定的语气邀请访谈对象参加访谈。例如，不宜采用"不知道能不能占用您几分钟时间，向您了解……"的方式，而应采用"我想向您了解一下……谢谢您的帮助"的方式。

在接近访谈对象时通常会受到他们的拒绝。有的人可能很忙，有的对研究问题不感兴趣等。对于此，访谈者应有耐心，甚至要忍耐对方一些无礼的言行；另外，要弄清被拒绝的原因并设法克服。若访谈者对问题不感兴趣，可以向他们更详细地说明研究的意义；若访谈者感到对方对自己的身份不放心，就尽可能提供相关的身份证明等。总之，应针对被拒绝的原因做出各种努力，来争取对方的配合，不能轻易放弃。

3. 有效访谈的技巧

访谈者被访谈对象接纳后，就开始进行交谈。有效访谈的技巧涉及提问、追问、倾听、记录和回应五个方面。

(1)提问的技巧。

访谈时的提问一般先从非研究性问题开始，即先问一些与研究无关的问题，如"近来工作很忙吧？""你在这个单位多长时间了？"，以便逐步建立起合作、友好的交谈氛围。当访谈者和访谈对象的关系变得较为融洽后，就可以提出要研究的一些核心问题和敏感问题，对于容易引起访谈对象不快的问题，则应放在访谈结束前提出。提问还应考虑到访谈对象的特点，对于理解能力比较差的访谈对象，应采取耐心解释、逐步深入的方式；若访谈对象的了解能力较强，则可以采用正面直接的方式提出。此外，不同问题之间的衔接应流畅自然，为此，访谈者应注意倾听访谈对象的谈话，抓住时间，自然过渡到下一个问题。

（2）追问的技巧。

追问是指研究者就访谈对象前面所说的某一观点、概念或所使用的词语作进一步的询问。在实际访谈中，访谈对象的回答常常出现答非所问、笼统不准确、含糊不清、残缺不全等情况，这时就需要进行适当的追问。追问的目的，在于引导访谈对象更全面、更准确地回答问题，还能控制访谈的方向，促进访谈对象回答的结构化，减少无关信息。

追问的方式有多种，可以采用详尽式追问（还有什么呢）、说明性追问（你为什么这么认为）、系统追问（他们听谁说的）、假设追问（如果你是校长，你会如何处理这个问题）、情感反应性追问（你对这件事情的态度如何），正面追问接指出对方不真实的地方。

在实际交谈中，追问的方式更加多样。当访谈对象犹豫不决或对问题不理解时，可以重复提问；当对访谈对象的回答不确定是否正确理解时，可以重复答案；当访谈对象回答不全时，可以沉默以对；当需要对方提供更多信息时，可以采用中性提问或评论的方式，如"你指的是什么意思？"访谈者在实际交谈过程中应根据具体情况灵活地加以采用。

（3）倾听的技巧。

在访谈调查中，"听"和"问"是相对的。访谈者的听，表现在行为层面、认知层面和情感层面。行为层面的听，是指一种听的态度，访谈者应积极、主动地听，让访谈对象觉得自己受到重视，从而产生倾诉愿望。认知层面的听，分为强加的听、接受的听和建构的听三种。强加的听很容易将研究者个人的观点强加给访谈对象；接受的听是开放式访谈中最基本的倾听方式；建构的听对访谈者个人的素质要求很高。在情感层面，听可以分为无感情的听、有感情的听和共情的听。在质的访谈调查研究中，研究者要学会有感情的听和共情的听。此外，在倾听过程中，研究者注意不要轻易打断访谈对象的谈话，同时容忍他们的沉默。

（4）记录的技巧。

在访谈调查中一般都需要进行记录，而且尽量当场记录。为避免访谈对象对记录产生顾虑，访谈者应事先向他们说明记录材料仅为科学研究之用并作出保密的承诺。

在记录的方法上，结构式访谈要求访谈者按照规定的记录方式，把访谈对象的回答记录在事先设计好的表格、问卷和卡片上；非结构式访谈的记录比较困难，可以采用两人访谈的方式，一人专门访谈，一人专门记录；也可以在征得访谈对象同意的基础上用录音笔记录。记录的内容尽可能详细，不仅要记录言语信息，还要记录非言语信息。在记录过程中，不要试图去总结、分段或改正语法，保持记录资料的原始性。记录时，访谈者尽量坐在访谈对象看不到记录内容的地方，避免他对记录内容的过分关注。访谈结束后还应尽快整理记录，对记录时所用的符号和缩写做出说明。

(5)回应的技巧。

回应是指在访谈过程中，研究者对访谈对象的言行做出的言语和非言语反应。研究者的回应会直接影响到访谈对象的谈话风格和谈话内容。其中，言语回应是访谈双方建立关系、交流信息、沟通情感的基本条件，访谈者要灵活运用言语方式对访谈对象的回答做出认可、重复、重组、总结和鼓励等回应。非言语方式的回应也能够促进双方的交流，如用点头、微笑等鼓励访谈对象，提高他们的谈话兴趣，用诚恳的目光鼓励访谈对象真诚的交流等。

4. 结束访谈

结束访谈是访谈调查的最后一个环节。研究者在这一环节中应注意以下几个问题。

(1)控制访谈的时间。

访谈的时间不宜过长，一般以一两个小时为宜，应力争在预定时间内结束访谈。若因为种种原因需要推迟结束时间，则应征得对方的同意。

(2)把握好结束访谈的时机。

例如，有时访谈已经临近结束，访谈对象仍很有谈话的兴趣，此时访谈者可以抓住他转换话题时产生的谈话间隙，趁机插话，自然结束访谈；有时访谈双方都感到非常疲惫，谈话难以进行下去，应尽快结束访谈，若此时还未完成访谈任务，可以约定下次访谈的时间。

(3)对访谈者表示感谢。

结束访谈时，向对方表示感谢，这是科学研究道德的基本要求，还可以为以后的访谈研究奠定基础。访谈者应真诚地感谢访谈对象对研究工作的支持，感谢对方奉献的宝贵时间和提供的有价值的信息资料，同时还表示从对方学到了很多知识，通过访谈建立了友谊。

(三)访谈结果的整理和总结

不同形式访谈调查的结果，整理难度不同。结构式访谈的结果便于整理，也易于进行量化分析。非结构式访谈的结果，内容多为描述性的陈述，比较分散，相对而言难以整理分析。通常，为了深入分析研究结果，需要对访谈内容进行编码，量化访谈调查的结果，然后在此基础上进行后续的统计分析。

[示例 6-2-1]关于小学生欺负行为的访谈研究：访谈 3(zp0103，男，小学二年级)

T："请你说一件有人认为是欺负而你却不认为是欺负的校园事件。你懂我意思吗？我再说一下，就是有人认为是欺负，而你却不认为是欺负的事件。"

S："比如说，楠楠，我有时会和楠楠吵架，楠楠一直会打我。"

T："你们为什么吵架？"

S：(沉默)

T："她打你，也不是欺负？"

S："嗯。"

T："你为什么这样想？"

S："因为好朋友之间要互帮互助。"

T："你和她是好朋友吗？"

S："是的。"

T："还有其他要说的吗？"

S："没有了。"

[示例 6-2-2]关于小学生欺负行为的访谈研究：访谈 7(zp0107，男，小学二年级)

T："请你说一件有人认为是欺负，而你却不认为是欺负的校园事件。"

S："陆某某拿走了刘某某的橡皮，刘某某打了陆某某一下，我觉得刘某某不应该打人，因为陆某某没有橡皮，刘某某应该借给他。"

T："那是不是欺负呢？"

S："不是。"

T："为什么？"

S："因为陆某某没有橡皮，如果写错了字就不能够擦，借给她是应该的。所以刘某某打陆某某也是不对的。但是刘某某后来原谅她了，也是对的。"

四、访谈调查的评价

如前所述，访谈调查的基本特点是研究者与研究对象进行面对面的交流，这一特点决定了访谈调查具有如下优点和局限性。

(一)访谈调查的优点

1. 灵活性强

访谈是访谈者和访谈对象直接的交流和沟通，访谈者可以根据访谈对象的特征和访谈过程的具体情况，灵活调整访谈的过程和环境。当访谈对象表示出对问题的不理解或误解时，研究者可采用恰当的方式重复提问；当访谈对象的回答含糊不清时，研究者可以让其进行解释说明；当访谈对象的回答超出研究者的预料时，研究者可适当追问或加以记录。访谈调查可以根据访谈对象的知识水平或理解程度灵活改变提问方式，可以在访谈对象自由发表看法时控制谈话方向，充分发挥研究者的主动性和创造性。

2. 适用范围广

访谈调查是借助于口头语言进行的，即使访谈对象阅读困难或不善于文字表达，也能够对访谈问题作出回答。访谈调查适用于一切有思维能力和口头表达能力的个体，尤其是文化水平较低的对象。

3. 可靠性高

访谈是面对面进行的，研究者可以直接观察访谈对象的非言语行为和回答问题的态度，结合非言语信息判断访谈对象回答的可靠性；可以对访谈调查的环境进行控制，防止干扰；也可以严格控制问题提问的顺序，避免被试漏答。上述特点都保证了访谈调查结果具有较高的可靠性。

4. 更为全面深入

访谈调查以口头交谈方式进行，包括结构式访谈和非结构式访谈等不同类别，这就使得它既可以收集现时资料，又可以收集过去的资料；既可以用于定性研究，又可用于定量研究；既可以了解客观事实、行为方面的问题，又可了解主观动机、情感、观念等方面的问题；既可用于验证某些理论或假设，又可用于提出新的理论或假设。总之，访谈调查法可以获得更加丰富和全面的资料，有助于对教育现象进行多层次、多方面的探索。

(二)访谈调查的局限性

1. 成本较高

访谈调查常采用面对面的个别访问，面对面的交流必须寻找访谈对象，在访谈对象分散的情况下，路上往返的时间往往超过访谈时间。调查过程中还可能发生数次前访却被拒绝或找不到访谈对象的情况，耗费较多的时间和精力；较大规模的访谈调查常常需要训练一批访谈人员，这就使费用支出大大地增加。与问卷相比，访谈调查要付出更多的时间、人力和物力。由于访谈调查费用大、耗时多，故难以大规模进行，所以一般访谈调查样本较小。

2. 隐秘性较低

由于访谈调查要求访谈对象当面作答，不具有匿名性，所以对于比较敏感、属于个人隐私的问题，访谈对象会拒绝回答。匿名性较低，还易使访谈对象在回答时有较大顾虑而隐瞒自己真实的想法，影响访谈结果。

3. 与访谈者素质有关

访谈调查是由访谈者进行的，如果访谈者的素质较差，能力不强，可能对访谈对象的回答产生误解或在记录时发生错误；如果访谈者没有掌握必要的访谈技巧，态度生硬，言行不礼貌，可能影响访谈的相互作用过程，造成访谈对象的不合作或提供虚假信息，难以获得可靠的研究资料。访谈结果也容易受到访谈者的主观偏见和价值取向的影响，因此必须对访谈者进行访谈技巧的培训。此外，访谈者的性别、性格、年龄、社会阶层、衣着、口音和身材等都可能影响访谈对象的回答，造成访谈结果的偏差。

4. 记录困难

访谈调查是访谈双方进行的语言交流，如果访谈对象不同意用现场录音，对访谈者的笔录速度的要求就很高，而一般没有进行专门速记训练的访谈者，往往无法很完整地将谈话内容记录下来，追记和补记往往会遗漏很多信息。

5. 随意性较高

访谈调查有灵活的一面，但同时也增加了这种调查过程的随意性。不同访谈对象回答是多种多样的，没有统一的答案，这样，对访谈结果的处理和分析就比较复杂，由于标准化程度低，就难以做定量分析。

［示例 6-3］关于中小学教师教育行为的调查问卷

尊敬的老师：

您好！教师教育行为已成为众多家长、学生与教育工作者共同关心和讨论的话题。本问卷是为了调查、了解教师的教育行为而设计的。问卷各题的选择没有好坏对错之分，并且研究者不会针对任何人的答案进行分析。我们将严格遵守保密原则，成功取决于您的真诚合作，为了提高广大教师的教育水平，规范教师教育行为，保护教师的利益，相信您会给予我们最大的支持，谢谢您的合作！

指导语：请您根据实际情况将答案划上"√"。

某某课题组

2016 年 3 月

答题说明：以下问卷的回答不必用文字表达，只要您弄懂题意后，在各级选项中选择您认定的一种，在相应的栏内打"√"即可。要求对每题都做出回答，每题只能选择一个答案。在回答前，请不要考虑太久，尽量凭第一印象做出回答。

表6-1　调查问卷

题号	题　　意	非常符合	比较符合	说不清	不大符合	很不符合
1	我很尊重学生，允许他们提出不同的意见					
2	讲课时，经常关注学生的反应					
3	善于和学生交往					
4	罚站虽然可以马上制止学生的不良行为，但我从不采取这种教育方式					
5	在处理学生间的矛盾和冲突时，能平等地对待自己喜爱和不喜爱的学生					
6	在批评学生时，能尽量做到不伤害学生的自尊心					
7	上课时我自己讲自己的，很少提问学生					
8	当一些学生表现很差时，将其请出教室是难免的					
9	我对"优生"和"差生"的关心程度会有所不同					
10	学生犯了错误，有时会给家长打电话或通知家长来学校					
11	学生有什么秘密，更愿意对我讲(而不是告诉家长)					
12	与其罚写作业数十遍，不如耐心教育更有效					
13	当学习好的学生和学习差的学生犯同样的错误时，能平等对待					
14	当学生违反课堂纪律时，我会用眼神而不是责骂加以制止					
15	有的同学上课睡觉、看小说等，只要他不影响别人听课，我基本不管					
16	对于有些表现很差的学生来说，让他站着听课有助于反省自己的不良行为					
17	往往不自觉地以学习成绩给学生划分等级					
18	有时为了学生好，曾经讽刺挖苦他们					
19	学生愿意与我亲近					
20	学生的自尊心是很脆弱的，教育应以正面疏导为主，将其赶出教室是不可取的					
	……					

[示例 6-4]农村学校教师知识、新课程实施程度及其关系研究①

一、问题提出

教师知识是"教师在教学情境中，为达到有效教学必须具备的一系列理解、知识、技能与特质。"教师知识是教师从事教学工作的重要基础，在教师的教育实践中具有重要作用。课程实施是将课程计划付诸实践，实现预期的课程理想的过程。新课程实施程度是"是指新课程的实际使用与原本计划使用互相符合的程度。"课程实施程度是评判课程改革是否成功的重要指标。"人们所有有目的的实践行为都是受知识支配的，或者说，是由知识建构的。不存在没有任何知识基础的有目的的实践行为。"教师是课程的诠释者与实施者，教师的知识结构及观点对教师的教育教学起着重要的作用。因此，教师知识既是课程改革的必要条件，又是课程实施的重要内容。新一轮基础教育课程改革实施十年来，农村学校教师知识的真实状况如何？农村学校新课程实施程度如何？农村学校教师知识与新课程实施的关系怎样？是每一个关心和关注农村课程改革的人急切解决的问题。本研究通过问卷法和访谈法对农村学校教师知识和新课程实施状况进行调查，以期对上述问题作出回应。

二、研究设计与研究过程

(一)研究工具

1. 农村学校教师知识调查问卷的编制

"教师知识"主要是指教师应该拥有和实际拥有的知识。美国斯坦福大学舒尔曼(L. S. Shulman)认为，教师知识应该包括学科知识、一般性教学知识、课程知识、一般教学及教学方法知识、有关学习者的知识、教育环境知识和关于教育目标及价值的知识。国内学者辛涛、申继亮和林崇德把教师知识分为本体性知识、条件性知识、实践性知识和文化知识。目前，大部分研究者都把学科知识、一般教学法知识、学科教学知识、学生和自身知识、教学目的价值知识等五个方面作为教师应该拥有的、或必备的知识体系。因此，农村教师知识调查问卷的编制以学科知识，一般教学法知识，学科教学知识，学生、自身和课程知识，教学目的价值知识等为基本指标，依据新一轮基础教育课程改革的理念和要求，编选了 25 个问题，主要测量如下内容。(1)学科知识。精通所教学科的基本原理和专业知识，掌握本学科的研究方法，了解学科的历史发展和前

---

① 张新海. 农村学校教师知识、新课程实施程度及其关系研究[J]. 教育研究与实验，2013(1)：35－40.

沿问题，关注社会、经济、文化和科学技术的发展，关注与其他学科的联系和整合。(2)一般教学法知识。掌握一般的教育教学原理和课堂管理的技能技巧，掌握观察、调查和实验等基本的教育研究方法，掌握现代化教学媒体和网络技术，掌握基本的教学评价方法。(3)学科教学知识。能用学生熟悉的例子解释学科的概念，能针对不同教学单元采用不同的教学方法，会使用适当的图解和图表解释学科概念，会选择不同的教学方式提高学生的学习兴趣，对课程、教材等有正确的认识。(4)学生、自身和课程知识。掌握学习理论，了解学生的身心发展特征和认知规律，具有进行心理辅导的能力，对自我角色和权利义务有清晰的认识，对课程有明晰的认识和理解。(5)教学目的价值知识。具有正确的价值观、意向、教育哲学观点和教学目的，明晰教师应具有的个人特质、教学知以及教学信念等。

2. 农村学校新课程实施情况调查问卷的编制

教师是实施课程改革的主体，是课程改革付诸实践的关键所在，最终决定着课程改革的走向。加拿大课程改革专家迈克尔·富兰(Fullan Michael)认为："教育变革的成功取决于教师的所思所想，事实上就是如此简单，也是如此复杂"。因此，研究和分析课程改革的实施情况应该把着力点聚焦在教师身心和行为的变化上。史巴克(A. Sparhes)认为课程改革分为教学资源变革、教学策略或活动变革、教师信念变革等三个层次，并认为只有三个层次都发生显著性变化，该变革才是"真正的变革"(real change)，否则就只是一种"表层变革"。富兰和庞弗雷德指出，任何课程改革，教师至少包括由浅入深的五个方面的转变(变化)：(1)学科内容或教学材料的变化；(2)教学组织结构的变化；(3)教师、学生角色关系和行为的转变；(4)教师对新课程理念的认同和接受；(5)价值内化。基于以上理论分析，依据《基础教育课程改革纲要(试行)》中的六项具体改革目标，课题组编制了《农村学校新课程实施情况调查问卷》，问卷共由25个问题组成，重点了解以下内容。(1)学科内容或教学材料变化。教学内容是否以新课程标准为依据？学习材料是否以新课程标准为依据？(2)教学组织结构的变化。教师是否共同设计新课程、校本课程、共同备课等，小组讨论、专题研究活动的实施情况如何。(3)教师角色关系和行为的变化。教师是传授知识或是启导学生？学生是被动地接受还是主动的建构知识？教师采用什么样的教学策略组织课程和教学材料？采用什么样的教学评估方法？教学媒体的采用情况如何？(4)知识及理解的变化。教师对新课程宗旨、新的教学方法、新的学习活动、新的师生角色的认识和应用情况等。(5)价值内化。教师对新课程的理念是否认同，教学行为及教学信念有无转变。

以上两份问卷均采用李克特(Likert)五点量表的计分方式，每个问题有完全符合、符合、基本符合、很少符合和完全不符合等五个选项，对应赋值4、3、2、1和0。为了检验调查问卷的信度系数是否满足问卷调查的要求，我们对120名农村教师进行了预调查，《农村学校教师知识调查问卷》的总体信度系数为0.90，《农村学校新课程实施情况调查问卷》的总体信度系数为0.91，符合问卷调查信度系数的要求。为了探究农村中小学教师知识和农村中小学课程改革实施情况之间的关系，把两份问卷合二为一，同时把性别、年龄、教龄、担任职务、教育程度、学校地理位置和学校层次等七个人口学变量作为基本资料一并进行调查。

(二)调查的实施

2011年9月，以分层整群抽样的方法在农村中小学发放问卷2 300份，收回2 210份，有效问卷2 055份，有效问卷率为89.34%。调查对象的具体分布情况为：按性别分，男教师807人，女教师1 248人；按年龄分，25岁及以下104人，26~35岁1170人，36~45岁661人，46岁及以上120人；按职务分，校长149人，教务主任189人，教研组组长280人，科任教师1 437人；按学校层次分，小学788人，初中1 189人，高中68人；按学校地理位置分，县城474人，乡镇894人，农村687人。采用SPSS15.0对问卷调查资料进行分析。

三、农村学校教师知识和课程改革实施的现状

(一)农村学校教师知识概况

教师知识影响着教师对知识的学习和运用，支配着教师的日常教育教学行为，也是教师从事教育教学工作不可或缺的重要保障。调查结果显示(见表6-2)，农村学校教师知识总的平均得分为2.66(标准差0.58)，达到了理想状态的66.5%；在学科知识、一般教学法知识、学科教学知识、学生自身和课程知识、教育价值和目的知识等5个指标中，农村教师的教育价值和目的知识得分较高，达到了理想状态的74.8%，一般教学法知识及学生、自身和课程知识得分较低，达到了理想状态的62.2%和61.5%。因此，农村学校教师知识的整体水平不高，知识结构不均衡，有待进一步提高和完善。

表 6-2　农村教师知识状况调查表

变量	调查人数	平均数	标准差	达到理想状态的百分比/%
学科知识	2 041	2.59	0.78	64.7
一般教学法知识	2 039	2.49	0.82	62.2
学科教学知识	2 046	2.78	0.78	69.5
学生、自身和课程知识	2 027	2.46	0.54	61.5
教育价值和目的知识	2 048	2.99	0.83	74.8
农村教师知识	2 000	2.66	0.58	66.5

1. 农村教师知识人口学变量的差异分析

本研究主要有性别、年龄、教龄、担任职务、受教育程度、学校地理位置和学校层次等七个人口学变量。由方差分析可知(见表2)：农村教师知识在性别、受教育程度、学校地理位置等三个人口学变量上存在极显著差异：女教师(2.71)高于男教师(2.58)；本科生(2.71)、专科生(2.61)高于中专生(2.34)；县城教师(2.73)、乡镇教师(2.67)高于乡村教师(2.59)。在年龄和教龄等人口学变量上存在显著差异，年龄46岁以上(2.49)或教龄26年以上(2.53)的教师低于其他年龄或教龄的教师；在担任职务和学校层次等两个人口学变量上不存在显著差异。

表 6-3　农村教师知识方差分析表

人口学变量	方差	自由度	平均方差	F值	显著水平
性别	7.091	1	7.091	22.250	0.000
年龄	3.472	3	1.157	3.590	0.013
教龄	2.704	3	0.901	2.803	0.039
受教育程度	9.326	2	4.663	14.675	0.000
学校地理位置	5.731	2	2.865	8.976	0.000

2. 农村学校教师知识各指标的分析

学科知识。农村教师对于所教学科的基本内容和研究方法等知识掌握较好，平均得分分别为 2.84 和 2.59，达到理想状态的 71.0% 和 64.8%；而对所教学科的基本原理、历史发展和前沿问题掌握较差。如农村小学教师在问题"了解所教学科的历史发展和前沿问题"和"熟悉所教学科的基本原理和理论发展"得分分别为 2.27 和 2.38，只达到理想状态的 56.7% 和 59.5%。

(1)一般教学法知识。农村教师缺乏一般的教育教学原理、课堂管理的技能和技巧、现代化教学媒体和信息技术。尤其缺乏观察、调查和实验等基本的教育素养和心理学知识。如农村初中教师在问题"掌握观察、调查和实验等基本的教育研究方法""具有给学生进行心理辅导的能力""会运用幻灯、投影等现代化教学手段"和"能用考试以外的方法评价学生学业成绩"的平均得分为 2.17、2.28、2.32 和 2.39，只达到理想状态的 54.3%、57.0%、58.0% 和 59.8%，与实际需求相差较大。

(2)学科教学知识。农村教师能用学生熟悉的例子解释学科的概念、能针对不同教学单元采用不同的教学方法、会使用适当的图解和图表来解释学科概念、会运用不同的教学方式提高学生的学习兴趣。是 5 个指标中得分较好的一个，能够达到理想目标 70.0%。

(3)学生、自身和课程知识。此项是农村教师 5 个知识维度中得分最低的一个。农村教师缺乏对教师价值观、个人特质、教学认知及教学信念的了解，尤其缺乏一般的课程知识。如农村高中教师在问题"课程就是教材"和"课程实施就是教学"的平均得分为 1.80 和 1.41，只达到理想状态的 45.0% 和 35.3%。

(4)教育目的知识方面。此项是农村教师 5 个知识维度中得分最高的一个，能够达到理想目标 75.0%。

(二)农村学校新课程实施程度概况

新一轮课程改革实施十年来，农村学校新课程实施程度的平均得分为 2.19(标准差 0.62)(见表 6-4)，只达到新课程改革目标的 54.8%。农村学校教师在教学材料、教学组织结构、师生角色和行为、课程知识和理解、价值内化 5 个维度上的变化均不理想，变化最大的是价值内化(2.64)，只达到新课程改革目标的 66.0%；其次是课程知识和理解变化(2.31)，达到新课程改革目标的 57.8%；而教学材料、教学组织结构、教师角色和行为三个维度的变化只达到新课程改革目标的 50.0% 左右。因此，农村新课程的实施状况与新课程改革的目标和要求相差甚远，农村新课程改革任重道远。

表6-4　农村学校课程改革实施情况调查表

变量	调查人数	平均数	标准差	新课程实施程度/%
教学材料变化	2040	2.01	0.80	50.3
教学组织结构变化	2048	1.97	0.79	49.3
教师角色和行为变化	2041	2.01	0.57	50.3
课程知识和理解变化	2045	2.31	0.75	57.8
价值内化	2045	2.64	0.87	66.0
农村课程改革实施程度	2001	2.19	0.62	54.8

1. 农村新课程实施情况的人口学变量的差异分析

由表6-5可知,农村课程实施程度在性别、学校地理位置、学校层次等三个人口学变量上存在极显著差异:女教师(2.25)高于男教师(2.09);县城学校(2.30)高于乡镇学校(2.15)和乡村学校(2.14);小学(2.30)高于中学(2.11);在受教育程度上存在显著差异,本科生(2.19)和专科生(2.20)高于中专生(1.93)。在年龄、教龄和担任职务等三个人口学变量上不存在显著差异。所以,农村新课程实施程度既存在着城乡、学校层次等整体性的差异,又存在性别、文化程度等个体性的差异。

表6-5　农村课程改革实施情况方差分析表

人口学变量	方差	自由度	平均方差	F值	显著水平
性别	11.321	1	11.321	29.875	0.000
受教育程度	3.270	2	1.635	4.264	0.014
学校地理位置	7.942	2	3.971	10.421	0.000
学校层次	15.303	2	7.651	20.279	0.000

2. 农村新课程实施程度各维度的分析

学科内容或教学材料的变化。新课程改革实施10年来,农村学校教学材料和学科内容的变化只达到了新课程改革目标的50.3%(见表6-4)。具体调查结果为:73.5%的农村学校全部采用新教材上课;60.5%农村学校按照新课程标准进行教学;53.7%农村学校按照新课程标准选择学生学习材料;31.3%农村学校开设了地方课程;32.8%农村学校开设了校本课程。存在的突出问题是地方课程和校本课程实施基本落空，与三级课程管理的目标相差甚远。

（1）教学组织结构的变化。教学组织结构的变化是农村新课程实施的一个基本保障和条件。新课程实施 10 年来，农村学校教学组织结构变化不显著，只达到了农村课程改革目标的 49.3%，与新课程改革目标有极大差距。具体调查结果为：48.3% 的农村教师定期在一起学习和研讨新课程、制订教学计划和备课；52.0% 的农村教师仍然采用填鸭式的教学方式，只有 48.5% 的农村教师能根据课程内容组织学生进行小组讨论或专题研究。

（2）教师角色和行为的变化。教师角色和行为的变化决定着新课程实施的成败。新课程实施 10 年来，农村学校教师角色和教学行为总的变化达到了课程改革目标的 50.3%；49.5% 的教师能根据所教内容选择适当的现代化教学手段；64.0% 教师不断探讨提高教学质量的方式和方法；58.5% 的教师能结合学生实际情况适当调整课程内容；54.5% 的教师经常和学生家长沟通交流；65.0% 的教师能加强与其他教师的联系，共同做好教书育人工作；68.8% 中小学教师为了胜任教学工作不断学习提高；但是，67.3% 的农村教师仍然把测验（考试）作为评价学生的重要手段。

（3）课程和教学知识及其理解的变化。调查结果显示，农村中小学教师课程和教学知识所提高，课程和教学知识得分为 2.31，达到了新课程目标的 57.8%，是五个维度中较好的一个。62.8% 的教师在教学中重视与学生的对话与交流；65.5% 的教师努力成为学生的朋友；59.2% 的农村教师把学生看作是科学文化知识的建构者；但是，64.3% 的农村教师认为课堂教学以传授科学文化知识为主；68.0% 的农村教师把考试成绩作为评价教学质量高低的重要依据。

（4）价值内化。农村教师新课程价值内化的总平均得分为 2.64，达到了新课程目标的 66.0%，高于其他四个指标的平均得分；62.8% 的农村教师在教学中能体现"一切为了学生，为了学生的一切"新课程宗旨，69.3% 的农村教师在教学中重视学生人格的培育，66.5% 的农村教师重视知识教学与学生日常生活的联系。65.3% 的农村教师鼓励学生从其他渠道获取知识。

四、农村学校教师知识和农村学校新课程实施程度的关系分析

（一）相关分析

Spearman 等级相关分析结果表明：农村学校教师知识各维度及总分和农村学校新课程实施程度各维度及总分之间呈极显著正相关（学生、自身和课程知识与教学材料变化、教学组织结构变化、教师角色和行为变化除外）。从整体上看，农村学校教师知识与农村新课程实施程度二者之间的相关系数为

0.593，达到了较高相关；农村学校教师知识(总体)与农村学校新课程实施程度的五个维度的相关系数依次为 0.404、0.387、0.444、0.540、0.640，说明随着新课程实施程度由浅入深，农村新课程实施程度与教师知识的相关系数越来越大，新课程实施程度对于农村教师知识的依赖性越来越大；教师知识的五个指标与新课程实施程度(总体)的相关系数依次为 0.556、0.593、0.540、0.065、0.313，一般教学法知识与新课程实施程度之间的关系最为密切，学科知识和学科教学知识与新课程实施程度之间的关系次之，教育目的知识与课程改革实施程度之间的关系相对较小，自身和学生知识与新课程实施程度之间几乎没有关联性。

(二)回归分析(略)

五、结论与建议

(一)结论

1. 农村学校教师知识的整体水平不高，知识结构不均衡，存在个体差异。农村学校教师知识的总体得分为 2.66，达到理想标准的 66.5%。具体问题为：农村教师缺乏对学科历史发展和前沿问题的了解和把握，不熟悉学科的基本原理和理论发展；缺乏对农村中小学生身心发展特点的了解，现代化教学媒体和信息技术的理论和技能缺乏，观察、调查和实验等基本的教育研究素养严重不足；农村教师缺乏对教学认知、个人特质以及教学信念的了解，尤其缺乏课程理论和实践知识。同时，农村教师知识在一些人口学变量上存在显著性差异：女教师的知识状况优于男教师；本科和专科毕业的教师知识状况明显好于中专毕业的教师知识状况；城镇教师的知识状况优于乡村教师；中老年教师的知识状况比青年教师差。

2. 农村学校新课程实施状况不理想，存在城乡、学校层次等整体性的差异，与课程改革的目标有较大差距。农村课程改革实施程度总平均得分为 2.19(标准差 0.62)，只达到课程改革目标的 54.8%。具体表现在以下几个方面：地方课程和校本课程实施基本落空，与三级课程管理的目标相差甚远；教学组织结构方面的变化不显著，农村学校没有形成共同备课的氛围，教师满堂灌的现象普遍存在，很少组织学生进行小组讨论或专题研究；教师角色和教学行为的变化没有显著变化；课程和教学知识比较缺乏。同时，农村课程实施程度在性别、学校地理位置、学校层次三个人口学变量上存在极显著差异。

3. 农村教师知识与新课程实施程度联系密切，对新课程实施程度有重大影响。农村新课程实施程度与教师知识之间的总体相关系数为 0.593，达到了中度相关；教师知识对于农村课程改革实施程度的效应量为 0.423，共解释了农村课程改革实施程度方差变异的42.3%。一般教学法知识对于课程实施程度的影响最大；其次是学科知识和学科教学知识；而自身及学生知识则与课程实施程度呈现反方向状况；教育目的价值知识对课程实施程度的影响最小。农村课程改革越深入，对于教师知识的依赖程度越高。因此，要提高农村新课程的实施程度，应该重点提高农村教师的一般教学法知识、学科知识和学科教学知识。

(二)建议

1. 构建全新的、有针对性的农村教师培训课程体系。农村教师培训要以新课程改革理念为指引，以培养教师驾驭新课程的能力为目标。培训课程的设置要重视新课程相关理论的学习，重视教育学、心理学等一般教学法知识的培训，重视所教学科的历史发展、前沿问题等学科知识的教学，重视学科教学知识的培训；采用"受训教师现场教学体验—课程专家指导—教师现场教学再体验"等形式，让农村教师在实训的过程中领悟新课程的理念，把握新课改所要求的教学方法；加强培训管理，严格培训纪律，对于不积极参加培训或经专家现场考核不合格的教师，应让其转入下一期继续接受培训，直到合格为止。

2. 以实践为导向，利用校本培训，教学反思等方式建构教师的实践知识体系。校本培训是基于学校实际开展的教研与培训活动，通过观察、选择、借鉴、模仿，渐进地拥有教学知识和智慧，在实践中提高自己的教学技能—学科教学知识。学校要求和鼓励教师在日常教学实践中，采用教育叙事、教学日志、教学心得、反思评价、专家指引、同事帮助等方式和方法，回顾、总结和评价自己的教学，反思自己的教学行为。以此来提高教师自我的总结和反思的能力，使他们建构起自己的实践性知识体系。

3. 充分发挥"农远工程"的作用，加速推进农村学校的课程改革。利用"农远工程"分阶段、分层次地对农村教师进行教育信息素养和技术的培训，满足新课程改革对农村教师信息技术应用能力的要求；加大对农村教师使用"农远工程"相关项目考核的力度，以此促进农村地区教育的信息化和现代化；对实施"农远工程"项目的学校加强监督，确保每个学生每周至少都能接受1～2课时的"农远工程"资源课程的教学。

【学习与反思】

1. 什么是教育调查研究？教育调查研究有何特点？

2. 教育调查研究通常分为哪几个步骤进行？

3. 查阅 2～3 篇采用问卷调查研究的研究报告或学术论文，分析其题目编制、问卷设计和使用的特点。

4. 问卷调查的优点与局限性有哪些？

5. 如何设计一份科学的问卷？

6. 什么是访谈调查？访谈调查的研究包括哪几个环节？

7. 你认为访谈调查有哪些技巧？

【实践与思考】

1. 问卷的一般结构包括哪些？请就感兴趣的教育问题，设计一份完整的调查问卷，并将该问卷在一定范围内发放，实地进行调查，写出调查报告。

2. 围绕一个主题，作一次访谈练习，找出其中的访谈技巧。

【拓展阅读】

1. 陈向明. 质的研究方法与社会科学研究[M]. 北京：教育科学出版社，2000.

2. 岳亮萍. 中小学教师怎样进行课题研究（三）——教育科研方法之教育调查研究法[J]. 教育理论与实践，2008(3).

3. 全国中小学教师专业发展状况调查项目组. 中国中小学教师专业发展状况调查与政策分析报告[J]. 教育研究，2011(3).

4. 中央教育科学研究所中小学生学业成就调查研究课题组. 我国小学六年级学生学业成就调查报告[J]. 教育研究，2011(1).

5. 王嘉毅，梁永平. 西北贫困地区农村基础教育发展现状调查与政策建议[J]. 北京大学教育评论，2007(2).

6. 张连云. 农村留守儿童社会支持与孤独感的关系[J]. 中国特殊教育，2011(5).

7. 熊才平，吴瑞华. 基础教育信息化城乡均衡发展：问题与对策——浙江台州市的实证研究[J]. 教育研究，2006(3).

8. 陶保平，黄河清. 教育调查[M]. 上海：华东师范大学出版社，2005.

【资源链接】

1. 董奇. 心理与教育研究方法[M]. 北京：北京师范大学出版社，2000.

本书是关于"心理与教育研究方法"的教学用书，具体包括：心理与教育科学研究概述、心理与教育研究方法发展的新特点、研究数据的收集方法、研究文献的查阅、研究结果的整理与定性分析、研究结果的解释等方面的内容。

参阅本书的第三篇研究数据的收集方法的"第八章 访谈法"和"第九章 问卷法"。

2. 袁方. 社会研究方法教程[M]. 北京：北京大学出版社，1997.

本书对社会研究的方法和理论作了系统全面的介绍。全书围绕社会研究的原理、逻辑策略和科学程序，从方法论、研究方式和具体研究方法及技术三个层次，定性研究和定量研究两个方面，详细阐述了资料的收集、整理、分析、解释与评估的各种方法、技术及其应用。本书注重理论与实践的有效结合，吸收了当代国外的最新发展成果，引用了大量国内外研究的成功案例。

参阅本书的第二篇 资料收集的"第八章 问卷法"和"第九章 访问法"。

3. 侯怀银. 教育研究方法[M]. 北京：高等教育出版社，2009.

本书是一门体系庞杂、内容丰富的实用性学科，其主要任务是阐述教育研究方法方面的基本知识、基本原理和基本技术。本书旨在向高等院校教育学类专业学生介绍教育研究方法的核心和精华。学生通过学习本教材，不仅能培养起教育研究方法意识，掌握教育研究方法的基础知识及应用技能，而且能在研究实践中运用教育研究的具体方法，不断提高应用教育理论研究和解决有关教育实践问题的能力。

参阅本书的"第六章 教育调查研究"。

第七章　教育实验研究

【内容提要】

教育实验研究是研究者按照研究目的，合理的控制或创设一定条件，人为的变革研究对象，从而验证假设探讨教育现象因果关系的一种教育科学研究方法。教育实验研究具有可重复性、现场性、教育性等特点。根据不同维度可以将教育实验研究分为不同的类型。最常用的分类将其分为真实验、准实验和前实验。历史、成熟、选择偏差等因素会影响实验研究的内部效度，测验的反作用效果和多重实验处理的干扰等因素则会对实验研究的外部效度产生影响。教育实验研究的程序包括六个环节。

【学习目标】

1. 理解教育实验的概念、逻辑框架
2. 理解教育实验研究的特点
3. 掌握教育实验的类型和基本实施程序
4. 掌握影响实验内部效度、外部效度的因素
5. 掌握真实验、准实验设计的原理、类型与方法
6. 掌握非实验设计的基本类型

【关键术语】

教育实验研究	educational experimental research
真实验	experimental research
准实验	quasi-experimental research
前实验	none-experimental research
自变量	dependent variable
因变量	independent variable
无关变量	extraneousness variable
内部效度	internal validity

外部效度	external validity
前测	pretest
后测	protest
随机安排	random assignment
所罗门四组设计	Solomon design
探索性实验	exploratory experiment
验证性实验	verification experiment
单因素实验	single-factor experiment
多因素实验	multiple-factor experiment
单组实验	single-group experiment
等组实验	equivalent-group experiment
轮组实验	wheel set experiment

　　实验研究最初是自然科学的重要研究方法，近代以来逐渐应用于社会科学研究。在教育科学中，实验研究的发展表现出两条轨迹[1]，一是受自然科学实验研究的影响，经过了物理学—生物学—实验生物学与实验生理学—实验教学的发展过程；二是从一般教育活动的本身分化发展而成，裴斯泰洛齐、蒙台梭利、杜威等教育家按照自己的教育设想和理论观点创办学校，长期从事教育实验活动。教育实验研究在发展过程中形成了丰富的方法理论和多样的实验模式，应用于更多的教育实践领域，教育实验的科学性、规范性日益增强。自改革开放以来，中国的教育实验研究经过了教育实验的全面复兴(1978－1984)、整体推进(1985－1992)、深化发展(1993－2000)和多元聚焦(2001年至今)四个发展阶段[2]，不仅推动了教育研究和教育理论的发展，为中国的教育改革和发展提供了重要的理论依据，也是当前深化教育改革、提高教育质量的重要手段，是广大教育理论工作者和实践工作者都应该掌握的重要研究方法之一。

第一节　教育实验研究概述

　　实验研究作为一种严格控制下的干预研究，旨在追求对事物之间因果关系的有效解释，是自然科学研究中的经典研究方式。由于实验研究数据的客观性

---

① 裴娣娜. 教育研究方法导论[M]. 合肥：安徽教育出版社，1995：237，240.

② 郝志军，田慧生. 中国教育实验30年[J]. 教育研究，2009(2)：3－12.

特点，实验研究结果也受到教育决策者与教育管理者的推崇。如今，以追求因果关系为目的的实验研究，进入教育研究领域并成为教育研究科学化的标志性特征。

一、教育实验研究的含义

教育实验研究的概念一般分为狭义与广义两种。教育实验研究是研究者按照研究目的，合理地控制或创设一定条件，人为地变革研究对象，从而验证假设探讨教育现象因果关系的一种教育科学研究方法[①]。这是对教育实验研究的狭义理解。广义的教育实验还包括所有新的、处于尝试与变革阶段的教育活动与实践。此处探讨的是以控制和操纵相关因素为手段，以揭示教育现象因果关系为目的的狭义的教育实验。

教育实验研究(educational experiment research)是通过系统地控制某些实验变量，然后观测与这些实验操作相伴随现象的变化，同时对影响实验结果的无关变量加以控制，从而确定实验操作与观测现象之间的因果关系的一种研究方法。

在教育实验研究中，研究者进行控制或创设的一定条件称为"变量"，包括自变量、因变量和无关变量三种。而要探讨的"因果关系"则是排除控制变量之外的自变量对因变量的影响，自变量是因，因变量是果。例如，要考察传统教学模式与合作探究教学模式对学生学习成绩的影响，教学模式就是自变量，即研究者操纵变化的条件，它分为传统教学模式与合作探究教学模式两个水平；学生的学习成绩为因变量，它是自变量造成的结果，是实验者(即主试)观察或测量的行为变量，如不同教学模式下的学习成绩可以用难度相同的测验加以评定；除了自变量之外对因变量产生影响的因素称为无关变量，是在教育实验中研究者要控制的因素，在上例中影响学习成绩的因素有很多，除了教学模式外，教师的教学风格、学生的智力水平和教学材料的内容等因素也会产生影响，研究者可以采取一系列措施，如采用随机分组的方法保证不同教学模式下的学生在智力、学习基础等方面是相同的，为两个组别进行教授的教师是同一名教师，采用的学习材料是同一种材料，保证两个组别的被试除了接受的教学模式之外，其他方面都是相同的，那么若他们的学习成绩有显著不同，就可以判定是教学模式的影响。

教育实验研究不等同于实验室研究，它既可以在实验室中，也可以在学校

---

① 裴娣娜.教育研究方法导论[M].合肥：安徽教育出版社，1995：237，244.

班级等自然情景中进行，而后者更为普遍。

二、教育实验研究的特点

教育实验研究是实验研究在教育领域中的应用，既有能够体现出实验研究科学性的基本特点，又因为教育现象的独特性有着自身的特殊性。

(一)因果关系的揭示

研究者可以通过观察、调查或测验的方式收集教育活动的客观事实资料，但无论采用多么先进的技术手段或者抽取多大的样本，也只能回答"是什么""怎么样"的问题，如教师采用的教学方法是什么，学生的学习成绩如何，教师期望和学生成绩之间存在着共变关系，教师在教学中对学生的激励越多学生的学习效果越好等，即仅限于对教育活动中已有事实或已存在联系的被动记录和分析，难以判定相互联系的因素中哪个是因，哪个是果。只有实验研究揭示教育活动中各种因素间的因果关系，对"为什么"的问题做出明确回答。

一般认为，若判定 A、B 两因素因果关系成立，即 A 是 B 的原因，必须满足三个条件。

一是共变关系，即 A 变 B 也变，反之亦然。

如教师对学生的期望越高，学生的学习成绩越好，但反之，学生的学习成绩越好，教师对他的期望越高。若只有一个因素变化则无法进一步判定因果关系是否成立。

二是时间顺序，A 作为原因发生于作为结果的 B 之前，即 A 在 B 前变化。

如教师先产生对学生的高期望，然后学生的学习成绩提高了，而不是学生的学习成绩好，教师对他产生了高的期望。

三是消除其他因素的影响。研究者在实验中要确保除了 A 因素外，其他因素不会对 B 因素产生影响，也就是要采用各种方式排除无关变量的干扰。

如要确保教师高期望是学生成绩好的原因，研究者除了要采用一定的方式使得教师期望出现水平的差异外，还要保证教师高期望和低期望下的两组被试在学习基础、学习时间、授课教师的水平等无关变量上是相同的。达到上述要求后，研究者就可以采用实验研究真正揭示变量间的因果关系。

(二)人为的操纵和控制

要达到对变量间因果关系的揭示必须对实验变量进行人为的操纵和控制，即在人工控制的条件下改变研究对象的性质或状态，对各种变量做出分析和控制，使得自变量和因变量的关系不受干扰地以清晰的、可做定量分析的方式呈现出来。

操纵主要是对自变量的操纵。研究者人为地操纵研究对象某一方面的条件，使它出现性质或数量方面的不同，观察所导致的结果是否出现显著差异。

如要考察问题呈现方式对问题解决效果的影响，研究者可以将问题呈现方式分为口头呈现、书面呈现、口头和书面相结合三种方式，看不同方式下学生问题解决的效果是否不同。类似的自变量比如学习材料的性质、教学方式等。又比如，研究者要确定练习次数对操作性技能熟练程度的影响，可以将练习次数分成数量上连续的不同水平，1，2，3，4，5，…得到学生操作性技能学习的练习曲线，确定最佳的练习次数。学习时间、学习小组人员的数量等属于此类自变量。

对实验变量的操纵还体现在对因变量的测量方面。在实验研究中，要分析不同条件下被试产生的不同反应，要采用统一的、定量的指标来进行评定，而不能采用感悟的、主观的质性描述作为因变量的指标。例如，不同教学方式的教学效果，教学效果是因变量，对它的评定不能是研究者或教师感觉总体效果怎样，而是要采用客观的学生分数或者采用问卷调查得来的学习兴趣得分、学习动机得分等，这样才能对不同条件下教学效果的不同进行推论统计，根据结果做出因果推论。如果所得到的被试反应没有现成的、普遍认可的量化指标，研究者可以采用专家评定的方式对结果进行李克特（Likert）式评定或者打分，对其进行数量化处理。

要得到自变量和因变量的明确关系，还应控制无关变量的干扰。研究者通过采取一定的措施，对其他可能影响因变量变化的无关变量进行控制，确保因变量的变化是由自变量而非无关变量引起的。如果没有控制，无关变量有可能和自变量一起对被试的反应产生影响。

如要比较传统讲授法与自学辅导法对学生学习成绩的影响，随机选择两个班的学生进行实验，参与实验的班级除了教学方法不同外，在学生智力水平、教师教学能力等条件上都应控制在同一水平上。不同的无关变量有不同的控制方法，对此我们将在后文进行详细阐述。

(三) 可重复性

教育实验研究是一种科学的研究，由此得到的科学事实是公开的而非某个个体所特有的。其他研究者可以通过查阅公开发表的研究成果，按照其对自变量的操纵方法、对因变量的测量指标以及对无关变量的控制程序重复进行类似实验，得到大致相同的结论。凡是理论假设正确、设计严密、操作严谨的实验结果重复验证一定能成功。若某研究成果只能在某个学校的某个教师的某个班级中出现，那么这个实验研究就是失败的，是经不起推敲的。教育实验研究的可重复性，可以使得研究成果经受住他人的质疑和检验，促进教育改革成果在更广领域范围内的应用和推广，是教育科学不断发展的基本动力。

(四)现场性

教育实验研究中，实验对象多是具有一定思想、情感和价值观念的教师或学生，他们的言行只有在自然的班级和学校环境中才能表现出真实的状态，脱离教育和教学实践的现场，相应的教育现象就不会发生。因此，不同于自然科学对实验场所和设备的严格要求，教育实验研究一般是现场实验研究，不能脱离教育教学的实践活动。但同时需要注意的是，教育实验不等同于教育实践，而是有控制的教育实践。只不过由于教育实验研究的现场性特点，研究者对实验变量的操纵更为困难，实验研究的过程更为复杂多变，实验结果的不确定性程度更高。

(五)教育性

自然科学实验中实验对象是无意识的客体，研究者可以按照实验的安排进行随意操纵，而教育实验的对象是具有主观能动性的个体，研究者施加的实验处理应具有教育性，不能对参加实验的教师或学生产生负面影响，而是要促进他们的积极转变。

如要考察教师表扬和惩罚两种反馈方式对学生发展的影响，虽然就操作的可行性而言是可以的，但由于惩罚是一种消极的实验处理方式，在教育研究中就不能采用实验研究对一些学生实施惩罚而对另一些学生进行表扬，而只能通过观察或调查等方式获得已经存在的惩罚或表扬对学生发展的既有影响事实，进行前实验研究。

(六)定量和定性的结合

教育实验研究的特殊性还体现在研究方法上。由于教育现象的复杂多变，教育实验研究中实验目的涉及不同价值判断，核心概念的界定相对模糊，且实验的周期较长，实验过程中涉及多方因素，因此要达到自然科学那样精确的量化分析水平较难。鉴于此，教育实验研究更强调定量研究与定性研究的结合，通过定性描述补充教育实验中无法加以量化但却重要的内容。

三、教育实验研究的类型

教育现象和教育对象的丰富性和复杂性决定了教育实验研究的多样性。根据实验目的、自变量个数、实验变量的控制程度、被试分配的方法，教育实验研究可以分为不同的类型。

(一)探索性实验与验证性实验

按照教育实验的目的和功能，可以分为探索性实验和验证性实验。

1. 探索性实验

探索性实验(exploratory experiment)是为了探索一个前人从未研究过的新的教育理论问题或者在教育实践中出现的新问题，研究者进行的具有开创性的一种实验研究。

探索性实验的目标：一是探索一种新的有效的教育活动策略以达到某种科学的教育目标，比如针对教育理论中提出"程序性教学可能会循序渐进的、有效的培养学生的创新精神和创新能力"，毕晓白等采用实验研究①，设计出"扶、引、放"三个层次的教学程序，教学生学会探索的具体方法，对程序性教学的基本理论论断在教育实践中进行了探索性考察；二是探索教育现象的内在规律寻求最优化的教育对策，从而解决教育活动中存在的问题，比如刘如平等人基于中小学生心理弱化和当前心理教育经验式、实效差的现实②，以教师培训与指导、班级心理教育活动和个别学生心理辅导为主攻点，经过三年的实验研究，探索出具有特色的心理教育内容体系和运作模式。探索性实验所要揭示的教育规律是教育研究人员从未认识的，所要寻求的有效策略是教育实践中从未实施过的，所以探索性实验具有开创性，一般涉及教育研究理论体系中的根本性问题。

2. 验证性实验

验证性实验(verification experiment)是以验证已取得的实验成果为目的的实验。

研究者可以参照已有研究的实验条件和实施程序，对已经揭示出的教育活动规律进行验证，检验其科学性程度，并对其进行修正和补充，或者对已经发展创造出的教育方法进行可行性或合理性检验。

如针对毕晓白等人设计出的"扶、引、放"程序教学模式，研究者可以在其他被试群体或其他课程中进行验证性实验，考察其普适性，在实验过程中也可以根据自己的思考改变对变量的操纵，以更真实地揭示程序性教学与学生创造性培养之间的关系。一般而言，验证性实验是在新的规律和新的方法还没有充分检验时进行才有意义。如果对反复验证过的并被普遍认可的规律或方法进行验证性实验，研究者要基于已有研究存在的不足进行，否则就是简单的重复和浪费。

---

① 毕晓白，张巳瑛，张志文. 关于程序性教学的实验研究[J]. 教育研究，2002(3)：74.

② 刘如平，梁朝阳，许春芳，何善平. 中小学心理教育实验研究[J]. 教育研究与实验，2008(1)：67.

(二)单因素实验和多因素实验

根据实验中研究者操纵的自变量多少,可以分为单因素实验和多因素实验。

1. 单因素实验

单因素实验(single-factor experiment)是指实验中只有一个自变量的实验。

如前所述,自变量个数不同于自变量水平数,在实验研究中一种因素能够称之为"自变量",意味着它至少有两个水平。

如研究者要采用实验研究考察自学辅导教学方式的教学效果,隐含着与自学辅导相对的传统讲授的教学方式,实验中的自变量不是自学辅导的教学方式,而是教学方式,它分为自学辅导和传统讲授两个水平。

2. 多因素实验

多因素实验(multiple-factor experiment)就是将更多的会影响被试反应的因素作为自变量进行处理。

由于教育活动的复杂性,仅采用一个自变量可能不足以揭示教育活动的内在规律,这种情况下,研究者采用多因素实验。

如在考虑教学方式时,需考虑教师的教龄,或者考虑学生的学习风格等,可以考察不同的教学方式对教学效果的影响在不同教龄的教师或者不同学习风格的学生身上是否相同。多因素实验中的自变量个数并不是越多越好,太多的自变量操纵起来比较困难,在实验过程中更容易混入无关变量的干扰,反而无法达到实验目的。一般情况下,多因素实验的自变量个数不会超过 5 个。

(三)真实验、准实验和前实验

根据对实验变量控制的程度,可以将教育实验研究分为真实验、准实验和前实验。

1. 真实验

真实验是指能够严格地按照随机原则选择和分配被试,系统地操纵自变量,充分控制了无关变量的实验,对变量的控制程度最高。

真实验(experimental research)是随机分派被试、完全控制无关变量、内在效度很高的实验。

这种实验能够准确地、有效地说明自变量和因变量之间的因果关系。但同样由于其较强的控制性,人为干预的程度较高,难以将实验结果推广概括到其他的情境中。

2. 准实验

准实验是指不能随机分配被试,不能完全充分控制无关变量的实验。在这种实验中，被试一般为处于自然或固有班级中的学生，而不是从全体中随机选择和抽取的学生。

准实验(quasi-experimental research)指在现成的教学班级内进行，没有随机分派被试、不能完全控制误差来源的实验。

这样的安排，能够更真实地反映教育活动的实际情况，能够较好地与日常教育活动相结合。但由于没有采用随机化原则从概率上保证接受不同实验处理的被试特性相同，被试既有的智力水平、态度价值观、行为倾向性等就会成为影响因变量的误差来源。但准实验对其他的无关变量尽可能进行了控制，虽然不像真实验那样严密和广泛。因为教育实验的情境性和实验对象的特殊性，教育实验大多属于准实验，实验对象在正常的自然状态下接受实验处理，因为在实验中若采用随机原则分配被试，会拆散原有班级，打乱正常的教学秩序，是很不现实的。

3. 前实验

前实验是指可以进行观测和分析比较，但控制程度较弱的实验。

前实验(none-experimental research)是指缺乏控制无关变量的措施，内外效度较差的实验。

在前实验中，不能随机选择和分配被试，不能有效地控制无关变量，从而无法验证自变量和因变量之间的因果关系，实验的误差大、效度低。在实际研究中，前实验一般作为大型实验研究的一部分，研究者在此基础上设计出更为严密和精致的实验研究。

(四)单组、等组和轮组实验

按照对被试的安排方式，可以分为单组实验、等组实验和轮组实验。

1. 单组实验

单组实验(single-group experiment)中，同一组被试先后接受不同的实验处理，每次实验处理后均得到一个实验结果。

例如，要考察问题呈现方式对问题解决效果的影响，参加实验的所有被试都要先后接受口头、书面、口头和书面相结合的三种呈现方式，每一次呈现后被试都要进行问题解决的测试。

2. 等组实验

等组实验(equivalent-group experiment)是指采用随机分配或匹配等方法使得两个或多个组别的被试基本情况相同，每组被试分别接受不同的实验处理并测量实验结果。

例如，上例若采用等组实验设计，则可以从各班级中随机抽取 30 名被试，随机将其分为三组，第一组的 10 名被试接受口头呈现方式的处理，第二组的 10 名被试接受书面呈现方式的处理，第三组的 10 名被试接受口头和书面相结合的处理，每组被试在问题呈现完毕后完成问题解决测验。可见，在等组实验中，接受的不同实验处理的被试是不同的，但他们在基本特性上是基本相同的。

3. 轮组实验

轮组实验（wheel set experiment）是将 N 个实验处理轮换施于 N 组被试（不必等组），每次实验处理后都测量实验结果。

例如，研究者考虑到学生原有的数学成绩会影响上述实验结果，于是按照数学成绩的高低将被试分为高、中、低三个区组，不同区组间的被试异质，同一区组内的被试同质。高分组的被试要接受口头呈现、书面呈现、口头和书面相结合的三种实验处理，其他两组被试也要接受这三种处理，但接受的实验处理的顺序不同于高分组，也就是对实验处理实施的顺序采用了轮换的方法，所以称为轮组实验。

四、教育实验研究的效度

假设有一项研究，研究目的是"考察在线学习的教学效果"，得到的研究结果是"接受在线教学的班级学生成绩高于接受线下教学的学生成绩"，那么首先的疑问就是这个结果是否正确，即是否真正考察出教学方式对学生学习成绩的影响；若结果正确，接下来就是其他老师若在其他课程上对另一群学生采用线上教学方式能否取得同样的效果？这两个问题都涉及实验研究的效度问题，即实验结果的准确性和有效性程度。

实验效度可以分为内部效度和外部效度。下面对它们的含义、影响因素和控制方法进行详细介绍。

(一)内部效度

内部效度是指自变量和因变量因果联系的真实程度[1]，即研究的结果。它涉及两个方面的问题：一为自变量和因变量之间是否存在一定的关系；二为是否确实是自变量的变化引起了因变量的变化，其确切程度如何。

研究的内在效度（internal validity）是指研究结论的准确的解释性。

如就上例而言，若发现教学方式不同，学生成绩不同，则说明实验中教学方式和学生成绩是存在关系的；接下来，若研究者在实验中，能够保证不同教学方式下的被试群体、授课教师、授课内容等无关变量的水平是等同的，不会

---

① 裴娣娜 . 教育研究方法导论［M］. 芜湖：安徽教育出版社，1995：266.

影响到学生成绩，就可以判定确实是教学方式导致了学生成绩的不同，即确定教学方式和学生成绩之间存在明确的因果关系。

可见，实验研究的内部效度涉及自变量的操纵和无关变量的控制问题。只有在明确操纵自变量、控制无关变量的干扰条件下，才能保证因变量的变化是由特定的自变量引起而非其他无关因素的干扰，才可能达到实验目的。一项没有内部效度的实验研究是没有价值的，内部效度是实验研究的基本条件。

要保证和提高实验研究的内部效度，就必须控制各种无关变量的干扰。美国的坎贝尔和斯坦利将影响实验研究内部效度的威胁因素归纳为以下八种。

1. 历史（history）

历史因素，是指在教育实验过程中所发生的研究者控制范围之外的、没有预料到的偶然事件。

如研究者进行一项小学生创新能力培养的实验，实验期间，教育部门组织了一次较大规模的中小学生创新设计大赛，学校领导和教师为大赛进行了精心的组织和训练。这种情况下，即使研究结果证实创新能力训练能够有效的提高小学生的创新水平，但在对结果解释时要谨慎，因为创新设计大赛这一事件可能会对小学生创新能力产生影响而混淆实验结果。

一般而言，实验持续的时间越长，伴随实验处理发生偶然事件的可能性就越大。教育实验研究多是现场研究，需要持续一段较长的时间，因此研究者要警惕历史因素对实验研究内部效度的影响。由于历史因素在研究者的控制范围之外，研究者难以改变或控制其发生，通常只能将其记录下来，以备实验结果分析讨论之用。

2. 成熟（maturation）

随着时间的推移，被试的生理和心理各方面都会发生变化，如生理发育更为成熟，知识经验和技能有所增长，或因疲倦或饥饿而注意力分散、兴趣降低等，这些变化可能会影响到实验结果，降低实验研究的内部效度。

如研究者要考察某训练对 3 岁幼儿动作技能发展的影响，先对幼儿进行动作技能的水平测试，然后对他们进行为期半年的训练，之后对幼儿的动作技能水平再进行测试。可能半年中随着幼儿生理发育的成熟（如肌肉变得更为有力），日常活动范围和活动时间的延长，其动作技能的水平自然而然地有所提高，而不是或不单纯是动作技能训练的结果。

成熟因素对实验内部效度的影响可以通过实验设计加以排除。研究者可以随机选择两组被试，随机安排一组为实验组，一组为控制组，并且同时对他们进行测试或施加处理，这样两组被试都会受到成熟因素的影响，若两组在实验结果上存在显著差异，就可以归因为实验处理的作用。

3. 测验（testing）

教育实验中前一次测验可能会影响随后另一次测验的成绩。有时研究者为了比较实验前后的情况，在实施实验处理之前对被试进行一次测验（即前测），实验处理之后再进行一次测验（即后测），此时测验就成为威胁实验内部效度的一个因素。这是因为，被试在前测中进行了一定的练习或对于测验的内容和技巧产生了一定的敏感性，即使没有实验处理的效果，也可能因为前测经验的影响导致后测分数的提高，尤其是在前后测的时间间隔较短或题目基本相同时。

如要考察推理策略训练对学生问题解决能力的影响，在进行训练前对被试进行问题解决能力的前测，被试可能在这次测验中了解了测验的特点和答题的技巧，而在后测中取得较高的分数。要控制测验因素的影响，可以在接受常规处理的控制组外再设置一个无前测的控制组。如上例，研究者可以将被试随机分为三个组别，A 组为接受训练且进行前测后测的实验组，B 组为不接受训练但进行前测后测的控制组，C 组为接受训练但只进行后测的控制组，若 A 组的后测成绩显著高于 B 组但和 C 组无显著差异，说明不存在测验因素的干扰。

4. 测量手段（instrumentation）

在教育实验中，测量工具（量表、试卷、仪器等）、实验主试、施测环境、测量程序等不同，可能会影响到测量标准的统一性，从而对实验结果的准确性产生影响。

如在上述问题解决的实验中，实验组和控制组使用的问题解决测验评定方式和评分标准不同，有的是定量评定，有的是质性评定，有的标准严格，有的标准宽松等，那么不同组别问题解决分数的差异就不能完全归因于推理策略训练的效应。

对此，研究者要精心选择测量方式，确保不同组别被试所接受测验的项目构成、难度、评定方式等相当，并对实验主试进行严格的施测培训，使其测量程序科学规范，避免主观因素可能带来的干扰。

5. 统计回归（statistical regression）

统计回归是指在实验处理前选择了在某一特征方面具有极端分数（高分或低分）的被试，实验处理后的测验分数有回归到平均数的趋向。高分组的被试在进行第二次测量时，其分数由于向群体平均数回归而呈降低趋势，相反，低分组的被试分数有升高的趋势。

如要研究阅读提高计划对儿童阅读能力的影响，研究者以城市儿童和农村留守儿童为被试，对他们的阅读水平进行了测试，将分数相当的儿童纳入到实验研究中来，计划实施完毕后，发现城市儿童的阅读分数提高，农村留守儿童的阅读分数却下降。这一反常结果的出现就是由于统计回归效应的影响。研究者所抽取的两组被试阅读水平相当，意味着抽取了城市儿童总体中水平较低的被试样本，和农村留守儿童总体中水平较高的被试样本，这样再次接受阅读水平测试时，由于统计回归效应的影响，城市儿童被试的阅读分数就向较高的总体平均数回归，农村留守儿童被试的阅读分数就向较低的总体平均数回归。

要避免统计回归效应，最好不要选取在某特征上处于极端的被试样本，或者对所选取的极端被试进行单独分组，如将城市儿童分为接受阅读训练和不接受阅读训练两组，农村留守儿童也作此处理，这样就可以得到研究者所关心的实验处理的真正效应。

6. 选择偏差（selection）

由于被试取样程序不当，没有随机进行随机选择和分配，导致不同组别的被试在未接受实验处理前就存在差异，从而影响到实验结果的准确性。

如在教学实验中，实验组被试从尖子班中抽取，控制组被试来自普通班，两个班的学生在学习基础、智力水平和动机水平等方面本来就不相等，实验结果若存在差异就不能单纯归因于实验处理的作用。要消除选择偏差对内部效度的影响，可以采用随机化处理，随机从总体中抽取研究所需样本，并随机将其分到不同的实验处理中，保证不同组别被试最初状态的同一性。

7. 被试的流失（mortality）

在持续时间较长的实验研究中，被试可能会因为种种原因中途退出实验，导致不同组别的被试不等，从而影响研究的内部效度。

如考察某训练项目对学生运动技能的影响，若实验组被试中一些运动技能较差的学生中途退出实验，而控制组被试则无此现象，研究结果若发现实验组学生的运动技能显著高于控制组，此结果可能不是实验处理的作用，而是实验组中低能力学生中途流失的结果。可见，当不同组别被试出现不同程度的流失，且是由于与因变量相关的某个被试特征导致了流失，就会使得原本相等的组别中剩下的样本成为有偏差样本，被试特征成为一个无关变量，和自变量一起作用于实验结果，产生混淆。

如果实验完成后才发现被试流失，研究者只能将实验过程记录下来，其他也无办法。但如果研究者提前认识到被试有可能出现流失，可以采用以下两种预防的办法①：（1）进行前测，排除可能会缺失的被试，如上例中可以先测量学生的运动技能，高于某得分的才可以参加实验；（2）首先对所有被试进行前

---

① J. Shaughnessy, E. B. Zechmeister, & J. S. Zechmeister. 心理学研究方法[M]. 张明，译. 北京：人民邮电出版社，2010：185.

测，然后将所有被试随机分配到不同的实验处理中。如果实验组中流失一个被试，则从控制组中删除一个前测分数与之可比的被试，以保证两组被试的可比性。研究者必须能够预见可能导致被试流失的因素，且确保前测能够测出这些因素。

8. 选择和成熟的交互作用及其他(interaction of selection and maturation)

上述八种因素中的两种或多种可能共同存在于一项研究中，彼此间产生交互作用，影响实验研究的内部效度。其中，选择和成熟的交互作用是常见的情况。

(二)外部效度

实验外部效度(external validity)是指实验结果能被概括到实验情境条件以外的程度，即实验结果的可推广程度。

实验结果的推广涉及两个方面：一是有特定实验样本得到的结论推广到目标总体中的程度；二是由特定实验情境推广到其他教育情境中的程度，前者称为总体效度，后者称为生态效度。例如关于自学辅导法的教学实验研究，研究者选择了城市的重点高中和普通高中作为实验点，那么"自学辅导教学效果更好"的结论可以推广到"城市高中"这一总体，总体效度较好；但其实验结果是否适合于农村高中？是否适合于所有课程？是否适合所有不同教龄和个性特点的教师？这就是生态效度要考虑的问题。

美国著名的教育实验专家坎贝尔和斯坦尼也对影响实验研究外部效度的因素进行了总结，将其概括为以下四种。

1. 选择偏差和实验处理的交互作用(interaction of selection and treatment)

选择偏差是指被试取样的偏差，研究者选择了具有独特心理特质的被试对其进行实验处理，独特的心理特质促进或阻碍了被试对实验处理的反应。

如要考察合作探究教学模式的效果，研究者从学校的重点班中选择了几个班级进行实验，发现合作探究模式的教学效果优于传统教学模式，但这一结果可能并不适用于普通班级学生。因为所选被试是尖子班的智力水平较高、学习基础较好的学生(选择偏差)，他们可能比普通学生更能从合作探究教学模式(实验处理)中获益。因此，在进行实验研究时，要尽可能地按照随机原则抽取被试样本，避免选择偏差和实验处理产生交互作用，影响到实验结果的推广和应用。

2. 测验的反作用效果(interaction of testing and treatment)

测验的反作用效果是指在有前测的实验研究中，前测会对被试的后测成绩产生影响，所得实验结论就不能推广到无前测的情境中。被试接受前测后，可能对实验目的或实验内容变得更为敏感和警觉，导致实验结果部分地受到被试前测经验的影响。

如研究者想考察移情训练对道德行为倾向的影响，学习之前，先考查学生在不同情境下的道德行为倾向。由于前测的影响，学生在移情训练期间可能非常注意和学习与前测问题有关的内容，结果导致后测成绩有很大的改变。若在没有前测的条件下进行移情训练，然后测量被试的道德行为倾向，可能后测分数相对较低。因此，有前测的实验结果只能推广到有前测的教育情境中，前测的反作用效果在一定程度上影响了教育实验研究的外部效度。

3. 实验安排的反作用效果(interaction of setting and treatment)

由于实验情境的安排，被试知道自己正在被观察或正在参加实验而表现出不同于日常的行为，也可以称为霍桑效应[①]。

如在教学实验中，学生知道自己被抽中参加一项新的教学方法的实验，他们会觉得自己很受学校和老师的重视，在实验期间表现出比平时更强的学习兴趣、更高的学习动机、更大的学习积极性，必然会在学习上取得更好的成绩，这一结果可能不同于自然情境下的结果。这也是为什么一些成功的教学实验在推广到日常教学情境作为常规教学处理后效果平平的原因。

要避免被试自发地产生对实验目的的猜测和反应，一般采用单盲控制的方法，即不让被试察觉出自己在参加实验，让其和往常一样自然反应。对此，教育实验的组织者和实施者应做好各项安排，不要在实验之前进行大规模的组织和宣传工作，对参与实验的教师进行科学的、专业的培训，避免其产生实验者效应进而影响到学生的反应，以最大限度地避免实验安排的反作用对实验外部效度的影响。

4. 多重实验处理的干扰(interaction of different treatment)

当同一批被试重复接受两种或两种以上的实验处理时，会产生一种后遗效应，导致实验结果不能推广到只有单独处理的情况。

如要比较 A、B、C 三种阅读教学方式对学生阅读能力的影响，研究者选择了一个班级的学生，先后进行了 A、B、C 三种阅读教学的训练，结果发现 C 的训练效果最好。研究者并不能将这一结果推广到只接受 C 的处理情境，因

---

① 霍桑效应：1924 年，美国西部电气公司的霍桑工厂进行了一项照明和其他物理变量对工人生产率影响的实验研究。但发现，无论照明或其他物理条件怎样变化，工人的生产率都有很大提高。工人参加实验，觉得自己受到了管理部门的支持和关怀，认为自己是公司的重要部分，导致生产效率提高。

为 C 的好效果可能是 A 和 B 训练效应累积的结果。

需要指出的是，在教育实验研究中，不可能同时取得最高的内部效度和外部效度。实验的内部效度越高，意味着对实验的控制越严格，实验情境和日常情境的差异越大，也就越难以将实验中得到的结论推广到自然条件下。但实验研究首先要保证内部效度，一个本身不准确、无法解释的实验结果没有任何价值，即使它的可推广程度很高。因此，研究者要通过精心的实验设计和巧妙的实验安排，最大限度上保证内部效度和外部效度的平衡，使实验结论具有充分的可解释性，且能够推广到实验之外的总体或情境中。

五、教育实验研究的评价

(一)教育实验研究的优势

教育实验研究的特点决定了它在揭示教育规律、控制变量、研究效率等方面具有其他研究方法不可比拟的优势。

首先，教育实验研究能够揭示教育活动中各变量间的因果关系，这是它的最大优势。无论是文献研究法、调查研究法还是内容分析法，研究者只能对教育中的规律做出理论性的思辨，推论出其中可能存在的因果关系，而不能对变量间的因果关系进行直接检验。实验研究则可以通过在控制无关变量的条件下，从复杂因素的相互联系和交互作用中分离出自变量对因变量的影响，确认教育活动和现象中有关变量之间的因果关系。

其次，教育实验研究能够可以提高研究的效率。在观察研究或调查研究中，研究者对过去已经发生或正在发生的事实进行观测，只能被动地等待事件的发生，从中选择自己所需要的信息。教育实验研究中，研究者却是主动的、积极的，他可以人为地创造条件，创设一定的情境，促使那些不易自然表现出来的现象在一定条件下产生，节省了研究时间，扩大了研究范围，提高了研究效率。

再次，教育实验研究的结论可以重复验证。教育实验中对变量进行了严密的操纵和控制，实施程序也有严格的规定，其他研究者可以按照同样的过程对其他被试进行实验，通过人为的操纵多次获得同一形态下的某些现象，对已得出的实验结论进行重复验证。正是在多次重复和检验中，关于某教育现象和规律的理论才不断地得以完善，逼近最真实的面貌。

(二)教育实验研究的局限性

其一，实验环境的人为性。教育实验研究对实验的环境条件进行了严格控制，简化和纯化了教育情境，以达到对因果关系的揭示。但这一优点从另一角度来说也是其最大的不足。实验环境控制程度越高，人为性越强，就会越偏离真实的教育活动环境，限制研究结果的推广程度。

其二，实验控制的困难性。教育实验研究的对象通常是处于正在发展中的个体，其实施需要在教师和学生较长时间的相互作用下进行，通常也不能随机选择和分配被试，种种因素造成教育实验研究中的无关变量很多，难以像自然科学实验那样进行高严格的控制。还有的无关变量非常隐秘，或在现有条件下无法控制。实验控制的困难就给因果关系的解释带来了影响。

其三，实验实施的复杂性。教育实验是一种社会科学实验，其实施过程涉及研究者、学校领导、教师、学生等多方主体，需要在学校的配合和协助下进行。研究者提出研究问题后，一般要先和相关学校建立联系，和学校领导、教师一起进行沟通和交流，确定实施实验的班级和教师。对教师进行相关培训后，由其在教学中对学生施以实验处理，研究者对实验处理前后的学生表现进行测评，然后对所得结果进行分析得出结论。在这个过程中，学生原有的班级、既定的教师、教室的环境等一般是固定的，实验处理也是借由一线教师施加给实验对象的，研究者不能达到对实验过程的完全的、直接的控制。多方主体在较长时间内的交互影响，使得教育实验研究实施的复杂程度远高于调查研究和观察研究，这也是实验研究在教育研究中应用较少的重要原因。

总之，教育实验研究虽然有很多优点，但也有其固有的不足，且对于实验研究所涉及的变量也需要在大量观察和调查的基础上才能确定，因此它不可能代替其他研究方法解决教育研究中的一切问题。

第二节　教育实验研究的基本程序

教育实验研究总体上可以分为准备、实施和总结三个阶段。准备阶段包括明确研究问题、选择研究对象、确定变量控制、设计实验模式等，在此基础上按照既定的实验方案进行实验数据的收集，最后对数据进行整合分析形成规范的实验研究报告。其中，教学实验类型的设计将在第三节中专门介绍，本节就教育实验研究的其他关键环节进行具体分析。

一、明确实验研究问题

明确研究问题包括提出研究选题，以规范的语言表述该选题，并能就选题中两个或多个变量间的关系提出假设。教育实验研究中问题的表述一般有两种方式。

(一)直接以研究者感兴趣的实验处理为题

例如,"初中体育课教学中领导力训练的实验研究"中①,将学生分为实验组和控制组,同一名体育教师执教,对实验组训练时运用领导力训练的方法,对控制组学生按照传统的体育课教学方法进行教学。在此研究中,自变量为体育课教学方法,它的两个水平中研究者感兴趣的是领导力训练方法。教育实验研究一般采用这种表述方式。又如,"关于程序性教学的实验研究""小学儿童社会创造性倾向培养的实验研究""大班幼儿自信心培养的实验研究"等,这些研究中虽然有被试接受了传统教学或训练,但并不需要在题目中体现出来。

(二)以"自变量对因变量的影响"的形式呈现

在"合作训练对幼儿合作水平影响的实验研究"中②,研究者采用实验组和控制组的设计形式,利用故事讨论、教育游戏、生活实践等形式对幼儿进行训练,研究合作训练对幼儿合作行为的影响,该研究的自变量为"合作训练",包括接受合作训练和接受常规训练两个水平,因变量为幼儿的合作水平。虽然这样表述更能够体现出研究的主要变量,但由于教育实验研究的效果一般不会通过一个单一的指标加以评定,因此此类表述形式较为少见。

在提出实验研究的问题后,研究者还要就研究问题的可能结果做出预期,即提出研究假设。教育实验研究的假设是研究者在进行研究之前根据事实材料和一定的科学理论对所研究问题的因果性和规律性预先做出的一种推测性论断和假定性解释③。一个好的实验假设应对自变量和因变量之间的因果关系进行明确说明。

如王斌等人进行的初中体育课教学中领导力训练的实验研究,研究假设是"在体育课教学中进行领导力训练,能够有效提升学生的领导力技能"④,假设中提出了领导力训练和领导力技能之间的因果关系。

二、选择实验被试

被试(Subjects)是指在实验中接受实验处理的实验对象。

---

① 王斌,李改,李敏,黄向东.初中体育课教学中领导力训练的实验研究[J].教育研究与实验,2012(1):83—88.

② 鲁忠义,霍习霞.合作训练对幼儿合作水平影响的实验研究[J].教育研究,2004(11):52—56.

③ 王守恒.教育科学研究方法基础[M].合肥:安徽大学出版社,2002:177.

④ 王斌,李改,李敏,黄向东.初中体育课教学中领导力训练的实验研究[J].教育研究与实验,2012(1):83—88.

研究者要考虑如何从实验的总体中挑选出适宜的被试样本，通过样本的实验结果来推论被试总体。要保证被试样本对总体的代表性，研究者可以采用随机抽样的方法，按照完全随机抽样或分层随机抽样等方式从总体中抽取一定数量的被试样本。真正的随机抽样意味着要打破原有的班级限制，从所有学生中进行随机选择，这只能在新生刚入学分班的时候实现。由于教育实验对象的特殊性，大部分教育实验研究不能完全做到随机抽样，而是整群抽样或方便抽样的方式。

如谷传华在《小学儿童社会创造性倾向培养的实验研究》中①，采用分层整群抽样，选取具有代表性的普通小学 3～6 年级学生，然后再从中随机选取 2 个班，随机将其分配到实验组和控制组中。虽然对班级的选择和分配是随机的，但班级中的学生是原班级的固有成员，不是随机抽取构成的。

另外，由于教育教学活动多是以班级为单位进行组织的，中国班级的人数又多在 40 人以上，所以教育实验中的样本容量也较大，是大样本研究。

三、确定变量控制

确定变量控制是实验研究准备阶段的核心工作之一，研究者要确定在实验研究中如何精确地操纵自变量、准确地测量因变量以及严格地控制无关变量。

(一)自变量的操纵

如前所述，自变量是研究者在实验中操纵变化的条件，它至少有两个水平，每一个水平又称为一种实验处理(treatment)。自变量水平的变化可以是量的变化，如练习时间的长短、学习材料的数量等，也可以是质的变化，如教学方式分为自学辅导和传统教学，课程性质可以分为综合课程和单门课程等，教育实验研究中的自变量以后者居多。

对自变量的操纵首先要对自变量进行严格的规定，不仅要明确它的理论含义，更要对其进行操作性界定，即根据测定它的程序进行定义。教育实验研究一般涉及教育体制、课程内容、教学模式和方法等方面的变革，在实验中往往包含一整套措施，所以对自变量的操作性界定多是一种整合的界定。

如张华等人在"小学综合实践活动课程的设计框架及其实验研究"中②，基

---

① 谷传华. 小学儿童社会创造性倾向培养的实验研究［J］. 教育研究与实验，2007 (5)：65—68.

② 张华，安桂清，翁建芳. 小学综合实践活动课程的设计框架及其实验研究［J］. 全球教育展望，2002(4)：7—13.

于"综合实践活动是基于学生的直接经验、密切联系学生自身生活和社会生活、体现对知识的综合运用的实践性课程"的理论界定，将综合实践活动课程分为探究自然世界、关注社会生活和感受自我成长三个大主题，对每一个主题又进行了细致的划分，并落实到不同学期的具体活动上，例如，探究自然世界分为"季节"和"成长"两个方面，关于"季节"的活动在上学期为"美丽的秋天"，在下学期为"春天来了"，关于"成长"的活动在上学期为"认识植物"，在下学期为"认识动物"，学生每次的实践活动都分为"确立活动主题、确立活动组织形式、提交活动方案、展开实践活动、交流活动成果、反思活动历程"六个步骤，从课程内容和课程实施等多个方面切实反映了综合实践活动课程的内涵界定。

需要指出的是，有的实验中包含两个以上的自变量，多个自变量的每一个水平都可以互相组合，构成多个实验处理，实验处理的个数等于各自变量的水平数的乘积。如在自学辅导的教学实验中，除了教学方式分为自学辅导和传统教学外，还考虑到教师的教龄因素，将其分为2年以下和5年以上两个水平，该实验中共有4种实验处理。多因素实验中，对每个自变量都要进行严格操纵，控制起来更为复杂。

(二)因变量的测量

实验者操纵自变量后引起的被试反应如何？对此不能依靠主观的体验而是要进行准确客观的测量。研究者首先要确定所选择的因变量能够反映研究问题，按照客观性、可靠性、有效性和可量化的原则选择适宜的因变量；然后要像自变量一样对其进行操作性定义，考虑如何对因变量进行测定。

对因变量的测量方式有两种：一是主观评定，可以让被试报告他在接受实验处理后的感受和体验，但要对其回答进行编码分类才能进行后续分析；二是客观测量，可以直接考察被试完成某项任务所用的时间或在一定时间内正确解答问题的数量，也可以通过学科测验或心理测验得知被试在学习、情绪或其他心理特质上的水平。

如关于小学儿童社会创造性倾向培养的实验[①]，社会创造性倾向是其核心的因变量，研究者采用社会创造性倾向问卷从威信或同伴影响力、问题解决特质或冲突解决能力、出众性、坚毅进取性、交往能力或社会智力、主动尽责性六个方面进行了测量，得到了被试社会创造性倾向的客观衡量指标。

(三)无关变量的控制

无关变量也称为控制变量，是除自变量之外的对因变量产生影响的变量，

① 谷传华.小学儿童社会创造性倾向培养的实验研究[J].教育研究与实验，2007(5)：66.

如果不加以控制,就难以"纯化"出自变量对因变量的影响效应,影响到因果关系的推论。因此,无关变量的控制是实验研究成功的关键条件。在教育实验中,环境中的噪音、实验者的期望、学生对实验的态度、课程内容的难易程度等都可能会影响到被试的反应。对无关变量的控制方法主要有以下几种。

1. 排除法

既然可能存在着无关变量的影响,那么最直接的做法就是采用一定的方式排除该变量的影响。

如环境中的噪声等可能会影响到被试学业或心理测试的成绩,因此在进行因变量的测量时要在一个安静的场所进行,尽量排除噪声、高温、强光等物理刺激的影响。

教育实验中的实验者效应和霍桑效应也可以用排除法控制。在教育实验过程中,实验者会有意无意地通过动作、言语、表情等影响到学生的反应,参加实验的被试也会自发对实验目的产生猜测而表现得不同于平时。对此可以采用双盲实验程序,使实验者和被试都不知道实验的目的和内容,也不知道哪些被试接受哪种实验处理。若教师恰是实验研究的执行者,他必须清楚实验的目的和内容,则可以对学生采用单盲实验程序,避免学生对实验目的的猜测和倾向性反应。

2. 恒定法

恒定法就是使无关变量在实验过程中保持恒定不变。这样不同组别的被试都受到相同无关变量的影响,两组若因为接受不同实验处理而在因变量上表现出不同水平,就可以推论自变量是因变量的原因。对于一些无法消除的无关变量可以采用恒定法。

如研究两种教学方法对学生学习成绩的影响,教师本身的经验水平和人格特征、学生考试的内容、时间和地点等都可能混淆自变量的效应,为此,研究者可以让接受不同教学方法处理的学生在上述因素上保持一致,这样学生成绩的差异就可以归因为教学方法的作用。

3. 匹配法

教育实验研究中,被试的性别、智力水平、态度倾向和知识基础等可能会对因变量产生影响,研究者可以采用匹配的方法使不同组别的被试属性相等。首先,要对可能产生影响的相关的被试属性进行测量,根据测量分数的高低将被试排列起来,然后根据自变量水平的数量对被试进行分组,同一组的被试随机分配到不同的实验处理中。

如要考察三种不同训练方式对学生作文水平的影响,研究者可以先对学生的作文水平进行测试，将所有被试的作文成绩按照高低排列，然后每 3 个一组，即 1~3，4~6，7~9，…各组的 3 名学生再按照随机的原则分配到不同的实验处理中，随机化后第一组的第一名学生可能接受 B 处理，第二名学生接受 C 处理，第三名学生接受 A 处理，其他组别亦做如此分配。

从匹配的过程可以看出，要实施匹配法，研究者首先要明确影响因变量的无关变量是什么，并能够进行客观的测量。此外，它在实施时需要打乱被试原有的班级，一般适用于新生刚入学时，或与学生课外实践有关的实验主题，或者同一班级内教师进行的小型的教育实验。

4. 平衡法

平衡法是指通过采用某些综合平衡的方式使无关变量的效果互相抵消以达到控制无关变量的目的。它主要用于重复测量的实验研究中，用来平衡一组被试重复接受自变量各种水平的先后顺序所产生的无关影响。

如考察常用的两种 PPT 配色方案（白底黑字，蓝底白字）对小学生学习效果的影响，被试只有一组，既要学习白底黑字的材料，还要学习蓝底白字的材料，此种情况下，两种配色方案的呈现顺序是影响实验结果的重要无关变量。研究者可以采用 ABBA 的设计（A、B 分别表示两种不同的实验处理），按照白底黑字—蓝底白字—蓝底白字—白底黑字的顺序呈现学习材料，然后测试被试的学习效果。如果自变量的水平有三个以上，则要进行拉丁方设计。鉴于教育实验研究中拉丁方设计很少，在此不再赘述。

5. 随机化法

当研究者无法确定实验研究中的无关变量，或者所确定的无关变量无法用上述方法进行控制时，可以采用随机化法。随机化法是一种将被试随机分配到不同实验处理中去的技术，它的基本逻辑为：如果总体中的所有成员都有同等机会被抽取到任一处理组，那么可以期望所形成的各处理组的各种条件和机会均等。

6. 统计控制法

有时，研究者在做完实验后，才发现对实验结果有重要影响的无关变量，且在实验中收集了该变量的数据信息，就可以采用统计控制法。

如要考察移情训练对儿童道德行为倾向的影响，在进行实验后发现不同组别被试的性别分布不均衡，且根据已有研究不同性别儿童的道德行为倾向有着显著不同，就可以采用统计控制的方法控制性别这一无关变量的影响。常用的统计控制方法有协方差分析和偏相关分析。

四、设计实验模式

确定实验对象和变量控制之后，研究者进入实验设计环节，考虑如何将研究对象分配到不同的实验处理中，以及在这个过程中如何控制无关变量的影响。根据研究对象的分配方式，可以分为被试间设计和被试内设计，前者不同组别的被试接受不同的实验处理，后者同一组别被试接受所有的实验处理；根据自变量的数量，分为单因素设计（自变量为一个）和多因素设计（自变量两个以上）；根据对无关变量的控制程度分为真实验、准实验和前实验设计。虽然因分类标准不同而划分的实验设计类型不同，但不同实验都会涉及自变量数量、被试的分配方式和无关变量的控制程度等问题。研究者要综合考虑不同实验设计模式的具体特点和自己的实际情况，选择适当的实验设计模式。

鉴于无关变量的控制是实验研究成功的关键，真实验、准实验和前实验的思路在本章第三节进行介绍。

五、收集实验数据

在这个阶段，研究者按照既定的实验实施方案对被试群体施以不同的实验处理，收集被试反应的各项数据资料。教育实验研究中所收集的数据大致可分为称名数据、顺序数据、等距数据、比率数据，还有一些非量化的描述性数据（要编码转换成计数数据）。对这些数据的收集可以采用多种方式，如观察、访谈、测量或者某实验仪器的操作。无论采用何种方式，研究者对数据的记录都要客观、准确、有效，尽量避免各种无关变量可能产生的干扰。

六、呈现研究结果

实验研究结果的呈现是教育实验研究的结束阶段，主要包含三个方面的内容。

其一，实验数据的质量审核。对收集到的实验数据按照一定的顺序进行排列，剔除遗漏过多或有明显反应倾向的被试结果，核实实验数据与预期被试数的符合性。

其二，实验结果的统计处理。将整理后的数据录入 SPSS 数据库等进行数据处理。由于实验研究涉及自变量和因变量关系的确定，因此必须进行推论统计。

其三，撰写实验报告。教育实验报告的正文一般包括以下四个部分。（1）引言。在引言中，研究者要明确研究的问题，提出问题的相应假设，并说明研究的意义和价值。（2）实验方法。实验方法包括被试的选择、实验变量的操纵和无关变量的控制、实验中用到的实验仪器和测量工具、实验实施的过程等。（3）实验结果。指对各具体研究问题进行统计分析的结果。（4）讨论。即对实验结果的分析和解释。统计得到的结果如何解释？它和已有的研究结论有何异同？它对于教育实践有何启示？实验研究中还存在哪些不足？未来研究应关注的方向是什么？可以在讨论中对上述问题进行详细阐释。

第三节　教育实验研究的设计

如前所述，教育实验研究的设计模式按照不同标准可以分为不同的类型。本节将对其中按照变量控制程度而划分的真实验、准实验和前实验设计类型进行介绍。在正式介绍三种实验设计的基本模式、结果处理和相应评价之前，首先对实验设计中常用的符号进行说明。

X：表示实验处理，一般是研究者感兴趣的那个自变量水平。若研究者对两个自变量水平的倾向没有差别，可以写成 X_1、X_2。

—：表示常规处理。

G：表示组别。

O：表示对因变量的一次观察或测量。

R：表示随机选择和分配被试。

…：表示接受不同实验处理的组别为不等组。

一、真实验设计

真实验设计即通常所说的实验研究。在该设计中，实验者能够对被试进行随机取样和随机安排，并有效地操纵自变量，控制无关变量的影响，从而使实验结果更能客观地反映实验处理的作用。

（一）随机实验组控制组前测后测设计

1. 基本模式

随机实验组控制组前测后测设计是教育实验研究中最基本、最典型的一种设计模式。研究者采用随机的方法选择被试并将其分为两组，随机选择一组为实验组，另一组为控制组，实验组接受实验处理，控制组不给予实验处理，两组均在实验处理前后进行因变量的测定。基本模式如下：

$$RG_1 \qquad O_1 \qquad X \qquad O_2$$
$$RG_2 \qquad O_3 \qquad — \qquad O_4$$

其中，RG_1为实验组，是经过随机化程序形成的第一组被试，该组被试接受实验处理，在处理前得到因变量的观测值 O_1，实施实验处理后得到因变量的观测值 O_2；RG_2表示经过随机化程序形成的第二组被试，该组被试接受常规处理，在实验组进行 O_1 和 O_2 测量的同时也进行因变量的观测，得到前测分数 O_3 和后测分数 O_4。

2. 结果分析

随机实验组控制组前测后测设计所得结果的分析方法有以下两种。

（1）对增值分数进行统计分析。首先对每一名被试，用其后测成绩减去前测成绩（O_2-O_1，O_4-O_3），分别求出两组增值分数的平均数；然后对两组增值分数进行显著性检验，根据数据性质的不同，可以采用 t 检验（参数统计）、曼—惠特尼（Mann-Whitney）、U—检验或中位数检验（非参数检验）的方法。

（2）协方差分析法。将被试的前测分数作为协变量进行协方差分析。该方法能够对实施实验处理前的组间差异进行控制和调整，以便使两组的后测成绩能够比较不受前测成绩的影响，这样 O_2 和 O_4 的差异就可以归因为自变量的作用。

3. 变式

当自变量的水平为两个以上时，随机实验组控制组前测后测设计可以拓展至多组，其基本模式可以表示为：

$$RG_1 \qquad O_1 \qquad X_1 \qquad O_2$$
$$RG_2 \qquad O_3 \qquad X_2 \qquad O_4$$
$$\cdots$$
$$RG_k \qquad O_{2k-1} \qquad X_k \qquad O_{2k}$$
$$RG_{k+1} \qquad O_{2k+1} \qquad — \qquad O_{2(k+1)}$$

上述模式表示有 k 个接受实验处理的组和作为控制组的一个比较组。下面举例说明。

如研究者要通过实验考察"立体几何概念教学的时间量对高中低年级学生在空间关系知识方面得分的影响"[①]，采用了两种大体相近的空间关系测验，一个作为前测，另一个为后测。随机抽取了 40 名高中低年级学生，将他们随机分成 4 组，每组 10 名，第一组到第三组接受立体几何概念教学的时间分别为 15 分钟、30 分钟、45 分钟，控制组不接受立体几何概念教学。具体设计安排见图 7-1。

① ［美］维尔斯曼. 教育研究方法导论［M］. 袁振国，译. 北京：教育科学出版社，1997：69.

随机分布　　前测　　　　　　　　　　　　　　　后测

RG₁　组1　O₁　　　10名被试接受15分钟　　　　O₂
　　　　　　　　　为单元的教学(X₁)

RG₂　组2　O₃　　　10名被试接受2个15分钟　　O₄　　　空间关
　　　　　　　　　为单元的教学(X₂)　　　　　　　　 系测验
　　　　空间关系测验　　　　　　　　　　　　　　　得分:
　　　　得分:形式A　　　　　　　　　　　　　　　形式B

RG₃　组3　O₅　　　10名被试接受3个15分钟　　O₆
　　　　　　　　　为单元的教学(X₃)

RG₄　组4　O₇　　　10名被试不接受教学(一)　　O₈
　　　(控制组)
　　　　　　　　　　　为期一周

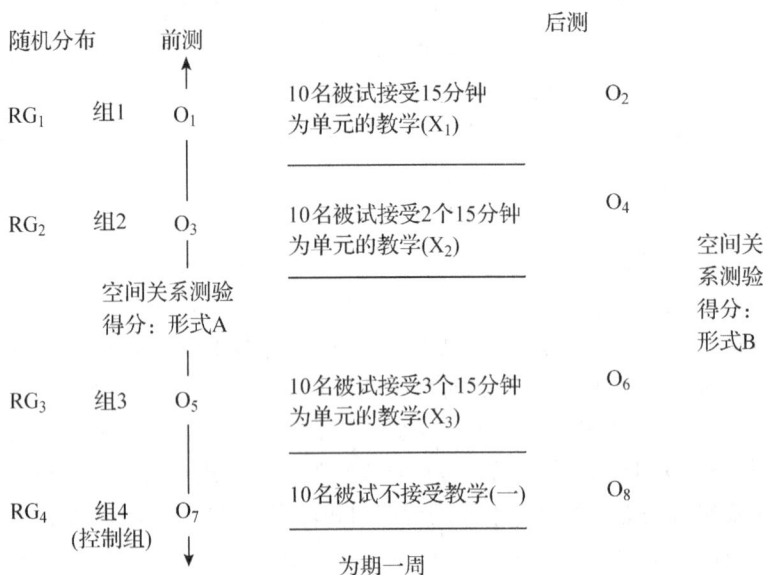

图 7-1　随机实验组控制组前测后测设计变式实例

4. 评价

随机实验组控制组前测后测设计基本控制了绝大多数影响实验内部效度的因素。其一，由于采用了随机方法分出两个等组，可以控制选择偏差、被试流失、选择与成熟的交互作用等因素对实验结果的干扰；其二，由于安排了实验组和控制组两个组别，实验期间可能发生的偶然事件、不同组别被试身心的发展变化等基本相同，因此可以控制历史、成熟、测验等因素对实验结果的影响。其不足之处在于，由于采用了前测，虽然为检查随机分组是否存在偏差提供了依据，但被试通过前测而获得的经验可能对后测更为敏感，出现测验的反作用效果，影响到实验研究的外部效度。

(二)随机实验组控制组后测设计

随机实验组控制组后测设计中，研究者首先对被试进行随机选择和分配，实验组接受实验处理，控制组接受常规处理，两组均在实验处理之后接受测验。其基本模式如下：

$$RG_1 \quad X \quad O_1$$
$$RG_2 \quad - \quad O_2$$

从基本模式可以看出，该设计类型在被试选取方式、组别的安排、实验处理后的观测上和随机实验组控制组前测后测设计相同，不同之处在于没有对两组被试进行前测。进行结果处理时，只需要对实验组和控制组后测成绩的差异进行比较即可。根据数据性质的不同，分别采用 t 检验（参数统计）和曼—惠特尼 U—检验或中位数检验（非参数检验）的方法。

如我国学者卢仲衡（1981）所做的"初中一年级数学自学辅导教学协作实验研究"是随机实验组控制组后的设计的一个典型实例。该研究的目的是比较数学自学辅导教学和传统教学的效果。研究者随机选择了北京市若干所中学，并将从小学升入中学的学生随机分为两个班，随机选择一个班为实验班，另一个班为对照班。实验班采用数学自学辅导教学方式，实验材料为自学辅导教材，内容为初一代数。控制班采用传统课堂教学方式，学习材料为统编教材，内容与实验班相同，实验持续一个学期。每当学完一章后就对实验班和控制班学生的成绩进行测验，最后对他们的全区统一考试成绩进行比较。研究结果发现数学自学辅导的教学方式优于传统课堂教学方式。

当自变量的水平在三个或三个以上时，该实验设计模式也可以拓展至多组，变为随机多组后测设计。实验设计模式的基本模式如下。

$$RG_1 \qquad X_1 \qquad O_1$$
$$RG_2 \qquad X_2 \qquad O_2$$
$$\cdots$$
$$RG_k \qquad X_k \qquad O_k$$
$$RG_{k+1} \qquad X_{k+1} \qquad O_{k+1}$$

在随机多组后测设计中，随机选择被试并随机分为不同的组别，随机安排各组接受不同的实验处理。对于得到的数据结果可以采用单因素方差分析或卡方检验的方法。

和随机实验组控制组前测后测设计一样，随机实验组控制组后测设计采用了随机化原则选择和分配被试，能够控制选择偏差、被试流失等因素的影响；且由于采用实验组接受实验处理，控制组不接受实验处理，控制了历史和成熟因素对内部效度的影响。二者的不同在于，随机实验组控制组后测设计没有采用前测，因此可以避免测验的反作用效果，以及测验与实验处理的交互作用对实验外部效度的影响。

（三）所罗门四组设计

所罗门四组设计是将前两种设计模式加以组合而构成的设计，由所罗门（R. L. Solomon）于 1949 年提出。该设计模式的主要特点是把有无前测作为一个自变量纳入到实验设计中，将其造成的变异量从总变异中排除出来，以更"纯净"地检验实验处理产生的效果是否显著。其基本模式为：

$$RG_1 \qquad O_1 \qquad X \qquad O_2$$
$$RG_2 \qquad O_3 \qquad — \qquad O_4$$
$$RG_3 \qquad\qquad\quad X \qquad O_5$$
$$RG_4 \qquad\qquad\quad — \qquad O_6$$

从设计模式可以看出，所罗门四组设计的主要特点为：随机选择和分配被试；两组有前测，两组没有前测；一个前测组和一个无前测组接受实验处理；四个组都有后测。在该设计中，有无实验处理、有无前测分别构成自变量，即该设计可看成一个2(有无实验处理)X2(有无前测)的双因素实验设计。因此对于所罗门四组设计的结果分析可以采用双因素方差分析的方法。

所罗门四组设计能够综合前面两种实验设计的优点，克服二者的缺点，通过统计的方法分离出前测的反作用效果，控制了影响实验研究内部效度和外部效度的大部分无关变量。研究者等同于重复做了四个实验，可以根据一次实验的结果进行四种比较，实验效率较高，因此所罗门四组设计是一种比较理想的设计模式。其不足主要在于难以找到四组同质的被试，实验程序也比较复杂。

二、准实验设计

准实验设计是指不能随机选择和分配被试，能够严格地操纵自变量，控制部分无关变量影响的实验设计。教育实验研究中，通常难以甚至无法运用随机化的原则选择和分配被试，一般以原有自然教学班为实验单位，因此具有一定的外部效度。常见的准实验设计类型有不等实验组控制组前测后测设计、时间序列设计和平衡设计。

(一)不等实验组控制组前测后测设计

不等实验组控制组前测后测设计是教育实验研究中应用最广泛的设计模式。该设计中设有实验组和控制组，并且每组都进行前测和后测，和真实验不同的是，没有按照随机化原则选择和分配被试，而是在原有环境下按照自然班、年级或学校进行选择，因此实验组和控制组是不等组。基本模式如下。

$$G_1 \qquad O_1 \qquad X \qquad O_2$$
$$\cdots$$
$$G_2 \qquad O_3 \qquad — \qquad O_4$$

和真实验相比，前测在不等实验组控制组前测后测设计中具有更重要的地位，只有通过前测提供对选择偏向的控制，才能证明实验的整体价值，进行组间比较才有基础。

此类实验设计的统计分析同随机实验组控制组前测后测设计一样，可以采用对实验组控制组的增值分数进行分析，或者将前测分数作为协变量控制起来，对两组在后测成绩上的差异进行协方差分析。

不等实验组控制组前测后测设计的优点是：其一，由于设有控制组，可以控制历史、成熟、测验等因素对实验结果的影响；其二，由于两组都有前测，研究者可以了解被试在实验处理前的初始状态，在一定程度上控制了选择偏差对内部效度的影响；其三，由于不打乱原有的班级设置，且实验条件与日常教育活动的情境类似，因此外部效度较高。

该设计模式也存在着局限：由于没有采用随机化方法选择和分配被试，实验组和控制组是不相等的，因此可能会存在选择和成熟、选择和实验处理的交互作用，降低实验研究的内部效度。另外，虽然前测使得研究者可以达到对选择偏差的初步控制，但却又因此而产生了前测的反作用效果，降低了实验研究的外部效度。

(二)单组时间序列设计

单组实验序列设计的基本模式为：

$$G \quad O_1 \quad O_2 \quad\quad O_3 \quad O_4 \quad X \quad\quad O_5 \quad\quad O_6 \quad\quad O_7 \quad\quad O_8$$

时间序列设计是指对一组被试进行一系列周期性测量，并在测量的时间序列中引进实验处理 X，然后观测实施实验处理之后的系列测量结果，并与之前的系列测量结果进行比较，分析实验处理前后测量结果的变化趋势，从而推断实验处理是否产生效果。

如一位小学教师运用时间系列设计来检验拼写练习中个别练习与小组练习的效果。他以所教班做实验组，每周这个班都在课外安排一定的时间来进行拼写练习，而且每星期五进行一次测验。平时的练习方式都是个别练习，但 4 周后的一个星期，采用小组练习的方式，连续四周采用小组练习方式。

时间序列设计是只有一个实验组的单组准实验设计，研究者在实验处理前后进行了系列前测和后测。图 7-2 提供了单组时间序列设计的可能结果。

在单组时间序列设计中，实验处理前后的测量都是一系列的，因此对实验处理效应的判断应比较系列前测的趋势和系列后测的趋势。图 7-2 中，A 线实验处理后的系列观测值处于由系列前测预期的线性趋势上，因此实验处理没有产生效果；B 线在实验处理之后的系列后测和前测相比表现出下降趋势，因此实验处理对因变量产生了负效应；C 线在实验处理后的 O_5 观测值有所上升，但后面三次的观测值又呈降低趋势，因此实验处理产生的是短暂效应；D 线实验处理之后的系列后测和前测相比表现出稳定的上升趋势，因此是稳定的正效应；E 线实验处理前后的系列观测值变化无规律，没有表现出明显的特定趋

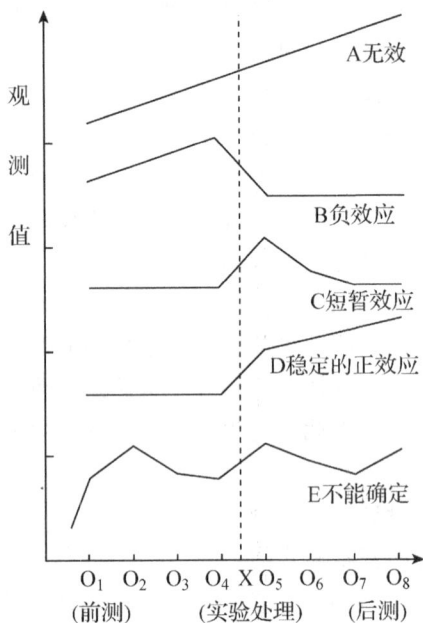

图 7-2　单组时间序列设计实验处理不同效应的分析

势，因此不能确定实验处理的效应。

　　对单组时间序列设计的结果进行统计分析时，不能仅仅分析实验处理前后的两次观测值之间的差异，而应当从测量数据的总体进行检验。具体又可分为两种情况：（1）若实验处理的效果是稳定的（D线），比较实验处理前的回归直线和实验处理后的回归直线是否有显著差异；（2）若实验处理的效果是暂时的（C线），可根据 O_1—O_4 的观测结果，采用直线回归或曲线回归的方法，把在没有引入实验处理时的 O_5 可能的结果估计出来，然后通过相关样本 t 检验方法检验估计值和实际观测值之间的差异。

　　单组时间序列设计可以较好地控制无关来源与处理效应。由于各系列测量的间隔时间相同，因此在每个时间间隔内成熟的发展基本相同，这样就较好地控制了成熟因素对内部效度的影响；另外，由于每个被试都经过多次测验，得到系列测验的结果，降低了只做一次测验而带来的有偏向性样本成绩的概率，因此该设计可以控制测验因素的干扰，且多次观测还可能控制统计回归因素的影响。

　　单组时间序列设计的局限主要在于：首先，由于没有设立控制组，因此不能控制历史因素及与被试有关的无关变量的影响；其次，测验与实验处理的交互作用会减低实验的外部效度；再次，多次测验可能会增强或减弱被试对实验处理的敏感性，影响他们在实验处理后的成绩。

（三）不等实验组控制组前测后测时间序列设计

这种设计将不等实验组控制组前测后测设计和单组时间序列设计结合起来。基本模式如下。

$$G_1 \quad O_1 \quad O_2 \quad\quad O_3 \quad O_4 \quad X \quad\quad O_5 \quad O_6 \quad O_7 \quad O_8$$

$$\cdots$$

$$G_2 \quad O_9 \quad O_{10} \quad\quad O_{11} \quad O_{12} \quad - \quad\quad O_{13} \quad O_{14} \quad O_{15} \quad O_{16}$$

该实验设计采用不等的固定组，同时对两组进行一系列周期性的前测，然后在实验组引入实验处理 X，控制组不做新的处理，最后对两组被试进行系列后测。该设计通常用于日常的学校课堂教学。

不等实验组控制组前测后测时间序列设计的统计方法有两种。第一种是采用不等实验组控制组前测后测设计的处理，求出实验处理 X 前 4 个平均数的共同平均数（M_1）及处理后 4 个平均数的共同平均数（M_2），依此求出控制组相应的两个共同平均数（M_3、M_4），对实验组和控制组共同平均数的增值分数进行独立样本 t 检验（即比较 $M_2 - M_1$ 和 $M_4 - M_3$）或 Z 检验。第二种方法比较复杂，类似于单组时间序列设计。对实验组的 4 个前测成绩、4 个后测成绩及控制组的 8 个观测成绩求出各自的回归方程，分别记作 L_1、L_2 和 L_3，检验 L_1 和 L_3 是否存在差异，确定两组被试是否存在选择偏差；检验 L_1 与 L_2 或者 L_2 和 L_3 是否存在差异，确定实验处理的效果。

该设计融合了不等实验组控制组前测后测设计和单组时间序列设计的优点，基本控制了历史、成熟、测验、选择与成熟的交互作用等因素对实验内部效度的影响。但由于没有采用随机分组及系列前测的存在，选择偏差及其与实验处理的交互作用、测验的反作用效果会影响该设计的外部效度。

三、前实验设计

前实验设计不能控制无关变量，不能随机选择和分配被试，只是对自变量进行了操纵，实验过程比较简单，容易操作，但其内部效度和外部效度都较差。从控制的角度而言，它并不是严格意义上的实验，通常用来识别自然存在的临界变量及其关系，又称为非实验设计。

（一）单组后测设计

单组后测设计中，只有一组被试，且不是随机选择的，无控制组，实验中只给予一次实验处理，然后进行观测得到一个后测成绩。基本模式如下。

$$G \quad X \quad O$$

由于该模式对无关变量不加控制，无法估计实验处理的效应，因而无法进行因果关系分析。

如在教学中教师有计划地组织了几次数学课外辅导讲座，结果教师观察到讲座结束后的一段时间内，学生的数学成绩有了较大的提高，但不能据此做出课外辅导讲座导致班级学生成绩提高的结论，因为没有控制组可以与之对比，没有学生前测的成绩可以进行比较，也没有各类变量进行严格控制。

(二)单组前测后测设计

单组前测后测设计仍然只有一个被试组且不是随机选择的，只有一次实验处理，但设计中增加了在实验处理前的测验。其基本模式如下。

$$G \quad O_1 \quad X \quad O_2$$

如要研究集中识字对提高小学生识字能力的效果(裴娣娜，p.282)，研究者选取一个自然班进行前测，了解学生识字能力的基本情况，然后安排两个月集中识字的教学，教学后再进行识字能力水平的后测。比较两次测试的差值可以说明集中识字在提高小学生识字能力方面的效果。

单组前测后测设计中安排了前测，可以提供被试的基线数据和相关的一些信息；另外，被试兼做实验组和控制组的成员，在一定程度上控制了选择偏差的影响。同一个被试，在前测—处理—后测过程中出现的明显差异，在一定程度上可以推断这种变化是由实验处理引起的，因此单组前测后测设计是一种有用的前测后测设计。

(三)固定组比较设计

固定组比较设计的基本模式如下。

$$G_1 \quad \quad X \quad \quad O_1$$
$$\cdots$$
$$G_2 \quad \quad - \quad \quad O_2$$

该设计中的两个组在实验处理之前就已经形成，没有经过随机选择，也没有控制选择偏差。两个组中一组接受实验处理，另一组接受常规处理，都有一次后测。

如比较两种不同教辅材料的使用效果，一个班采用自编材料，另一个班采用统编材料，一段时间后对两个班的同学同时进行难度与范围基本一致的测验。可以采用独立样本 t 检验、曼—惠特尼 U 检验、中位数检验及卡方检验对固定组比较设计的结果进行统计分析。其中第一种为参数检验，后面三种为非参检验。

　　固定组比较设计中由于使用了控制组，因此可以控制历史和成熟因素对内部效度的影响；没有前测则可以控制测验因素的干扰。但由于没有随机选择和分配被试，无法控制选择偏差、选择与成熟、选择与实验处理的交互作用对实验效度的影响。

［示例7-1］初中体育课教学中领导力训练的实验研究①

一、实验背景

　　"领导力"属于组织行为学、领导学及其相关学科研究的对象，历来备受国内外学者的关注和青睐。早期的领导力理论认为领导者是天生的，领导力是个别、少数领袖型人物所具有的素质或能力，忽视了领导者与被领导者之间的互动影响及情境因素的影响作用。伴随着领导力问题研究的深入，越来越多的学者提出，领导者并非天生，每个人都具有现实的和潜在的领导力，领导力是可以通过学习获得的。

　　因此，具有塑造优势和开发潜力的青少年备受关注，积极的青少年发展理论强调，每个青年和儿童都具有潜在的领导力素质，都能够得以发现和培养。青少年时期是领导力发展的最佳和关键时机。领导能力的培养可以追溯到青少年或青少年早期，甚至追溯到初中阶段，该阶段青少年的认知、性格均影响着青少年领导方式和领导力的培养。

　　一些学者对课程教学中进行领导力发展的必要性和可行性进行了探讨。他们指出，学生能够在完成日常课程学习的过程中掌握一些必备的领导力知识和技巧。Owen表明，无论是初中还是高中，无论是什么课程，教师均能够在日常的课堂教学活动中帮助学生了解和强化领导潜能。隋敏方也指出，教师能够把领导力融入到一般学科中，在正规的课堂教学中渗透领导力的知识和技能，培养学生沟通协调、组织策划、决策、执行等能力。如历史课为学生介绍领导人物，道德课给学生讲授如何培养良好的领导道德，数学课鼓励学生创意解题技巧，艺术课组织学生进行创新作品竞赛等。

　　体育课和体育活动以其区别于文化课的广泛的身体活动参与性特点，对学生各种能力的培养和社会化的促进起着推动性的作用。如体育教育的直观性，

---

　　①　王斌，李改，李敏，黄向东. 初中体育课教学中领导力训练的实验研究[J]. 教育研究与实验，2012(1)：83－88.

能够促进学生认知能力的发展；体育教育的活动性，有助于学生心智能力的发展；体育教学组织的灵活性，能够增强学生的情绪体验；体育教学的团体性，能够启发学生的社会意识和责任感；体育教学内容的多样性，为促进学生的社会适应能力和人格特质的发展提供了条件。领导能力的培养也是如此。有研究指出，体育课和体育活动是领导力教育或训练的一种有效途径。

鉴于此，本研究探索性地将领导力训练引入到体育领域中，在初中体育课教学中开展学生领导力的训练，检验领导力训练对提升学生领导力技能的有效性以及训练效果的保持性。试图对现今的教学改革和教学实验提供一种新的思路和方法，以进一步推动素质教育和"阳光体育"活动的开展。

二、实验设计

(一)实验对象和周期

选取某中学初二年级 61 名学生为研究对象，随机分配为实验组(31 人，男 13 人，女 18 人)和控制组(30 人，男 13 人，女 17 人)。领导力训练干预历时 4 个月。除去考试、运动会等特殊情况不能正常上课以外，授课时间为 15 周，每周 2 次，每次 45 分钟。

(二)实验假设

1. 在体育课教学中进行领导力训练，能够有效提升学生的领导力技能。

2. 领导力训练的效果具有一定的保持性。

(三)实验材料

采用 Carter 和 Townsend(1983)修订的领导力技能量表。该量表包括团队合作、理解自我、沟通、决策和领导 5 个分量表，共 21 个条目，采用 Likert5 点计分法，分值设置为：5＝非常同意，4＝同意，3＝不确定，2＝不同意，1＝非常不同意。条目得分越高，表示同意程度越高，该项技能的自我知觉程度也就越高。该量表适用于 12～18 岁青少年领导力的研究，是经过多次实证研究检验的成熟量表，具有较高的信效度。

略。

(四)变量设计

实验组和控制组既有男生，也有女生，性别成为领导力训练中需要注意的因素。有研究表明，女性的领导技能发展指标高于男性。但是 Monaco 和 Gaier(1992)却持有与其相反的观点。为获得较好的内部效度，本实验对性别这一干涉变量进行了控制，避免可能由于性别与实验处理产生交互作用而混淆了实验结果。本实验采取 2×2×2 重复测量一个因素的三因素混合实验设计。其中，实验处理(2 个水平，领导力训练、无领导力训练)和性别(2 个水平，男、女)为被试间变量；测量时间(2 个水平，前测、后测)为被试内变量，属重复测量因素。利用被试自己做控制，以最大限度地控制由被试的个体差异所带来的差异。实验设计的因变量为学生领导力技能(团队合作、理解自我、沟通、决策、领导)。

(五)实验程序

1. 前测

实验组和控制组均参加前测，测试内容为领导力技能量表。

2. 实验处理

实验组和控制组体育课程均由同一位体育教师执教，学生不知道正在进行实验，以防止霍桑效应。教学主要内容(包含运动技能的教学大纲)、教学进度、教学地点、教学时数及考核方式等均相同。有所区别的是，在实验组，体育课运动技能教学的过程中渗透了领导力的训练，教师应用体育课中领导力训练的策略进行教学；而在控制组，教师按照传统的体育课教学方法教学。

领导力训练从学生入学第 1 学期第 2 周体育课开始。实验前，对体育教师讲解实验的目的、实验的安排及操作注意事项，并根据体育课的教学进度，联合制定教学计划和教案。主要包括 4 个部分。

(1)领导力意识与认知(5 课时)：穿插领导力理论与知识的室内课，增强学生对领导力的意识和认知，共 5 个课时。第 1 课：领导力动员，为学生介绍领导力训练的重要性，帮助学生认识到自身的领导潜能，并进行领导力技能测评。第 2 课：领导者与自信心；第 3 课：认识自己；第 4 课：合理决策；第 5 课：沟通与团队合作。该部分由研究人员开展，以故事分享、小组讨论、心理拓展游戏体验为主。

(2)领导力学习与掌握(15 课时)：根据体育课教学大纲，按照领导力的素质构成(团队合作、沟通、理解自我、决策和领导)将教学进度划分为 5 大板块，进行板块教学。板块教学中既存在运动技能的教学和练习，还融入领导力素质主题教育的理念。每个板块教学安排 3 课时，共 15 课时。此阶段体育课的基本程序为：导入领导力素质板块的热身游戏；领导力游戏总结与反思；结合领导力素质选用合理的运动技能的学练方法(运用合作学习来培养学生的团队合作能力等)；课的总结与反思。此外，为给学生提供领导的机会，每次课轮流安排学生担任体育委员，负责准备教学器材与设备、课堂常规、协助教师管理以及回收教学器材与设备等。

(3)领导力实践与运用(8～9课时):该部分采用任务教学,为学生提供领导实践机会。将学生平均分成 5 组,每组(6～8 人)。每次课每组轮流安排 2 名学生(1 男 1 女)担任该组的组长,负责带领该组完成教师所安排的任务。任务内容主要是设计和组织本组的热身游戏(可以为之前课堂上组织过的游戏)及组织本组练习前一阶段学习过的运动技能,以进行巩固。考虑到学生实践的困难性,可适宜为各组长提供多次实践机会。教师在此过程中起监督、辅导的作用,并及时对各组长或学生展示的领导行为进行反馈,予以强化。

(4)领导力评估与反馈(1 课时):对学生的表现进行总结,对学生的领导力水平进行评估。开展以团队精神为主题的心理拓展结束训练。

3. 后测

实验组与控制组均参与后测,测试内容与前测相同。

4. 延时测定

延时测定考察领导力训练效果的保持性,在完成领导力训练干预 3 个月后进行,为消除被试的定向与期望效应,测试由被试不认识的测验者进行。实验组和控制组均参与延时测定,测试内容与前测和后测相同。

三、实验结果

(一)领导力技能前后测得分比较

为检验领导力训练是否能对实验组产生有效作用,对实验组和控制组前后测领导力技能得分进行重复测量的方差分析,描述性统计及显著性检验结果见表 7-1。

表 7-1 中的数据表明,性别效应在团队合作维度得分上达到了显著性水平($p < 0.05$),女生高于男生。时间与性别的交互效应在领导维度得分上达到了显著性水平($p < 0.05$);组别与性别的交互效应在决策维度得分上达到了显著性水平($p < 0.05$)。时间与组别的交互效应在领导力各维度得分上均达到了非常显著性水平($p < 0.01$)。时间、组别及性别的交互效应均未达到显著性水平($p > 0.05$)。

在交互效应显著的前提下,分析各自变量的主效应是毫无价值和意义的,需要对交互效应的简单效应进行进一步分析。首先,对组别与性别在决策技能维度得分上交互作用的简单效应进行进一步分析,结果见表 7-2。

表 7-1 领导力技能前后测得分描述统计及重复测量方法分析表 (N=61)

		团队合作	理解自我	沟通	决策	领导
干预前	实验组(M±SD) 男生	3.66±0.51	3.62±0.38	3.31±0.54	3.33±0.54	3.13±0.56
	女生	3.98±0.53	3.87±0.54	3.67±0.55	3.67±0.55	3.43±0.63
	总体	3.85±0.54	3.76±0.49	3.52±0.57	3.53±0.56	3.30±0.61
	控制组(M±SD) 男生	3.65±0.48	3.58±0.22	3.28±0.43	3.45±0.53	3.03±0.46
	女生	3.71±0.38	3.69±0.41	3.47±0.38	3.28±0.36	3.30±0.37
	总体	3.68±0.42	3.64±0.34	3.39±0.41	3.36±0.44	3.18±0.43
干预后	实验组(M±SD) 男生	4.18±0.45	4.25±0.30	4.28±0.26	4.13±0.42	4.22±0.32
	女生	4.45±0.33	4.42±0.37	4.37±0.34	4.38±0.22	4.38±0.32
	总体	4.34±0.40	4.35±0.34	4.33±0.31	4.27±0.34	4.31±0.33
	控制组(M±SD) 男生	3.50±0.52	3.75±0.54	3.36±0.37	3.38±0.40	3.34±0.37
	女生	3.53±0.30	3.54±0.46	3.38±0.32	3.35±0.36	3.23±0.37
	总体	3.52±0.40	3.63±0.50	3.37±0.34	3.37±0.37	3.28±0.37
被试内	时间主效应(p值)	0.031	0.000	0.000	0.000	0.000
	时间·组别的交互效应(p值)	0.000	0.000	0.000	0.000	0.000
	时间·性别的交互效应(p值)	0.809	0.142	0.072	0.857	0.031
	时间·组别·性别的交互效应(p值)	0.936	0.370	0.672	0.448	0.350
被试间	组别主效应(p值)	0.000	0.000	0.000	0.000	0.000
	性别主效应(p值)	0.047	0.338	0.061	0.268	0.122
	组别·性别的交互效应(p值)	0.147	0.131	0.487	0.028	0.450

表 7-2　决策维度得分组别与性别交互作用的简单效应分析

		SS	DF	MS	F	p
前测	实验组男生和女生间	0.96	1	0.96	3.85	0.055
	控制组男生和女生间	0.25	1	0.25	0.99	0.324
	男生实验组和控制组间	0.09	1	0.09	0.35	0.558
	女生实验组和控制组间	1.29	1	1.29	5.18	0.027
后测	实验组男生和女生间	1.18	1	1.18	9.65	0.003
	控制组男生和女生间	0.17	1	0.17	1.39	0.243
	男生实验组和控制组间	3.59	1	3.59	29.45	0.000
	女生实验组和控制组间	9.27	1	9.27	75.93	0.000

表 7-2 中的数据表明，前测时，组别在男生上的简单效应未达到显著性水平（F＝0.35，p＞0.05），在女生上的简单效应达到了显著性水平（F＝5.18，p＜0.05）；性别差异在实验组（F＝3.85，p＞0.05）和控制组（F＝0.99，p＞0.05）上的简单效应均未达到显著性水平（p＞0.05）。后测时，组别在男生（F＝29.45，p＜0.05）、女生（F＝75.93，p＜0.05）上的简单效应均达到显著性水平（p＜0.05），实验组男、女生得分均高于控制组。性别差异在实验组的简单效应达到显著性水平（F＝9.65，p＜0.05），女生明显高于男生，在控制组上的简单效应未达到显著性水平（F＝1.39，p＞0.05）。同理，对时间与性别在领导维度得分上交互作用的简单效应进行分析，结果见表 7-3。

表 7-3　领导维度得分时间与性别交互作用的简单效应分析

	SS	DF	MS	F	p
前测男生和女生间	1.22	1	1.22	4.70	0.034
后测男生和女生间	0.02	1	0.02	0.05	0.822
男生前测和后测间	6.41	1	6.41	30.11	0.000
女生前测和后测间	3.58	1	3.58	16.83	0.000

表 7-3 中的数据表明，时间在男生（F＝30.11，p＜0.01）和女生（F＝16.83，p＜0.01）上的简单效应均达到了非常显著性水平，即后测时，男女生领导技能的得分均得到显著提升，只是提高的幅度不同，男生优于女生；性别在前测上的简单效应达到了显著性水平（F＝4.70，p＜0.05），女生高于男生，在后测上的简单效应未达到显著性水平（F＝0.05，p＞0.05）。时间效应、组

别效应以及两者的交互效应在领导力各维度得分上均达到了显著性水平（p＜0.05），进一步对时间与组别在领导力各维度得分上交互作用的简单效应进行分析，显著性检验见表7-4。

表7-4 领导力技能各维度得分时间与组别交互作用的简单效应检验

	团队合作	理解自我	沟通	决策	领导
前测实验组和控制组	0.180	0.280	0.299	0.194	0.376
后测实验组和控制组	0.000	0.000	0.000	0.000	0.000
实验组前测和后测	0.000	0.000	0.000	0.000	0.000
控制组前测和后测	0.130	0.919	0.812	0.910	0.280

表中数据值均为 p 值。

略。

（二）领导力技能延时测定得分检验

略。

四、讨论

（一）体育课教学中进行领导力训练的有效性

实验结果表明，实验后，实验组学生领导力各维度得分均有显著性提高。说明在体育教学中引入领导力训练不仅是可行的，而且是有效的。体育教学中进行领导力训练之所以能够取得如此效果，主要取决于以下两个方面的因素。

1. 体育活动本身为学生领导力发展提供的活动支持

体育教学以其课堂的广阔性、形式的开放性、交往的直接性、规则的灵活性、个体活动的合作性与竞争性，成为一个比其他课堂教学更社会化的正式的"会型教育活动场"体育活动本身能够为学生各种能力的培养和发展提供支持。领导力的训练也是如此。比如体育委员的轮流担任，能够为学生提供领导者的角色和机会；体育课热身游戏的随意性为领导力的植入提供了空间；体育课的合作学习、游戏教学和比赛教学能为学生创设合作性活动的情境，培养学生的领导力等。

2. 体育课中领导力训练途径和方法的针对性和适用性

在领导力的意识与认知阶段，利用课程教学增强认知的特点，适时为学生穿插领导力理论与知识的室内课。有趣的故事分享、激烈的小组讨论、全身心投入的心理拓展游戏及真诚的感言分享能够使学生在愉悦的情绪体验中建构对领导力的理解。在学习与掌握阶段，将领导力素质融入到热身游戏中，游戏的体验和分享能够帮助学生增强对领导力的认知；领导力训练途径与技能学练组织的有效整合能够帮助学生在掌握运动技能的过程中潜移默化地提升领导力。实践与运用阶段为学生提供了一个全新的视角，任务式教学提供了学生充分的主导权。从课下精心准备到课中顺利组织，能够帮助学生体会到责任感、自信、沟通、决策等的重要性。教师适时、及时地对学生展示的领导行为予以表扬和肯定，能够增强学生的信心和成就感，进而不断寻求新的尝试和挑战。

(二)领导力训练中的性别影响

Monaco 和 Gaier(1992)指出，在男女搭配的团队中，不论领导风格或领导水平如何，女性几乎不可能成为团队的领导者。但也有研究发现，女性的领导技能发展指标高于男性。尽管进行领导力训练不用研究性别可能存在的差异，但是，为获得较好的内部效度，本实验对性别这一干涉变量进行了控制。在领导力技能前后测得分上，女生在团队合作维度上的得分显著高于男生，这可能是由男女生人际交往的目标差异所导致的。女生的交往多是建立人际间的联系，属于关系导向，为了更好地与他人建立联系，会有较多积极的行为产生，如合作等。性别与组别的交互作用在决策维度得分上达到了显著性水平，进一步分析可知，在实验组中女生优于男生。而在自然的条件下，男女生的决策技能无显著差异。在领导力训练后，实验组的女生决策技能得分上升很快，她们能够大胆地进行自主思考和决策。在领导力技能延时测定上，组别与性别的交互作用在理解自我维度得分上达到显著性水平，实验组女生显著高于男生，控制组男女生差异不显著。性别差异在沟通、决策和领导等维度的得分上达到了显著性水平，进一步分析可知，女生高于男生。即领导力训练后，女生领导力技能的保持性优于男生。这可能与女生的性别角色有关，女生较男生更不会认识到自身也具有一定的领导潜能，自身也能够担任一定的领导职位。新颖的领导力训练提供的领导实践经历可能对于女生的冲击力更为强烈，能够加深脑海中所学习到的领导力体验，促进领导力技能更好的内化和提升。

(三)领导力训练效果的保持性

领导力训练干预结束3个月后，对各个实验组和控制组的学生进行了回测。显示，实验组学生领导力各维度得分(除健身操选项决策维度以外)仍显著高于控制组，说明领导力训练效果具有的一定的保持性。领导力训练不仅能够帮助学生学习与领导力有关的理论知识，增强学生对领导力的认识，更为重要的是能够帮助学生认识到自身的领导潜能。这种观念的转变能够使学生自身的行为也随之发生潜移默化的积极改变，如开始养成阅读与领导相关的书籍和报刊、以领导者的标准严格要求自己形成良好的习惯等。Densten 和 Gray (2001)指出，领导力训练中的反思活动在一定程度上会直接或间接地对训练效力产生影响。能够加深学生脑海中学习到的领导力体验，帮助其在实践中有效地运用，并对行为方式的改变产生显著的效果。

五、实验结论

1. 体育教学中进行领导力训练对学生的领导力技能干预有效。

2. 领导力训练效果具有一定的保持性。

【学习与反思】

1. 解释下列名词术语：

教育实验研究　操作性定义　内在效度　外在效度　无关变量　自变量
因变量　真实验　准实验　前实验

2. 简述教育实验研究方法的基本特征。

3. 简述影响实验内部效度和外效度的因素。

4. 分析下列实验中的自变量、因变量和无关变量：

(1)七巧板训练与小学低年级学生操作能力提高的实验研究；

(2)自学辅导和传统讲授法对学生学习效果的影响。

5. 教育实验研究中如何控制无关变量的影响？

6. 说明进行一项实验研究所包括的三个主要步骤。

7. 说明真实验、准实验、前实验之间的区别。

8. 查阅有关的教育实验研究报告，分析其设计类型、设计模式和结果分析方法。

【实践与思考】

1. 用两种教学材料即书面教材和视听材料来教初中一年级学生，看两种材料对学生掌握数学概念的不同影响。应该采用哪种真实验设计模式，试设计实验证明你的假设。

2. 设计一个简单的教育实验研究项目并从中理解实验的本质。

【拓展阅读】

1. 董奇. 心理与教育研究方法(修订版)[M]. 北京：北京师范大学出版社，2004.

2.[美]维尔斯曼. 教育研究方法导论[M]. 袁振国，译. 北京：教育科学出版社，1997.

3. 喻本伐. 走出迷宫：中国当代教育实验[J]. 华中师范大学学报，2006(3).

4. 郝志军，田慧生. 中国教育实验 30 年[J]. 教育研究，2009(2).

5. 程江平. 教育实验研究范式的演变[J]. 教育研究，2000(5).

6. 谷传华. 小学儿童社会创造性倾向培养的实验研究[J]. 教育研究与实验，2007(5).

【资源链接】

1. [美]梅雷迪斯·D. 高尔，等著. 教育研究方法导论[M]. 南京：江苏教育出版社，2002.

梅雷迪斯·D. 高尔是美国奥根大学教育学教授，《实验教育学杂志》执行主编。这本极为畅销的教科书为何有如此旺盛的生命力？主要是因为它坚持运用最精彩的案例阐释研究方法中的重要思路，广泛介绍了实用教育研究方法；除了重点介绍基本原则外，还介绍了一些技巧性的方法，以使读者对教学研究有一个全面的认识。第六版作了全面的修订，除保持了第五版的基本框架外，每章的内容都发生了变化，并且新增加了两章定性研究的内容，以反映教育学研究中的新趋势，学生可以比较两种研究方法的不同。

参阅本书第四编定量研究设计的"第十二章　实验设计（第一部分）"和"第十三章　实验设计（第二部分）"。这两章对教育实验研究的逻辑框架等进行了详细的介绍。

2. [美]乔伊斯·P. 高尔，等著. 教育研究方法实用指南[M]. 北京：北京大学出版社，2007.

乔伊斯·P. 高尔是美国俄勒冈大学教育学院客座教授。这本书是一本兼具经典性与时代性的教材。本书英文版第一版于 20 世纪 80 年代在美国问世后，受到教师、教育管理人员和教育专业研究人员的广泛欢迎，随着时代发展，其内容也不断更新。本书分为五大部分，结合实例系统介绍开展教育研究和应用教育研究成果的方法。本书实例丰富，可读性强，是极具实用价值的教育研究方法类教材。

参阅本书"第九章　实验研究"，该章系统介绍了实验研究的本质、实验研究的效度、实验设计、准实验设计等类型。

第八章 教育测量研究

【内容提要】

  教育测量研究是根据一定的客观标准，依据一定的规则，对教育研究对象进行数量化的测定，从而获得研究数据并进行统计分析的方法，是根据测量学的原理与方法对教育现象及其属性进行数量化研究的过程。教育测量研究是一种间接的教育研究方法，可单独运用，也可和其他教育研究方法配合运用。

  本章从最基本的概念——测量是什么？教育测量是什么？理解着手，在此基础上，主要介绍教育测量的工具、类型、质量指标、一般程序，以及教育测量的编制。

【学习目标】

1. 理解教育测量的含义
2. 掌握教育测量的类型
3. 掌握教育测量的质量指标
4. 学会教育测量研究实施的一般程序
5. 掌握教育测量的编制

【关键术语】

教育测量	educational measurement	信度	reliability
效度	validity	难度	difficulty
区分度	discrimination	量表	scale
等距量表	interval scale	比率量表	ratio scale
顺序量表	ordinal scale	称名量表	nominal scale
结构效度	construct validity	预测效度	predictive validity
内容效度	content validity	标准化测量	standard measurement
智力测量	intelligence test	能力倾向测量	aptitude test
人格测量	personality test	常模参照测量	norm-reference test

个别测量	individual test	团体测量	group test
标准参照测量	criterion-reference test		
潜力参照测量	potentiality-referenced test		
学业成就测量	academic achievement test	重测信度	test-retest reliability
复本信度	alternate-forms reliability	分半信度	split-half reliability

　　教育测量研究是一种间接的教育研究方法，它可单独运用，独立探索教育问题，也是与其他教育研究方法配合使用的一种获取教育研究资料的方法和手段。研究者要想顺利地进行资料的收集工作，应懂得测量工具的选择或编制，以及测量方法的运用。

第一节　教育测量研究概述

　　从广义上讲，教育测量研究是根据测量学的原理与方法对教育现象及其属性进行数量化研究的过程，是根据一定的客观标准，依据一定的规则，对教育研究对象进行数量化的测定，从而获得研究数据并进行统计分析的方法。

一、测量与教育测量

　　本章所讨论的教育测量是以测量作为工具的测量，而不是用实验、观察及仪器等方法对教育现象的测量。

(一)测量的含义与要素

　　任何事物都是质与量的统一体。研究事物时，人们总是希望既能够从质的规定性又能够从量的规定性两方面去研究它们，以便更全面、客观、准确地把握事物。

　　测量(measurement)，从广义上讲，就是根据某些法则与程序，用数字对事物在量上的规定性予以确定和描述的过程。

　　美国学者史蒂芬斯曾说过："广义说来，测量是根据法则而分派数字于物体或事件之上。"这个定义简要指出了测量的基本性质。它包含有三个要素：事物及其属性；数字或符号；法则。

　　根据测量的定义，任何测量必须具备以下几个要素。(1)测量客体，指测量的对象。测量的客体可以是人，也可以是教育研究中的事物或现象。(2)测量内容，指测量客体的属性和特征。测量内容可以是外显的，如学生的性别、年龄、身高、体重等，也可以是内隐的，如学习兴趣、动机、态度、价值观等。(3)测量规则，指测量的法则或方法。也就是说，要构建一套如何分派数字或符号的准则，按准则对测量内容进行规范化、标准化的操作。(4)测量工具，指测量的指标体系。进行测量通常要借助标准化测量或量表此类工具对测量客体的属性和特征进行测定。没有工具，测量难以进行。

(二)教育测量的含义与特点

1. 教育测量的概念

教育测量(educational measurement)研究是根据一定的客观标准，依据一定的规则，对教育研究对象进行数量化的测定，从而获得研究数据并进行统计分析的方法。

从广义来说，教育测量是根据一定的客观标准，依据一定的规则，对教育领域中的事物或现象予以数量化的描述。从狭义来说，教育测量是对学生经过某些学科的学习和训练之后所获得的知识、技能的测量。简单地说，教育测量就是根据某种规则或尺度，以数量化的形式描述教育现象或教育对象的某种属性。

教育测量对象通常是学生，研究主题常常围绕学生的发展与学业，收集的资料会涉及学生的心理能力、人格特质、学业成就、态度倾向等个体的内在特征。这些特征仅靠观察、访谈、问卷等方法来收集，不一定合适。因此，调查中经常需要运用标准化的测量、量表作为收集资料的工具。教育研究者不但要了解测量量表的性质，也要熟悉测量量表的编制和实施。

2. 教育测量的优点

(1)科学性较强。测量量表的编制过程客观、严谨，测量结果直观形象。

(2)标准化程度较高。测量的编制、施测、评分、计分、对分数的解释等均有统一标准，容易控制，便于操作。

(3)定量化水平较高。测量所获得的均为客观的数据资料，便于记录和分析，可用计算机进行结果处理。

(4)能直接进行对比研究。标准化测量一般都有常模，只需将所测得的数据资料直接与常模比较，便可知差异。

(5)经济实用，省时省力。只需根据研究需要直接选择合适的测量量表施测即可。

3. 教育测量的局限性

(1)测量量表编制难度较大，费时费力。尤其是标准化测量编制的专业化程度高，非专门机构、专业人员不能胜任。

(2)教育测量通常是间接测量。测量量表涉及的智力、能力、知识、技能、性格等因素难以直接测量，只能依据被试行为、活动或自评等来推测其水平。因此，测量的结果往往是相对的。

（3）难以进行整体定性的分析。无论是能力测量还是人格测量，结果多在静止的表面水平上描述和解释。

（4）测量研究灵活性较差。测量量表题目内容固定，必须按测量程序严格进行，无法根据研究的实际需要增删内容，灵活掌握。

（5）测量研究对研究者要求较高。研究者要具有一定的专业知识。了解测量的有关情况，熟悉测量的技能等。

二、测量工具——量表

量表（scale）就是具有单位、参照点，以及有表示量数方法的测量工具。

测量量表有广义和狭义之分，广义的测量量表指所有用于测量的，具有实施和计分标准或有指导语的工具。例如，通常用的调查表、问卷、教师命题的测量、等级量表等。狭义的测量量表是指建立使用群体常模的、具有对照比较指标的标准化测量。

根据史蒂芬斯1951年创立的测量层次分类，把量表分为四种不同水平的类型。

(一)称名量表

称名量表（nominal scale）又叫类别量表，是根据事物的某一特点，对事物属性进行分类，用名称或数字来代表事物或性质，是给事物进行简单归类的一种量表形式。

例如，学号、性别，可以用数字"1"表示男生，用"0"表示女生，在此数字只代表事物的性质，起分类的作用，本身并不具有数量意义。称名量表不能作大小比较和加减乘除运算，在数据处理上仅适宜作计数资料的统计。

(二)顺序量表

顺序量表（ordinal scale）又叫等级量表，是按研究对象的某一种属性的顺序排列出等第次序，只有等级顺序而无等距的单位和绝对零点。

例如，根据学生的测量成绩排出名次，成绩最好的为1，成绩次之为2，再次之为3，依此类推。又如，对于生活水平，可以给出四个等级：贫困、温饱、小康、富裕。顺序量表的数值具有等级性和序列性的特点，能够进行大小比较，但不能作加减乘除运算。

(三)等距量表

等距量表（interval scale）又叫间距量表，是具有相等的单位，但没有绝对零点的量表。

等距量表的数量单位之间的间距是相等的。等距量表在学校教育系统运用广泛，一般将百分制评分看作等距量表。例如，温度 30℃ 至 32℃ 与 18℃ 至 20℃ 的温差是相等的，都是相差 2℃。再如，三个儿童在智商测量中分别得分 105、110、115，在智商测量分数体系中，分数差距是相等的。

由于等距量表具有相等的单位，因此可以进行加减运算，但不能作乘除运算。等距量表可以广泛运用统计方法，如平均数、标准差、相关系数以及 t 检验、z 检验和 F 检验等多种检验。

(四)比率量表

等比量表(ratio scale)又叫比率量表，是有相等的单位和绝对零点的量表。

等比量表除了具有类别、顺序、等距量表的特征外，还有一个具有实际意义的绝对零点。

零点是指测量的起点或参照点。有些零点是人定的，称相对零点，如 0℃，这里 0℃ 并不意味着没有一点温度，而是以人定的冰点为参照标准。像学生的考试成绩、智商的 0 分都是相对零点。有些零点具有实际意义，称绝对零点。如年龄、身高、经费开支等都有绝对零点，0 岁、0 米、0 元中的"零"都表示真实的"无"，表示一点都没有。等比量表具有绝对零点，可以进行加减乘除运算，可以表示倍数关系。

以上四种类型量表分别代表四种不同水平的测量。这四种量表构成一个等级分类体系，后一类量表包括前一类量表所具有的条件。表 8-1 清楚显示了这四种量表的区别和内在联系。

表 8-1　四个量表的条件及举例

量表	条件	例子
称名量表	无顺序的测量，只是指出有两个或多个范畴	中学的类型：公立、私立、职业、普通等
顺序量表	是有顺序有测量，在于指出所测量的范畴的不同并能够按一定的顺序排列	字母的排列系统、学习态度
等距量表	有顺序的测量，在量表中表现为数量上的等距变化	数学成绩测量的标准分数
比率量表	含有绝对或真正的零点和统一的单	高度、温度

三、教育测量的类型

在学校等教学机构和场所，大量运用教育测量的方法来做选择，估计学生所学的数量，评估为促进学习而设计的教学方案的质量与成效。因此，在教育研究中具有多种类型的教育测量。

(一)根据测量的标准化程度分类

1. 标准化测量

标准化测量(standard measurement)就是由专家学者或专门机构采用系统的科学程序编制的、在测量实施过程、评分手续、分数的解释上具有统一标准的，并对测量误差做了严格控制。

标准化测量的编制和施测有一套标准程序。测量编制包括确定测量目的、科学命题、选取有代表性的样本进行试测；根据数量化指标筛选测量题目；鉴定整个测量的信度和效度；建立常模、确定指导语、时限和施测条件；规定评分标准、分数转换和解释方法等。标准化测量所获得的测量结果比较客观、可靠、应用范围较广，一般测量调查应尽可能选用标准化的测量工具。

2. 非标准化测量

非标准化测量(un-standard measurement)是指测量的编制和实施不按标准程序进行的测量，通常由教师或研究人员自编的、为临时测量所用的简单测量，如课堂测量、考试、等级评定量表等。

非标准化测量是教师根据教学目标和自己的教学经验编制而成，通常与日常教学工作紧密联系；测量内容与教材内容、教学进度一致；难易程度由教师把握；针对性较强。编制省时、省力、灵活、方便。不足之处在于测量的客观性和标准化程度不如标准化测量，测量的实施和记分也不甚严格。

(二)根据测量的内容分类

1. 学业成就测量

所谓学业成就测量(academic achievement test)是指测量被试经某种形式的学习或训练后对知识、技能的掌握程度或熟练水平。

常见的有两种类型：一是学科成就测量，旨在测量被试在某一科目上的学习成就；二是综合成就测量，旨在测量被试在多个学科或综合学科上的学习成就。综合成就测量既可以是单个测量，也可以是成套测量。

2. 智力测量

智力测量(intelligence test)是指测量被试的智力高低，其结果常以智商

(IQ)来表示。

此类测量比较多，其中比较著名的有：斯坦福—比纳智力测量、韦克斯勒儿童智力测量量表、瑞文推理测量等。

3. 能力倾向测量

能力倾向测量(aptitude test)是指测量被试潜在的才能，以了解其发展的可能性，预测个人能力发展倾向。

能力倾向测量一般可分为两种：一种是关于一般能力倾向的测量，旨在探测个人多方面的潜能；另一种是特殊能力倾向测量，旨在探测个人某方面的特殊潜在能力，如音乐、机械、美术等方面的能力倾向测量。

4. 人格测量

人格测量(personality test)是指测量被试的人格心理特征，诸如需要、动机、兴趣、态度、气质、性格、人际关系等方面的心理特征。

由于人格的概念十分宽泛，因此，人格测量所涉及的内容层面也很多，人格测评方法也是丰富多彩的。较为著名的有明尼苏达多相个性测量(MMPI)、艾森克人格问卷(EPQ－R)、卡特尔16项人格因素测量(16PF)等。

(三)根据解释测量结果时的参照点分类

人们在解释教育测量结果时，总是要选择某种参照点。这样，教育测量可大致分成常模参照测量、标准参照测量和潜力参照测量三类。

1. 常模参照测量

常模参照测量(norm-reference test)是一种衡量被试相对水平的测量，是将被试的测量成绩与同类对象在同一测量上的平均分(常模)相比较，从而解释分数，确定被试在总体中的相对位置的测量方法。

常模参照测量是在较大群体范围内取样的基础上，以常模为参照点来解释测量分数。常模参照就是把一个学生的测量成绩与同一学校同一班级或一个地方的同一个年级，甚至全国的同年级的平均成绩进行比较。例如，解释一个人的测量分数，看他在常模(总体平均数)之上或之下有多远的位置。这里，常模定为比较的标准。因此，常模取样必须能够代表总体。如果样本能代表总休，该样本就是标准化的样本。而按照标准化样本算出的平均数，即常模，就作为解释测量分数的参照点。常模的类型包括：年级常模、年龄常模、百分常模、标准分数常模等。

常模参照测量要有常模对照表。常模有地区性常模和全国性常模，地区性常模只适用于特定的区域，如在城市获得的常模就不一定适用于农村，而全国性常模适用于全国所有的同类个体。如中国儿童发展量表(3～6 岁)就有全国性常模。只要我们将个体实际测量的数据与常模一对照，就可以知道个体所处的地位。

2. 标准参照测量

标准参照测量（criterion-reference test）又称模板参照测量，是衡量被试实际水平的测量，将被试在测量上的分数与事先制定好的某种标准进行比较，看被试是否达到了目标规定的要求。

标准参照测量是把学生的分数与一个固定的标准联系起来判断学习的质量，而不是用常模鉴别。标准参照测量的最普通的例证是掌握测量。这种测量的作业水平所标志的掌握程度，通常是教师预先确定的。在开始工作以前，就有一个事先确定的目标。

标准参照测量的特点是依据标准，判断被试的达标程度，而不是将被试的成绩与他人成绩做比较。如英语水平测试、毕业考试、动作技能测试、体育达标测试等。

3. 潜力参照测量

潜力参照测量（potentiality-referenced test）是将被试实际水平与其自身潜在水平（潜力）相比较，以判断被试有无充分发挥自身潜力为目的。

例如，同班同学一人考了 70 分，另一同学考了 80 分，教师却表扬了考70 分的同学，而警示了考 80 分的同学。之所以如此，就是因为教师对学生的判断是参照学生潜力而言的。考 80 分的同学本应考得更好，而考 70 分的同学已经是很努力了，其当前实际水平已达到或接近该生的"最近发展区"。在强调人性化、动态化和个别化的教育测量与评价潮流下，潜力参照测量理应发挥更大的作用。

(四)根据同时受测的人数分类

1. 个别测量

个别测量（individual test）是指主试与被试一对一进行的测量（一个主试在同一时间内，只测量一个被试）。

个别测量的可靠性比较高，主试对被试的行为反应有较多的观察和控制机会，并与被试有更多的交流机会，这可以让主试获得更多的信息，也可以建立较融洽的主被试合作关系，有利于测量的进行。对于一些特殊的被试，如幼儿、文盲等，只能采用个别测量的办法。但个别测量费时、费力，短时间内难以获得大量的资料，且对主试的要求较高，主试必须经过严格的训练才能胜任。

2. 团体测量

团体测量（group test）是指一个主试同时对多个被试进行的测量。

各种教育测量一般都是团体测量，一部分智力测量如"瑞文推理测量""陆军甲种、乙种团体智力测量"及绝大多数自陈人格问卷都属于团体测量。团体测量突出的优点是节省人力与时间，可以在短时间内收集到大量的测量数据，效率较高，所以在教育、人事选拔、团体比较中被广泛使用。其不足是由于同一时间内接受测量的被试多，不易有效地控制被试的行为，容易产生测量误差，从而影响测量的信度和效度。

第二节　教育测量的质量指标

信度、效度、难度、区分度是评价一个测量是否优良的重要指标。

一、信度

(一)信度的含义

用一个好的测量工具对同一事物反复多次测量，结果应该保持不变，因此，人们通常把测量结果的可靠性称为信度。

信度(reliability)是指测量结果的稳定性和可靠性的程度，亦即测量的结果是否真实、客观地反映了被试的实际水平。

信度是指测量多次，测量的结果是一致的，通常用多次测量结果的相关系数表示，称之为信度系数。几次测量结果的相关系数越高，信度越大。因此，信度是良好测量的必要条件，但不是充分条件。

(二)信度的种类

根据计算方法，可将信度分为重测信度、复本信度、分半信度和评分者信度。

1. 重测信度

重测信度(test-retest reliability)也称再测信度，是指用同一测量对同一组被试重复测量，求两次测量分数之间的相关系数。

重测信度反映的是两次测量结果有无变动，因此又称为稳定性系数。如果现实条件允许重复施测，而又没有复本可用，一般可采用这种重测法来估计其信度。重测信度的计算公式一般可采用积差相关公式来计算。

在用重测法计算信度时，必须注意两次测量的时间间隔。时间间隔过长和过短都要影响测量的稳定性。时间间隔过短，受测者可能会记忆犹新，往往造成假性的高相关；间隔时间过长，受试者由于经验积累或学习练习等的影响，成绩会与第一次有极显著差异，因而会降低测量的稳定性。时间间隔的长短应根据测量目的而定，最适宜的间隔以六个月以内为宜。

2. 复本信度

复本信度(alternate-forms reliability)是指同一集体的被试在几乎同时进行的、质量相等的两份试卷的两次考试分数之间的相关系数。

实施复本测量有两种方式：一种是在同一个时间内连续施测；另一种是间隔一段时间后施测。前者主要可以反映出测量内容造成的误差的多少，也就是说，可以反映出两个测量是否是真正的平行测量，所以这种复本信度称作等值性系数(coefficient of equivalence)。而由后者所得到的复本信度，不仅反映出测量内容的抽样误差，而且也反映了被试本身状况的改变，这种同时兼顾试题抽样与时间影响的信度，称作等值稳定性系数(coefficient of stability and e-quivalence)。与其他的信度系数相比，等值稳定性系数最小，也就是说，此种复本信度是对信度最严格的检验。

复本测量要求两份试卷在内容、形式、数量、难度、区分度等方面都相等。复本测量可避免上述重复测量的缺点。但事实上我们很难单凭经验编出两套质量完全相等的考卷，也无法对同一集体的受试者同时进行两次测量。

3. 分半信度

分半信度(split-half reliability)是将一个测量分为质量相等的两部分并同时进行测量，这两部分测量分数的相关系数。

有些测量或者考试只能用一种测量对一组被试测试一次，不能进行重测，对一次测试结果的信度的测定，对此常用分半信度。把全部测量题分为奇数题和偶数题，平分成两半，求出其测量成绩，再求出这两类题得分的相关，这就是分半信度。运用这种方法可以反映测量题目的内部一致性，把一次测量看作是最短时距内的两次测试，从二者的相关分析测量成绩的稳定性。

如何把一份测量分为质量相等的两个测量呢？一个有效的办法，是将测量按内容、类型分类，对同一内容、同一类型的题目按难易顺序排列，然后将题号为奇数的试题得分归为一个测量，题号为偶数的试题得分归为一个测量，再分别求出总分。使用这样的"奇偶法"要注意的问题是：一份考卷无论总题数还是每一内容、类型的题都应力求是偶数，这样才有可能分半。

当求得奇、偶两部分考试分数后，可按下列公式计算分半信度系数：

$$r_{hh} = \frac{\sum \left[(X_奇 - \bar{X}_奇)(X_偶 - \bar{X}_偶) \right]}{N \cdot S_奇 \cdot S_偶} \tag{8-1}$$

式中：r_{hh} 为分半信度系数，$X_奇$ 为题号为奇数的所得分数，$\bar{X}_奇$ 为题号为奇数的所得分数的平均分数，$X_偶$ 为题号为偶数的所得分数，$\bar{X}_偶$ 为题号为偶数的所得分数的平均分数，$S_奇$ 为题号为奇数的所得分数的标准差，$S_偶$ 为题号为偶数的所得分数的标准差，N 为考生数。

由于分半，实际上将一个测量变为两个长度仅为原测量二分之一的测量，在其他条件相等的情况下，测量愈长愈可靠。由于分半其信度系数不能真正反映我们所要的"全长度"测量的信度。因此，对于分半信度系数，还必须使用斯皮尔曼—布朗(Spearman—Brown)公式加以校正，借以估计整个测量的信度：

$$r_{XX} = \frac{2r_{hh}}{1 + r_{hh}} \tag{8-2}$$

式中：r_{XX} 表示矫正后的"全长度"测量信度系数，r_{hh} 表示矫正前的分半测量信度系数。

4. 评分者信度

评分者信度(scorer reliability)指的是多个评分者给同一批被试的答卷进行评分的一致性程度。

如果测量是属于客观性试题，计分就较客观，很少有评分者的误差在内。但如果测量是主观性试题，记分存在着评分者主观判断的误差，则须检验评分者信度。评分者信度的检验方法，是从测量卷中抽取一些样本，单独由两位评分者在每份测量卷上评分，然后根据他们评的分数求相关。两者的相关系数，就是评分者信度。这种信度所说明的误差来源为评分者间的评分差异。如果评阅分数以连续性分数记分，可采用积差相关公式计算其相关系数；如果以等级记分或将连续分数划为等级，则可采用斯皮尔曼等级相关公式计算其相关系数。

(三)提高测量信度的方法

信度系数必须和求得信度系数的环境条件(测量的用途以及测量的内容和条件)相联系。就测量的内容来说，标准学业成绩测量要求信度系数在 0.90 以上，常达到 0.95；标准智力测量的信度系数应达到 0.85 以上；个性测量和兴趣测量的信度系数一般应达 0.7～0.80。实际上，影响测量信度的因素很多，主要因素有两个：一是系统误差；二是随机误差(包括样本的特点、量表的特点、测量的程序或环境、被试的身心状态)。要想提高测量信度，可主要采用以下方法：

1. 适当增加测量题目的数量

尽管测量长度的增加与信度的提高不是等比例的，但延长测量的长度，既可排除试题抽样的偶然性因素，也有可能扩大得分的范围，因而使信度系数增大，测量信度提高。

2. 测量的难度要适中

当测量难度太大时，应试者得分普遍偏低，形成正偏态分布；反之，形成负偏态分布。在这两种分布中，得分大部分集中在低分端或高分端，分数分布的范围和分数之间的差异都较小，用这些实得分数计算出的方差也较小，从而使得信度降低。经验表明：难度为 0.40～0.70 是合适的，也有人认为难度为 0.25～0.75 都利于提高测量信度。

提高测量信度还应注意以下几点：测量的内容应是同质；测量的时间要充分；测量的程序应统一；评分要客观化，减少评分误差。

二、效度

(一)效度的含义

效度(validity)是指测量的准确性和有效性，也就是测量的结果与所要达到的目标两者之间相符合的程度。

简而言之，效度就是指测量本身所能达到目标的有效程度。测量的效度分为三类：内容效度、效标关联效度和结构效度。

(二)效度的种类

1. 内容效度。

内容效度(content validity)是指测量题目在多大程度上概括了所要测量的整个内容，也就是内容的代表性。它用测量内容与预定要测的内容之间的一致性程度表示。

在教育测量中，预定要测的内容主要是课程标准规定的教学内容。看一个测量是否具有较好的内容效度，关键在于测量内容是否较好地反映预定要测的内容。因此测量题目的取样必须有代表性，即能够代表预定要测的内容。

为了使测量具有较高的内容效度，在设计一个内容参照测量(或称为标准参照测量)时，首先必须明确考试的范围和这一范围所包含的内容，然后确定各部分内容的比例，从而保证测量内容所具有的代表性；其次是将测量内容与教学内容和规定的教学目标进行分析对照，看看前者在多大程度上体现了后者，若教学内容和规定的教学目标基本上能体现在测量中，则可推断这个测量具有较高的内容效度。

要评价一个测量的内容效度，一般根据课程的内容和教学目标进行认真分析，做出具体规定，审查测量内容与课程内容和规定的教学目标的一致性，以此作为内容效度指标。由于这种分析实质上是一个逻辑分析和比较的过程，因而也称之为逻辑效度或课程效度。

2. 效标关联效度(criterion validity)

效度是由两个量数之间的关系决定的，一种是测量到的量数，另一种是作为参照标准用的量数，后者就是效度标准(简称效标)。测量到的量数和效标之间的相关系数称为效度系数。效度系数越大，测量的效度越高。效标关联效度又分为同时效度和预测效度两种。

(1)同时效度。

同时效度(concurrent validity)指测量分数与当前的效标资料之间的相关程度。

这种效度常用的效标资料包括在校现存的学生成绩、教师评定的等第、其他同性质测量的结果等。例如，智力测量的效度检验，可选用学生成绩或教师评定等级作为效标，计算测量分数与这些效标之间的相关系数。建立同时效度的目的是估计或诊断目前的实际情况。

(2)预测效度。

预测效度(predictive validity)是指测量分数与将来的效标资料之间的相关程度。

常用的效标资料包括专业训练的成绩与实际工作的成果等。例如，对受试者实施某一能力倾向测量，而后再对他们的工作成绩进行考核，计算出某一能力倾向的测量分数与工作成绩的相关系数，就可以从能力倾向测量成绩来预测工作成绩。计算效标关联效度系数一般采用积差相关公式。

3. 结构效度

结构效度(construct validity)又称构想效度，是指测量能够测量出理论的构想或特质的程度，即测量结果能否证实或解释某一理论的构想，以及解释的程度如何。

评估测量构想效度的方法很多，统计学上，最为常用的方法是因素分析法。用测量进行测量，对测量结果进行因素分析，找到影响测量分数的共同因素，此共同因素如果与我们要测量的特质或构想甚为接近，则说明此测量具有较高的结构效度。

(三)提高测量效度的方法

影响测量效度的因素有测量的构成、测量的实施过程、接受测量的被试、所选效标的性质、测量的信度等。要想提高测量效度，必须设法控制随机误差、减小系统误差，同时，还要选择好特别恰当的效标，把效度系数准确地计算出来。

1. 精心编制测量量表，避免出现系统误差

这就要求题目样本要能较好地代表欲测内容或结构，要避免出现题目偏

倚。同时，题目的难易程度、区分度也要恰当，题目的数量也要适中。太难、太易、太多、太少都是有损测量效度的。此外，测量试卷的印刷，题目作答的要求，评分计分的标准，题意的表述等，都必须严格检查，避免一切可避免的误差的出现。

2. 妥善组织测量，控制随机误差

在测量实施过程中，系统误差一般不太明显，但随机误差却有可能失控。这就要求测量实施者一定要严格按手册指导语进行操作，要尽量减少无关因素的干扰。

3. 创设标准的应试情境，让每个被试都能发挥正常的水平

在各种测量中，有些被试往往因各种原因而发挥不出应有水平（比如过分焦虑致使水平失常等），因此，应让被试调整好应试心态，让他们从生理上、心理上、学识上等做好应有的准备。否则，焦虑因素和其他无关影响过大，必然会降低测量效度，测不到欲测的内容或结构效度。

4. 选好正确的效标、定好恰当的效标测量，正确地使用有关公式

在评价一个测量是否有效时，效标的选择是一个重要方面。假若所选效标不当，或所选效标无法量化，则很难正确地估计出测量的实证效度。如果效标及效标测量都合乎要求，则公式的选择也是影响效度估计的重要方面。

三、难度

难度（difficulty）是指试题的难易程度。

对于考生的答案只能有正确或错误两种可能的试题（如答对一道小题得 1 分，答错得 0 分），这类试题的难度的指标以通过试题即完全答对试题的人数与总人数之比来表示。

$$P = \frac{R}{N} \tag{8—3}$$

式中：P 为难度指标，R 为通过试题的人数，N 为总人数。

由此可见，P 值越大，说明通过这道题的人数越多，题目越易；P 值越小，说明通过这道题的人数越少，题目越难。一般说来，质量优良的试题，难度应适中。当然，由于考试目的不同，各种考试对试题难度也各有要求。

在实际中，很多考试并不能完全采用客观题，而经常采用的是主观题。对于主观试题其难度可用下列公式计算：

$$P = \frac{\overline{X}}{K} \tag{8—4}$$

式中：P 为难度指标，$\overline{X}$ 为某题平均分，K 为某题满分值。

此外，还可以用以下公式计算试题的难度：试卷的难度＝试卷的平均分/卷面满分，其中，试卷的平均分＝所取考生样本成绩之总和÷样本量。

四、区分度

区分度(discrimination)是指题目对不同水平考生加以区分的能力。

区分度高的测试题目，对被试者就有较高的鉴别力，优生得分高，差生得分低；区分度低的测试题目，优生与差生的得分无规律或差不多。一道题目的区分度是以考生在该道题目上的得分和他们在整份考卷上的分数之间的相关系数来表示的。以这种方法表示的区分度有一个理论假设，认为测试题作为一个总体能够反映出被测者的真实水平，全部试题的相互作用可使偶然误差抵消，因此，整份考卷测试的结果是可信的，但个别题目的得分容易受偶然误差因素的影响。

计算客观题的区分度，可用点二列相关作为计算公式：

$$r_{pq} = \frac{\overline{Y_p} - \overline{Y_q}}{S_Y} \cdot \sqrt{pq} \qquad (8-5)$$

式中：r_{pq} 表示点二列相关系数，$\overline{Y_p}$ 表示通过某道题的考生的整份考卷卷面分数的平均数，$\overline{Y_q}$ 表示未通过某道题的考生的整份考卷卷面分数的平均数，S_Y 表示所有考生整份考卷卷面分数的标准差，p 为某道题的通过率，q 为某道题的未通过率。

此外，计算客观题的区分度，还有很多方法。最简单的是将所有考生的卷面分数进行高低排列，以某题分数较高的一半的答对分数比例减去较低一半的比例，即为某题的区分度。同样方法也可以用较高的 1/3 减去较低的 1/3 的比率，以代替一半的比例。另外，还可以用最高 27% 减去最低 27% 比例来计算某题的区分指数。以公式表示如下：

$$D = P_H - P_L \qquad (8-6)$$

式中：D 为某题的区分度，P_H 为高分组考生在某题的通过率，P_L 为低分组考生在某题的通过率。D 值越大，说明高分组考生在某题上的通过率与低分组考生在某题上的通过率之差越大，该题区分度也越高。计算主观题的区分度，可用积差相关公式计算。

国外标准化测量的优秀题目的区分度一般在 0.40 以上，若区分度在 0.29 以下就要改进或淘汰。

第三节 教育测量的一般程序与方法

在前述对测量基本知识介绍的基础上，本节主要围绕测量使用过程中的有关问题展开论述。

一、教育测量的一般程序

教育测量涉及"为什么要测量""要测量什么""怎么去测量""测量结果怎么分析"等基本问题，因而，教育测量的进行总体上包括以下基本步骤。

(一)确定测量目的

要进行测量，首先要明确为什么要测量。测量有效度要求，即测量对测量目的的有效性。显然，缺乏明确目的的测量不仅是盲目的、无效的，而且可能是有害的。测量无论多么重要，它只是为目的服务的工具，是促进教育目的得以实现的手段，教育测量不应离开教育目标之外的目的。教育目标是确定测量目的的唯一依据。一个测量的质量如何，关键在于能否有效地促进教育目标的实现。

(二)选择或编制测量工具

明确测量目的后，然后要明确要测量什么，准备好测量工具。教育测量种类繁多，功能特点各不相同。因此，研究者应根据研究目的，选择合适的测量工具。选择测量工具要从现实和适用着眼，可以从两个方面考虑。

1. 测量工具的性能

衡量测量工具性能有四个标准。(1)客观性。即测量的科学化程度，测试结果能准确反映被测对象的真实情况。(2)标准化。最好选择标准化测量作为研究工具。(3)效度。测量分数能正确反映测量想要得到的内容和特征。如果一个测量能真实地测出所要测量的特性，这个测量或量表就是有效的，如果测量工具无效或效度太低，就失去了存在的意义。(4)信度。从被试来说，在同一测量的多次测试中能获得相似的分数；从主试来说，不同的测量人员能给出相似的分数。

2. 测量工具的价值

价值是测量符合研究需要的程度，通常可以从研究目的、研究对象、研究资源等方面作综合考虑。不要将一个态度倾向性测量作为收集诊断性研究资料的工具，也不要将一个适用于城市中学生的人格测量作为收集农村中学生研究资料的工具，更不要选择一个在研究时间、人力、物力上都无法负担的测量作为收集研究资料的工具。

教育研究中也常使用自编测量工具，在实施测量前一般要进行预测，进行效度、信度检验分析，保证测量结果具有较高的解释度。对于成就测量（学科测量），还应进行难度、区分度分析。

测量能否发挥其应有的功效，不仅取决于测量本身的质量，还取决于能否正确使用测量。目前，在测量的使用中还存在着一些问题，如有些测量编制不科学；有的测量从国外引进未经过修订就直接使用；一些测量使用者缺乏教育测量学的专业知识和专业训练，滥用和误用测量等，这些都严重影响了测量结果的科学性和有效性。为了使测量结果客观、准确而有效，在使用测量时应注意以下两方面的问题：（1）测量使用者必须掌握测量学的基本知识，接受测量技能的训练。（2）慎重选择测量。在选择测量时，测量使用者必须了解具体测量的特点、性质、作用和局限性；所选测量必须符合测量学的要求，即测量是经过标准化的、具有较高的信度和效度；所选测量必须符合测量目的、适用于受测者的年龄和文化程度。

（三）教育测量的实施

有了合适的测量工具，还必须按测量的规定实施测量。

（1）施测前，施测人员必须认真仔细阅读测量手册，熟悉测量的内容和具体程序，准备好测量所需的各种材料（如指导语、测量题本、答案纸、作答工具、计时设备等）。

（2）施测中，施测人员熟练掌握测量的操作程序，严格按照测量手册上指导语的要求实施测量；必须严格控制施测误差，以确保测量结果的客观性和准确性；尽可能创造一个良好的测量环境（安静、通风、光线适宜等）；应尽可能与受测者建立良好的协调关系，减轻和消除受测者的紧张情绪，设法引起受测者对测量的兴趣，取得他的合作，使其发挥出真实的水平。

（3）施测后，要完整、准确记录测量结果。

（四）科学解释测量结果

测量使用者应了解测量采用什么样的记分方法，懂得如何计算测量分数。评分要客观准确、前后一致。测量分数的解释要客观合理。测量结果的统计处理，总体上包括两大方面：一是测量分数的整理和转换；二是测量分数的检验。

分数整理的方法有：（1）顺序排列，即按分数大小排序；（2）等级排列，即将顺序排列的分数编成不同等级；（3）编制频数分布表。

测量分数的转换即把测量记录的原始分数转换成可以具有可比性的量表分

数，亦即导出分数，如百分等级分数、T分数、Z分数等。

二、测量量表的编制

测量量表的编制是一个复杂的系统工程。编制过程会因测量的内容、性质的不同而有所不同。但是，由于测量原理大致相同，测量编制大致可分为以下几个步骤。

(一)确定测量目标

测量目标是测量编制者所编制的测量所要达到的某种具体的目的。它明确规定测量所要达到的预期结果或标准。确定测量目标是编制测量的首要前提。

测量目标的确定是以教育目标分类理论为基础的。为满足教育测量的需要，布卢姆等人首先把教育目标分为认知、情感和动作技能三个领域。

1. 认知领域(cognitive domain)

布卢姆将认知领域的目标分为六个类别，按照由低级到高级的难易程度形成了一种递进的等级关系，前一类别是后一类别的基础，后一类别又涵盖了前面的类别。

(1)知识(knowledge)：这是最低等级的认知目标。此处的知识是指对具体事物和普遍原理的回忆，对方法和过程的回忆，或者对一种模式、结构或框架的回忆。知识目标强调记忆的心理过程。在知识目标分类中，各种行为是按简单到复杂，具体到抽象这样一种顺序排列的。具体有以下几种知识：其一，具体的知识，是指对具体的、独立的信息的回忆；其二，处理具体事物的方式方法的知识，指有关组织、研究、判断和批评的方式方法的知识；其三，学科领域中的普遍原理和抽象概念的知识，指能把各种现象和观念组织起来的主要观念、体系及模式的知识。

(2)领会(comprehension)：这是最低层次的理解，主要是对知识的掌握，其特点是脱离了"死记硬背"。领会包括转化、解释和推断三种行为或亚目标。

(3)应用(application)：指在某些特定的和具体的情境里使用抽象概念。例如，把在一篇论文中使用的科学术语或概念运用到另一篇论文所讨论的各种现象中去。

(4)分析(analysis)：分析指将交流分解成各种组成要素或组成部分，以便弄清各种观念的有关层次，或者弄清所表达的各种观念之间的关系。它包括三个亚类：要素分析、关系分析、组织原理的分析。

(5)综合(synthesis)：指把各种要素和组成部分组合成一个整体。它包括三个亚类：进行独特的交流、制订计划或操作步骤、推导出一套抽象关系。

(6)评价(evaluation)：指为了特定目的，对材料和方法的价值做出判断。它包括两个亚类：依据内在证据来判断；依据外部准则来判断。

2. 情感领域(affective domain)

1964 年，克拉斯沃尔、布卢姆等提出了情感领域的教育目标分类。他们认为，情感领域的目标分为接受、反应、价值评价、组织、由价值或价值复合体形成的性格化五个类别。和认知领域一样，情感领域目标也是从简单到复杂，由低级到高级依次排列组成层次结构。

(1)接受(receiving)。接受是指学生愿意注意到某些现象和刺激。这一目标包括觉察到某一事物的存在，愿意接受某种特定刺激和有选择的注意这个事物的三个亚类。

(2)反应(responding)。反应是指学生受到动机的充分驱动，积极地注意某种观念，并伴随着主动参与行为。在这一水平上，学生不仅注意到了某一现象，还以某种方式对做出了反应。这种反应包括三种水平，即默认的反应、愿意的反应、满意的反应。

(3)价值评价(valuing)。价值评价是指接纳并赋予某一客体、现象或行为以价值。其中包括价值的接受、价值的偏爱、价值的信奉三个层次。

(4)组织(organization)。组织是将各种不同的价值结合起来，解决它们之间的冲突并开始建立一个内在的、一致的价值体系，其重点是价值的比较、关联和综合。它包括价值的概念化、价值体系的组织化。

(5)由价值或价值复合体形成的性格化(characterization by value or value complex)。这是情感领域教育目标的最高境界。在这一层次上，各种价值在个体价值结构中的位置已经确定，已形成了一个价值体系，长期控制个体的行为，使个体长期地以某种方式去行动，即成为他的稳定的性格特征，而不再是一种表面性的或暂时性的情绪反应。这个领域包括两个亚类：泛化心向和性格化。

3. 动作技能领域(psychomotor domain)

由于动作技能领域的复杂性，其目标分类也不十分完善，其分类理论为教育界所接受的程度并不高。此处介绍 1972 年辛普森的分类结果。

(1)知觉。知觉是指用感觉器官获得指导动作行为的信号。这一类别包括感觉刺激(觉察到刺激)、信号选择(选择与任务相关的信号)和转换(将知觉信号与动作联系起来)。

(2)准备。准备是指做好实现目标的准备状态或进行调整的能力。它包括智力准备、身体准备和情绪准备。

（3）指导反应。指导反应是指学生在接受教师指导时能模仿典型动作的行为，并且有做出适当反应的能力。

（4）机械化。机械化是指学生对刺激做出反应后，把感觉到的项目纳入过去经验所提供的某个类别中，以形成习惯活动。这种反应比前一层次的反应更复杂，它在完成任务过程中也可能包括某种模仿。

（5）复杂反应。复杂反应是指自动完成包括复杂的行为方式的熟练行为。在这一层次上，个体已经掌握了技能，并且能够进行得既稳定又有效，花费最少的时间和精力完成动作。

（6）适应性。适应性是指技能达到了高度发展，能够调节运动方式以满足特殊要求和适应特定问题的情境。

（7）独创性。独创性是指创造一个新的运动方式以适应特殊情境或特殊的问题。如根据动作技能领域中形成的理解力和技能，创造新的动作行为或操作材料的方式。

（二）拟订编题计划

拟订编题计划，又称设计测量蓝图。如果将测量比作一项系统工程，那么，测量蓝图即可以看作是一份工程蓝图，它是编制测量试题的指导和依据。如果蓝图设计得准确、合理，只要测量编制者严格按测量计划编制试题，就能保证测量内容具有适当的代表性，从而保证测量的质量，实现测量的目标。

一份高质量的测量蓝图具有两个最基本的作用：一是为试题的编制提供了科学的指导，保证测量试题是所测量的教学内容的代表性样本，且能反映出各部分内容之间的相对重要性，以便测量内容取样适当，提高测量的效度。二是由于明确规定了代表不同的知识内容的学习水平的试题分配比例，在保证测量效度的同时，保证测量的难度合理。测量的蓝图一般用反映测量内容和学习水平的命题双向细目表表示。设计测量蓝图主要采用以下步骤。

1. 确定测量内容要目

确定测量内容要目，并把它们排列在表中最左边的一栏中（见表 8-2）。如何确定测量内容要目，必须依据课程标准和教学大纲，并视学生的实际而定。这是因为课程标准或教学大纲在整体上规定了该学科的性质及其在课程体系中的地位、教学目的和任务、内容范围及选择内容的主要依据、编排学科内容的顺序等，另外还对教学时数、教学活动和课外活动、作业量和测量做出了安排，并提出了考试要求，运用教学方法、教学手段和教学参考书的建议及指导等。基于此，课程标准或教学大纲不仅是教师工作的指南，同样也是测量的根本依据。

测量内容要目可以按章节罗列，也可以按课程的内容结构划分。

2. 确定该科目应考查的目标层次

把这些目标层次从低级到高级依次安排在表中顶端第一行的有关格上（见表8-2）。确定某科目的掌握目标层次时，最好要从学科内容特点出发，以课程标准或教学大纲中确定的教学目标为依据，借鉴布鲁姆等人把教育目标分为认知、情感和动作技能三个领域的分类方法，有创造性地进行，以符合实际需要。

国内有关教育研究人员借鉴布鲁姆的教育目标分类理论，结合我国国情和学科特点进行研究，对教育目标分类学提出了改进方案。他们认为，在"高级"学习水平中，布鲁姆提出的"分析""综合"，是解答一个综合问题的两个方面，这两方面往往同时出现在解决同一问题的过程中，很难人为地划分，因此，可以合为一个层次。综合如果是创造性运用的话，它不会比"评价"层次低。"评价"是在分析综合的基础上提出见解，做出判断，它在一定程度上意味着发挥学生在学习中的创造性。基于这种认识，他们把教育目标定为"识记、了解、简单应用、综合应用、创见"5个层次。我国高等教育自学考试大纲则把考查目标划分为"识记、领会、简单应用、综合应用"4个层次。当然，测量目标还应当考虑把动作技能和情感态度包括进去。

3. 确定各项测量内容要目下的权重

根据课程标准或教学大纲所规定的教学时间和分配比例，以及测量性质和其他因素，对列入测量范围的内容要目或内容点，赋予合适的相对比重即权重。该比重是测量试题数量、测量时间、分数分配的依据。

4. 形成命题双向细目表

把每一项考试内容的分数比重逐一分配到若干必要的测量目标层次上去，形成网格状的分数分配方案，即命题双向细目表。如表8-2，即为高中化学课程终结性考试的命题双向细目表。在对目标予以相对比重时，除考虑学科特点之外，也应强调高级目标的相对重要性，以促进学生智能的发展。

表8-2 高中化学课程终结性考试命题双向细目表[①]

	识记	领会	应用	分析综合	探究	（总分）
基本概念	1	5	4			10
基础理论		8	5	7	2	22

① 黄光扬.教育测量与评价(第二版)[M].上海：华东师范大学出版社，2012：106.

续表

	识记	领会	应用	分析综合	探究	（总分）
元素化合物	3	5	6	5	2	21
有机化合物	1	5	3	4	2	15
化学计算		3	4	8		15
化学实验	1	6	2	6	2	17
（总分）	6	32	24	30	8	100
（备注）						

（三）编制测量试题

编制测量试题是一个反复的过程。在这个过程中，测量编制者需要对试题进行反复修改，其中包括订正意思不明确的词语，删改一些重复和不适当的试题，增删有关题目等。在编写测量题目时要注意以下几方面。

（1）试题的内容取样应有代表性。能够体现测量的内容范围和要求，有较大的覆盖面。

（2）试题的数量要恰当。既要使大多数被试能在规定的时间内完成解答，又能使他们感到时间并不十分充裕。

（3）试题的难度要合适。试题的难度必须要适合大多数被试的水平，由易到难，有一定的分布范围，能测量出不同考生在知识和能力方面的差异。一个测量应做到既有能反映课程中基本要求的试题，又有用来检查学生学习知识的灵活性和运用所学知识综合分析问题、观察问题和解决问题能力的综合题，还有需要学生运用所学理论、思想或概念，经过逻辑推理、判断或证明才能做出正确回答的提高题。至于各类难度不同试题的比例，视测量对象和目的而定。

（4）各个试题之间应保持互相独立。不要使一个试题的解答对另一个试题的解答有暗示作用。

（5）试题的表述必须清楚明白。试题中用词不能模棱两可，文句要简明扼要，对解题要求的叙述必须准确明了。

（6）题型应多样化。要有客观性试题，也要有一定量的主观性试题。各类试题所占的比重应恰当。测量编制者应根据测量所要考查的目标，结合各种题型的特点，遵循有关题型的命题要求来选择和确定测量的具体题型。

（7）评分标准应合理，命题应有利于制定清晰可辨、公平合理的评分标准。

（四）预测和项目分析

初编的测量试题虽然在内容和形式上符合要求，但是否具有适当的难度和区分度，必须通过预测、进行试题分析，以便为进一步筛选试题提供客观依据。

1. 预测

试题初步确定之后，应在小样本范围内进行试测，以鉴别测题性能的优劣。试测的目的在于获得被试对测量试题做何反应的资料，它既提供那些试题意义不清、容易引起误解等的信息，又能提供测量试题优劣的量的指标。试测应注意以下几个问题。

(1)试测对象应取自将来正式测量时准备施用的群体，虽然人数不必太多，但要具有代表性。

(2)试测应力求按正规的要求进行，使其与将来正式测量的情境一致。

(3)试测的实施，应使被试有足够完成作业的时间，以便收集充分的反应资料使得统计分析结果可靠。

(4)在试测的过程中，施测者应对被试的反应情况随时加以记录。如在同一时限内，受测者所完成的题数，以及受测者反应的题意不清之处等，以便修改项目时参考。

2. 项目分析

测量的项目分析就是对试测结果进行统计分析，确定题目的难度和区分度，分析测量结构的合理性等。根据分析结果对测量试题进行选择、修改，最后选择较好的测题组成测量。

(五)合成测量

经过试测和项目分析，对各个试题的性能已有可靠的资料，据此可以选出性能优良的试题，加以适当的编排，合成测量。编排试题、合成测量时应注意如下三点。

1. 先易后难

试题的排列应按先易后难的顺序。在测量开头应安排几道较容易的试题，尔后逐渐增加试题难度。这样可以使被试熟悉作答程序，解除紧张情绪，建立信心，较快进入测量情境。同时还可避免被试在难题上耽误时间过多而影响后面试题的解答。在测量最后安排少数难度较大的试题，以测出被试的最高水平。

2. 同类组合

即尽可能将同一类型的试题组合在一起。这样使每一类型的试题仅需作一次回答说明，也使被试可用相同的反应方式来回答，同时可以简化计分工作和对测量结果的统计分析。

3. 讲究测量题目编排的方式

常见的试题编排方式有两种：一是并列直进式，将整个测量依据试题材料的性质，分为若干个分测量；对于同一分测量的试题，依其难度由易到难排列。二是混合螺旋式，先将各种类型的试题依照难度分成若干不同的层次，再将不同性质的试题予以组合，作交叉式的排列，其难度则渐次升进。这种编排的优点主要是让被试不至于在一段时间内只对同一性质试题作答，保持被试的作答兴趣。

为增加实际的效用，有时一个测量需有等值的复本。复本的编制要符合下列条件：(1)各份测量具有相同的测量目标与测量内容，但题目不应有重复；(2)各份测量题型相同、数量相等并有大体相同的难度和区分度。编制复本的手续较为简单，但要有足够数量的测量试题。具体做法是先将所有试题按难度排列，标上序号，然后依序按"蛇型"将各题安排至各复本中。复本编好后，应再试测一次，以确定各份测量是否等值。

(六)测量使用的标准化

测量的好坏取决于测量的标准化水平，所谓标准化是指测量的编制、实施、评分及分数解释的程度的一致性。

1. 施测过程的标准化

一是指导语。指导语内容通常包括对测量目的的说明和被试如何作出反应的指示和时限等。

二是时限。不同的测量对测量时限要求不同。如人格测量可不必规定严格的时限。但能力测量和学绩测量必须考虑时限问题。通常的时限定为大约90％的受测者能完成全部测量项目的时间。

2. 评分记分的标准化

即两个或两个以上的评分者对同一份测量的评定是一致的。一般来说，不同评分者之间的一致性达90％，便可认为是客观的。

3. 分数解释的标准化

测量分数必须与某种参照系统(常模或某种标准)作比较才有意义。

(七)检验测量的可靠性和有效性

测量编好后，必须对其可靠性和有效性进行鉴定，以便确定测量是否可用，对测量的鉴定主要是确定其信度和效度指标。

标准化测量的编制专业化要求很高，通常由专门机构或专家学者编制。标准化测量应具备三个基本特点：测量的效度要高，即测量的准确性要高，测量本身确实能测出所拟定的目标程度；测量的信度要高，即测量的可靠性要高，测量结果能真实反映被试的实际水平；测量有常模比较，即测量能解释实际测得的分数，能评价被试的水平和程度。

(八)编写测量说明书

对于标准化测量而言，编制测量的最后一步，就是编写测量说明书，也称作测量手册。测量说明书向测量使用者说明如何实施测量。同时测量说明书也是测量实施者评价、比较测量优劣的依据。测量手册的内容包括以下几点：本测量的目的和功能；测量编制的理论背景和选择试题的依据；测量的实施方法、时限与注意事项；测量的标准答案和评分标准的规定；测量分数解释的依据；测量的信度、效度资料，包括信度、效度系数及这些数据是在什么情境下得到的。

尽管教育测量的基本过程相同，但如何具体操作会随测量种类的不同而有所不同。

第四节　常用的几种教育测量量表

一、韦克斯勒智力量表

(一)韦氏成人智力量表

美国心理学家韦克斯勒在临床心理工作中发觉斯比量表不适用于成人智力水平的评估，因此，他于 1934 年开始致力于智力测量的编制和研究工作，1939 年发表了第一个成人智力测量，即韦克斯勒——贝尔智力量表Ⅰ型(w—BI)。由于 w—BI 在常模样本的代表性及子测量信度上的不足，韦克斯勒又于 1949 年增加了Ⅱ型(w—BⅡ)。W—BI 和 w—BⅡ 主要用于测量 10～60 岁的被试，它们在内容和形式上为后来发展的各种量表奠定了基础。

1955 年韦克斯勒对 w—B 作了修订和重新标准化，编制出版韦氏成人智力量表(WAIS)。1981 年又出版了再次修订和标准化后的 WAIS，称为韦氏成人智力量表修订版(WAIS—R)。

WAIS—R 和 w—B 及 WAIS 一样由 11 个分测量组成，其中常识、背数、词汇、算术、理解、类同等 6 个分测量构成言语分量表，填图、图画排列、积木图案、拼图、数字符号等 5 个分测量构成操作分量表。每个分测量内的题目由易至难排列，并且，言语测量和操作测量交替施测。

WAIS—R 的每个分测量独立记分，再转化为平均数为 10，标准差为 3 的标准分数。六个言语分测量的标准分数相加可得言语量表分，五个操作分测量的标准分数相加可得操作量表分，所有分测量的标准分数相加可得全量表总分。最后，将这些量表分数转换成平均数为 100，标准差为 15 的离差智商分数，便可得到言语智商、操作智商和总智商。

1982 年，湖南医学院龚耀先主持修订出版了 WAIS 的中国修订本（简称 WAIS—RC）。WAIS—RC 在项目内容上变化不大，只是删除了部分完全不适合我国文化背景的题目，并根据我国常模团体的测量结果对测量项目顺序作了适当调整。

(二)韦氏儿童智力量表

韦氏儿童智力量表（WISC）是韦氏成人智力量表向较低年龄水平的扩展。它是 1949 年由韦克斯勒在 w—BI 的基础上修订而成的。它基本上保留了原来的测量形式，只是降低了测量难度，并且增添了一个迷津分测量，用于测量知觉的速度和准确性。它的主要特色在于放弃智龄概念，采用离差智商代替比率智商，并使得离差智商从此成为智力测量中最广泛使用的指标。

韦克斯勒于 1974 年完成对 WISC 的修订和重新标准化的工作，发表了韦氏儿童智力量表修订版（WISC—R）。WISC—R 共包括 12 个分测量，分别构成言语量表和操作量表，其中，背数和迷津两个分测量是备用测量，可作为某一同类测量的替换或补充测量。WISC—R 适用于 6～16 岁的儿童，从 6 岁 0 个月到 16 岁 11 个月，每四个月为一个年龄组，分别建立了常模表，可直接由原始分查得言语智商、操作智商和总智商。

WISC—R 的中译本于 1979 年由林传鼎、张厚粲等人提出并于 1981 年底初步完成修订工作。这次修订的重点在于删改一些文字内容和图像，使题目尽可能地适合中国儿童特点，并在此基础上编制中国常模。该测量的常模团体取样来自大、中城市，因而只适用于中等以上城市的儿童，其信度和效度也已在一定程度上得到某些研究结果的支持。

(三)韦氏幼儿智力量表

韦氏幼儿智力量表（WPPSI）出版于 1967 年，适用于 4～6 岁半的儿童。WPPSI 同样包括 11 个分测量，其中 3 个分测量（句子复述、动物房、几何图案）是为了适应幼儿特点而新编的，另外 8 个分测量（常识、理解、词汇、算术、类同、填图、迷津、积木图案）则与 WISC 相同。

WPPSI 亦给出言语智商、操作智商和总智商。其常模团体取自美国不同地区、种族和家庭的儿童，每半岁为一年龄组，每一年龄组都建立了常模表。

韦氏的 3 种智力量表互相衔接，适用的年龄范围可从幼儿直到老年，成为智力评估中最广泛使用的工具。

二、瑞文标准推理测量

瑞文标准推理测量(简称 SPM),是由英国心理学家瑞文于 1938 年编制的非言语智力测量。它的主要任务是要求被试根据一个大图形中的符号或图案的规律,将某个适当的图形填入大图形的空缺中。瑞文测量曾于 1947 年和 1956 年分别修订,并拥有两种类型。1938 型适用于 8 岁到成人被试,有 5 个黑白系列。1947 型为儿童彩色渐进测量(简称 CPM),有 3 个系列。此外,还有适用于高智力水平者的高级推理测量(简称 APM)。

SPM 包括 60 道题,分为 5 组,每组 12 题,A、B、C、D、E 这 5 组题目难度逐步增加,每组内部题目也由易到难排列,所用解题思路一致,而各组之间有差异:

A 组题考查知觉辨别、图形比较、图形想象等方面的能力;

B 组题测类同比较、图形组合等方面的能力;

C 组题测比较、推理、图形组合方面的能力;

D 组题测系列关系、图形组合方面的能力;

E 组题测组合、互换等抽象推理的能力。

SPM 施测无严格时限,一般可用 40 分钟左右完成,答对题目的总分转化为百分等级。

瑞文于 1947 年编制了另外两个推理测量,一个是适用于年龄较小儿童和智力落后成人的彩色推理测量,即将原来的黑白图的标准推理中的头两个系列加上彩色,并添加了一个系列,共 36 题。另一个是适用于高智力水平的高级推理测量。

1988 年,李丹教授主持修订了瑞文测量,将瑞文测量的标准型和彩色型联合使用,称为"瑞文测量——联合型(CRT)"。"瑞文测量——联合型(CRT)"由瑞文彩色型(3 个系列)和标准推理测量的后三个系列组成,共 6 个系列 72 题。这套测量适用于 5~75 岁的幼儿、儿童、成人和老人,有城市常模和农村常模。在施测时,一般被试是按团体测量方式进行的,但对于学前儿童和 70 岁以上的老人宜进行个别测量,测量要求与瑞文标准推理测量基本相同。

瑞文标准推理测量测量的是智力的 G 因素,尤其与人的问题解决、清晰知觉、思维、发现和利用自己所需信息以及有效地适应社会生活的能力有关。它的优点在于适用的年龄范围宽,测量对象不受文化、种族和语言的限制,可个别施测也可团体施测,因此,被广泛使用。CPM 与 APM 目前在国内也已发行。

三、吉尔福特创造力测量

吉尔福特将发散思维的特性视为人的创造性活动的特性，并因此将创造力定义为发散思维的能力，即对规定的刺激产生大量的、变化多端而又独特的反应的能力。吉尔福特在长期的研究中设计出大量的测量对发散思维进行测量。

吉尔福特创造力测量又称南加利福尼亚大学测量，发表于 1960 年。它测量的是吉尔福特三维结构模型理论中与发散思维有关的那部分内容。这套测量最初包括 14 个分测量，其主要内容如下。

(1)词语流畅：提供一个字母，要求被试尽量写出包含该字母的单词。

(2)观念流畅：给出一类事物的总称，要求尽量列举出具体事物。

(3)联想流畅：给出一些词，要求尽量列举意义相近的词。

(4)表达流畅：给出一些句子的开头词，要求尽量写出有意义的句子。

(5)多种用途：给一指定事物，要求尽量列举该事物的各种不寻常的用途。

(6)解释比喻：给出包含比喻的一些不完整句子，要求用不同的方式完成。

(7)效用测量：要求尽可能多地列举事物的用途。

(8)故事命题：要求对每一篇小故事进行多种命题。

(9)推断结果：假设一可能事件发生，要求列举出该事件造成的各种可能后果。

(10)职业象征：给出一个符号或物体，要求尽量列举出与之有关的或所象征的职业。

(11)图形组合：给定一组图形(如圆、三角形、矩形等)，要求用这些图形画出各种事物。

(12)绘图：把一简单图形复杂化，组成尽可能多的可辨认物体的略图。

(13)火柴问题：用火柴棍组成一定图形(矩形或三角形)，要求移动指定数量的火柴棍，使剩下的图形达到指定的要求。

(14)装饰：给出一般物体的轮廓图，要求以尽可能多的不同设计方法加以修饰。

在这 14 个分测量中，前 10 个为言语测量，后 4 个为图形测量。这套测量是为初中水平以上的被试设计的，以后在此基础上又发展出一套相似的儿童创造力测量，它包括 5 个言语分测量和 5 个图形分测量，其中 7 个分测量由原测量改编而来。这两套测量具有相似的特性，都根据被试反应的数量、速度和新颖性等，依照记分手册的标准记分。原测量提供了成人和九年级学生的常模，后发展的测量则提供 4～6 年级学生的常模。

创造力测量的迅速发展和广泛应用,有着十分重要的理论意义和实践意义。它弥补了传统智力测量的不足,是对心理测量的重大发展。各种创造力测量方法的产生和发展为创造力的研究提供了新的技术和手段,使带有神秘色彩的创造力更便于分析。但是,由于创造力测量乃至其理论依据还处于探索阶段,其在实际预测的可靠性与有效性上都有一定的局限性,我们无论在编制有关测量还是应用这些测量进行研究,以及解释测量结果时,都必须特别小心谨慎,决不可胡编滥用或轻下断言。

四、卡特尔 16 种人格因素问卷

卡特尔 16 种人格因素问卷(简称 16PF)是美国伊利诺伊州州立大学人格及能力测量研究所 R.B. 卡特尔经过几十年的系统观察,科学实验及因素分析统计后逐渐形成的。这一量表能在约 45 分钟的时间内测量出 16 种主要的人格特质。

16PF 在国际上广泛流行,被译成法、意、德、日、中等多种文字,并被许多国家修订。16PF 中国版的修订工作是在辽宁省修订本的基础上由戴忠恒与祝蓓里主持完成的,取得了全国范围内的信度和效度资料,制定了中国成人、大学生、中学生、产业工人、专业技术人员、干部等的各种常模。

16PF 英文版有 A、B 两套等值的测题,每套 187 个项目,分配在 16 个因素中。每个因素所包含的项目数不等,少则 13 个,多则 26 个。每个项目有 a(是的)、b(不一定)、c(不是的)3 个选项,被试根据自己的情况选择一个合适的选项。16PF 中的 16 种人格因素是各自独立的,每种因素与其他因素的相关度较小。借助于本量表,被试不仅可以对自己在 16 个因素上的人格特点获得了解,而且根据卡特尔制定的人格因素组合公式可以对自己的整体人格作出评价。

16PF 是用因素分析法编制问卷的典范。该问卷中 16 个人格因素的题目按顺序轮流排列,便于记分并能保持被试作答的兴趣。值得赞扬的是 16PF 各因素题目尽量采用中性的题目,且题目的表面效度都不是很高,许多题目表面上看起来与某一人格特质有关,实际与另一人格特质有关。

16PF 的主要功能是对个体的人格因素作出分析,从 16 个方面描述个体的人格特征。这 16 个因素分别为:乐群性(A)、聪慧性(B)、稳定性(C)、持强性(E)、兴奋性(F)、有恒性(G)、敢为性(H)、敏感性(I)、怀疑性(L)、幻想性(M)、世故性(N)、忧虑性(O)、实验性(Q1)、独立性(Q2)、自律性(Q3)、紧张性(Q4)。有关这 16 个因素的说明可详见测量指导书。

16PF 适用于 16 岁以上的青年和成人，现有 5 种版本：A、B 本为全版本，各有 187 个项目；C、D 本为缩减本，各有 106 个项目；E 本适用于文化水平较低的被试，有 128 个项目。我国现在通用的是美籍华人刘永和博士在卡特尔的赞助下，与伊利诺伊大学人格及能力研究所的研究员梅瑞狄斯（G. M. Meredith）博士合作，于 1970 年发表的中文修订本，其常模是由两千多名港台地区的中国学生得到的。

测量结果不仅能明确描绘 16 种基本人格特征，还能根据公式进一步推算人格类型的次元因素。次元因素分别是：

（1）适应与焦虑性＝（38＋2L＋30＋4Q4－2C－2H－2Q3）

（2）内向与外向性＝（2A＋3E＋4F＋5H－2Q2－11）÷10

（3）感情用事与安详机警性＝（77＋2C＋2E＋2F＋2N－4A－61－2M）÷10

（4）怯懦与果断性＝（4E＋3M＋4Q＋4Q－3A－2G）÷10

这四个次元因素是在 16 个因素基础上对更抽象的因素特征进行推断得到的，以上的字母分别代表相应量表的标准分数。

16PF 不仅能够对被试在 16 种人格因素上的主要特征进行分析性描述，而且能够根据实验统计结果所得的 4 个公式对他在次级人格因素上的特征（分别用于诊断被试的适应性、外向性、情绪性和果断性）进行综合描述。同时，可以利用另外 4 个公式预测被试在某些特殊情境中的行为特征（即心理健康水平、专业成就的可能性、创造潜力、对新环境的适应能力），尤其适用于升学、就业及生活问题的指导。

五、中小学生心理健康量表

中小学生心理健康量表（MHT）是我国心理学工作者根据日本铃木清等人编制的《不安倾向诊断测量》修订而成的，可用于综合检测中小学生的心理健康状况。该测量共有 100 个项目，在这 100 个项目中含有 8 个内容量表和 1 个效度量表（即测谎量表）。8 个内容量表分别如下。

（1）学习焦虑。高分（8 分以下）：对考试怀有恐惧心理，无法安心学习，十分关心考试分数。这类被试必须接受为他制订的有针对性的特别指导计划。低分（3 分以下）：学习焦虑低，学习不会受到困扰，能正确对待考试成绩。

（2）对人焦虑。高分（8 分以下）：过分注重自己的形象，害怕与人交往，退缩。这类被试必须接受为他制订的有针对性的特别指导计划。低分（3 分以下）：热情，大方，容易结交朋友。

（3）孤独倾向。高分（8 分以上）：孤独、抑郁，不善与人交往，自我封闭。

这类被试必须接受为他制订的有针对性的特别指导计划。低分(3 分以下):爱好社交,喜欢寻求刺激,喜欢与他人在一起。

(4)自责倾向。高分(8 分以上):自卑,常怀疑自己的能力,常将失败、过失归咎于自己。这类被试必须接受为他制订的有针对性的特别指导计划。低分(3 分以下):自信,能正确看待失败。

(5)过敏倾向。高分(8 分以上):过于敏感,容易为一些小事而烦恼。这类被试必须接受为他制订的有针对性的特别指导计划。低分(3 分以下):敏感性较低,能较好地处理日常事物。

(6)身体症状。高分(8 分以上):在极度焦虑的时候,会出现呕吐失眠、小便失禁等明显症状。这类被试必须接受为他制订的有针对性的特别指导计划。低分(3 分以下):基本没有身体异常表现。

(7)恐怖倾向。高分(8 分以上):对某些日常事物,如黑暗等,有较严重的恐惧感。这类被试必须接受为他制订的有针对性的特别指导计划。低分(3 分以下):基本没有恐怖感。

(8)冲动倾向。高分(8 分以上):十分冲动,自制力较差。这类被试必须接受为他制订的有针对性的特别指导计划。低分(3 分以下):基本没有冲动。

该测量属于团体测量(也可个别施测)。测量实施时,先发给被试每人一份"MHT 回答纸",要求填写上省、市、区、县、学校、年级、班级、学号、姓名、性别、测量日期等。待被试填写好上述各项后,再发下测题本,要求被试根据指导语来进行,边看边听主试朗读,同时做好"例题"练习。待被试掌握了答题方式之后,方可开卷进行正式测试。

测量的计分规则是:凡是在"a"上画"0",即选"是"答案者记 1 分;在"b"上画"0",即选"不是"答案者记 0 分。在整个问卷项目中,组成效度量表的项目共有 10 项,如果它们的得分合计起来比较高,则可以认为该被试是为了获得好成绩而作假的,所以测量结果不可信。在解释测量结果时,对得高分的人须要特别注意,尤其是得分在 7 分以上者,可考虑将该份答卷作废,并在适当时候重新进行测量。除去效度量表项目,将余下的全部问卷项目得分累加起来,即可得到全量表分。全量表分从整体上表示焦虑程度强不强、焦虑范围广不广。全量表分在 65 分以上者,即可认为存在一定的心理障碍,这种人在日常生活中有不适应行为,有的可能表现为攻击和暴力行为等,因而需要制订特别的个人指导计划。

【学习与反思】

1. 什么是教育测量研究？教育测量有哪些特点？

2. 事物都是可以测量的吗？

3. 测量必须具备哪些要素？

4. 测量有哪几种不同水平的量表？

5. 如何对学生的学业水平进行测量？

6. 如何计算信度？怎样提高信度？

【实践与思考】

1. 选择小学某门课程，利用教育测量研究法改进该课程的教学方法。

2. 利用教育测量研究方法为个别学生学习提供咨询与指导。

3. 以小学某一册语文课本为考试范围，绘制一张命题双项目明细表，并编制一份期末考试试卷。

4. 到附近小学选取某班期末语文和数学试卷，计算出其难度和区分度，分析说明该试卷的命题质量。

【拓展阅读】

1. 柳国杰，陈军. 教育测量中难度与区分度的计算方法[J]. 信阳师范学院学院学报(自然科学版)，2003(3).

2. 韩春红，季晓辉. 应用教育测量法分析南京医科大学五年制临床医学专业部分试卷质量[J]. 南京医科大学学报(社会科学版)，2010(1).

3. 辛涛，乐美玲，张佳慧. 教育测量理论新进展及发展趋势[J]. 中国考试，2012(5).

【资源链接】

1. 黄光扬. 教育测量与评价(第二版)[M]. 上海：华东师范大学出版社，2012.

教育测量与评价是当今世界教育科学研究的三大领域之一。本书侧重于探讨教育测量与评价的基本原理和方法，以及把这些基本原理和方法应用于学生的课业发展、智能发展、创新能力发展、思想品德发展、体育发展等方面的测量与评价。

参阅本书"第三章 教育测量与评价的质量特性"和"第四章 编制教育测验的

一般原理与方法"。

2. 金哲华，俞爱宗. 教育科学研究方法[M]. 北京：科学出版社，2011.

本书遵从教育研究的基本逻辑和教育研究方法学科发展趋势，主要介绍了教育科学研究的基本原理、方法与技术，内容包括教育科学研究方法概论、教育科学研究选题、教育研究设计、教育研究资料的收集与整理分析的具体方法、教育研究成果的表述与评价等。

参阅本书"第四章 教育测量法"。

第九章　教育个案研究

【内容提要】

　　教育个案研究，就是将个案研究应用于教育情境，解决教育问题或建立理论的一种研究方法。随着教育改革的深入发展，个案研究在教育领域中的应用也日趋广泛，现已成为教育研究方法体系中一种非常重要的方法或方式。特别是近年来随着"质性研究"的兴起，个案研究得到了更为广泛的重视。

　　本章主要介绍教育个案研究的含义、特点，意义及局限性；教育个案研究的基本程序、原则与方法。

【学习目标】

　　1. 了解教育个案研究的意义及局限性

　　2. 识记教育个案研究的含义、特征以及优缺点

　　3. 掌握教育个案研究的基本程序

　　4. 掌握教育个案研究的方法

【关键术语】

个案	case	个案研究	case study
教育个案研究	educational case study	个案追踪法	case tracking method
临床法	clinical method	归因法	causal method
追因法	tracking reason method		
活动产品分析法	product analysis method		
教育会诊法	educational consultation method		

　　"个案研究方法是对个人、人群或现象进行调查的术语总称。调查中可采用多种技术，包括质和量两种方法。个案研究的一个明显特征在于它的一个宗旨，即认为人不是各种特征汇集的松散个体，而是各特征的有机统一体。因此，这种宗旨的一个相应结果是：个案研究者要理解某个案例，要阐释该案例

发生的缘由，并从单一案例进一步概括或预测，这就需要对各个独立部分和模式进行深入的调研。"①教育个案研究就是将个案研究应用于教育情境，解决教育问题或建立理论的一种研究方法。

第一节　教育个案研究概述

个案研究，又叫案例研究，作为一种研究方法，已经有一百多年的历史。它的源头可以追溯到19世纪中期法国社会学领域。19世纪末20世纪初，个案研究成为芝加哥学派社会学学者的重要工具。芝加哥大学的 W. 托马斯（Wiliam Tomas）与 P. 帕克（P. robber Park）首创"田野研究"（field research）方案，深入现场，收集第一手资料，这些研究主要是描述性或文献分析性的。他们认为，如果能够全面深入地了解研究情境中的复杂关系，就能够更加了解该研究的情境。芝加哥大学遂成为那个时期个案研究的中心，并对其他领域的研究产生了重要影响。

一、教育个案研究的含义

近年来，质性研究已经成为一种在教育科学研究中越来越被重视的研究范式。质性研究是在自然情境下采用多种资料收集方法，对研究现象进行深入的整体性探究，从原始资料中形成结论和理论，通过与研究对象的互动，对其行为和意义建构获得解释性理解的一种活动②。质性研究的方法有很多，个案研究是其重要方法之一。教育研究中个案研究的运用可以为研究对象提供帮助，有利于因材施教；可以有效揭示典型的、特殊的教育现象或研究对象的特点，促进教育科学研究的发展；也可以为教育科学理论的发展提供例证。

（一）个案和个案研究的含义

要想正确理解教育个案研究，就要先理解"个案"和"个案研究"。

1995年，罗伯特·E. 斯特克（Robert E. Stake）认为，个案是指一定范围的时间与空间，它可以是一个个体、场所、事件、行动、问题或文件资料储存库等。只要能从一定标准上单独与其他事物区分开的对象，都可以作为一个个案。他认为个案是一个有界限的封闭系统，它指的是一个界线明确的对象而非

① ［瑞典］胡森等著. 教育大百科全书（教育方法论卷）[M]. 张斌贤，等译. 重庆：西南师范大学出版社，2006：254.
② 陈向明. 质的研究方法与社会科学研究[M]. 北京：教育科学出版社，2000：06.

泛指某种过程。例如一位教师、学生可以是个案，一个革新方案、一所学校也是一个个案，但是一个教师的教学不能作为个案，因为它们不是有界限的封闭系统。

关于个案研究的定义，不同的研究者有不同的观点。1988年，芝加哥学派的梅瑞姆（Merriam）提出个案研究是指对特定现象的检查。特定现象可以是一个计划、一个事件、一个人、一个机构，或者一个社会团体。2003年，个案资深研究者罗伯特·K. 殷（Robert K. Yin）认为：个案研究是一种经验主义的探究，它研究的是现实生活背景中的即时现象；在这样一种研究情境中，研究现象本身与其背景之间的界限不明显。因此，需要大量运用事例证据来展开研究。

虽然专家们的观点不尽相同，但是他们所达成的共识是：个案研究就是对单一的研究对象（现象）进行深入而具体研究的方法。

个案研究（case study）是指以个人或由个人所组成的团体为研究对象，需要收集和整理有关各方面的完整的客观情况，从而找出研究对象的特性、问题的形成和发展原因及过程，以促进研究对象问题的解决。

个案研究的对象可以是个人，也可以是个别团体或机构。前者如对一个或少数几个学生进行个案分析，后者如对某个班级或某所学校进行个案研究。需要注意的是，个案研究的意义在于回答"为什么"和"怎么样"的问题，而不是回答"应该是什么"的问题。个案研究强调对研究对象的一些典型特征作全面、深入的研究和分析，也就是所谓"解剖麻雀"的方法。通过个案研究，能够提供对教育问题成因的理解，对复杂关系作全面的涵盖，对动态变化的情境条件作适当分析。

（二）个案研究的分类

个案研究按照不同的标准可以划分为不同的种类。一般而言，个案研究具有如下种类。

1. 从个案研究的对象划分

（1）以个体为单位的个案研究。以某个典型的个体为研究对象，用多种方法收集与研究对象有关的一切资料或数据，然后分析诊断造成该个体特殊行为的原因，并施以补救措施。

（2）以机构为单位的个案研究。这样的个案可以是一个家庭、一所学校、一个企业、一个社区等机构。

2. 从个案研究的内容及其目的划分

（1）诊断性个案研究。考察特殊对象及特定问题行为等，目的在于对研究对象的问题行为或心理状态做出诊断。

(2)指导性个案研究。广泛运用于教育实践，如对新的教育模式、教学方法进行尝试，然后推广运用到实践中去。

(3)探索性个案研究。小型的、试探性的研究，常为进行大型研究或构建理论作前期准备。

(三)教育个案研究的含义

教育个案研究(educational case study)是指采用各种方法，收集有效、完整的资料，对单一对象进行深入细致研究的方式，其任务是揭示研究对象形成、变化的特点和规律，以及影响个案发展变化的各种因素，并提出相应的对策。

同样，教育个案研究的对象可以是个人，如优秀教师、网瘾少年、学习困难者、心理偏差者、智力超常者、行为不良者等；可以是个别机构，如特色学校、先进班集体等；可以是个别团体，如学生会组织、团队组织、某个小组等；还可以是某个个别事件，如某校发生的学生欺负行为等。

针对中小学教师来说，个案研究的对象一般有以下几种：(1)情绪异常的学生：如具有暴力倾向；(2)行为偏差的学生：如内向、外向；(3)学业成绩低劣的学生：如成绩不及格；(4)生理上异常的学生：如多动症；(5)表现尤为突出的学生：如品学兼优生；(6)犯了错误的学生：如考试作弊。

二、教育个案研究的特点

教育个案研究与教育调查研究、教育观察研究等相比，有其自身特点。

(一)研究对象的个别性与典型性

教育个案研究的对象首先是个别的，但是这个个别不是孤立的，是某个整体中的个别，是与其他个体相联系的。因此，对个案进行的研究必然会在一定程度上反映其他个体和整体的某些特征和规律。虽然个案研究的目的是了解、把握某个个体的具体情况，但也要通过诸多个案的研究揭示出一般规律。

如瑞士著名的心理学家皮亚杰主要通过个案研究揭示出了许多带有普遍性的儿童心理发展规律。

教育个案研究是在特定范围内选取的特定对象，选取的对象应当具有典型性。一般来说，作为个案研究对象应该具有以下三个显著特征：(1)在某方面是否有显著的行为表现；(2)与这方面有关的某些测量评价指标是否与众不同；(3)教师、家长等主要关系人是否都有类似的印象和评价。

如对某学生创造能力发展的个案研究，可以看一下他是否经常有些小发明、小创造、小制作；在创造力测验上的得分是否高于常人；教师及家长等对该学生在这方面的表现诸如脑子活、常提怪问题等是否有较深的印象，能否举出一些事例等。

需要注意的是，由于个案研究取样较少，研究结论的代表性也就较小，因此需要具体问题具体分析，不宜机械地推广到一般中去，以免犯以个别代替一般的错误。

(二)研究内容的深入性和全面性

教育个案研究既可以研究个案的现在，也可以研究个案的过去，还可以追踪个案的未来发展。教育个案研究可以做静态的分析诊断，也可以做动态的研究或跟踪。由于教育个案研究的对象不多，所以研究时就有较为充裕的时间，进行透彻深入、全面系统的分析与研究。

如对一名学困生的研究，往往需要从多方面加以考察，诸如学生学习的智力因素和非智力因素、原有的知识基础和学习方法，以及教师的教学和原生态家庭的基本情况，还要进行前后左右的对照和比较，这样就可以对该生进行比较全面而深入的了解和认识。

(三)研究方法的多样性和综合性

教育个案研究有自己的研究方法，如追踪法、追因法、临床法、活动产品分析法、教育会诊法等。但是，教育个案研究又不是完全独立的研究方法。为了收集到更多的个案资料，从多角度把握研究对象的发展变化，就必须结合教育观察、教育调查、教育实验、教育测量等多种研究方法，综合运用各种研究手段。

如一名超常儿童，首先需要对被试进行智力测验，看看其智商是否超常，还要对被试作系统观察，看看其各种智力操作是否杰出，同时要调查其成长环境，必要时还要做一些对照实验。

(四)研究过程的客观性和真实性

教育个案研究最显著的特征是描述客观世界的真实故事，而且大多是以纯粹客观的态度，运用归纳的方法，所以说，教育个案研究所得的材料比较科学准确，具有较高的文献价值。教育研究在很大程度上是一个不能复制的过程，所以对这一过程中所发生的一个个典型个案进行深入细致的分析研究，其中包括收集有关个案的背景、具体材料、调查访问结果及有关人员做出的评定和反应，如实地描述这一过程中发生的"故事"，这本身所具有的文献价值就很大，而众多的个案汇集在一起便构成了一个进行教育科学研究取之不尽的宝贵源泉。但教育个案研究的意义并不局限于"描述客观世界"，它力图解释、预测或控制客观世界的发展变化。因而，教育个案研究不属于缺乏理论深度的"收集事实"的经验主义方法论范畴，它的价值在于通过解剖"麻雀"，从中总结或提取普遍性原理，即把个案一般化。

三、教育个案研究的意义及局限性

个案研究的历史已经有一百五十多年了，并已从社会学领域广泛扩展到心理学、政治学、人类学、管理学等领域。可以说，作为一个面向实践的学科，教育学将个案研究引进本学科并不是一个偶然的现象。

(一)教育个案研究的意义

教育个案研究既可拉近理论与实践的距离，又可直面复杂的教育世界，不再把教育情境中的人从他的生活背景中抽离出来、把教育实践从实践者中剥离开来。

1. 有利于教师成为研究者

新课改提出教师不仅是教育教学的实践者，还要成为研究者。这就要求教师要以教育教学实践中的实际问题为研究内容，研究一些现象，解决一些问题。个案研究无论从研究问题、研究对象还是研究方法来看，都是特别适合教师使用的一种方法，有利于教师成为研究者。首先，从个案研究的问题来看，这些问题往往是困扰、影响教师达成教学目标的问题。这就促使教师能积极主动地找寻解决这些问题的途径和方法，这在一定程度上增加了教师进行教育研究的动机和热情，有利于教师成为研究者。其次，从个案研究的对象来看，是与教师朝夕相处的学生，教师了解他们，容易与其进行沟通交流，收集研究所需要资料，这是其他研究不具备的优势。最后，教育个案研究所使用的方法主要是访谈法、观察法、调查法等，这也是大多数教师都熟悉，会灵活运用的方法。教育个案研究所具有的实践性和简便易于操作的特点，能够增加教师从事教育研究的主动性和自信心。

2. 有利于教学贯彻因材施教

教育个案研究是进行因材施教的基础，具有重要的实践意义。由于教育个案研究涉及的人与事较少，教师有条件有精力对个案进行深入细致的研究，便于掌握个案的全面情况。个案研究可以对少数个案进行长时间的追踪研究，便于掌握个案动态发展。只有在对个案研究的基础上，才能提出针对性的教育措施，真正做到因材施教，例如，如对基础较好、学习能力较强的学生进行个别辅导，提出更高、更难的要求；对基础不好的学生就要采取措施，进行补缺补差，实现教育的差异化，促进学生的个性发展和多样发展。再比如，对某个学生采取特殊教育的追踪研究，对某个学生的心理问题和人格偏差的诊断研究等。

3. 有利于教师反思和专业成长

教师的自我反思有助于教师的专业化成长。个案研究要求教师在确定研究问题后，对研究对象进行较长时间深入细致的跟踪调查，发现问题症结所在，这就迫使教师必须经常问自己"是什么""为什么""如何做"等问题。这种不断自我反思的过程，能够帮助教师朝着专业化要求迈进。另外，通过个案研究，教师可以及时了解整个班级或年级的情况，及时收集到关于自己教育措施的反馈信息。通过对个案的辅导，教师还可以不断总结和评价一些积极的教育措施的实施经验与效果，从而得出对以后教育工作的有益启示，促进教师专业化成长。

4. 有利于促进教育科学的发展

一方面，教育个案研究能够有效揭示典型的、特殊的教育现象或研究对象的特点，能够丰富相关的教育学科的理论成果。教育个案研究通过典型材料，以个案举例的方式来说明某种抽象的教育理论和观点，使理论既有概括性，又有实用性，既抽象，又生动，有助于推动教育研究成果的广泛应用，从而促进教育科学的发展。另一方面，个案研究所提供的典型材料为教育学科的理论观点提供具有说服力的具体佐证。现代教育学和心理学的研究，常常要借助于个案研究材料来丰富一般研究的基本结论。如皮亚杰的认知发展理论及关于儿童元认知的研究都借助了大量个案研究的具体材料，来说明其研究所得出的一般结论。

(二)教育个案研究的局限性

长期以来，个案研究因其局限性不断受到质疑。个案研究的局限性主要表现在如下几点。

1. 样本小，个案特殊

由于教育个案研究的对象数量少，所获得的结果缺乏代表性，因而推广应用的可能性会受到限制，故依据个案研究得出的研究结果的适用性也常常被人怀疑。另外，有些教育个案研究，由于对象的特殊性，往往缺乏可供比较的个体或小组，在一定程度上影响科学性。因此，在对这些个案进行研究时，要尽可能找到正常值的参照标准。

2. 结论主观性较强

教育个案研究一般是对个别对象进行的非控制的观察，采用定性的描述分析，其分析的结果也难以量化、标准化。另外，受研究者自身的知识结构、能力水平等因素影响，主观性较强，难以做出具有普遍意义的、精确性的结论。

　　3. 研究过程费时费力

　　教育个案研究往往需要采用不同的方法收集各方面资料，对儿童进行一定的训练或矫正，有时甚至需要追踪研究几年或几十年，因而耗时较多，投入的人力物力也较多。另外，有时研究人员虽然已经获得了大量的材料，但是一时难以消化这些材料，很难对材料做出结论，以至于许多研究人员可能研究了很多年，得到的结果却价值不大。

　　根据上述局限性，可以推断，在以下情境中应用个案研究，可以降低其局限性，能较好地发挥其优势：①（1）研究目的主要是探求问题的"原因"，并不需要对研究对象进行操控；（2）研究问题难以从情境中分离出来；（3）现在就需要解决研究对象所表现出来的问题。

第二节　教育个案研究的基本程序、原则与方法

　　教育个案研究一般包括确定个案、收集个案资料、分析整理资料、追踪个案和撰写研究报告五个步骤。在运用过程中需要遵循基本原则，结合研究实际，采取不同的方法。

一、教育个案研究的基本程序

　　运用教育个案研究，首先要在各种教育或心理现象中识别所研究个体（对象），然后对研究对象进行深入细致的调查，收集有说服力的资料和数据，并对调查资料进行分析鉴定；根据研究结果制定改进、指导、矫正的方案，并在实际活动中验证措施的有效性。一个完整的个案研究，一般有如下步骤。

（一）确定个案研究的主题和研究对象

　　任何科学研究的关键都在于发现和提出问题，它比解决问题更为重要。确定所要研究的问题和选择合适的研究对象都是研究的起点，是一项研究应该关注的首要问题。教育个案研究中，如何选定个案是关键，这关系着研究的结论是否有价值。认识对象、确立个案，发现、提出具体的研究问题，需要研究者细心观察和思考。在个案研究过程中，研究者应根据个案研究的目的、内容及对个案问题行为的界定，选择典型的人或事作为研究对象。在教育工作中，某些典型的教育现象、事例容易成为个案研究的对象。

---

　　①　杨小微．教育研究的理论与方法［M］．北京：北京师范大学出版社，2008：293.

如某幼儿特别调皮，特别喜欢欺负别人，总跟别人抢玩具，这就有可能是一个有价值的研究对象，可以设立个案，研究其不良行为表现的原因。个案的设立必须明确研究的目的任务，考虑选题的价值和可行性。研究智力超常儿童教育问题，选择对象必然是高智商、成绩出众的学生；研究学困生教育问题，一定要选择智力滞后、成绩差一些的学生。

只有选择合适的个案，研究才有典型的意义，得出的结论才能真正具有教育的意义。正如 Merriam(1988)指出，研究者在决定个案研究的对象时，往往会受到研究者个人哲学、理论和原则的影响，因此确定研究对象一般应注意把握以下三条标准：(1)根据研究者已掌握的情况所形成的主观印象，看研究对象是否有显著性行为特征；(2)向教师、家长及有关人员进行调查了解，看是否也有类似的评价和印象；(3)通过有关检测，看测量结果是否达到评价指标。

在上述基础上，可以确定个案研究的对象。研究对象确定后，随之而来的工作就是要对个案现状进行全面的了解与评定。除了对突出方面要有专门的测量与评定，以便正确认识个案在此方面的特点、所处的水平外，对个案的一般情况也应有一个全面的了解与评定，因为某一方面的突出不是偶然的，往往与个案所处的现状有关。如学生的学习成绩，不仅与教师、集体、个人兴趣等有关，还与他的家庭、朋友以及其他环境有关。

(二)收集个案资料

教育个案研究依赖于收集详尽的相关资料，否则难以得出准确的结论。教育个案研究与一般的研究不同，实现研究目的必须建立在对个案深入探究和分析的基础之上。在某种意义上，个案研究可以说是一种深度调查，在资料的收集上要求细致和翔实，涉及个案的方方面面。

1. 个案资料的内容

个案资料涉及的内容十分丰富。就个体个案研究来说，其内容主要包括以下内容。(1)研究对象的基本情况，如个人的姓名、年龄、性别、民族、所在学校和班级、所在班级同学的总体情况(年龄分布、性别比例等)。(2)个体身体健康资料，如既往病史、药物过敏史等。(3)个体成长及心理发展资料，如母亲妊娠、生产情况，出生后的发展情况，个性心理特征，行为习惯等。以及学生历次发展评价、升学考试成绩、单元测验成绩、近几年的作业本、日记、周记等。(4)个体家庭背景资料，如父母的姓名、年龄、职业、文化程度、健康状况，家庭经济状况及居住环境，父母的教养方式，亲子关系，家庭中的重大生活事件，家庭病史等。(5)个体当前问题资料，如目前的主要症状、表现等。

2. 个案资料的来源与收集

个案资料的来源往往是十分广泛的，可来自于对研究对象本身的观察、调查，或由研究对象自己提供，也可以来自于与研究对象相关的一些人或机构。

如对超常儿童的个案研究，可以向研究对象本人收集相关资料；也可以通过对研究对象相应的观察、调查谈话等获得资料，如让研究对象回忆自己的发展历程，介绍一些对自己影响较大的事情和人物，然后重点调查；还可以向与研究对象相关的一些人或机构索取材料，如可以到学校收集研究对象的有关资料，也可以让家长、任课教师、同学好友谈他的发展情况等。所收集的这些个案资料可概括为两类，即主体和客体资料。前者指研究对象的日记、微博、微信、写给别人的邮件等；后者指个人档案，学校的记录、照片、录音、登记表格，以及同学、同事等人提供的证明材料。

对个案资料的数据收集可以分成两个阶段。第一阶段，可以通过文献检索的方法，收集与研究问题和个案相关的各种资料，从而为实地阶段的研究做好充分的准备。第二阶段，对个案进行全面深入的考察，如发放问卷、访谈、直接观察、实物分析、测量等各种方法来获得。

3. 收集个案资料的要求

个案材料的收集需注意材料的深度和广度，并仔细地核实个案资料，使获得的资料真实可靠。在教育个案研究中，不仅要广泛收集了解对象的历史与现状，如家庭背景、主要经历、生活习惯、兴趣爱好、人际关系等，而且更要了解对象深层的心理活动和倾向，如态度、期望、意见、价值取向等。为了获得真实可靠的个案资料，还要访问研究对象本身。访谈研究对象，首先必须建立融洽的气氛，增进彼此的了解，为了以后的研究打下良好的基础。在访谈中，研究者要注意的问题有：(1)态度诚恳友善，亲疏得当；(2)耐心倾听，机智把握谈话方向并把谈话引向主题；(3)作好详细记录。总之，收集教育个案资料要做到客观公正、全面。

(三)整理分析个案资料

教育个案资料的整理、分析是和资料的收集工作同步进行的，从观察个案时获得的最初印象，到把各种资料整合在一起得出结论。由于教育个案研究收集到的原始资料往往比较粗糙、琐碎，难以直接解释问题，这就需要研究者用逻辑思维的方式对收集到个案资料进行整理、分析和加工，以诊断问题的症结所在，形成初步的假设。

众所周知，在教育或心理活动过程中，有些行为的原因易于发现，有些行为的原因则不易察觉；有些行为的原因是单一，有些行为的原因却很复杂；有些行为的原因可能源于童年时代的生活经历；有些行为的原因可能是由于成年生活的重大事件的影响；有些行为的原因可能曲折变化，如此等等，都需要研究者对个案资料进行全方位的谨慎而深入的分析。

1. 资料分析的要求①

对个案资料进行分析，需要注意以下几个问题。(1)资料的筛选。在教育个案研究中，研究者通常会面临庞大的信息量，对所有资料进行分析往往是不可能的，而且并非所有的资料都有价值。因此，研究者应根据研究主题的要求对资料进行缜密筛选，选择与问题关系密切的资料进行分析。(2)选择分析方法。教育个案研究资料的分析解释通常兼具定性和定量的特色，在具体选择分析方法时，需要考虑研究的性质、资料的特征(即对于描述性的资料倾向于用定性的方法，对经过编码的资料倾向于用定量的方法)、时间安排(即时间紧迫时倾向于用定性的方法，时间允许时倾向于用定量的方法)。(3)从多种角度考虑问题。为了避免主观性，研究者需要综合考虑来自不同角度的信息，对其中的矛盾之处应尤为重视，并采取其他方法进行检验。

2. 资料分析的方法②

教育个案研究中主要有两种分析方法。(1)针对描述性的资料直接解释某一事件或现象，通过分析探明它的意义，使它成为可以被人理解的论点，这是一种偏于定性的方法。(2)整合重复发生的事件，将之作为一类现象来分析，以期发现在特定条件下保持不变的事项或总结出现象背后的规律，这是一种偏于定量的方法。上述两种方法经常结合使用。

3. 资料分析的维度

对个案资料的分析的维度，一般来说可以从以下三个维度来进行分析：(1)主观维度上，分析了解个案内部的心理状态和个性心理特征；(2)客观维度上，分析个案的受教育经历、社会环境、家庭教育等与学生的生理、心理特点及学生的成长、发展存在哪些相适应或不相适应的地方，并找出这些矛盾关键之所在；(3)过程维度上，研究者应从导致个案行为形成和发展的过程分析，以此来了解个案发展变化的基本特点和规律以及影响个案发展变化的各种因素。

(四)个案追踪

个案追踪是对相同的个案进行长期而连续性的研究。

在个案追踪中，研究者不仅能真实而直接地获得研究对象发展变化的第一手资料，而且能深入了解研究对象的发展情况，弄清发展过程中出现的个别差

---

① 江芳，王国英. 教育研究方法[M]. 上海：华东师范大学出版社，2009：223.

② 同上书，222.

异现象。例如，对于研究青少年学生身心发展的顺序性、阶段性、成熟期、关键期，以及研究复杂教育现象的发展变化，某些教育现象之间前后发展的关系，特别是对施以发展指导的个案研究，有必要有一段较长时间的追踪观察，以测定与评价其指导措施。

在个案追踪中，对研究的目标要持之以恒，但与目标同时制定的具体措施方案并不是一成不变的。要随着个案的发展变化、教育和环境的变化而不断修订个案实施方案。只有这样，经过长期反复追踪研究，才能收集和积累较为系统的资料。

(五)撰写个案研究报告

研究报告是个案研究成果的重要表现方式，是教育个案研究过程中必不可少的一环。通过个案研究报告可以了解个案的基本情况及处理的过程。个案研究成果可以是论文或研究报告。

1. 个案研究报告的类型

(1)描述性报告。描述性报告比较详细地叙述个案资料，直接而精细，可以将一些片段并列或串联，尽可能用客观描述来呈现对个案的解释。但整理报告的时间较长，重心难以把握，较为繁复。

(2)简介性报告。简介性报告似一幅个案的速写，着重反映个案的主要特征，比较简洁。报告整理时间较短，较能显出问题的重心，不过往往难以详细获知一些有关个案的细节部分资料。

(3)分析性报告。分析性报告通常对论点进行直接的论述，对论点均需提供论据，并需说明个案的各种可能现象及推理历程。

2. 个案研究报告的格式

教育个案研究报告的内容结构应包括案例、分析和评议三部分：(1)案例的描述部分，包括时间、地点、人物、事件发生过程、结果等的详细记述；(2)案例理论分析部分，包括案例分析目的、教育理论依据、教育意义等；(3)评议部分，包括案例自评或者专家点评、改进意见等。

案例写作的重点在于分析部分，要深入分析案例本身所蕴含的教育意义。作为一种教育研究范式，案例研究重在分析，而不在案例记述。当然，案例研究的这三部分内容要环环相扣，尤其是案例描述与分析部分更是要紧密融为一体，不能相脱离。

典型的教育个案研究报告大致包括如下几个方面。(1)基本资料：姓名、性别、年龄、学习程度、籍贯、教育经历等。(2)个案来源：别人介绍、自己选定等。(3)背景资料：个案家庭史方面的信息，如父母、兄弟姐妹、其他人；

个案与家庭关系方面的信息，如父母的管教态度、亲子关系等；个案学校生活方面信息，如对学校文化、学习能力、学业成绩等；个案社会关系方面的信息，如人际关系等。(4)主要问题的描述。(5)诊断和分析。(6)指导策略。(7)实施指导策略。(8)实施结果。(9)跟踪及检讨。

二、教育个案研究的基本原则

在教育个案研究中，应遵循以下基本要求和准则。

(一)综合性原则

综合性原则是指在教育个案研究过程中要综合运用教育研究的各种方法进行综合性研究。具体表现在：在收集个案研究所需要的材料时，常常需要收集研究对象各方面的材料进行全方位研究；在分析所收集的材料时，需要采用定量与定性相结合的方式、运用多种具体方法进行综合分析；对个案的诊断和指导应该在分析研究对象生理和心理发展的现状，以及各种影响因素的基础上去综合诊治。

(二)灵活性原则

灵活性原则是指教育个案研究者要灵活应对和处理研究过程中出现的各种变化，特别要注意个案研究对象在个别访谈时出现的各种变化。研究者应该基于不同的研究对象、不同的问题及不同的研究阶段，根据研究的需要，调整研究进程和研究内容，选择恰当的研究方法。

(三)谨慎性原则

谨慎性原则是指在个案研究中必须注意材料的报道是否经研究对象同意，是否涉及研究对象的一些隐私和秘密，是否触及个人情绪。尤其是在针对个人的个案研究中，研究者必须坚持谨慎性原则，要尊重信任研究对象，采用明确提问和委婉了解相结合的方式进行。

三、教育个案研究的基本方法

教育个案研究可以根据研究的目的、内容、对象的不同而采用不同的研究方法。下面介绍几种常用的方法。[①]

(一)追踪法

追踪法(tracking method)就是在较长的时间内对某一研究对象进行有意识

---

① 江芳，王国英．教育研究方法[M]．上海：华东师范大学出版社，2009：224—228.

的连续跟踪研究，收集各种相关资料，揭示其发展变化的情况和趋势的一种研究方法。

追踪研究短则数月，长达几年或更长时间。

如我国著名幼儿教育家和儿童心理学家陈鹤琴对他的长子进行了长达 3 年的追踪研究。在这个过程中，陈鹤琴周密观察其长子每日的身心变化，用文字、照片的方式记载，积累了大量的研究资料，并据此撰写了儿童心理学名著——《儿童心理之研究》。中国科学院心理研究所也曾对智能超常的儿童进行了个案研究，得出这些孩子绝大多数都受过优越的早期教育的结论，这项个案研究也为我国婴儿教育的开发与实践提供了科学的依据。

个案追踪研究的实施一般分为以下几个步骤。

1. 确定研究课题

研究者首先要明确追踪研究的对象是什么，目的是什么。也就是说，确定追踪研究对象是个人还是团体或机构，要追踪研究对象的哪些方面，追踪旨在了解被研究者哪些情况，研究者都需要心中有数。作为教师，在日常教学和教育工作中要善于发现某一方面具有典型特征的学生或事例作为追踪研究对象，并明确要对这学生或事件的哪些方面进行全面深入地了解。

2. 实施追踪研究

追踪研究一定要紧紧围绕课题确立的目标与内容进行，要运用规定的手段收集有关资料，不能让重要的信息遗漏，也不能被表面的现象迷惑。追踪研究需要较长时间，研究者一定要持之以恒，不能半途而废。

3. 整理分析资料

对收集到的各种个案资料，要进行细心地整理和分析，做出合理判断，揭示个案发展变化的特征和规律。必要时还要继续追踪、继续研究。

4. 提出改进建议

研究者要根据对个案追踪研究的结果，进一步提出改进个案的建议，指导和促进个案的发展，实施因材施教。

(二)追因法

追因，顾名思义，就是追寻和探究现象的原因。追因法是个案研究中经常使用的、与实验法因果顺序相反的一种研究方法。

追因法(tracking reason method)是先有结果，根据发现的结果去追究发生的原因。

例如，某学生的学习成绩突然下降，研究者去追寻他成绩下降的原因，这就是追因法。中小学教师在实际研究中，大多数都是运用此法而立案研究的。

个案追因研究的实施可以分为下面几个步骤。

1. 确定结果和研究问题

第一步证实结果，确立研究问题。如果结果得不到证实，那么在后面的研究中找出的原因也就不能确定。

如某校某班级某学科的教学质量特别高，某学习成绩差的学生最近有较大变化，学科成绩提高很快等，这些都是已形成的事实，可以把它们确立为研究的问题。

2. 建立追因假设

明确了事实发生后的结果，接着就要寻找导致这一结果可能的原因。这些原因最初是假设的，还没有经过验证。假设导致结果的原因应尽可能全面。对已成事实的各种原因之间的关系也要进行假设。

如分析一位学生自杀的原因，可以做如下几种追因假设：(1)考试成绩不佳；(2)失恋；(3)与父母或老师发生矛盾；(4)受到其他同学欺侮；等等。

3. 确立比较对象

为了追寻导致结果的原因，可采取两种途径设置比较对象。一种是设置结果相同的若干比较对象，从中找出共同的因素。另一种是设置结果相反的若干比较对象，找出相反的因素，从反面找出真正的原因。

如研究某学生欺负行为形成的原因，可以找出若干个具有欺负行为的学生，从中找出他们欺负行为形成的共同因素；也可以找出几个无欺负行为学生与其进行对比，探究两者成长过程中的不同之处，从而找到学生欺负行为形成的真实原因。

4. 查阅资料进行对比

研究者可以从研究对象的有关资料中看看是否具有前面假设的原因。教育现象是复杂的，导致某项结果的原因往往是多方面的。这些可能的原因所产生的作用在程度上有差别。而且，有时在单个考虑每一原因的情况下，原因所表现的作用是一回事；而再把几个原因综合加以考虑的情况下，这个原因所形成的综合作用就会是另一回事。因此，在深入研究一些复杂教育现象过程中，有时还需要找出原因之间的关系。

5. 检验结果

找出的原因尚有待于进一步检验。最好的检验办法是看有同样原因存在的其他许多事例中是否有同样的结果发生。如果没有的话，这个假定仍然不能成立。如果有的话，二者因果关系的信度就大了。经过初步检验、就可能把那些假的原因淘汰掉，而导致此项结果的某个或某几个真正的原因就可以呈现出来。为慎重起见，还可多举一些事例反复验证。为了进一步验证得出的结论还可把这一结论当作假设有计划地组织新的实验研究。这样把个案追因法和实验法结合起来研究，所得结论的可靠性就更大。

(三)临床法

临床法(clinical method)也叫作临床谈话法，通常通过谈话形式进行的一种个案研究。

临床法既适用于问题儿童的研究，也可用于正常儿童的研究。前者旨在解决个案的问题；后者旨在由特殊个案发现儿童发展的一般规律。临床法的方式可以是面对面访谈，也可以是问卷访谈。

临床法应用的一般过程如下。(1)由教师、家长或学生本人提出具体的、需要帮助的行为问题或学习问题，然后进行观察。(2)根据学生的学习成绩、教育测量情况、同伴评价、家庭情况、该生在各种环境中的表现及访谈，明确当前的情况。(3)根据这个学生的发展史、学校记录、家庭历史等材料和访谈，了解其过去的历史。(4)根据可能的假设设置处理方案。(5)根据初步处理的结果判别假设是否正确，是否需要修改或者必须完全推翻。(6)为了提高研究的科学性，一般宜用实验法再加以检验。

(四)活动产品分析法

活动产品分析法(product analysis method)是通过分析研究对象的活动产品，如作业、书稿、日志、教案、总结、绘画、工艺作品等，从而对其能力、倾向、技能、熟练程度、情感状态等状况做出准确判断的一种研究方法。

活动产品分析法不仅研究人的活动产品，而且还要研究产品制造过程本身及有关各种心理活动状况。

如对儿童绘画作品的研究，可以了解他们的知觉特征和对所绘的物体形成的表象特征，还可以在一定程度上判断其智力水平。研究表明，智力落后的学龄儿童所画的图画，其内容通常是原始的，而且惊人地千篇一律。在儿童的绘画中，还鲜明地表现出儿童对周围环境的态度，他们的态度既影响主题的选择，也影响绘画方式，特别影响对物体和人物的着色，如儿童往往把"坏人"和动物涂上黑色。

运用这种方法应注意如下事项：(1)活动产品应该是研究对象(个案)自己创造的，即模仿抄袭的成分少；(2)应收集多方面的产品，避免以偏概全；(3)具备深入分析产品的技能。要从分析中得出可靠的结论，这种结论不仅局限在对产品的表面分析，关键还在于透过产品分析产品创造者的心理状态与发展水平。

（五）教育会诊法

教育会诊法（educational consultation method）是指召集有关教育专家学者（尤其是教师集体）通过讨论，就个案（学生的行为）进行鉴定，做出对研究对象比较客观公正的结论的一种研究方法。

教育会诊法的特点是集体性、简便性。它不仅适应于在个性方面有特点的学生，而且也适应于一般学生。会诊主要针对学生品行及学习方面的问题，研究者通常是教师，而不是专门的研究人员。因此，教育会诊法是一种广大教师普遍喜爱的个案研究方法。

教育会诊法通常包括六个环节：（1）明确会诊目的；（2）确定会诊参加者；（3）由班主任和任课教师详细说明对某一学生的看法；（4）组织集体讨论，广泛交换意见；（5）为该生（个案）做出鉴定，提出有针对性的教育措施；（6）根据学生的鉴定材料，教师对其教育工作进行自我反省，提高教育教学水平。

四、教育个案研究的评价准则

在教育个案研究过程中或在教育个案研究完成时，可用下面一些问题作为教育个案研究自我检测的评价准则：是否界定和说明了研究问题及个案的基本情况？个案记录是否简洁明确？是否遗漏或忽略了个案的重要信息？是否用多种手段或途径来收集个案的资料？对个案资料数据的来源是否加以详细说明？对个案特殊行为是否详细加以描述？是否提供个案家庭背景的情况说明？所获资料是否确实可靠？是否说明个案行为发展变化的过程和经历？诊断是否有充分的依据？对行为的判断是否运用测验或推论？是否考虑到个案作弊的可能性？是否注意到个案的行为动机？对个案的矫治是否考虑到伦理问题？对未来的矫治计划是否作了充分考虑？是否针对性地提出了具体的矫正辅导的措施、方法和过程？是否准确解释了矫正辅导的效果？个案报告的撰写格式是否规范？他人阅读个案报告后是否会对个案有真正的了解？

当然，不同内容的教育个案研究会有不同的研究方式，会有不同的评价方式。一般而言，以上这些问题在进行教育个案研究时是必须要考虑的问题，可供研究者进行教育个案研究时参考。

[示例 9-1]关于一名初中生的教育个案研究①

本教育个案研究中的个案姓名：×××；性别：女；年龄：被试：12 岁；

───────────

① 张志勇. 现代教育科研[M]. 青岛：青岛海洋大学出版社，1997：208－222.

身份：初中生。

一、问题行为简述

(一)被试的班主任和任课教师的观察情况

被试有说谎的行为及爱慕虚荣的表现，在班上不合群，人际关系差。但常以特殊的行为(如企图离家出走、不做作业等)引起老师和同学的注意，并做出令人怜悯的动作(如佯装身体不适)，以获得他人的关心，似乎迫切希望得到他人的关心。

(二)被试母亲观察的情况

1. 脾气暴躁，不听父母的话，被责骂后则到处对他人诉说自己为养女，没有得到父母的爱和关心。

2. 对新东西有强烈的占有欲，即使自己不需要也想占为己有，然后丢弃一旁，不借给他人，也不愿意借他人的东西。

3. 有偷窃行为，非经找出证据，则死不认错。偷来的钱用于交际，邀请同学，由她请客。对于金钱不知管理，随便乱花。

4. 不帮做家务事，也不知处理自己的事。

5. 不愿待在家里，一有空隙便出去，经常有离家出走的意图。

(三)与被试个别谈话发现的情况

1. 与其母亲有隔阂，不服父母管教，且不喜欢与弟弟交往，极想脱离目前的家庭，而去外地祖母家。

2. 没有自信心，自卑感重，无法与人维持良好的关系。

3. 希望能得到别人的关注。

4. 主观意识太强，做错事不知反省，反责怪他人。

二、资料收集

(一)个案生活背景

1. 家庭关系：父亲为个体经营者，43岁；母亲为个体经营者，42岁；弟弟，10岁，小学生。

2. 家庭经济情况：父母都为个体经营者，经济比较富裕。

3. 父母教育态度：父母过去对被试过于纵容，目前被试已渐长大则要求自主。但因被试脾气暴躁，有时遭毒打。

4. 兴趣特长：喜欢户外活动，尤爱游泳，无其他特长。

5. 生活简史：全家本住汉阳，后其父母到汉口做个体经营。被试上小学前，由其祖母抚养，后接到父母处上小学。在小学时，曾有一次负气出走，只身跑到祖母处，后经祖母劝告带回父母处。初中一年级上学期，经常和同学吵架，成绩很差，考试后分在差班。在学校无法找到可谈的朋友。在家对父母和弟弟的态度也差。被试爱慕虚荣，脾气暴躁，有说谎、偷窃行为，有离家出走的意图，令父母担心。

(二)社交生活

1. 经常喜欢和老师接近，到办公室找老师。老师们开始耐心地与之交谈，但日久则不胜其烦。

2. 与班上同学相处不融洽，常有吵架情形发生。但另一方面又经常请客，以此博得某些同学的喜欢。

(三)各项测试结果

1. 智力测验的结果，智商为88，属中等智力水平。

2. 学业成绩(略)。

3. 个性测验的结果，被试有强烈的自卑感，主观性强，与社会生活不协调，属不反省型。而且性格内向，很少参加集体活动。

三、个案分析

(一)幼年生活

被试幼年由其祖母抚养，可能因为祖母溺爱，而养成以后想要什么就要得到什么的习惯。回到父母身边后，又因为父母的过分迁就，形成任性的性格。

(二)家庭生活

1. 父母的情形：据被试说，其父母经常发生争吵。父母不和睦是造成个案问题的影响因素之一。

2. 与家人相处生活情形：被试认为自己是令人讨厌的，无法与家人和睦相处。而其父母也认为他是家庭的异己分子，自然不得父母的欢心。与其弟弟相处也不融洽，有时为了争看电视节目，而与弟弟大打出手。加上脾气过坏，没有良好的生活习惯，成为家里的头疼人物。由于被试对家庭缺乏归属感，所以极想脱离家庭，渴望从老师、同学中求得爱的补偿。

(三)学校生活

被试在学校也与同学不和睦，所结交的只是一些与其玩乐的朋友。因而在学校里，也找不到能倾吐的对象。被试又因功课和成绩差，在班上也无地位，只有以特殊的行为引起他人的注意和关心。

四、个案指导设想

首先，阅读被试基本资料和各项测试的结果，以了解其基本情况。

其次，以个别谈话方式，先建立与被试之间良好的关系，在宽松气氛下，与其交谈，以发现问题所在。要使被试能自我认识，自我解决问题。

再次，进行家访以了解被试家庭环境，并借以沟通被试与家的人想法与做法。

最后，与班主任及其任课老师交换辅导意见，以了解被试在学校生活的情况，并通过其他同学进一步了解被试。同时，要得到多方面的协助，从而促进对被试辅导的效果。

五、个案指导的成果

（一）个人方面

1. 通过多次谈话，使被试明白父母有时表达爱的方式可能有所错误，自己也需要反省。被试偶然有所理解，但大部分仍觉得其母亲责打的方式不对。

2. 增强被试自信心。

3. 让被试的班主任和任课教师给予较多的关怀，避免采取不正确方式。

4. 使被试明白要采取正确的态度和方法获取金钱和花费金钱。

5. 因被试自小习惯已养成，建立一种新习惯较困难。虽有心改之，但仍需要一段时间慢慢磨炼。

（二）家庭方面

1. 其母亲在盛怒之下责打行为，颇不得个案研究对象谅解。要使其母亲多理解孩子，多从孩子的立场看问题，可能会减少彼此的冲突；同时希望用适当的方法求得相互谅解。这虽是不容易的事，但经过尝试，有一定的效果。

2. 改变被试与弟弟的关系，除了被试自我约束外，也需要其弟弟积极合作，彼此相容。

六、结论

1. 因被试自小生活习惯已经养成，一时难以改正所有的坏习惯，但只要多给予关怀，耐心教育，会逐步改正。

2. 因被试智商不高，对于功课的要求不宜太高，首先是在于行为的改善。

3. 被试在本校仍有两年多时间，还有长时间予以观察，应继续进行追踪研究。

【学习与反思】

1. 什么是教育个案研究？它有哪些特征？

2. 教育个案研究的研究范围如何？

3. 试结合教育个案研究的基本程序，拟订教育个案研究报告提纲。

4. 教育个案研究的基本原则有哪些？

5. 教育个案研究的具体的方法有哪些？在具体运用这些方法时应注意哪些事项？

【实践与思考】

1. 试评本章提供的教育个案研究实例，并分析教育研究个案的研究报告的结构，尝试说明本研究采用了哪种或哪几种具体的教育个案研究方法。

2. 阅读郑宇峰的《慢慢走近你——对一个英语后进生进行的个案研究》（载于《天津教育》2004 年第 5 期），分析其研究过程。

3. 尝试选择一教育个案研究课题，设计研究的基本程序，拟订教育个案研究报告提纲。

【拓展阅读】

1. [美]维尔斯曼. 教育研究方法导论[M]. 袁振国，译. 北京：教育科学出版社，1997.

2. 叶澜. 教育研究及其方法[M]. 北京：中国科学技术出版社，1990.

3. 袁桂林，熊梅. 小学教育科学研究方法基础[M]. 长春：东北师范大学出版社，2000.

4. 陈向明. 教师如何做质的研究[M]. 北京：教育科学出版社，2001.

5. 王铁军. 中小学教育科学研究方法[M]. 南京：南京师范大学出版社，2002.

6. 谢春风，时俊卿. 新课程下的教育研究方法[M]. 北京：首都师范大学出版社，2004.

7. Clendenin, Dandy Connelly, F. Narrative Inquiry: Experience and Story in Qualitative Research[M]. San Francisco: Jossey Bass Publishers, 2000.

【资源链接】

1. 杨小微. 教育研究的理论与方法[M]. 北京：北京师范大学出版社，2008.

本书分十三章。第一章至第三章是本书的概论部分，通过对科学方法的历史演进过程的问题与反思，梳理自然科学研究历经的从经验到科学，从粗放到精致的发展脉络。本书的第四章至第十二章构成第二部分，分述了当今教育研究领域中人们时常要用到的各种研究方法。第十三章为本书的第三部分，主要介绍了教育研究中资料的整理与分析的方法。

参阅本书的"第十章 教育行动研究"。

2. 罗伯特·C. 波格丹（Robert C. Bogdan），萨利·诺普·比克伦（Sari Knopp Biklen）. 教育研究方法：定性研究的视角（第四版）［M］. 北京：中国人民大学出版社，2008.

本书是在欧美国家教育研究方法领域流行的教科书，出版二十多年以来广受欢迎。本书不仅阐述了定性研究的理论基础，而且提供了系统、详细的全程指导，从提出研究设想、确定研究问题，到设计概念框架、收集和分析研究数据，直至完成研究报告，一步步指导读者将理论转化为研究实践。

参阅本书"第二章　研究设计"中的"案例研究"。

第十章　教育行动研究

【内容提要】

　　行动研究作为教育研究领域新兴的研究范式，它既是一种方法技术，也是一种新的研究理念、或研究类型、或研究活动。它是一种适合于广大教育实际工作者的研究方法，近年来，吸引着越来越多教师的目光。

　　本章主要讲述行动研究的产生和历史发展；教育行动研究的基本概念与特征；介绍和解释教育行动研究的操作模式与操作程序；教育行动研究的优点、局限性和适用范围；介绍了教育叙事研究的基本概念等内容。

【学习目标】

1. 了解教育行动研究的理论背景与起源
2. 识记教育行动研究的概念和基本特征
3. 掌握教育行动研究的过程
4. 理解教育行动研究的适用范围与局限
5. 分析教育行动研究与教育叙事研究的异同
6. 掌握教育叙事研究的过程

【关键术语】

行动研究	action research	行动者	actor
教育行动研究	educational action research		
计划	planning	行动	act
观察	observe	反思	reflection
技术性行动研究	technological action research		
实践性行动研究	practice action research		
解放性行动研究	emancipatory action research		
教育叙事研究	educational narrative research		

苏联著名的教育家苏霍姆林斯基(1918－1970)曾发表 41 本教育专著，600多篇教育论文和 1200 多篇童话、故事和短篇小说。其中较著名的有：《给教师的 100 条建议》《把整个心灵献给孩子》《帕夫雷什中学》《和青年校长的谈话》等。他的书被称为"活的教育学""学校生活的百科全书"。他被人们称为"教育思想泰斗"。他在《给教师的 100 条建议》中提到：如果你(校长)想让教师的劳动能够给教师一些乐趣，是天天上课不致变成一种单调乏味的义务，那你就应当引导每一位教师从事一些研究的这条幸福的道路上来。苏霍姆林斯基伟大而光辉的一生给我们的启示是：真正的教育家是教育理论家与教育实践家的完美结合，真正的教育家成长成熟于对自教学工作的反思，成长于扎根课堂的行动研究。行动研究既是一种活动，也是一种理念，而且是贴近教师教学生活的一种研究方法。它不断为教师提供理性而科学的教学决策，有助于提高教学的有效性。

第一节　行动研究概述

教师的知识结构、生活场景、专业任务和研究目标的不同，决定了教师研究的独特性。教师从事的研究既没有专业研究者那样的规范性和普遍性，又有别于教师日常生活中经验总结的随意性。从研究的取向来说，教师研究的应用性、实践性、群众性、简易性、灵活性和发展性都说明了教师研究更具有行动研究的特征。

一、行动研究的产生和发展

"行动研究"是一个"舶来品"，最早产生于社会学领域，随后逐渐进入教育领域。

(一)行动研究的发端

1933—1945 年，美国第二次世界大战后主管印第安民族事务的官员约翰·柯利尔(John Coller)研究如何改善印第安人与非印第安人之间的关系。他上任后采取了一种保护印第安土著文化、支持印第安人区域自治的政策。在实施此政策期间，他安排专业人士和非专业人士合作研究改善印第安人和非印第安人关系的方案。这一过程他得到启发，认为专家研究的结果还须靠实际工作者执行和评价，倒不如让实际工作者根据自身的需要，对自身工作进行研究或许效果更好。他提出研究的结果应该为实践者服务，研究者应该鼓励实践者参与研究，在行动中解决自身的问题。这体现了行动研究的最基本思想。

(二)行动研究的确立

针对第二次世界大战结束后美国由于战争消耗而导致物质匮乏所产生的社会问题,社会心理学家库尔特·勒温(Kurt Lewin,1890—1948)对此开展了一系列社会心理学研究,并将行动研究策略直接应用于研究中。在对不同人种之间的人际关系进行研究时,他们当时与犹太人和黑人合作进行研究,这些实践者以研究者的姿态参与到研究之中,积极地对自己的境遇进行反思,力图改变自己的现状。

勒温在1946年发表了《行动研究与少数民族问题》中提出"没有无行动的研究,也没有无研究的行动"的论断,强调行动与研究间的密切关系,并且认为"将科学研究者与实际工作者的智慧、能力结合起来,以解决某一实际问题的方法"就是行动研究,第一次为行动研究定了名。勒温被誉为"行动研究之父",成为行动研究的第一代领军人物。

(三)行动研究走进教育领域

经由前哥伦比亚大学师范学院院长考瑞(S. N. Corey)倡导,20世纪50年代行动研究进入了美国教育研究领域。考瑞在1953年出版的《改进学校实践的行动研究》中,首次将行动研究引入教育研究之中,他将行动研究引入行政管理、课程、教学等各个方面实际问题的解决中,详细介绍了行动研究的理论基础、特点、实施原则、实施程序和注意事项。

(四)行动研究的沉寂

20世纪60年代中期"R. D. D. "模式及由此模式开发的"新三艺课程"(科学、数学、外语),在欧美推广遭到了挫折而受到批评。因为虽有著名专家的指导,有设备优良的实验室和基地等,但这种模式远离了学校生活和课堂教育实际。在这一模式下,研究者的计划、设想是研究的中心,实际工作者不过是理论设想的执行者和验证者,而且这些设想常常由于不是来自于学校实际,难免会和实际情况发生冲突。这导致了理论与实际的脱离,也导致了行动研究及其在教育中运用中的停滞不前。

(五)行动研究的再度兴起

行动研究再度兴起的正向动力来自于英国。1975年,英国课程论专家斯腾豪斯(L. Stenhouse)的著作《课程研究和开发概论》核心一章的题目为"教师是研究者"。他提出:教师是教室的负责人,而从实验主义者的角度来看,教室正好是检验教育理论的理想的实验室。对那些钟情于自然观察的研究者而言,教师是当之无愧的有效的实际观察者。无论从何种角度来理解教育研究,都不得不承认教师充满了丰富的研究机会。斯腾豪斯在书中初步提出了教师作为研究者从事教育研究的基本概念和方法，他本人因此而成为行动研究领域中公认的有影响的第二代领袖。

(六)行动研究的兴盛

斯腾豪斯领导的"人文课程研究"指导小组影响了他身边的同事如埃利奥特(Elliott, J.)、凯米斯(Kemmis, S.)等人，两人成为行动研究领域中第三代核心人物。

埃利奥特区分了两种教师变革自己实际工作的方式：一种是研究者提出课题假设、提供建议，教师将研究者提出的方案用于解决实际问题以便改进自己的教学，即"思先于行(reflection initiates action)"；另一种是教师针对某些实际问题，提出课题假设，在解决问题的过程中自我监控、评价，教师最初对问题的理解可望在评价的过程中得到修正和改进，即"以行促思(action initiates reflection)。他认为斯腾豪斯提出的"教师成为研究者"即属于第一种方式，这种"思先于行"的方式可能导致有学术偏见的研究方案进入教师的思考与研究范围，使研究和实践(采取行动)成为两张皮。为此埃利奥特提出了"教师成为行动的研究者"，建议从"教师成为研究者"转向"教师成为行动研究者"，即转向第二种研究方式，使研究与行动真正合二为一。

凯米斯与卡尔合著的《走向批判——教育、知识与行动研究》一书中提出"教师成为解放的研究者"。他所赞赏的是集体意义上的使用研究与对话，他认为专家帮助教师形成自己的研究共同体，由教师自己的共同体引导他们进行自我反思。正因为"解放性行动研究"具有集体的、共同体的性质，弥补了斯腾豪斯的"教师成为研究者"范式中以"个体户"为主的不足。

二、教育行动研究在中国

国内学者对教育行动研究的介绍与评价可以分为三个阶段。[①]

(一)介绍引进阶段

人民教育出版社出版的《西方近代心理学史》(1982)一书介绍了"勒温的拓扑心理学"，其中提到了勒温的"行动研究"。[②] 1984年，《外国心理学》杂志发表《行动研究》一文，有重点地介绍了行动研究的发展史、行动研究的过程并提出了在我国开展行动研究的展望。[③] 1987年，《教育研究》杂志发表《向幼教科

---

①　刘良华. 校本行动研究[M]. 成都：四川教育出版社，2002：54.

②　高觉敷. 西方近代心理学史[M]. 北京：人民教育出版社，1982：368.

③　陈立. 行动研究[J]. 外国心理学，1984，(3)：2—5.

研工作者推荐行动研究》一文重点讨论了行动研究的特点、行动研究法运用于我国幼教科研的意义及运用行动研究要注意的问题。[①] 自此到 1991 年，各种教育学术刊物对行动研究几乎保持沉默，当时人们的兴奋中心似乎在教育实验，信仰"教育科学的生命在于教育实验"，行动研究则不为人注意。

(二)兴盛发展阶段

在教育研究中，由于人们逐渐认识到实验研究或以自然科学方法为指导的局限性，开始自觉寻找新的发展路径，对教育实验研究的这种反思导致教育行动研究在 20 世纪 90 年代重新登场。1992 年前后，行动研究重新成为人们关注的焦点之一，各类教育学术刊物介绍行动研究逐渐增多。一些研究对行动研究是什么、有何特点、从哪里来、为何兴起、如何操作等进行较为详细的阐述。

(三)反思推广阶段

20 世纪 90 年代中期以后，人们对教育行动的研究开始进入反思阶段，出现了许多以行动研究为主要研究手段的研究论文与著作。在大陆也出现了一些具有典型意义的教育行动研究尝试，如上海青浦实验中学较早地尝试了行动研究的做法并对其历史、研究过程及基本特征进行了较为全面的考察。[②] 陈桂生教授主持的"大学—小学教师合作研究"，明确采用了教育行动研究法，其基本理念是：[③] (1)到中小学去研究教育；(2)从活生生的实践中汲取教育智慧；(3)以教师为合作研究的主体；(4)教育行动研究改善的过程与教师对教育行动的反思过程交错；(5)课题设计与操作程序力求简便，成果表述力求真实；(6)研究组合，自愿参加。

三、教育行动研究的含义

在过去的几十年里，学者们从不同角度对行动研究作了阐述。对行动研究认识的各种观点进行归纳，大致可以分为如下三种。

(一)技术性行动研究(technological action research)

它强调行动研究的科学性，认为行动者用科学的方法对自己的行动进行研究，代表人物是柯立尔。在这种技术性行动研究中，外来的理论研究专家吸收

---

① 王坚红. 向幼教科研工作者推荐行动研究法[J]. 教育研究，1987(1)：20—23.

② 李西亭，邹芳. 行动研究法和教育[J]. 上海师范大学学报(哲学版)，1995(1)：38—44.

③ 陈桂生. 到中小学去研究教育——"教育行动研究"的尝试[M]. 上海：华东师范大学出版社，2000：297—298.

实际工作者来研究从外部早已选定的问题和设计出的方案，而这些问题与方案并不是以实际工作者的实际关心为基础的。这种研究有时是为了验证或实验别处的研究结果的可应用性而进行的。这种研究有时可能有助于改进实践，但并不是以实际工作者自己合乎实际的论述为基础的。

（二）实践性行动研究（practice action research）

它强调行动研究者为解决自己实践中的问题而进行的研究，代表人物是斯腾豪斯。这种观点认为，外来的理论研究专家与实践者形成合作伙伴关系，帮助实践者清晰地表述所关切的问题，共同设计改革实践的行动策略，监控和观察问题情境和所实施的行动，并对研究过程和结果进行反思。在实践性行动研究中，外来的理论研究专家所起的是"程序顾问"的角色作用。这种研究方式一般有助于改进实践，提高实际工作者的认识和改善实践的情境，但不利于在实际工作者的群体内部培养对改进实践的共同责任感。

（三）解放性行动研究（emancipatory action research）

它强调行动者对自己的实践进行批判性思考，代表人物是凯米斯。在这里"解放"的本质含义就是"专业自主"。外来的理论研究专家帮助实践者形成自己的研究共同体。在这样解放性行动研究中，外来的理论研究专家并不是非有不可的；即便有，专家也只是参加群体的工作，并和其他成员在平等协作、分担责任的基础上工作。这样的研究方式有利于促使研究共同体和实践者群体对实践和研究过程负起责任，有利于发展实践者的批判性自我反思意识，有利于拓展教师们的专业自主，特别是教师集体的专业自主。

尽管学术界尚未统一对教育行动研究的定义，但其中有许多内核却是共同的，如行动研究是解决实际问题的；行动研究是将研究者与实践者结合起来的研究活动，即行动研究强调以工作在教学第一线的学校教师为研究的主体，针对自己在学科教学和班级管理中所出现种种问题，在校外专业教育研究人员的指导下进行诊断和分析，找出问题的原因，制定解决问题的具体计划和方案，并对实施结果进行评估。如果评估结果不佳，或出现其他的问题，再进行诊断、分析，制订进一步方案，实施和评估，如此循环往复，使教师的教学和管理行为不断得到改善与提高。[①]

教育行动研究是在教育情景中，由实际工作者和专家共同合作，针对教育问题提出改进计划，通过在教育教学中实施、验证、修正而得到研究结果的一

---

① 汪利兵．教育行动研究：制度、意义、方法［M］．杭州：浙江大学出版社，2003：252．

种教育研究活动。

[示例 10-1]北京市某中学姜老师开展的"改进数学作业，提高高一学生数学学习质量的实验研究"的行动研究①

1994 年秋，姜老师任高中一年级两个班的数学课，其中一个班的中考数学平均分在全年级五个班中排名第五。姜老师决心要改变这个班数学差的现状。他一方面改进课堂教学，另一方面加大作业量，除了课本上的习题全做外，还要做区里发的大练习本。一学期结束后，期末考试成绩平均分仍排在年级第五。他深感这个成绩与学生做作业所付出的心力相比，相差甚远。于是，他决定用行动研究法来提高该班数学学习的效果。为此，他打算在现有的条件下对作业加以改进。其做法大致如下。

界定问题：他阅读有关学习理论及有关数学作业改革试验的文献资料，请市教科所研究人员指导，经认真研究，确定以改进数学作业量和质，提高练习效果作为研究主题。

文献探讨：确定研究主题后，他广泛深入地收集与改进数学作业相关的各种资料，从中获知数学作业的目的、形式、作业量与练习效果的关系等相关理论。

拟定计划：根据文献及对问题的分析，姜老师确定高一（1）班（中考数学平均分最低班）为实验班。借用观察法、实验法等教育科研方法进行数学作业练习的研究。教学内容为高一第二学期的代数和立体几何的全部知识。

收集资料：姜老师根据研究设计，收集和整理学生对数学作业的意见，发现学生对数学作业的兴趣低落，练习效果不佳，原因是重复练习多，习题偏易，题型单调。

设计假设：根据分析研究，姜老师推出研究假设——对数学作业进行结构调整，即每次作业中，模仿性练习题和创造性练习题的比例为 7：3 或 8：2，以提高数学作业的练习效果。

实施行动：根据行动方案，姜老师开始进行数学作业的实验。他观察记录了学生的作业时间和正确率，发现中等以下学生完成创造性的练习题有一定的困难，于是不断调整创造性练习题的难度，使多数学生能通过创造性思考解答出创造性练习题。

评价效果：在实验过程中，该班学生学习成绩逐渐上升。高一第二学期期末年级统一考试，位于年级第二，进步非常显著。这表明实验确有成效。最后写出研究报告，总结了成功经验。

---

① 宋虎平．行动研究[M]．北京：教育科学出版社，2003：8.

四、行动研究的特征

如果说行动研究与学术研究的区别在于"行动"，那么，它与一般教学行动的区别则是"研究"。有学者把行动研究归纳为四项主要特征：[①] 为行动而研究；对行动的研究；在行动中研究；由行动者研究。

(一)为行动而研究(research for action)

本特征指出了行动研究的目的。行动研究的目的侧重于当时当地教育教学情境的改善，而不是教育理论的发展、教育普遍规律的发现。也就是说行动研究的根本旨趣不是构建系统的学术理论，而是解决教师在教育教学过程中遇到的问题，是为了实践本身的改变。行动研究的研究目的具有实用性，其研究的过程就是解决问题的过程，研究的结果也就是问题的初步解决。某一行动研究是否有价值主要看它对实际情况的改进而定，改进越多价值越大。

(二)对行动的研究(research of action)

尽管传统的研究也未尝不包括对行动的研究，然而行动研究中"对行动的研究"却要现实得多。如果说"为行动而研究"暗示这种研究方式是"以实践为中心"的话，那么，"对行动的研究"指出了行动研究是一种"以问题为中心"的研究形式，行动研究的对象是教育教学工作中的实际问题。

(三)在行动中研究(research in action)

在行动中研究指出了研究的情境和研究的方式。行动研究的环境就是实际工作者所在的工作情境，并非是经过特别安排的或控制的场景。行动研究的研究过程，即是实际工作者解决问题的过程，是一种行动的表现，也是实际工作者学会反省、问题探究与问题解决能力的过程。

(四)由行动者研究(research by actors)

在传统的研究中研究人员只负责研究，行动人员只负责工作的执行。但是行动研究要求行动者参与研究，研究者参与实践，并在研究和实践中彼此相互协作。行动研究的主体是实际工作者，专家学者参与研究扮演的角色是提供意见与咨询，不是研究的主体。这就使研究者能够深入到实践的主战场，以参与者的身份观察行动者和行动的过程，更加准确地把握问题，并用实际工作者能够理解的语言把共同研究的成果表达出来。这种双向的参与，缩短了理论研究和实践活动、研究成果产出与应用之间的距离。

---

① 袁振国. 教育研究方法[M]. 北京：高等教育出版社，2000：213.

五、教育行动研究的特征

众所周知，教育行动研究同行动研究一样，无论是在实践上，还是在理论上，都已经形成了一个庞大的"家族"，很难用一个定义把这个"家族"中各个成员的具体旨趣、范围与途径都概括出来。不过，它们在一些特征上还是一致的。教育行动研究的特征主要表现在以下五个方面。

（一）研究主体主要是教师

教育行动研究中，教师的主体作用主要表现在教师自己要：（1）确定研究课题；（2）制订行动研究计划；（3）实施行动；（4）收集、研究反馈数据并调整行动；（5）评价结果；（6）应用研究成果。

教育研究实践表明，开展教育研究，教师有着得天独厚的优势。教师置身于现实的、开放的、动态的教育情景中，能够随时随刻体察教学活动及有关现象的种种变化，不断地、及时地发现新问题，且能够依据自身丰富的工作经验直觉地对假设、方案的可行性和有效性做出判断，从而解决新问题。显然，这是专业研究者所无法替代的。然而，在教育研究的实践中，那种只把教师当作提供论证数据的测试者，把实验学校或教学实验班作为采集数据的资料库的做法屡见不鲜。"这种忽视教师直接参与研究的做法，可能会带来两种后果：一种是研究结果缺乏针对性和科学性，不能用于教学实践；另一种是教师积极性受挫，对科研成果不感兴趣。"[①]因此，作为一名研究型教师，不要忘记自己是研究者，应在教育研究中发挥主动性和创造性。诚然，为了提高行动研究的质量，取得更好的教育科研成果，行动研究并不排斥专家学者的合作参与。相反，它提倡专业研究者、专家学者参与行动研究，给教师当好顾问，从研究方法上给予指导，搞好合作研究。

另外，行动研究是一种"群体的行动智慧"。它不仅要重视教研组、备课组的伙伴互助，而且提倡中小学与大学、教研机构建立起经常性的伙伴关系。提倡课程专家、教材编写者、教研员、专业研究人员都要经常深入到中小学去，与教师一起聚焦课堂，研究、观察与改进课堂教学。

（二）研究对象是教育教学中亟待解决的问题

需要指出的是：并不是所有的教育问题都能进入到教育行动研究的视野。进入教育行动研究视野的问题具有以下突出的特点。

---

① 张志远. 国外教育研究的若干发展趋势[J]. 教育论坛，1991(1)：15—18.

1. 直接性

问题必须来自于教师自己的教育教学实践，是教师自己的直接经历和感受，而不是他人教育实践中存在的问题。行动研究不同于理论研究，它不研究他人的问题，而只研究自己工作中存在的问题。

如北京朝阳区豆各庄中学数学教师张肇基所开展的"代数扑克游戏活动提高初中学生数学运算技能的实验研究"，其研究问题便是他所教的七年级学生存在的数学运算技能差和厌学数学问题。

2. 特殊性

研究的问题通常仅限于本校或本校的某个教学班，属于某个学校的校情问题或班情问题，表现出较多的某所学校或教学班的特征，不具普遍性。行动研究的问题的特殊性要求人们在评价其研究成果时，在适用范围上要慎重，应多加分析，广泛听取各种意见，克服主观武断。

如北京第八中学超常教育实验所研究的问题，只是该校超常少儿实验班的几十名超常儿童教育中存在的问题，非常特殊。

3. 微观性

研究的对象多为教育教学实践中比较具体的微观问题。问题的范围较小，结构较简单，相关因素较少。也许有人对这类微观问题不屑一顾，认为这不是教育科研。其实，这是对教育科学研究的一种误解。宏观研究固然重要，但问题的解决最终还必须落到微观操作层次上。离开了微观研究，宏观思辨层次的研究成果也只是一种假说，其真理性还是一个悬而未决的问题。教师的研究课题，应该以教师的日常教学中的真实问题为研究的起点：问题即课题。

当然，行动研究把解决实践问题放在第一位，并不等于行动研究仅满足于问题的解决，而不对已取得的成果进行理论上的探讨。行动研究既然是一种研究，必然要对行动的过程和行动的效果进行理性思考，在实践的基础上，在一定的范围内做出自己的理论贡献。

(三)研究程序是自我反思、螺旋式上升

在一般研究中，当研究者提出问题、收集资料、分析资料、写出研究报告之后，研究也就结束了。但是教育行动研究与一般研究不同，它是一个循环过程：在教学行动中找到研究的兴趣点(提出问题)，观察(思考)引起你兴趣的事物，对教学进行反思(思考)，以新的行动方式投入教学，再次寻找研究问题……如此循环往复。反思是教师专业发展的核心。只有不断进行反思，教师才可能从技术型转变为反思型教师，进而发展成为创造型教师。

(四)研究过程具有系统性和开放性

系统性表现为教育行动研究的开展有一般的操作程序。行动研究的过程是一个螺旋式的发展过程，是一个由计划、行动、观察和反思四个环节构成的循环往复的运作系统。

由于教育问题复杂多样，而且处于动态变化的过程，因此行动研究的计划应有充分的开放性。此外，研究初期人们对问题的认识起初往往是局部的、表面的，所以要不断地观察和反思，依据发展中的实际情况，修改实施计划，甚至还可以更改研究课题，此类情况在行动研究中屡见不鲜。

(五)研究方法具有广泛的兼容性

行动研究没有独立于各种教育研究方法(调查研究法、观察法、比较研究法、测验法、实验研究法、经验总结法、理论研究法等)之外的某种特殊的研究方法，而是在研究中，根据研究问题的性质、研究过程的不同目的(如现状调查、收集实施行动后的有关资料，对实验结果的评价等)及研究者的能力，从已有的各种研究方法中灵活选择有关方法组合(如可以运用调查研究法、测验法收集资料，参照实验研究法进行教育实验，运用理论研究法对实验结果加以科学分析和理论概括等)。总之，它集各种教育研究方法于一体。这种多元化的研究方法(其实是一个方法体现)充分展现了兼容性的特点。

第二节　教育行动研究的操作运用

自从行动研究概念提出以来，行动研究很快成为教师开展教学研究、提高教师专业能力的主要手段。但关于行动研究具体如何开展目前没有一个统一的定论，很多研究者基于不同的理论假设和问题取向，提出了很多种不同的研究模式。

一、行动研究的主要模式[①]

教育行动研究的不同理论背景使得行动研究有了许多模式，每一种模式由于理论上的假设不同，关注的问题也不一样，在实施行动研究的具体步骤上也有一些差异。

(一)勒温的行动研究螺旋循环模式

勒温是行动研究一位重要的先驱，他提出行动研究包含计划、行动、观察和反省四个环节的概念，建立行动研究螺旋循环操作模式，如图10-1所示。

---

① 吴明隆. 教育行动研究：理论与实务[M]. 台北：五南出版社，2001：108.

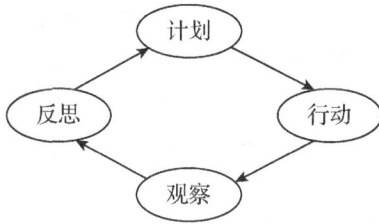

图 10-1　行动研究的螺旋循环模式

后来，勒温进一步把反思后重新修改计划作为另一个循环的开始，从而把螺旋循环模式作了修正，如图 10-2 所示。这个修正图成为行动研究操作的基本架构。

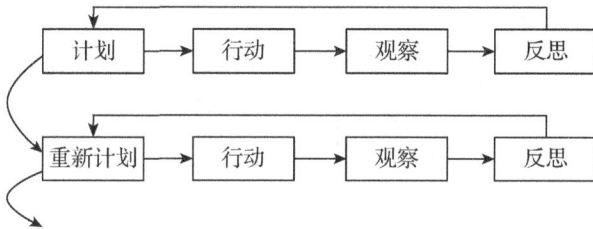

图 10-2　行动研究的螺旋循环修正模式

(二)埃伯特 (D. Ebbutt ，1985) 行动研究模式

埃伯特提出的行动研究模式包括如下步骤：(1)一般概念的形成包括问题的形成、问题原因的诊断、问题情境脉络的分析等；(2)考察阶段即资料收集

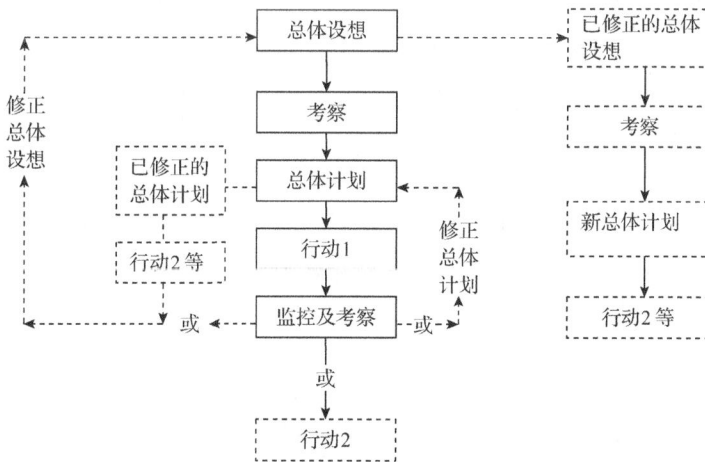

图 10-3　埃伯特(Ebbutt)行动研究模式

阶段，需要对资料收集做出计划；（3）拟订整体计划即拟订有效的行动方案，此方案会根据评价结果，适当加以调整；（4）采取行动即把方案付诸实施；（5）行动监控与自我评鉴，方案实施的结果，如果依据原先概念无法获得答案，问题没有得到解决，则应该修正概念，亦即重新分析问题、重新诊断原因、重新收集资料、重新计划，重新行动。这个模式结构如图 10-3 所示。

(三)德金(Deakin)行动研究模式

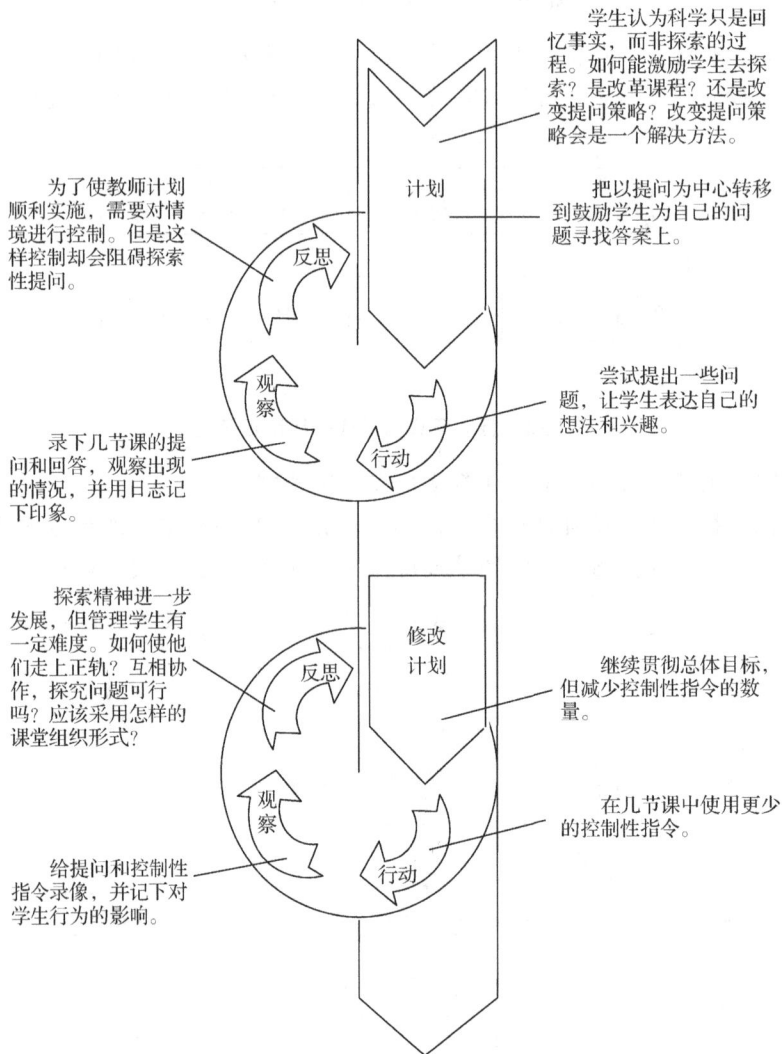

图 10-4　行动研究的德金程序示意图

德金把行动研究的四个环节内容结合教育实际，并用实际例子说明，使模式内容更形象化具体化。这种行动研究模式，鼓励教师主动参与，形成反思意识，为教师提升实践知识提供了方法。它强调"在行动中"研究在教学实际中发现的问题，突出了教师的研究地位；"反思"一词比较准确地解释了"教师成为研究者"的方式；它以"螺旋循环"的结构，形象地表达了行动研究既"持续研究""又不断改进"教育实践的发展进程。凯米斯认为一个循环的结束下一个循环开始时经过反思都会有一定的计划调整。它是一个螺旋圈的结束，又是过渡到另一个螺旋圈的中介。这是目前行动研究广泛采用的操作模式。如图 10-4 所示。①

（四）韦克特的诠释

韦克特（Whitehead）的诠释主要针对凯米斯、埃伯特等人的研究，认为他们已经远离教育实践的现实。他认为行动研究要以教师为中心，以发展教师专业为目的。为了令行动研究变得更有意义，他重新制定行动——反思的循环步骤，改写成一组提示性的句子，以另一个方法去解决教育实践问题。如：我遇到教学上的问题；我不能实践一些教学行为；我想象一个可解决问题的方案；我实行这个方案；我对这个方案的结果做出评价；我参考了评价的结果，重新评估这个问题。

这里的五个步子的核心实际上是"问题—方案—行动—评价—调整"。表面上看，这里五个步子并没有突破"凯米斯程序"，实质上，它悄悄地给行动研究输入了一个一直处于潜伏状态的新精神。这就是行动研究的"叙事研究"（narrative research）特征。也有研究者称之为"叙事的行动研究"（narrative action research）。教育叙事行动研究使教师人人参与行动研究成为可能。

二、教育行动研究的基本环节

尽管行动研究有多种模式，各种模式在行动研究的实施具体步骤上也有一些差异，但在基本的操作过程方面，它们有一些共同的基本思想。这些思想包括：行动研究的起点应该是对问题的界定与分析；行动研究应该包含对计划及其实施情况的评价，并在这种评价的基础上加以改进和反思；从总体上，行动研究的过程是螺旋式加深的发展过程。每一个螺旋圈又都包括四个互相联系、互相依赖的环节。

---

① 高文．现代教学的模式化研究［M］．济南：山东教育出版社，1998：145.

(一)计划

"计划"是指以大量事实和调查研究为前提,制订"总体计划"和"具体行动计划"。计划必须有充分的灵活性、开放性。计划始于解决问题的需要,它要求研究者从现状调研、问题诊断入手,弄清楚一系列问题。教师可以从思考自己的日常教育生活入手。

1. 教学中的问题

这个学期以来,哪一个知识点或哪一章教学效果最不理想?哪一部分内容难以引起学生兴趣?原因何在?有没有希望改变这种状况?采用什么办法可以改变这种状况?曾经哪一节或哪几节课给你留下了终生难忘的印象?为什么?

2. 班主任工作中的问题

你平时特别关注的学生有哪几个?为什么你对他们特别关注?你平时不怎么注意的学生有哪几个?为什么你会不注意他们?有没有需要你给予帮助的学生?你可以如何去帮助他们?

3. 你感兴趣的方法或做法

有没有你感兴趣,想要在教学工作中试一试的方法?如果有,你可以如何(何时、何对象、何内容等)进行尝试?

有没有你感兴趣,想要在班主任工作中试一试的方法?如果有,你如何进行尝试(何时、何途径、何内容等)?

4. 你想要改变的方法

你的教学中有你想要改变的方法吗?你的教学中有你想要调整的内容吗?你的班主任工作中有你想要改进的地方吗?

(二)行动

"行动"就是指计划的实施,它是行动者有目的、负责任、按计划的行动过程。在行动中,要按计划、有控制地进行变革。行动是在获得了关于背景和行动本身的反馈信息,经过思考并有一定程度的理解后,有目的、负责任、按计划采取的实际步骤。行动是灵活的、能动的。教师要重视行动后情况的变化,随着对行动和背景认识的逐步加深及各方面参与者的监督观察和评价建议,不断调整行动。

(三)观察

"观察"是指对行动的过程、结果、背景以及行动者的特点的考察。"观察"是反思、修订计划和进行下一步的前提条件。由于教育教学活动受到实际环境中多种因素的制约,而且许多因素又不能事先确定和预测,更不能全部控制,因此,观察在行动研究中的地位就十分重要。为了使观察系统、全面和客观,行动研究鼓励研究人员利用各种有效技术。观察的内容有：第一，背景资料。行动背景因素及其制约方式。这是分析计划设想有效性的基础材料；第二，过程资料。包括什么样的人以什么方式参与了计划的实施，使用了哪些材料，安排了哪些主要活动，有无意外的变化，干扰及干扰的排除等；第三，结果资料。包括预期的与非预期的行动结果，积极的和消极的行动结果。

为了提高行动研究的质量，必须追求观察的科学性，灵活运用各种观察技术以及数据的采集和分析技术，充分利用录像、录音等现代化手段等等。为保证观察的客观性，要让研究者与实际工作者、局外人与当事人从不同的方面进行多视角的观察，全面而深刻地把握行动的全过程。

(四)反思

反思是一个螺旋圈的终结，又是过渡到另一个螺旋圈的中介。反思是贯穿于行动研究始终的必备程序和要素。反思这一环节包括以下内容。

1. 整理和描述

即对观察到、感受到的与制订计划、实施计划有关的各种现象加以归纳整理，描述出本循环过程和结果，勾画出多侧面的生动的行动过程。

2. 评价解释

即对行动的过程和结果作出判断评价，对有关现象和原因作出分析解释，找出计划与结果的不一致性，从而形成基本设想。总体计划和下一步行动计划是否需要修正，需作哪些修正的判断和构想。

3. 写出研究报告

行动研究的报告有自己的特色，允许采取很多种不同的写作形式。这种研究报告使以往的"议论文""说明文"式的研究报告转换为某种"记叙文"式的、"散文"式的、"手记"式的、口语化的心得体会。它显得更亲近读者或听众，如陈向明博士所言：容易"使有类似经历的人通过认同而达到推广"。目前，行动研究的文本已经超出了科学与文学的界限，正向正统的科学研究说话体系挑战。

近年来，行动研究的操作过程又有了新的发展。如在研究过程中允许基本设想的游移交更，即研究人员不仅可以依据逐步深入的认识和实际情况，修改总体计划，而且可以更改研究的课题。另外，现在的行动研究更强调对行动全过程的监督，注重系统的反馈和开放性。

三、教育行动研究的操作程序

行动研究产生以来，人们除了公认行动研究是一种扩展的螺旋式结构外，对于实施的具体步骤提出了各自不同的看法。为了更便于教师做"行动研究"，在此我们从具体的案例入手来探讨行动研究的具体操作过程。

[示例 10-2]某中学二年级数学课李老师，发现自开学以来班上学生完成作业的情况较差，几次阶段总结测试的结果也非常不令人满意，学生学习效果普遍不佳。对此，他想运用行动研究法来了解问题的原因，并加以改进。实施步骤如下。

(一)发现问题

"数学课成绩不佳，想从研究中了解问题并加以解决。"

1. 怎样才能发现问题

要以积极探究的态度观察自己身边的教育现象，做一个"有心人"。在教育教学实践中要培养自己的问题意识，保持一种积极的教育研究态度。

2. 问题筛选的方式

任课教师和科研人员共同分析教育教学中存在的问题，对教师的教育教学问题做出概括和筛选；在教学研究活动或教研组活动中对教师教育教学中的问题进行讨论和交流，形成各年级或各门学科中的主要问题。

(二)界定问题

"如何增进学生学习数学的兴趣"，研究者要从发现的问题中，选定研究的主题。

(三)收集文献

"广泛深入地收集与增进学生兴趣有关的文献"，需要回答怎样查阅文献资料？查阅什么文献资料？通过文献研究了解什么内容？第一，掌握与所选主题有关的研究领域情况；第二，从搞好科研论证的角度收集资料；第三，从做好科研设计的角度收集资料。

(四)调查研究

自编一套评价学生数学学科兴趣量表，以调查研究法(问卷法)对班上学生进行学习兴趣的调查，收集调查资料并对资料进行分析，发现学生兴趣低落的原因，主要是教学内容难、偏、旧及教学方法落后。

(五)形成假说

"对教学内容和教学方法进行改进，即注意教学内容与学生生活和社会发展之间的联系，采用启发式等方法，可以提高学生学习数学的兴趣"。

(六)制订计划

"围绕如何提高学生学习数学学科的兴趣制订计划"，制订计划的几点注意事项：第一，要符合实际，量力而行；第二，计划应与学校要求相协调；第三，教学上的行动研究，应不干扰学校的正常活动；第四，采取的研究，必须在一段时间内能测量出结果；第五，计划应该具有足够的灵活性和开放性。

（七）实施行动方案

"开始进行新的数学课教学活动，同时注意对新的教学活动进行考察"。需要回答如下问题：（1）熟悉计划，做好准备工作；（2）对行动的考察是在行动的同时进行的，应积极选用各种考察行动的方法和技术，并同时与思考相结合（观察、访谈、成品分析等）；（3）要根据反馈信息定期或不定期地评估"执行是否正确"和"结论是否有效"等问题。

（八）评价实施结果

实施新教学活动后，再实施测验，以了解实施的效果。对研究成果的评价，并非以解释的完美与否为标准，而是以实际问题解决的程度为依据。

（九）修正方案与再实施

如评价结果有效，则继续原行动方案，否则必须再分析与诊断产生问题的原因，以修正行动方案。修订形成新计划，进入新一轮循环。

从这几个步骤中我们可以发现，行动研究是一个发展过程，在这一过程中，不但所研究的问题是发展的，而且更重要的，从事研究的教师也获得了发展，他们对问题的理解、研究问题的能力、解决问题的技术、对学生的了解、教学能力等都获得了发展。

这些程序只是大致给出了行动研究的基础过程，它并不能为教师提供"先做什么，后做什么"的井然有序的模式。在"科学研究"领域中来考察行动研究的操作程序也许更合行动研究的本意。所以行动研究的程序并不神秘，甚至可以说行动研究没有自己的程序。如果要谈行动研究的程序时，将它理解为一般的"科学研究"程序更好。

[示例10-3]教师行动研究案例

项目时间： 年 月 日（略）

发现问题：学生在英语课上表现不积极，不太愿意参与课堂活动。

提出假设：

（1）教材难度加大，学生学习有困难，对英语学习失去了兴趣。

（2）学生的现有语言能力有限，无法回答老师的提问。

（3）学生到高年级心理发生变化，有的学生爱面子，担心答错了丢面子，有的学生即使会，也不愿积极表现。

（4）教师的课堂活动设计单调，学生参与机会少。

（5）课堂气氛过于严肃，没有轻松的环境，学生不敢发言。

初步调查：采用问卷方式调查学生不积极参与课堂活动的原因。

调查结果：

(1)80％的学生表示对英语有兴趣。

(2)在自我评价中，仅有 5 名学生认为自己能比较主动地参与课堂活动，与我们观察和感受到的比较一致，占全班总人数的 14％。

(3)害怕答错问题丢面子的有 7 人。能回答问题，但不愿意参与的有 9 人。认为自己现有的语言能力有限，无法回答老师提问的有 6 人。

(4)半数以上学生表示他们不主动发言的原因是课堂气氛太严肃，不敢发言。

重新认识问题：大部分学生不积极参与课堂活动的主要原因在于课堂气氛的沉闷，以及课堂活动的单调。教师需要调整自己的课堂教学方式。

行动方案设计：

(1)教师从自身做起，努力营造宽松和谐的课堂气氛。

(2)改变以往教师串讲、学生串练的教学模式，设计丰富多彩的教学活动。在设计活动时要考虑到高年级学生的心理特点。

(3)尽量采用小组合作的方式讨论问题，让学生在小组内找到答案，从而自信地在全班同学面前回答问题。

数据收集方式：教师日志、观察、问卷调查。

评价效果：

(1)问卷调查表明，大部分学生都喜欢改进后的课堂教学方式。89％的学生的课堂活动设计很满意，78％的学生认为课堂学习气氛比以前更加活跃和轻松。93％的学生表示自己的课堂参与机会较以前多了，参与的积极性也比以前高了。

(2)课堂教学观摩：从观摩记录来看，从过去每节课仅有 6～7 名同学发言，到现在绝大多数学生在合作学习和小组讨论中积极发言，全班的气氛都被带动了。

(3)教师日志：在我们的教学日志中记录了很多学生参与课堂活动的事例，特别是在合作学习和自选阅读中，一些特别腼腆的学生也主动争取发言了。

教师反思：通过收集的数据，可以看出我们的行动研究方案取得了令人比较满意的效果，参与课堂活动的人数大大增加，课堂气氛更加轻松、和谐，师生关系也更加融洽。但是我们的计划也存在不足。大量的小组活动，相对占据了课堂的时间。虽然照顾到中等及以下学生的自信，但今后还要多给学生独立思考的空间，在活跃课堂气氛的同时更要重视学生能力的培养。

第三节 教育行动研究的思考

教育行动研究作为教育研究领域中的一种研究思想或活动，既有自身的优势，也存在自身的局限性。

一、教育行动研究的优点

(一)适应性和灵活性

行动研究简便易行，较适合于没有接受过严格教育研究方法训练的中小学教师采用。行动研究允许边行动边调整方案，注重实际的教育环境，较有利于在教育这样复杂的研究现象和领域内进行。

(二)评价的持续性和反馈的及时性

行动研究强调评价的持续性，即诊断性评价、形成性评价、总结性评价贯穿整个研究过程。反馈的及时性包括：一是及时反馈总结，使教育实践与科学研究处于动态结合与反馈中。二是若发现较为肯定的结果，便立即反馈到教育实践中去。

(三)较强的实践性与参与性

教育行动研究与教育实践紧密联系，紧紧围绕学校的实际问题进行。参与性体现为研究人员由一线教师和专职研究人员联合构成。

(四)多种研究方法的综合使用

在较成功的行动研究中往往汇集多种研究方法，理想的行动研究应是多种研究方法灵活而合理地并用。

二、教育行动研究的局限性

教育行动研究除了具备上述优势外，还具有一定的局限性。

(一)实际研究中缺乏系统思考

行动研究面对的是教育活动中当下的问题，在解决问题的过程中研究者（即行动者）所关注的往往是问题本身，而忽略了教育系统是个复杂的系统。系统各种要素之间不但是构成关系更是生成关系。行动研究由于缺乏系统思考，当前某个具体问题的表面解决有可能为今后教育活动的顺利开展埋下隐患。

(二)过分依赖经验忽视理论的作用

在行动中进行研究是行动研究的一大特色，然而，这种完全在现实活动中所进行的研究却带有极大的局限性，即研究者在行动研究中无论是在认识阶段还是在决策阶段所依据的大多是行动中观察所得。这会导致两个问题：一是受研究者的观察能力局限；二是教育活动中假象的干扰作用。二者综合在一起，使得整个行动研究过程充满经验性。

(三)操作流程上重决策轻认知

在许多情况下，特别是复杂的人类活动系统，"问题"的发现和形成有时比"问题"的解决更重要，因为前者更需要远见卓识和开拓精神，需要的是更为广泛意义上的系统思考。而且，没有对问题情境良好的感知，没有对"基本主题"准确地把握，就难以形成有效的行动计划。在实践中，行动研究也经常因其盲目性而被指责为"缺乏计划性"和"不够严谨"。

三、教育行动研究的适用范围

教育行动研究从研究主体的规模来分，主要分为独立进行的研究与合作研究。具体可以分为三个层次：单个教师的行动研究、教师团队的协作研究、学校范围内的联合行动研究。其中，科研人员、教师、行政领导三结合的研究即学校范围内的联合行动研究，最值得提倡。单个教师进行的教育行动研究规模小，易于实施，但研究问题范围窄，很难对教育问题进行深入细致的、说服力强的研究。教师团队的协作性教育行动研究可以发挥教师集体的智慧和力量，但由于都是一线教师，在理论的指导方面可能会较欠缺。学校范围内的联合行动研究是指教育专业人员、教师、政府部门、学校行政领导等组成的较为成熟的研究队伍共同从事的研究。这是较为理想的行动研究，它的优点是有教育专业人员参与，有较强的理论指导力量，能够充分发挥各类人员的作用。

行动研究是一种适应小范围教育改革的探索性研究方式，主要适用于教育实际问题而不是理论问题的研究，以及中小规模而不是宏观的实践研究。其目的不在于建立理论、归纳规律，而是针对教育实际情境，在研究中不断探索、改进和解决教育实际问题，从实践中来又回到实践中去。

四、提高教师教育行动研究水平的建议

(一)强化自我反思与批判意识

教师从事的研究是对自身教育教学实践的理解过程。没有批判的研究，是停滞不前的；没有反思的理解，是独断狭窄的。有了批判与反思，才有行动研究。强化教师的批判与反思意识，便是提高教育研究的水平。批判与反思不是孤立的活动，它应该贯穿于行动研究的始终。

(二)加强教师教育理论学习

行动研究要求以教育科学理论为指导，发现有价值的研究问题。行动研究

需要借助理性思维的力量，提出解决问题的新设想、新方案，增强科学的预见性，避免行动中的盲目性。行动研究要提倡教师不断将行动的经验概括上升为一定的理论。

(三)灵活运用教育研究方法

行动研究所采取的具体方法和技术应根据研究者所要解决的问题来决定。现实中教育教学问题的复杂多样性，决定了行动研究运用方法的多样性。在行动研究中常用的研究方法很多，包括参与性观察、准实验、追踪调查等。应强调的是：行动研究不仅要利用观察、调查等手段去诊断现状，发现问题，而且要用实验的手段去改变现状。实验研究与行动研究虽有差别，但两者之间不应有绝对的界限。实验要求主动变革研究对象，包含着行动；行动研究也包含着实验的成分。要引进实验方法进行对比分析，提高行动研究的质量，增强研究结果的说服力。

(四)加强中小学教师及研究工作者的合作

驱使行动研究不断深化的动力之一在于合作者之间的相互切磋、取长补短、寻求共识的内在需要。在与他人的对话中，合作者实现着多种视界的沟通、融合，激活思维，产生新知。对话的形式是多种多样的。教学观摩活动往往受到教师们的广泛欢迎。此外，还应该组织集体备课、教育会诊、网上咨询、学术沙龙、"头脑风暴"、个案研究报告会等多种活动。

第四节　教育叙事研究

教育叙事研究是近年来国内外新兴的一种教育研究方法，以经验的、描述的、贴近教育生活的特点，越来越被广大教育研究者所采用。

一、教育叙事研究的起源与发展

叙事研究起源于北美国家，在教育领域里运用最早的是1968年杰克逊(P. W. Jackson)运用叙事方法研究学校现场活动。1980年，伯克(L. Berk)提出自传是教育研究的首要方法。1990年加拿大的课程论学者康纳利(F. Connelly)与克莱迪宁(D. Clandinin)首次在教育研究领域使用"叙事研究"的术语。他们认为，人类的经验是以叙事的方式来建构的，并以故事的方式存在着。对教师的研究就是对教师生活故事的研究，教师通过对一个个亲身经历的实践经验的描述为教育研究提供素材，理论研究者从教育事件的显示过程中建构教育的意义。这样，叙事研究就成为理论与实践相结合的桥梁。

二、教育叙事研究的内涵与特点

叙事，原本是文学的一种样式。"叙"就是叙述，"事"就是故事。教育叙事研究是指以叙事的方式开展的教育研究。教育叙事研究的过程，就是通过讲故事的方式，描述有意义的校园生活、教育教学事件、教育生活和教育教学实践经验，发掘或揭示内隐于日常事件、生活和行为背后的教育意义、思想或理念的过程。它是描述性的、解释性的或理解性的行动研究。

教育叙事研究（educational narrative research）是研究者对有意义的教育教学事件的叙述，并通过对事件的描述与分析，揭示出隐含在这些事件与行为背后的教育思想、理论和信念，从而探索和发现教育教学的本质和规律的教育研究活动。

教育叙事研究不同于定量研究范式。定量研究范式是通过设立假设、实施实验、统计分析数据等程序获得精确严密可以反复验证的结果。而教育叙事研究则是通过对现场有意义的教育叙事材料进行分析，在分析过程中阐述叙事所表达的意义。教育叙事研究作为沟通理论与实践的桥梁，更贴近教育改革实践和教师的工作实际，因而受到广大教师的关注和欢迎。教育叙事研究具有如下特点。[①]

第一，教育叙事文本的非虚构性。即所研究的教育之事是纪实性的，是叙事者亲身经历的经验或研究者"现场"直接采集的材料，不是凭想象甚至胡编乱造出来的。

第二，教育叙事研究的伦理教育性。即叙事者和研究者有比较明显的价值判断、好恶褒贬和情绪情感倾向，从而体现研究的教育性。

第三，教育叙事研究的彰显性。教育叙事研究能帮助教师、学生甚至研究者本人审视、辨别乃至发现未曾看到的事物或不够清楚的事情，重现"个人史"，把蕴含其中的新意义彰显出来。

第四，教育叙事研究的实践性或行动性。叙事研究不仅仅是讲故事和写故事，而在于"重述和重写那些能够导致觉醒和变迁的教师和学生的故事，以引起教师实践的变革"。

[示例 10-4] 于漪老师关于《木兰诗》教学叙事研究案例[②]

今天上《木兰诗》课结束时，突然出现了一个意想不到的情况。我说这首诗

---

① 陈振中. 论教育叙事研究的若干理论问题[J]. 上海教育科研，2005(9)：30—33.

② 韩延伦. 教育研究方法[M]. 北京：高等教育出版社，2011：280.

是千古传诵的名篇，两次课能初步背诵是强记，课后要熟读牢记。一位同学噗嗤地笑了一声，问其原因，他说"同行十二年，不知木兰是女郎"是不可能的。许多同学附和他的意见，说"跋山涉水总要洗脚，虽不是实数十二年，总是时间很长，鞋子一脱，小脚就出来了，怎会不知是女的？"我指出北朝时候女子还没有裹小脚，谁知学生异口同声地问："那么什么时候开始裹小脚的呢？"我被问住了，答不上来。

知之为知之，不知为不知，绝不可强知以为知。我如实地告诉同学自己答不上来，课后想办法去查。

备《木兰诗》竟然要备中国古代女子什么时候裹小脚，这是我怎么也想不到的。教然后而知困。做一个中学语文教师该具备多少相关知识啊！问题还不在于教某一篇课文前的准备，而在于平时的广泛涉猎，细心采摘，日积月累，只有有了源头，才能有活水，课堂上才不会出现或少出现捉襟见肘的尴尬状况。

教学相长。学生促使我学得多一点，学得深一点。感谢学生对我的促进。

又记：边查阅赵翼的《陔余丛考》，其中《弓足》一篇记载：南唐后令宫嫔娘以帛绕脚，做新月状，由是人皆效之。课余将查阅所得告知同学。

结论：结合教学，不断学习和积累知识。

三、教育叙事研究的意义与局限性

（一）教育叙事研究的意义

教师主动参与教育研究、在研究中反思已成为教师专业化发展的内在需要，也是教育改革的需要。教育叙事研究是一种适合教师参与、利于教师反思并形成教师合作文化的有效途径。

1. 有利于教师个体的自主专业发展

教师的经验以叙事的方式形成"实践话语"，为教师提供了一条"使用生活世界的朴素的说话方式"，能够唤醒教师的主体意识，让教师转变为"研究者"，激发和培养教师的问题意识，让教师带着问题去参与经验，在经验中理解，在理解的过程中形成理论的思考，增强教师对教育生活的自我理解，拉近教育理论与教育实践的距离。

2. 有利于促进教师队伍专业化

教师叙事研究倡导走向教师合作的叙事。教师合作开展的叙事研究主要由教师集体合作叙事、教师与研究者合作叙事两种形式。教师将自身经历的有所感悟或困惑，以述说故事的形式与其他教师共同分享和探讨，必然会给教师带来一定的进步和启发，这种资源共享、开放的沟通与交流有利于教师之间的沟通和经验的分享，有利于教师相互合作和学习。这种新颖的研究类型能够增强教师群体的团队合作意识和研究能力。

(二)教育叙事研究的局限性

近年来，教育叙事研究在迅猛发展的同时也招致不少批评。其局限性主要表现在以下方面。

第一，样本小，缺乏普遍的解释力和推广力。由于叙事研究关注细节，往往是"微观叙事"，是依赖于具体情境中的特殊事件描述，研究成果的典型性、代表性经常被人质疑，也无法回答普遍性问题，也无法据此建立起普遍一般的理论。

第二，故事真实性、客观性无法检验。在教育叙事研究过程中，参与者可能会有隐秘的私人领域不愿公示给别人，使其或许不能够讲述真实的故事，或许会对事件进行加工，导致数据失真。①

第三，容易受研究者个人主观因素的影响，研究者在研究问题的确定、数据的收集、结果的解释及评价等方面，在很大程度上受到个人主观因素的影响，会降低研究结果的信度。

第四，对研究者要求比较高。教育叙事研究除了要求研究者贴近教育实践外，还要求有教育理论作为内隐的支撑。"在叙事研究中，研究者必须以对话者、倾听者的身份同时与三种声音(至少)进行交流：叙事者的声音(包括录音带或文本作者的声音)、理论框架(为解释提供概念和思考的工具)及对解释与阅读的反思性批判(即对材料所作结论的自我评价与反思)。"②

四、教育叙事研究的类型、步骤与方法

(一)教育叙事研究的类型

1. 从叙述的目的来看，教育叙事研究可分为"叙事的教育行动研究"和"叙事的人类学研究"

所谓"叙事的教育行动研究"，目的在于"以叙事的方式反思并改变教师的日常生活"。

[示例 10-5]叙事的教育行动研究：教师的爱(吴海鹰)③

那是在一次数学课上，我正讲到一个我认为非常重要的问题，平时不是很

---

① 张希希. 教育叙事研究是什么[J]. 教育研究，2006(2)：54—59.
② 卜玉华. 教师职业"叙事研究"素描[J]. 教育理论与实践，2003(6)：44—48.
③ 王枬. 岁月如歌——听优秀教师讲自己的故事[M]. 北京：接力出版社，2003：163.

自觉的周涛却趴在桌上睡觉，我非常生气，大声令其站起来并开始训斥，谁料他非但不接受，反而说："不是我想睡，而是……"我打断了他的申辩："你坐着听课想趴着，干脆站起来听课，省得你容易睡觉。"他只好站在座位上，还不住地抖动着身子，低着头，一副极不服气的样子。我恼怒至极，命其课后到办公室。然而，下课他却拿着书包请病假回家了。从此，他不再亲近我，还告诉同伴，说我不是位称职的老师，常常对我的话充耳不闻，有时还故意拗着劲。

事后我才知道，他是因为头天晚上感冒发烧，第二天坚持上学，实在支持不住才打盹。我心里一阵愧疚，想到自己的简单粗暴竟要使学生蒙受身与心的痛楚，真是极不应该。假如当时我能让他把话说完；假如我当时能以爱心感化，俯下身小声问一句："是身体不舒服吗?"情形就大不一样了。

所谓"叙事的人类学研究"，目的在于保持"教育理论与教育实践之间的互动"。

[示例 10-6]叙事的人类学研究：教师的身体语言①

场景：六(1)班　　语文课　　唐老师

时间已经临近上课，同学们在教室里闹成一团，有的学生还在互相追逐打闹着，对面教研室里的唐老师看上课时间就要到了，便从办公室里拿了包缓缓走进教室。她并没有说什么，只是很随便地往教室里一迈，双手抱臂，置于胸前，斜斜地靠在门口的一张课桌边，同学们便陆续停止了喧闹，快速奔回各自的座位，坐下拿出书本准备上课。

在这一场景中出现的教师，身体语言尽管显得较为随意，但是一旦出现在教室里，就给学生一种威慑力。在这种情况下，教师的身体也就成为了一种角色和规范的代言人。因而教师的身体语言形成的面具更多的就是一种教师身份的确认和权威的树立。

在教育叙事研究中，这两类不是截然分开或对立，而是相互关联的，都以自己的方式表达教育研究的意义和价值。

2. 从叙述的内容来看，教育叙事研究可分为三种：教学叙事、生活叙事和自传叙事

"教学叙事"即将某一节"课堂教学"叙述出来，在夹叙夹议中，将自己对教育的理解以及对这一节课的反思融入到相关的教学环节中，使之成为一份相对完整的案例。

---

① 王彦. 走进课堂生活的无声世界[D]. 桂林：广西师范大学，1999：105.

[示例 10-7] 教学叙事：如何公布学生的成绩？（刘奕琴）①

教学实践中，每逢大考都要讲评，讲评前一般都要以各种形式向学生或家长公布成绩。那是期中考后的第一节课。上课前，我已拿着试卷来到教室门口，一位女生怯生生来到我面前，小声问道："老师，等一下公布成绩吗？"我说："公布。""能否不公布我的成绩？"她用有点近似的眼神祈求地看着我。这时，我才明白过来，她是这次考得最不好的那位女生。我看了看她，点点头说："可以。"在公布学生成绩时，我公布了考得好的学生的成绩，其他的就不公布了。公布成绩后，我看了看刚才那位女生，她也正看着我，那眼神是感激还是……我说不清楚。

"生活叙事"即对课堂教学之外所发生的"生活事件"的叙述，涉及教师管理工作和班级管理工作，包含"德育叙事""管理叙事"等。"自传叙事"即教师以自己的生命经历为背景进行的"自我反思"，并经由"自我反思""自我评价"而获得某种"自我意识"。

3. 从叙述的主体来看，教育叙事研究可分为"展示"的叙事和"讲述"的叙事

"展示"的叙事，也叫自传性叙事，叙述者是自己，通过叙述自己的故事，重新对自己的经历进行咀嚼、回味和反思，获得认识和情感的升华。"讲述"的叙事，即是关于他人的叙事，叙述者是研究者，在叙述中解说发生的教育事件或故事，故事的主线和研究者的分析在解说中交叉出现，使所叙之事通过研究者的解读具有了特殊的意义。

[示例 10-8] 讲述的叙事：从情感接受的角度品味教师语言的案例研究②

场景：9 月 26 日　小学六年级数学课

W："谁的几分之几就用谁来乘以几分之几，比如说张三的七分之一就用张三乘以七分之一，李四的五分之四就用李四乘以五分之四，王麻子的六分之五就用王麻子乘以六分之五，听清楚没有？不要张冠李戴！听懂意思的请坐好！"

小学数学教师在讲解比较抽象的教学内容时，若能有意识地将抽象的符号转换成具体感性的形象，学生就会感到容易理解得多，这也是教师进行审美再

---

① 王栩．岁月如歌——听优秀教师讲自己的故事[M]．北京：接力出版社，2003：152.

② 万俊锋．从情感接受的角度品味教师语言的案例研究[D]．桂林：广西师范大学，2000：114.

创造的过程。形象的整体感可以给人以直观美的享受，形象的简化性还会留给人无穷的想象空间。W已经试图对小学算术运算中的"单位1"给予形象化，并且叮嘱学生不要"张冠李戴"，这对于帮助小学生理解抽象的"单位1"有一定实际意义。但是，W给"单位1"所赋予的形象是值得商榷的。如果采用实物（如一根线）会感觉更好些，"怎么可能把一个人分成几分之几呢"？想象力丰富的学生可能会因此听课"跑神"，去想象"王麻子乘六分之五"将会是什么情形。

（二）教育叙事研究的基本步骤与方法①

1. 确定教育现象之中的研究问题

教育叙事研究的研究问题来源于实践领域。研究者可采用不断聚焦的方法来鉴别探究的教育现象及内隐的研究问题。此过程需要考虑：首先，所探究的教育现象与内隐的研究问题要有价值；其次，所探究的教育现象及内隐的研究问题要有新颖性；最后，所探究的教育现象及内隐的研究问题具有可行性。

2. 选择研究个体

教师叙事研究的特点决定了目的抽样是主要的取样方式，兼顾就近和方便的原则选择研究个体，将能够为研究问题提供丰富信息的个体作为研究对象。抽样的具体方法可以根据研究需要采用非概率抽样的方式。

3. 收集故事，建构现场文本

在教育叙事研究中研究者走进现场，收集教育故事，建构现场文本是一项基础性工作。若现场文本积累较少，教育叙事研究将无法进行。研究者身处其中的教育情境往往处于两难处境：一方面，研究者若不能全然涉入教育情景，就无法描述和解释所探究的教育事件；另一方面，如果研究者全然涉入教育情景，有可能失去研究的客观性，因而需要与现场保持适当的距离。现场文本将帮助研究者和参与者一起全然涉入，又和参与者保持一定距离。此外，现场文本能够帮助研究者记忆及补充被遗忘的教育故事。认真书写现场文本，能够为研究者提供反思现场发生的事件。

研究对象的教育故事、生活故事、录音（像）材料等，研究者和研究对象之间的讨论、对话、访谈的文本，研究日记，研究者或参与者所做的现场笔记，有关文件、照片，研究对象个人或者与他人、家庭、社会的交互中形成的作品、生活记录及信件等都可以成为教育叙事研究有价值的现场文本。

4. 编码并重新讲述故事

一般而言，每一个教育故事的重新讲述需要如下三个步骤。

---

① 傅敏，田慧生. 教育叙事研究：本质、特征与方法[J]. 教育研究，2008(5)：36—
40.

第一，写出原始故事。这一阶段相当于完成从现场到现场文本的建构工作。有些故事，如利用录音或录像设备收集的故事需要在其转译稿基础上制作成为现场文本。如果已经是研究对象提供的文稿形式的故事，或者是参与者提供的某些反映自己教育故事的书面材料，就可以直接进入下一阶段。

第二，编码和转录故事，把收集到的现场文本故事的基本元素进行编码、转录。研究者首先要根据研究目的和研究问题的特点建立一套编码体系。奥勒莱萨将故事所包含的基本要素分解为：背景、人物、活动、问题和解答五个方面（见表10-1）。[①] 另外一种是克莱丁宁和康纳利提出的三维空间的叙事结构：相互作用、连续性和情境（见表10-2）。[②]

表 10-1　组织故事元素成为问题解决的叙事结构

背景	人物	活动	问题	解答
故事背景、环境、地理条件、时间、地点位置、年代和纪元	故事中描述的个体的原型、个性，他们的行为、风格和做事模式	贯穿在故事中的个体的动作，说明人物的思维或者行为	要回答的问题，或者要描述或解释的现象	对问题的回答，对引起人物发生变化的原因的解释

表 10-2　三维空间的叙事结构

相互作用		连续性			情境
个人	社会	过去	现在	将来	地点
注意内部的内在条件、感觉、期望、审美反应	注意外部的环境条件，其他人的打算、意图、设想和观点	看过去的、回忆的故事和早些时候的经验	看当前的故事和处置事件时的经验	看隐含的期望、可能的经验和情节线索	看处在自然情境或者在有个体打算、意图，不同观点情境之中的背景、时间、地点

编码过程是规范的叙事研究实施中不可或缺的环节，它们是评估研究合理

---

① Creswell, J. W. Educational Research: Planning, Conducting, and Evaluating Quantitative and Qualitative Research[M]. New Jersey Merrill: Prentice Hall, 2002: 530.

② Ibid.

性与准确性的重要依据。编码完成后进入转录环节，它是将故事的基本元素从故事之中抽取出来的过程，形成一个反映原始故事精神实质的精短的"骨架"型故事。

第三，利用故事的基本元素重新书写故事。研究者把已经转录出来的"骨架"型故事，按事件发生时间的顺序重新书写成清晰的包含故事基本元素的一个序列性的文稿，往往以第一人称讲述。故事的重新讲述以地点（如某某学校）和人物（我）开始，然后是事件（如教育过程中出现的不愉快、困惑或者兴奋等行为）。

5. 确定个体故事包含的主题或类属

完成故事的重新讲述，研究者要面临如何处理多个重新讲述的故事之间的关系：一是演绎思路，即基于某种理论框架将故事分为不同主题或类属，已有的故事对号入座；二是归纳思路，类似扎根理论研究方法，根据故事基本元素的特点将故事归类，同一类故事反映、支持共同的主题或类属，这些主题或类属代表着从故事里发展出来的主要思想；三是归纳与演绎相结合的思路，即主题或类属在先，它们来源于对编码、转录的故事的分析，主题或类属确定之后，可以考虑让某些理论加入，帮助分析主题。一般而言，叙事研究倾向于后面两种思路。

6. 撰写研究文本，确认与评估研究

建构研究文本是教育叙事研究的一项复杂而困难的工作。其正文包括研究的背景和意义、研究对象的选择、研究实施过程、研究的结果与分析。研究文本之中不要求进行专门的文献综述，重新讲述的故事要置于研究结果与分析部分的中心。确认和评估研究的准确性是教育叙事研究非常重要的工作。为了确保研究结论真实可靠，研究者需要检查和确认这些问题：研究者的关注焦点是个人经验，还是单一个体或少量的几个人；收集了个人的教育故事；对参与者的教育故事进行重新讲述；从建构现场文本的教育故事里浮现出不同主题或类属；教育故事里包含了有关参与者的背景或地点的信息；教育故事按照年代学顺序组织；研究文本有研究者与参与者合作的证据；教育故事恰当地表达了研究者的目的和问题。

教育叙事是我们教育生活的真情告白，是一个极富人文关怀和情感魅力的思索领域。作为未来的中小学教师要学会用笔、用心去感悟那些蕴含着细腻情感的教育故事。

【学习与反思】

1. 教育行动研究是在什么背景下出现的？它在国内外经历了什么样的发展历程？

2. 教育行动研究有哪些基本特征？与教育实验研究、教育叙事研究有什么区别？

3. 教育行动研究有哪些基本类型？每一种类型的基本特点是什么？

4. 你认为教育行动研究本身有什么缺陷？如何克服？

5. 教育叙事研究与教师专业成长的关系？

6. 叙事研究就是讲故事吗？为什么？

7. 教育叙事研究与前面学习的研究方法有何不同？

8. 查阅上海市青浦县"大面积提高数学教学质量"的教育行动研究，写出反思报告。

【实践与思考】

1. 到中小学中去，了解行动研究或校本研究在中小学教育研究中的运用情况。

2. 设计一份在学校开展行动研究的方案，并在小组内进行讨论。

3. 收集关于行动研究的文献，作一个简要的综述。

4. 选择一份教育叙事研究报告，加以评析。

5. 什么样的教育叙事称得上是研究？

6. 请结合自己的学习经历，撰写一篇个人教育自传，并与同学讨论交流叙事写作应注意的事项。

【拓展阅读】

1. ［美］萨格．行动研究与学校发展［M］．北京：中国轻工业出版社，2006.

2. 陈向明．在行动中学作质的研究［M］．北京：教育科学出版社，2003.

3. 陈桂生．到中小学去研究教育：教育行动研究的尝试［M］．上海：华东师范大学出版社，2003.

4. 郑金州．学校教育研究方法［M］．北京：教育科学出版社，2003.

【资源链接】

1. 汪利兵，等．教育行动研究：意义、制度与方法［M］．杭州：浙江大学出版社，2003.

　　本书在观念层面，没有很多深奥的概念；在学校制度建设层面，各种平台的建设非常具体；在方法层面，操作性也很强。本书不仅能使读者看到在教育行动研究的意义、制度和方法方面的论述，也能使读者分享试点学校和实验教师在认识、制度和方法层面所取得的具体进展和经验，对于没有参加项目试点的学校和教师具有很强的参照和启发意义。

　　参阅本书"第四章　教育行动研究的程序与方法"。

　　2. 刘良华. 校本行动研究[M]. 成都：四川教育出版社，2002.

　　本书从"校本课程开发""校本行动研究""校本教师培训""校本管理""校本评价""校本教学研究"等不同的角度透视了以校为本的教育改革的理念与行动策略。

　　参阅本书"第一章　行动研究的早期探索""第六章　行动研究在中国的引介与尝试""第十章　行动研究的特征"和"第十一章　行动研究的过程"。

第十一章　教育研究资料的整理与分析

【内容提要】

　　资料的整理分析是教育研究过程中一个重要环节。研究者通过各种方法获得的资料，需要经过系统的整理和深入的分析，才能获得关于教育现象或问题的真实、准确、可靠的信息。

　　本章首先介绍教育研究资料整理的意义，分别具体阐述文字资料和数据资料的整理过程，后两节则重点介绍教育研究资料的定性分析和定量分析。

【学习目标】

1. 理解教育研究资料整理的基本内容
2. 掌握文字资料和数据资料整理的一般过程
3. 掌握教育研究资料分析的定性方法
4. 掌握教育研究资料分析的定量方法
5. 掌握绘制各类统计图和统计表的基本要求

【关键术语】

教育研究资料	educational research data	资料整理	data reduction
定性分析	qualitative analysis	定量分析	quantitative analysis
数据统计表	data sheet	因果分析	causal-analysis
归纳分析	induction analysis	比较分析	comparative analysis
系统分析	systems analysis	描述统计	descriptive research
差异量数	measures of difference	相关系数	correlation coefficient
推断统计	inferential statistics	多元统计	multivariate statistics
数据图示法	data graphic method	同类比较	homogeneous comparison
相异比较	heterogeneous comparison	纵向比较	vertical comparison
算术平均数	Mean	中位数	Median
众数	Mode	全距	Range

标准差	Standard Deviation	标准分数	Standard Score
相关系数	Correlation coefficient	Z 检验	Z Test
集中量数	measurement of control tendency	t 检验	t Test

资料的整理分析是教育研究过程中一个重要环节。当研究者采用各种教育研究方法收集到大量的文字资料和数据资料之后，就要对这些原始资料进行整理统计和分析研究工作，没有经过系统整理分析的资料，只是一堆杂乱无章的材料堆积，不能说明问题，也难以体现资料的意义和价值。对资料的整理与分析工作始终贯穿于教育研究的全过程。

第一节　教育研究资料的整理

教育研究资料是研究者认为可能体现教育活动或教育对象某些特征的信息载体。运用各种各样的研究方法进行研究以后，必定会获得各种各样的研究资料，对这些资料进行科学的分析与处理会使这些资料显得更有意义。

一、教育研究资料整理的意义

教育研究资料整理就是根据研究目的，对获取的研究资料进行鉴别、分类、汇总、补充和评价，从而使资料能系统地、准确地、完整地反映教育现象或问题的过程。

资料整理是获得科学结论的重要前提。研究结论最终是从观察、调查、测量等获得的事实资料中分析并推而出来的，被整理的事实资料是否真实、可靠、准确，将直接影响到结论是否正确、可靠。对各种资料进行整理主要有以下意义。

（一）减少研究者或被研究者造成的失误

即使前期研究方案制订得很周到，实施过程严谨有序，收集资料的过程也很有章法，但教育研究是由人来进行的，而且教育活动又涉及被研究的教师、学生等人，这些研究者和被研究者也有可能因为种种原因而造成资料出现错误。

如研究者对教育活动中的一些情况可能会产生误解。对于"（教师）话音刚落，将近三分之二的学生举起了手，并且都看着教师"这一现象，有的人可能认为这些学生都知道问题答案，而且学习很积极；有的人则因为对该班学生的背景情况有更多了解，注意到这三分之二的学生中"所有中队干部和小队干部都举了手"，就有可能对这一现象有其他看法。这些不同的看法，显然不会全部都准确无误地反映客观事实，因此看似客观的行为表现（可作为课堂记录资料），也可能被看出不同的研究意义。

(二)协调不同信息来源之间的不一致

在教育研究中，研究者可以通过多种途径获取资料。例如，要了解一个班级的情况，既可以直接进教室观察（需注意外来研究者进入现场时有可能造成学生反应与平常不同），可以发放问卷或约请学生座谈，可以查看学生的作业本，还可以直接与教师交谈。任何人、任何教育活动都不是简单的物质实体，都可能在复杂的关系（人际关系、人和教育内容的关系、人和其他环境因素的关系、人和自己的关系）中产生复杂的表现。因此，任何一个信息来源都有可能在某一方面或某种程度上反映真实的信息，但难以反映全部的真实信息，而且不同来源的信息之间可能出现一些冲突或矛盾。

如语文课教师认为这个班纪律不错，数学课教师可能认为他们纪律不好，研究者必须对这些冲突或矛盾进行认真的分析，获得真实的信息。

(三)压缩在较大范围内收集的资料

在收集资料阶段，因为当时无法准确把握各种信息的研究价值，研究者宁可将"网撒得大些"，多收集一些资料。

如为了了解一个实验班的情况，研究者收集了一大箱子的学生作业、墙报稿、检讨书、教师评语等资料。事实上，经过筛选后，真正用到的资料不及其中的 1%。再如，若要了解经过一段时间的实验研究后，学生自主学习能力是否真的得到提高，研究者可能会将他们在实验前后对同一类题目的解答过程进行对比，而学生的解题思路往往反映在学生的草稿中。

这样，研究者就需要首先收集尽可能多的解题草稿，但资料收集到手之后，研究者又觉得并非所有的草稿都能反映他们所需要的信息。因此，有必要对收集到的大量资料进行整理分析。

二、文字资料的整理

教育研究中的文字资料很多，包括采用各种研究方法得到的文献记载、观察记录和访谈记录。整理文字资料的一般程序是：审核、分类和汇编。

(一)审核

审核(data check)就是仔细研究和详尽考察所获得的文字材料是否真实可靠和合乎要求。

在研究中必须确保研究资料的可靠性和合格性。因此，审核文字资料要遵循真实性、准确性和完整性原则。

1. 对观察得来的资料进行审查

通过观察得来的资料一般比较真实可靠，但有时也有人为的虚假成分：如在一些教育调查中，有时由于某种原因，被调查的学校或个人会做出种种假象来掩饰事实的本来面目。同时，由于对教育现象的感知和解释受调查者自己的价值标准和以往经验的影响，这也可能成为观察资料不准确的原因。所以，在审查资料时，要注意几个问题。第一，要检查观察资料是不是严格遵循科学方法的程序而获得的。第二，如果资料是用多种方法收集的，则应把通过观察获得的资料和通过其他方法获得的资料进行比较，发现问题再去核实。第三，当观察是以小组进行时，可将观察者之间所获得的资料进行比较。若有差异，小组要进行讨论和验证。第四，对于较重要的问题应注意观察时间的长短。一般说来，长时间的观察总比短时间的观察真实可靠。

2. 对用调查法获得的文字资料进行审查

用调查法所获得的资料主要包括两种。一是研究者亲自访谈研究对象而获得直接的文字记录资料。这种资料是否真实可靠，与受访者态度有关。被访谈者对访者谈越信任，获得的资料的可靠程度越高。此外，还与访谈者的谈话技巧和记录水平有关，访谈者不会引导，记录水平低，也容易出现错误，因此，如果有几个访谈者访谈相同的对象，最好把记录的资料进行核对。另一种是通过问卷收集的资料。审核时要注意：（1）是否完整，即是否有漏填项目；（2）是否有逻辑错误，如年龄填 10 岁，文化程度填大学毕业。

3. 对书面文字资进的审查

书面文字资料的审查，最重要的是确定资料的可靠性，否则再适合的材料也不能利用。首先，应搞清资料的作者及其背景。因为他们的政治态度和学术观点对文献会产生影响。其次，对于摘录的文字资料要注意核对原文，发现错漏及时更正。

(二)分类

分类(data category)是根据研究资料的性质、内容或特征，将相异的资料区别开来，将相同或相近的资料合为一类的过程。

在教育研究中，科学的分类常常是进一步探索的先导。分类涉及如下因素。

1. 分类的标准

分类是否正确，取决于分类标准是否科学。分类的标准是多样化的，主要有现象分类和本质分类。

现象分类(phenomenon category)是根据事物外部特征或外在联系所作的分类。

例如，把研究文献资料按年代分类；把调查资料按区域分类，或根据学生的性别、年龄进行分类；把教育现象分为小学、中学和大学，都属于现象分类。现象分类的优点在于简便易行，便于资料的存取和查找利用。但它比较肤浅，难以揭示事物的内在联系及其本质。

本质分类(essence category)则是按事物的内在本质或内部联系所作的分类。

本质分类也叫作科学分类。整理资料必须从现象分类过渡到本质分类。任何分类都包含三个因素：分类的母项、分类的子项和依据。

如根据研究对象的经济地位、政治态度和思想觉悟等社会属性进行的分类，属于本质分类。再如，学生可分为男生和女生，其中，学生是分类的母项，"男生"和"女生"是分类的子项，"性别"则是分类的根据。

研究者可以从不同角度对同一种教育现象或因素作不同的分类，这要看何种分类标准更有利于研究。

如学生在某学期第九周的一篇日记中描写了他在运动会上看到同学受伤后仍坚持跑到终点的事迹。这一资料就可以有不同的类别：从内容角度来看，它属于反映学生集体活动表现的资料；从性质角度来看，它属于反映学生意志力等心理素质的资料；从时间角度来看，它属于反映学生期中考试前后变化的资料；从范围来看，它属于反映学生在校生活的资料。

每次分类只能按照同一个标准，分类后的各项目的外延应当互相排斥。

2. 分类的方式

分类的方式一般有三种：划分、整理次序、系统分类。

(1)划分是最基本的形式。常用的划分法有一次划分、连续划分和二分划分。一次划分是划分一次便可达到分类目的的划分，如将学生成绩分为优、良、中、差四级。连续划分是在一次划分之后再行划分，形成多种层次的划分，如将学生区分为干部学生、一般学生之后，又将学生干部区分为班干部和小组干部，将一般学生区分为曾经担任过班干部职务的学生和从未担任班干部的学生。二分划分是最简单的划分，它根据有无属性将对象领域一分为二，如将学生区分为男生、女生。

(2)整理次序是较复杂的划分形式。它利用对象领域中的任何两个要素相联的某种不对称的、可传递的关系，来整理要素的次序关系。

如为了分门别类地进行研究，可根据人的身心发展关系，把教育阶段分为学前教育、小学教育、中学教育、高等教育等；为了调查学校教职工对学校教育的认识，可以把被调查者区分为校级干部、中层干部、教研组组长、一般教师等身份。

（3）系统分类是按事物本身系统进行分类，它比划分和整理资料更深刻地揭示了对象领域各要素之间的自然组合关系。这是科学研究中实际应用最多的分类方法，也是最有利于认识事物的方法。

如对学生主动性进行检测的项目系统（研究者将"学习主动性"的行为表现划分为五个方面，每个方面又各有 5 个行为指标，由此建立了"学习主动性指标体系"的 25 个主要项目），就是对"学习主动性"行为表现的系统分类。

（三）汇编

汇编（data organization）就是按照研究的目的和要求，对分类后的资料进行汇总和编辑，使之成为能反映研究对象客观情况的系统、完整、集中、简明的材料。

对分类资料进行汇编，首先，根据研究目的要求和研究对象的客观情况，确定合理的逻辑结构；汇编后的资料既反映研究对象的真实情况，又能说明研究所要说明的问题。其次，对分类资料进行初次加工。如给各种资料加上标题，重要的部分标上各种符号，对各种资料按照一定的逻辑结构编上序号。再次，汇编资料要做到完整、系统、简明和集中。所有采用的资料都要汇编在一起，大类小类要井井有条，层次分明，能系统完整地反映研究对象的全貌。还要用尽可能简短、明了的文字，集中说明研究对象的客观情况，并注明资料的来源和出处。

三、数据资料的整理

对于收集来的零散的数据资料，须经过整理加工，使之系统化。数据资料的整理（data reduction）一般也包括如下三个步骤。

（一）数据审核

数据审核（data check）主要检查原始数据的完整性（data integrity）与正确性（data correct）。

首先，应检查数据的完整性，就是根据研究目的检查原始记录是否有遗漏或重复，以便采取措施，填补缺漏，删去重复。其次，应检查数据的正确性，即检查收集的资料是否真实可靠，发现错误之处要及时核实改正。

数据审核方法可分为逻辑检查和计量检查两种。逻辑检查，是从理论和一般常识上来检查资料内容是否合理，指标之间是否矛盾。计量检查是检查统计数字在计算方法和计算结果上有否错误。

(二)数据分类

数据分类(data category)又称统计分类,即把收集来的数据进行分组归类。

教育资料统计分组的标志,一般有品质分类和数量分类。品质分类是指按某种教育现象的质量属性、类别、等级分类。如按学校类别、学生性别分类,或按学生成绩好坏、体质强弱分类。这种分类能直接反映教育现象性质的不同。数量分类以数量的大小为分类的标志,有顺序排列法、等级排列法和次数分布法等。

(三)数据汇总

数据汇总(data collection)是在分类基础上进行数据的汇总,汇总的方法包括数据排序、数据统计表及用数据图示法等。

1. 数据排序

数据排序(data rank)是将各数据从大到小或从小到大进行排列。

数据排序可以看出最高分和最低分是多少,各分数出现的次数和位于中间的是什么数等,包括等级排列和次数排序。等级排列是根据顺序排列划分等级。但与顺序排列不同的是,它是按数值所含的意义确定的。若是学习成绩,应以数值大的排为第一等级;若是反映时间,则应将最小的数值排为第一等级。次数排序是根据在指定的数值范围内,数据出现的频数大小排序。

2. 数据统计表

数据统计表(data sheet)是表达数字资料的一种重要形式,它把所研究的教育现象和过程的数字资料,以简明的表格形式表现出来。

数据统计表可以避免文字的冗长叙述,便于比较各项目之间的相互关系,便于总计、平均和其他统计值的计算,便于检查计算错误和项目遗漏。

(1)统计表的构成要素。统计表的构成一般包括如下几个项目。①序号。序号要写在表的左上方,一般以在文章中出现的先后次序排列。②名称。名称又称标题,是统计表的名称,应写在表的顶端中央。③标目。标目即分类的项目,依照排列的位置分有横标目和纵标目。④表身。表身即表中的统计数字,又称统计指标。它占据统计表的大部分空间,书写位置要上下左右对齐。⑤表注。表注写于表的下面。它不是统计表的主要部分而是次要部分。如果需要,可对标题补充说明。数据来源、附记等都可作为表注的内容。

(2)统计表的种类。统计表一般有单项表、双项表、复合表和次数分布表四种类型。

①单项表。统计表仅包括一种事项的比较或仅有一种分类，如表 11-1 所示。

表 11-1　某校各年级学生数①

年级	一年级	二年级	三年级	四年级	五年级	六年级
人数（人）	250	250	200	200	200	150

②双项表。统计表中包括两种事项的比较或有两种分类。如表 11-2 就是将学生按照班级和性别两个标志进行分类。

表 11-2　某年级操行评定结果②　　　　　（单位：人）

班别	甲		乙		丙		丁		总和
	男	女	男	女	男	女	男	女	
一班	6	5	8	8	6	4	2	1	40
二班	5	5	9	10	3	3	1	1	37
三班	7	6	9	8	4	3	0	1	38
总和	18	16	26	26	13	10	3	3	115

③复合表。统计表中包括两种以上事项的比较。如表 11-3 就是将学生按照专业、年级、性别三个事项进行分类。

表 11-3　日语、俄语两专业三年级、四年级操行评定结果③　（单位：人）

专业	年级	甲		乙		丙		丁		总和
		男	女	男	女	男	女	男	女	
日语专业	三年级	2	2	5	4	3	2	1	1	20
	四年级	3	3	5	5	2	3	1	1	23
俄语专业	三年级	2	4	3	4	4	2	0	1	20
	四年级	3	5	5	4	1	3	1	0	21
总和		10	14	18	17	10	10	3	3	84

---

①　王孝玲．教育统计学［M］．上海：华东师范大学出版社，1988：17.

②　同上书，17.

③　同上书，18.

（3）编制统计表的原则和要求。编制统计表的原则为：一要简明扼要；二要纵横标目安排适当。一个表只能有一个中心，说明的问题要十分明确，一目了然，避免绘制臃肿的包罗万象的大表。项目的排列要按照逻辑顺序合理安排。

编制统计表的要求为：标题应确切地、简明地说明表的内容；标目的安排要照顾到分类的层次；线条不宜过多。顶线、底线、隔开纵标目与数字的横线，以及隔开横标目与数字的纵线是表的四条基本线条。其余线条应尽量减少；数字用阿拉伯字母表示，小数的位数一致，数字的小数点要上下对齐，表内不应有空格，暂缺或未记录可用"…"或"……"表示，无数字用"—"表示，数字若是"0"或实际为 0，则应填写"0"；资料来源和其他需要说明的材料，要附注于表的下面。需加附注的标题、标目或数字，应在其右上角，标以适当的符号，如"※"或"＊"等。同时在附注的左端，也标以同样的符号，以便查对。

3. 绘制统计图

绘制统计图（statistical chart），即数据图示法，是利用几何图形或其他图形等的描绘，把所研究对象的特征、内部结构、相互关系和对比情况等方面的数据资料，绘制成整齐简明的图形。

绘制统计图是用以说明研究对象和过程的量与量之间对比关系的一种方法，能准确地表现统一资料，有助于对统计资料进行比较、对照、分析和研究。

（1）绘制统计图的基本原则。绘制统计图的一般步骤是：首先根据统计资料的性质和绘制统计图的目的任务，选定适当的图形，规划图的结构；其次是定坐标、划分尺度，根据统计表上的数据画图形；最后是上墨着色，书写标题和图例说明等。为了把统计图画得准确、合理、美观，必须遵循如下规则。

①图的标题要简明扼要，切合图的内容；标题文字应由左向右排列，一般写在图的正下方；图的号数写在标题的前头。

②有纵横轴的图形，横轴（基线）一般表示被观察的现象，尺度要等距，数字自左向右排列，小的数在左，大的数在右，写在横轴的下方。纵轴一般表示出现的频数；尺度从 0 开始，自下而上，小的数在下，大的数在上，写在纵轴的左侧。两个轴都要注明单位。

③图中线条的粗细，应依其重要性而有所区别。图形线条应最粗，基线和尺度线次之。

④在同一个图形上比较两个事物时，使用的比例要相同。

⑤图中如有必要另加解释的地方，可用图注加以说明。图注的文字应简明

扼要，字体要小。图注和资料来源应写在图题的下方。

（2）统计图的种类。教育研究中常用的统计图可按形状分为直条图、圆形图、线形图和直方图。

①直条图。直条图指用直条的长短表示统计事项数量大小的统计图。直条图主要用以比较性质相似的间断性资料。图形中被比较的事物是一组资料，称为单式直条图（见图 11-1）。

（单位：人）

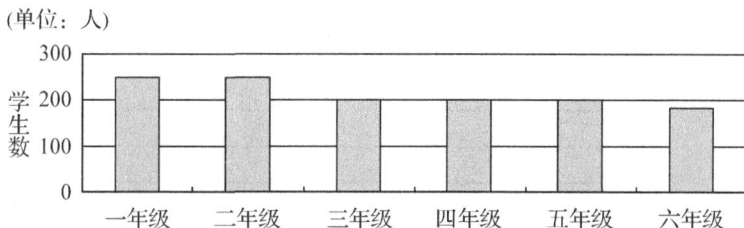

图 11-1　某校各年级学生数

图形中被比较的事物是两组或两组以上的资料，称为复式直条图（见图 11-2）。

（单位：人）

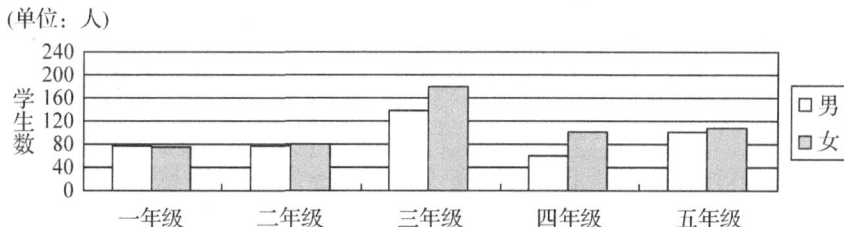

图 11-2　某小学 1981 年上半年在校学生男女人数分布

②圆形图。圆形图以圆形面积表示一组数据的整体，圆中的扇形表示各组成部分所占的比重。各部分比重一般用百分比表示。它适用于间断性资料。画图时，可先根据各部分所占的百分比求出各部分所对圆中心角度，然后再根据角度画圆形图（见图 11-3）。

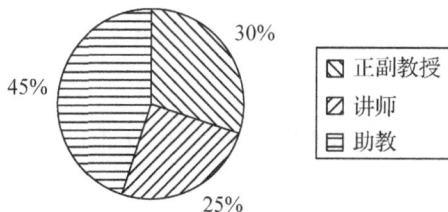

图 11-3　某大学正副教授、讲师、助教所占百分比

319

③线形图。线形图表示两个变量之间的函数关系，或描述某种现象在时间上的发展趋势，或某一种现象随另一种现象变化的情形的统计图。它适用于连续性资料。它通常以横轴表示时间或自变量，纵横表示频数或因变量。如图 11-4 是动态曲线图。

百分比：%

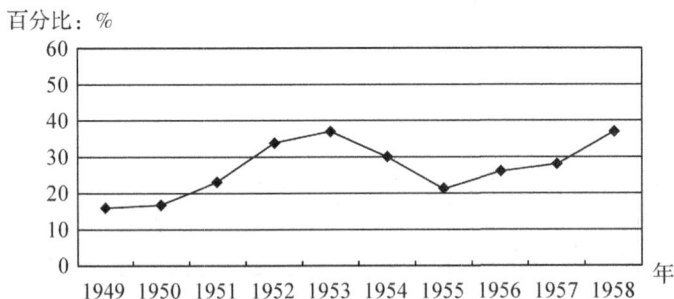

图 11-4　1949－1958 年全国中等师范学校学生数发展情况

④直方图。直方图是用面积表示频率分布的统计图。它适用于连续性的次数分布资料。其绘制方法是：先画一个直角坐标，以纵轴尺度表示次数，以横轴尺度表示数量的分组。直条的宽度表示组距，直条的高度表示次数。由于资料是连续性的，所以条与条之间不留空隙，条与条之间的直线也可以不绘出（如图 11-5）。

（单位：人）

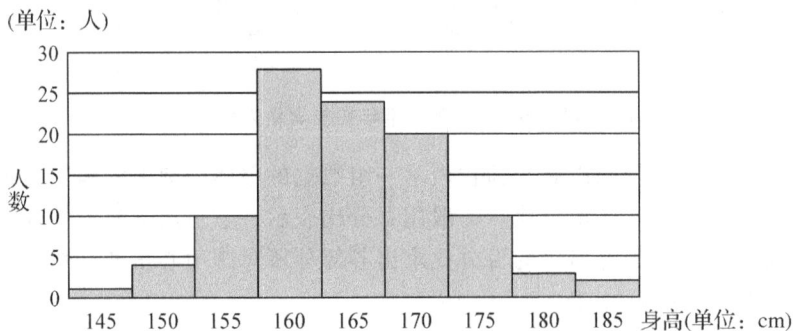

图 11-5　100 名大学生身高直方图

第二节　教育研究资料的定性分析

定性分析是教育研究中的基本分析方法，是指对事物质的规定性进行分析研究的方法，依据科学的哲学观点、逻辑判断及推理，从非量化的资料中得出对事物的本质发展变化的规律性的认识。定性分析的根本方法是哲学方法，它以思辨的方式，比较事物的异同，概括事物的类型，把握事物的规律。

一、定性分析的含义及适用范围

定性分析(data analysis)是根据一定的程序，对收集的质性资料进行归纳，把握事物的质的规定性的分析方法。

定性分析有两种不同的层次：一种是研究的结果本身就是定性的描述材料，没有数量化或数量化水平较低；另一种是建立在严格的定量分析基础上的定性分析。从科学认识的过程看，任何研究都是从研究事物的质的差别开始，然后再去研究它们的量的规定。在量的分析基础上再做最后的定性分析，得出更加可靠的结论。事实上，对事物的定性分析必然导致对事物的定量分析，定量分析的目的在于更精确的定性。定性分析与定量分析是统一的。定性分析是定量分析的基本前提，没有定性的定量是盲目的；定量分析使定性更加科学、准确，它可以促使定性分析得出广泛而深入的结论。

定性分析方法主要适用于以下场合：(1)注重对过程的探讨，而不是十分注重结果；(2)个体的发展，随时间推移发生的行为上的演变以及个案研究；(3)比较研究中的差异描述；(4)定性的评价分析；(5)有关观念意识方面材料的分析。①

二、定性分析的特点

教育研究中的定性分析，具有以下主要特点。

(一)注重对事物整体的及发展的分析

定性分析旨在把握事物的质的规定性，因此，必须通过对研究对象的整体分析，获得关于研究对象的整体概观。与定量研究不同，定性分析在内容上主要关注事物发展过程以及相互关系，因为只有将研究对象作为一个发展的整体加以分析，才有可能揭示教育过程各组成部分之间内在的关系、过程及与其他方面的联系，才能透过表面深入到内在本质，说明研究对象变化发展的真正原因。

(二)分析的对象是质的描述性资料

定性分析是以反映事物质的规定性的描述性资料而不是量的资料为研究对

---

① 裴娣娜．教育研究方法导论[M]．合肥：安徽教育出版社，1995：341.

象。这些资料通常是以书面文字或图片等形式呈现，而不是精确的数据形式；是在自然场合以定性的方法获得的资料，通过参与观察和深度访谈得来的，带有较大的模糊性和不确定性；是来自小样本以及特殊的个案，而不是来自随机选择和大的样本。因此，定性分析还常常需要量的资料进行补充。

(三)分析的研究程序具有灵活性

在分析程序过程上，定性分析不同于定量分析。定量分析有一个标准化程序，用数学语言表示事物的状态、关系和过程，在此基础上加以推导、验算和分析，以形成对问题的解释和判断，具有逻辑的严密性和可靠性。因为教育过程的动态性和多样性，需要不断进行调整，因此定性分析的程序具有较大的灵活性。前一步收集资料的数量和质量往往决定下一步的做法。

(四)分析方法采用归纳的逻辑分析

定性分析的客观性是基于所研究的对象是否有丰富的合乎实际的材料。分析收集的资料，不仅可以从不同的事物中找出共同性的联系，而且可以从许多不同的观察事例、典型中找出共同的特点，同时研究事物的特例，找出相异之处及其原因。

(五)分析的主观因素的影响及对背景的敏感性

定性分析是一种价值研究，一方面，很容易受到研究者和被研究者主观因素影响，主体自身具有一定的能动性、独立性和创造性，往往带有很强的主观体验色彩，这些都会影响分析的客观性；另一方面，教育研究对象的行为表现又总是与特定的情境相关联，离开这一特定情境，一定教育现象就不会发生，这就是背景的敏感性。因此，定性分析很关注对背景的分析。

三、定性分析的步骤

定性分析的过程，一般可分为以下几个步骤。

(1)按照研究课题的性质，确定定性分析的目标及分析材料的范围。

(2)对资料进行初步的检验分析。

(3)选择适当的定性分析的方法和确定分析的维度。

(4)对资料进行归类分析。通过分类，排列类别层次，区分不同情况下材料的差异，分析不同分类是否具有不同的意义以及事物发生是否有先后次序，进而鉴定各因素之间是否有相关或因果关系，寻求研究对象的特质规范。

(5)对定性分析结果的信度和效度进行评价。

四、定性分析的方法

定性分析的常用方法主要包括因果分析、归纳分析、比较分析与系统分析等。

(一)因果分析①

因果分析(causal-analysis)是指通过收集和整理的资料，判明事物之间因果联系的方法。

因果联系就是反映事物之间和事物内部相互作用的关系，在这种作用下，引起另一事物的产生者是原因，被引起者是结果。原因和结果的联系在世界上是普遍参照的，"无风不起浪"，任何一种现象都不可能平白无故地产生，任何现象也不可能不产生一定的结果。原因和结果的划分是相对的，甲现象产生乙现象，乙现象又会引起丙现象，这时，乙对甲来说是结果，对丙来说又是原因。在一定的条件下，不仅甲现象会引起乙现象，乙现象还会反作用于甲现象，使它发生进一步的改变，这时甲乙互为因果。

探求事物或现象之间的因果联系是个复杂的过程。各门具体科学都有各自不同探求因果联系的具体方法。

1. 求同法

求同法(method of agreement)，即契合法，指研究某一现象 P 的原因时，如果该现象分别在若干不同场合出现，在每个场合的先行情况中，只有一种情况 A 相同，其他情况都不相同，那么，这一相同的情况 A，就可能是被研究现象 P 的原因。求同法的规则如表 11-4 所示。

表 11-4　求同法规则

场合	先行情况	被研究对象
1	A，B，C	P
2	A，D，E	P
3	A，F，G	P
所以	A 可能是	P 的原因

求同法的特点是异中求同，其结论具有或然性。

2. 求异法

求异法(method of difference)，又称差异法，是指研究某一现象 P 的原因

---

① 李克东. 教育技术学研究方法[M]. 北京：北京师范大学出版社，2003：421－423.

时，如果该现象在一种场合出现，在另一种场合不出现，在两种场合的先行情
况中，只有一种情况 A 不同。其他情况都相同，那么，这一不同情况 A 就可
能是被研究对象 P 的原因。求异法的规则如表 11-5 所示。

表 11-5　求异法规则

场合	先行情况	被研究对象
1	A，B，C	P
2	/，B，C	P
所以	A 可能是	P 的原因

求异法的特点是同中求异，其结论也只具有或然性，但比求同法可靠。

3. 求同求异并用法

求同求异并用法(joint method of agreement and difference)，又称契合差
异并用法，是指被研究对象 P 在几个正面场合出现时，在先行情况中都只有一
个共同情况 A，而在几个反面场合不出现时，在先行情况中都没有这个共同情
况 A，这样，就可能确定这个共同情况 A 可能是被研究现象 P 的原因。求同
求异法的规则如表 11-6 所示。

表 11-6　求同求异法规则

场合		先行情况	被研究对象
正面场合	1	A，B，C	P
	2	A，D，E	P
	3	A，F，G	P
反面场合	1	B，E，N	/
	2	C，F，N	/
	3	D，G，R	/
所以		A 可能是	P 的原因

求同求异并用法的特点是既求同又求异，它一般要经过三个步骤：(1)在
正面场合用求同法得出结论；(2)在反面场合用求异法得出结论；(3)比较正反
两个场合的结论，用求异法得出最后的结论。这就是说，它是两次求同，一次
求异，兼有求同法和求异法的优点，结论比较可靠。

4. 共变法

共变法(method of concomitant variation)，就是在其他条件(B，C，…)不

变的情况下，如果某一现象 A 发生一定程度的变化，另一现象 P 也随之发生一定程度的变化，那么，前一个现象就可能是另一现象的原因。共变法的规则如表 11-7 所示。

表 11-7 共变法规则

场合	先行情况	被研究对象
1	$A_1 BC$	a_1
2	$A_2 BC$	a_2
3	$A_3 BC$	a_3
所以	A 可能是	a 的原因

共变法的特点就是在变化中求因，它不仅有利于发现现象之间的因果联系，而且可以进一步研究因果之间的数量关系，但是，共变法的结论也只具有或然性。

5. 剩余法

剩余法(method of residues)，就是指被研究的某种复合现象(P_1，P_2，P_3，P_4)是由某种复合原因(A_1，A_2，A_3，A_4)引起的，除去已知因果联系的部分(A_2，A_3，A_4 是 P_2，P_3，P_4 的原因)，则剩余部分(A_1，P_1)之间也可能存在着因果联系。剩余法的规则如表 11-8 所示。

表 11-8 剩余法规则

场合	先行情况	被研究对象
1	A_2	P_2
2	A_3	P_3
3	A_4	P_4
所以	A_1 可能是	P_1 的原因

剩余法的特点是余果推余因，其结论也只有或然性。

(二)归纳分析

归纳分析(induction analysis)就是从同类的若干个别事物或现象中概括出关于该类事物或现象的一般性结论。

在资料分析中，归纳主要指从经过整理的资料中提炼出一般性结论的过程。归纳分析是先列出事实材料，将这些资料与事实加以归类，然后从中得到一些启示，抽象概括出概念和原理。这是一种自下而上的分析途径。

1. 归纳分析的一般步骤

(1)整理材料。为归纳分析提供的事实性认识材料是正确的，但未必是有序的，所以首先必须整理材料。对于事实性认识材料的整理总是根据一定的标准，且这些标准的确定又是以研究目的和已有的知识为根据的。

(2)得出概括性结论。面对有条理的材料，研究主体就有可能做进一步的分析、综合。在这一阶段的作用是形成抽象的概念，做出概括性的结论，达到对提供的归纳材料所反映的事物的特征、联系与区别、条件与结果的正确认识，以及对事物的发生逻辑、发展趋势等方面的理性认识，这是从个别上升到特殊的过程。这一阶段在性质上已经超越了经验水平，达到了初步的概括。

(3)从特殊结论推向一般性结论。如果能通过研究找出事物内在的因果关系，那么，从"特殊"向"一般"推进所得出结论的可靠性就得到了重要的保证。

归纳分析的三个步骤在同一研究中有可能反复出现，归纳的对象也不局限于事实。围绕同一问题发表的各种观点，同一学科中不同学派的理论都可以成为归纳的对象。

2. 归纳分析的类型

归纳法一般有完全归纳法和不完全归纳法两种。

(1)完全归纳法(complete induction)是根据某类事物中每一个对象都具有(或不具有)某种属性，从而概括出该类事物的全部对象都具有(或不具有)某种属性的归纳方法。

如某中学王校长是大专毕业生，张副校长是大专毕业生，吴副校长是大专毕业生，苏副校长是大专毕业生，汪教导主任是大专毕业生，姚副教导主任是大专毕业生(王校长、张副校长、吴副校长、苏副校长、汪主任、姚副主任是该校领导班子全部成员)。所以，该校领导班子的所有成员都是大专毕业文化程度。

应用完全归纳法必须确知某类事物全部对象的具体数量，同时必须知道每一个对象具有或不具有被研究的那种属性，否则，就不能使用完全归纳法。

(2)不完全归纳法(incomplete induction)是根据某类事物的部分对象具有(或不具有)某种属性，从而推论出该类事物的全部对象都具有(或不具有)某种属性的归纳方法。

不完全归纳法又可分为简单枚举法和科学归纳法。

①简单枚举法的特点是：它的结论是根据社会现象的反复出现，又没有遇到相反的事例而做出的。

如在青岛市崂山区的中学开展教学评价活动，提高了教学质量，在黄岛区的中学开展教学评价活动，提高了教学质量；在市南区的中学开展教学评价活动，提高了教学质量；在李沧区的中学开展教学评价活动，提高了教学质量（崂山区、黄岛区、市南区、李沧区等的中学是青岛市区中学的一部分，在考察中没有遇到实行教学评价活动妨碍教学质量提高的情况）。所以，归纳出在青岛市区的中学开展教学评价活动，都能提高中学的教学质量。

②科学归纳法（Science Induction）是根据某类事物中的部分对象与某种属性之间的必然联系，推论出该类事物的所有对象都具有某种属性的归纳方法。

如甲地搞人才引进，提高了生产率；乙地搞人才引进，提高了生产率；丙地搞人才引进，提高了生产率。（甲、乙、丙地是全国的小部分地区，经分析得知，搞人才引进与生产率之间有必然联系）所以，凡是搞人才引进的地方，都会提高生产率。

科学归纳法比简单枚举法更复杂、更科学．简单枚举法的结论只具有或然性，而科学归纳法的结论却具有必然性。

（三）比较分析

比较分析（comparative analysis）是将反映两个或多个人（事物）情境的不同资料进行比较，或者将反映相同人（事物）前后发生的变化的研究资料加以比较，从而了解人（事物）的共同特征或相互差异、变化规律。

比较分析是根据一定的标准，对教育现象在不同情况下，或不同类别之间的相同点或相异点进行研究。比较分析属于演绎分析，与归纳分析不同的是，它先有一个假设，然后收集能检验假设的资料或事实，将事实与假设加以比较分析，最后得出结果。在教育研究中比较常用的比较分析如下。

1. 纵向比较

纵向比较（vertical comparison）是从事物发展变化状态来研究事物。

纵向比较适用于一个国家、一个地区，也适合于一个人。它可以是同一事物不同时期的比较，也可以是同一事物不同发展阶段之间的比较。

如要了解学生某学科学习发展变化状况，我们可以用他这学期和上学期的成绩进行比较。通过比较，我们可以看出虽然同是一个人，可能由于主观或客观发生变化，这个学生的该学科学习状况也会随之发生变化。

总之，纵向比较法是揭示认识对象在不同时期、不同阶段的特点及其变化发展趋势的思维方法。

2. 理论和事实比较

理论和事实比较（comparison of theory and practice）就是把某种理论观点与客观事实进行比较的方法。

在教育研究中，人们除了在客观事实之间进行比较外，还常常将某种理论观点、研究假设与客观事实进行比较，看看它们是否一致。理论与事实的比较过程，实质上就是用客观事实检验理论的过程。因此，这种方法实质上是检验理论、发展理论的方法。

3. 同类比较

同类比较（homogeneous comparison）就是对两个或两类性质相同的事物所具有的特征加以比较，在比较中寻找事物的共同点。它是从一种事物的特殊属性推测另一种事物的特殊属性的方法。

同类比较方法实际就是类比方法。如已知第一个对象具有某些特征从而具有某种性质，又知第二个对象也具有同样的特征，由此即可推断，第二个对象也具有同样的性质。类别是从人们已经掌握的事物属性，推测正在研究中的事物属性。它以旧有认识作基础，育出新的结果。在教育研究中，我们常常通过类比，用已知说明未知，发现类似之处，推出新的结论。

4. 相异比较

相异比较（heterogeneous comparison）就是对两个或两类性质相反的事物或一个事物的两个相反方面加以比较。即比较两个事物的不同属性，从而说明两个事物的不同。

就其思维过程来说，这种比较与同类比较相同，也是从个别到个别的推理。但是，它说明的不是两个事物的相同点，而是说明两个事物的不同点。这种相异比较的特点是结果鲜明，是非清楚，利于鉴别，便于分析。

5. 定性比较

定性比较（qualitative comparison）就是对两类事物所具有的属性、本质进行比较，从而确定事物的性质。

任何事物都是质和量的统一。质是事物内部固有的一种规定性，是一事物区别于其他事物的特殊性。我们认识事物，首先是认识它的性质，即它是什么，而不是什么，否则，就无法区别事物，也谈不上认识事物。在教育研究过程中，首先要划清各种事物的界限，进行定性比较。定性比较的方法有利于区别事物，认识事物。因而在教育研究中，常常采用这种方法。

6. 定量比较

定量比较（quantitative comparison）就是对事物的属性进行数量上的分析，从而准确地判定事物的变化。

认识事物和改造事物，都必须进行量的比较分析，特别是在教育研究中，没有量的观念，缺乏基本的数量比较，就不能正确地认识和把握事物。因此要进行定量分析，提倡用数据说话。

（四）系统分析

系统分析（systems analysis）是指从系统论的角度，考察与某个系统有关的研究资料，确定其各部分的特征、相互关系及它们与系统整体的关系，从而获得可靠结论的过程。

这种分析适合具有系统特征的教育活动或结构（如班级、学校）方面的研究资料。只有将研究对象作为一个发展的整体加以分析，才有可能揭示教育过程各组成部分之间内在的关系、过程及与其他方面的联系，才能透过表面深入到内在本质，说明研究对象变化发展的真正原因。

第三节　教育研究资料的定量分析

在教育研究中，必须善于把定性分析的方法和定量分析的方法结合起来。定量分析中最常用的分析方法是统计分析方法，故定量分析又常常称为统计分析。

定量分析（quantitative analysis）是指从事物的数量特征方面入手，运用一定的统计或数学分析方法进行数量分析，从而挖掘出事物的数量中所包含的事物本身的特性及规律性的分析方法。

根据研究目的的不同，可以把统计分析大致分为描述统计、推断统计和多元统计三类。

一、描述统计

描述统计（descriptive research）又称为数据描述，主要用于特征分析，即通过一些概括性量数来反映数据的全貌和特征。

数据描述包括集中量数、差异量数、地位量数、相关系数等。

（一）集中量数

集中量数（measurement of control tendency）是用来描述数据分布集中趋势的统计量，它是一组数据的代表值，代表着研究对象的一般水平。

常用的集中量数包括算术平均数、中位数和众数。

1. 算术平均数（Mean，$\overline{X}$）

算术平均数通常称平均数，又称均数或均值。它是衡量资料集中趋势的统计量，是一组性质相同的数值的代表值。

算术平均数的定义是：一定数目的观测值的总和，除以该数目所得的商。

算数平均数用公式表示：

$$\overline{X} = \frac{\sum\limits_{i=1}^{n} x_i}{n} \qquad (11-1)$$

其中，$\sum\limits_{i=1}^{n}$ 表示 $x_1 + x_2 + \cdots + x_n$，n 表示观测值的数目。

[**示例 11-1-1**]甲组 5 位学生的教育科学研究方法成绩分别为 100、99、60、21、20，乙组 5 位学生分别为 65、63、60、57、55。那么，

$$\overline{X}_{甲} = \frac{100+99+60+21+20}{5} = 60$$

$$\overline{X}_{乙} = \frac{65+63+65+57+55}{5} = 60$$

$$\overline{X}_{甲} = \overline{X}_{乙}$$

算术平均数是根据全部观测值计算得来的，能代表整体，较少受到抽样变动的影响，简明易懂，计算方便，是最严密、最可靠、最简单、应用最广泛的一种集中量数。但是，有时它会受到少数极端值的影响而大大改变其数值，削弱其代表性。

2. 中位数

中位数（Median，Md_n）就是把次数分布区分为两部分的一个点，其两边各有相同的观测值个数。

观测值为奇数且无重复数值时，当中的一个数值即为中位数；如观测值的个数为偶数，那么中间两个数值的均数就是中位数。中位数是根据全部观测值数目确定的，简单明了，计算方便。但它不如平均数那样容易被人理解，其用处也不如平均数那么广泛。

3. 众数

众数（Mode，Mo）就是在一组数据中出现次数最多的那个数值。

通常众数只用来对一组数据的分布情况作粗略地了解。例如，53、64、53、64、80、64、81 这一组分数中，64 出现了三次，它就是众数。众数不受极端数值的影响，易于理解。

(二)差异量数

差异量数（difference quantities）是用来描述数据分布差异情况或离散程度的统计量。

差异量数可反映集中量数的代表性：差异量数越大，集中量数的代表性越小；差异量数越小，集中量数的代表性越大。

如有两组数据：甲组：50　75　100/乙组：65　75　85。甲组差异量数较大，程度参差不齐，平均数 75 的代表性比较小；乙组差异量数较小，程度较齐，平均数 75 的代表性较大。

常见的差异量数有全距(R)、平均差(AD)和标准差(Standard Deviation，S)。

全距(range)是表示数据分布离散程度最简单的方式，即一组数据中最大数与最小数之差，所以又称两极差。

如某班学生数学成绩最高为 98 分，最低为 50 分，则全距 $R = 98 - 50 = 48$。R 小说明离散程度小，比较整齐。

平均差表示各量数离差($X - \overline{X} = x$)的平均数，指一组数据内的每个数与平均数差的绝对值的算术平均数，通常用 AD 表示。

标准差是一组数据离差平方和的均方根。

在统计分析中，经常应用的是标准差。其计算公式是：

$$S = \sqrt{\frac{\sum(X - \overline{X})^2}{N}} \qquad (11-2)$$

其中，$\sum$ 表示相加求和，X 表示各数据，$\overline{X}$ 表示算术平均数，N 表示数据个数。

[示例 11-1-2]按公式(11-2)，可算出例 1 中甲组标准差为 $S_甲 = 35.3$，乙组标准差为 $S_乙 = 3.7$，这就说明：甲组同学分化现象比较严重，乙组同学差异不大。虽然两组的均数都是 60，但乙组标准差仅为 3.7，均数 60 能代表该组，具有典型意义；甲组的标准差高达 35.3，差异十分显著，均数 60 分没有典型性。

标准差是最重要、最完善的差异量数，常与平均数一起使用，以便比较确切地描述数据分布的整体状况。它是统计推断中常用的统计量数。标准差值大，说明平均数的代表性小，离散程度大。

(三)地位量数

在教育测量后得到的分数，通常以百分制表示，一般称为原始分。原始分存在两大缺陷。一是不能反映各分数在总体中的地位，同样是 80 分，可能在总体中名列前茅，也可能名附榜尾。二是不同学科或不同考次的分数具有不同的价值，不能简单相加求其总和来确定位次。因此，仅仅用原始分的总分来判别学习成绩的高低，显然是不够公正不够科学的。为了解决原始分的上述缺陷，就得引进地位量数。

地位量数(measures of position)是描述或确定某一个观测值在全体数据中所处位置的统计量数。常用的地位量数是标准分数(Standard Score，Z)。

标准分数又称 Z 分数，是以标准差为单位来表示一个分数在团体中所处位置的量数。所以也叫相对位置量数。

用公式表示：

$$Z = \frac{X - \overline{X}}{S} \qquad (11-3)$$

其中，X 为各原始数值，$\overline{X}$ 为各原始数值的平均数，S 为标准差。

[示例 11-2]某生在班级第一次考试中得到 70 分，该班平均分为 64.2，标准差为 16.3。该生在班级第二次考试中得到 81 分，这次考试的平均分为 78.5，标准差为 11.3，经计算得到标准分为 0.22。从上述计算中可以看出，虽然该生第二次考试的分数比第一次提高了 11 分，但是该生在班级中的实际相对地位却下降了。

标准分数不仅能说明原始分数在分布中的地位，而且因为它是以标准差为单位的等距量表，故经把原始分数转化为标准分数，可以在不同分布的各原始分数之间进行科学的比较，因此，标准分数比较多的是用于成绩评定和录取新生工作上。

[示例 11-3]在某考试中，甲乙两生语文、数学、外语三科原始总分都是 253 分，限于名额，只能录取 1 名。请转化为标准分再决定录取结果。成绩分布如表 11-9。

表 11-9 甲乙两生考试成绩

	语文	数学	外语	总分
甲	76	92	85	253
乙	88	80	85	253
平均分	70	85	81	
标准差	12.5	3.1	5.5	

计算：(1)甲生语文标准分 $Z_{语} = \dfrac{76-70}{12.5} = 0.48$

甲生数学标准分 $Z_{数} = \dfrac{92-85}{3.1} = 2.26$

甲生总标准分 $Z_{甲总} = 0.48 + 2.26 = 2.74$

(2)乙生语文标准分 $Z_{语} = \dfrac{88-70}{12.5} = 1.44$

乙生数学标准分 $Z_{数} = \dfrac{80-85}{3.1} = -1.61$

第十一章　教育研究资料的整理与分析

乙生总标准分 $Z_{乙总}=1.44+(-1.61)=-0.17$

$Z_{甲总}-Z_{乙总}=2.91$，因此，应录取甲生。

由示例 11-3 可知，甲乙两生的原始分是相同的，但是，转化为标准分以后，甲生明显优于乙生。原因在哪里？主要原因就在于标准分考虑到了三门学科的"分值"是不同的，渗透了相对地位概念。

(四)相关系数

相关是指两列变量之间的相互关系。例如身高与体重、知识与能力、语文学习与外语学习、班级人数与教学效率的关系等。

相关系数(correlation coefficient)是用来表示相关程度的数量指标，用 r 表示。

相关系数的取值范围应是：$-1\leqslant r\leqslant 1$。当 $0<r\leqslant 1$ 时为正相关，表示两变量按照相同的方向变化，同时呈上升或下降趋势。当 $-1\leqslant r<0$ 时为负相关，表示两变量按照相反的方向变化，一个变量由大到小或由小到大变化时，另一个变量由小到大或由大到小变化。而 $r=0$ 时叫零相关，表示两变量的变化互不相关。

根据相关系数的不同数值，教育统计上分别给予相应的程度名称，如表 11-10。

表 11-10　不同相关系数的描述

相关系数	0.0~0.3	0.3~0.5	0.5~0.8	0.8~1.0
程度	低度	普通	显著	高度

应该说明的是，当两个变量相关时，只表明它们之间存在某种联系而已，并不意味着它们之间必定存在某种因果关系；当表中数值为正数时，则表示相应的正相关程度，又称正相关；当表中数值为负数时，则表示相应的负相关程度，又称负相关。

下面介绍两种基本相关系数及其计算方法。

1. 积差相关系数(product-moment correlation coefficient)

当测算的两类变量是用分数或数量表示时，一般用积差相关进行计算。用公式表示：

$$r=\frac{\sum_{i=1}^{n}(x_i-\overline{X})(y_i-\overline{Y})}{\sqrt{\sum_{i=1}^{n}(x_i-\overline{X})^2,\sum_{i=1}^{n}(y_i-\overline{Y})^2}} \tag{11-4}$$

333

其中，$x_i(i=1，2，\cdots，n)$是 n 个第一类变量，

　　　$y_i(i=1，2，\cdots，n)$是 n 个第二类变量，

$\overline{X}$ 是第一类变量的均数，$\overline{Y}$ 是第二类变量的均数。

使用公式时，两类变量的对数 n 要超过 $30(n>30)$，否则计算它们的积差相关系数就失去有效意义。

[示例11-4]某小学在统考中随机抽取 30 名考生的语文与数学成绩，试计算它们的相关系数。

语文成绩：60 62 53 57 62 59 48 41 46 58 51 55 78 74 60 62 53 57 62 59 48 41 46 58 51 55 78 74 60 62

数学成绩：62 80 77 65 64 67 53 58 67 65 68 68 69 58 88 62 80 77 67 65 61 58 65 68 68 69 58 88 62 80

代入计算公式(11-4)，得 $r=0.32$，说明 30 位考生的语文成绩与数学成绩呈普通相关。

2. 等级相关系数(coefficient of rank correlation)

在实际工作中，如果所掌握的资料不是用分数表示，而是用等级表示的，就需要用等级相关来计算相关系数。

用公式表示：

$$r_R = 1 - \frac{6\sum_{i=1}^{n}(d_i)^2}{n(n^2-1)} \tag{11-5}$$

其中，d_i 表示两类变量每对数据等级的差数，n 表示变量的对数。等级相关对 n 的多少不作要求。

[示例11-5]某校 10 名教师，教龄与教学能力评定等级如表11-11，试分析两者的相关程度。

表 11-11　教龄与教学能力评定等级

教学人员	教龄	教龄等级	教学能力等级	等级差数 d	差数平方 d²
一	3		10		
二	8		3		
三	2		9		
四	10		5		

续表

教学 人员	教龄	教龄 等级	教学能 力等级	等级差 数 d	差数平 方 d^2
五	6		8		
六	6		6		
七	12		2		
八	9		4		
九	5		7		
十	7		1		
合计					

计算时，先按教龄长短排出教龄等级，写在相应栏目内，最长为 1 级，余以此类推。教龄相同的，给予平行的等级，如序号"五""六"两位教师都定级为 6.5 级（此时无 7 级）。表中的"等级差数 d"等于"教龄等级"减去"教学能力等级"（见表 11-12）。

表 11-12 教龄与教学能力评定等级

教学 人员	教龄	教龄 等级	教学能 力等级	等级差 数 d	差数 平方 d^2
一	3	9	10	−1	1
二	8	4	3	1	1
三	2	10	9	1	1
四	10	2	5	−3	9
五	6	6.5	8	−1.5	2.25
六	6	6.5	6	−1.5	2.25
七	12	1	2	−1	1
八	9	3	4	−1	1
九	5	8	7	1	1
十	7	5	1	4	16
合计					33.50

代入公式(11-5)，得 $r=0.80$。由此可见，教龄与教学能力呈高度正相关。

二、推断统计

推断统计(inferential statistics)，也称为数据推断，就是用概率数字来决定某两组(或若干组)数字之间存在某种关系的可能性，并由样本特征来推断总体特征的统计方法。

常用的推断统计是统计假设检验，即差异显著性检验。

(一)差异显著性检验的基本思路

差异显著性检验是推断统计中最重要、应用最普遍的统计方法。

差异显著性检验是先对总体的分布规律做出某种假说(称为统计假设)，然后根据样本提供的数据，通过统计运算，根据运算结果，对假说做出肯定或否定的决策。

这种利用样本检验统计假设真伪的过程叫作统计检验。其基本做法是：

首先，建立虚无假设"H_0：$\mu_1=\mu_2$"，即假设被比较的样本均数没有显著差异。这种假设在统计学上叫作"零假设"，用 H_0 表示。

接着，分析推断"零假设"成立的可能性，用 P 表示。共有以下四种水平，前三种水平是：若 $P \leqslant 0.001$，拒绝 H_0，差异非常显著；若 $P \leqslant 0.01$，拒绝 H_0，差异十分显著；若 $P \leqslant 0.05$，拒绝 H_0，差异显著。根据概率论中"小概率事件在一次实验中实际不可能发生"的情况，可以拒绝"零假设"，从而确认被比较的各数值之间的差异确实存在着实验因素的影响。可以确认存在差异显著。第四种水平是：$P>0.05$，接受 H_0，差异不显著。如果"零假设"成立的概率 $P>0.05$，就应接受零假设，也就是说，被比较的各数值之间所存在的差异，仅属于随机误差所致。这在统计学上称为差异不显著。

(二)几种常用的检验方法

1.Z 检验(Z Test)

Z 检验适用于大样本($n>30$)的均数差异分析。具体有两种方式：单总体的 Z 检验与双总体的 Z 检验。

(1)单总体的 Z 检验

如果要对来自一个总体(单总体)的大样本平均数差数进行显著性检验，用单总体的 Z 检验。用公式表示：

$$Z=\frac{|\overline{X}-u_o|}{\dfrac{S}{\sqrt{n}}} \tag{11-6}$$

其中，$\overline{X}$ 表示样本平均数；u_o 表示总体平均数；S 表示总体标准差；n 表示样本的容量。

[**示例 11-6**]某市一次外语考试成绩平均为 80 分，某校 49 名考生均分为 90 分，标准差 20。问该校学生的外语成绩是否优于市水平？

检验步骤为：

①建立虚无假设 H_O：$u = u_o$

②计算 Z 值

$$Z = \frac{|90-80|}{\frac{20}{\sqrt{49}}} = 3.50$$

③查 Z 值表，确定检验水平的临界值，$Z_{0.001} = 3.30$。

④比较统计量与临界值

$Z = 3.50 > 3.30$，从 Z 值表查出 $P < 0.001$，拒绝虚无假设 H_O。所以，可以认为该校外语考试均分非常显著地高于市平均分。

（2）双总体的 Z 检验

如果要对两个全然无关的组别随机抽取的样本均数进行显著性检验，而且 $n > 30$，用单总体的 Z 检验。用公式表示：

$$Z = \frac{|\overline{X}_1 - \overline{X}_2|}{\sqrt{\frac{S_1^2}{n_1} + \frac{S_2^2}{n_2}}} \qquad (11-7)$$

[**示例 11-7**]从某校某年级中随机抽取男生 40 名，女生 40 名，分别计算其数学成绩的平均数和标准差（表 11-13），问男女生的数学成绩是否存在显著性差异？

表 11-13　某校某年级学生数学成绩统计分析表

性别	人数(n)	平均数($\overline{X}$)	标准差(S)
男（样本 1）	40	72.07	18.15
女（样本 2）	40	80.07	15.32

检验步骤：

①建立虚无假设

H_O：$u_1 = u_2$

②代入公式(11-7)计算出 Z 值

$Z = 2.12$

③$Z=2.12>Z_{0.05}=1.96$，$P<0.05$，拒绝虚无假设 H_0。所以，可以认为该年级男女生数学成绩存在显著差异。

2. t 检验(t Test)

t 检验适用于小样本($n<30$)的均数差异分析。进行 t 检验，牵涉到"自由度"概念。

所谓自由度，是指用来估计表现总体的某方面性质的变量值独立自由变化的数目，用 df 表示。

这好比 4 个人去旅游，下火车后行李没地方存放，只好留下 1 人照看，其余 3 人则可自由活动。这时，自由活动只能在 $4-1=3$ 的范围内进行，所以其自由度为 3。但是，自由度并非都为 $n-1$，它会随着受限制的因子个数的变化而变化。比如，在检验两个班级学生的成绩差异时，因每个班级都有一个受限制的参数，其自由度就会出现 $df=n-2$ 的情况。t 检验的方法与 Z 检验基本相同，也分为两种：单总体的 t 检验与双总体的 t 检验。

(1)单总体 t 检验。要对来自一个总体(单总体)的小样本平均数差数进行显著性检验，用单总体的 t 检验。用公式表示：

$$t=\frac{|\bar{X}-u|}{\frac{S}{\sqrt{n}}} \qquad (11-8)$$

[示例 11-8]某班学生外语期中考试成绩平均为 73 分，标准差 17。期末考试后，随机抽取 20 人，其平均成绩为 79.2 分。问该班学生的外语成绩是否有显著进步？

检验步骤为：

①建立虚无假设 H_0：$u=u_o$

②代入公式(11—8)计算出 t 值

$$t=\frac{|79.2-73|}{\frac{17}{\sqrt{20}}}=1.63$$

③自由度：$n-1=20-1=19$

④查表得 $t_{0.05}(19)=2.093$

$$t<t_{0.05}(19)，P>0.05$$

接受虚无假设 H_0。说明该班级学生的外语成绩进步不显著。

(2)双总体的 t 检验。用公式表示：

$$t=\frac{|\bar{X}_1-\bar{X}_2|}{\sqrt{\frac{n_1S_1^2+n_2S_2^2}{n_1+n_2-2}\left(\frac{1}{n_1}+\frac{1}{n_2}\right)}} \qquad (11-9)$$

自由度 $df = n_1 + n_2 - 2$

[示例11-9]某项教学改革在实验班与对照班各10名同学中实施。改革前实验班的均数是58，标准差为5.47；对照班均数为56.8，标准差为4.57。改革后实验班的均数是63.6，标准差为5.28；对照班均数为56.7，标准差为6.10。应当如何评价这项教学改革？

分析：评价教学改革的成效，也就是评价改革后与改革之前相比是否存在显著性差异。这至少要从两个方面进行比较：一是改革前两个班的情况是否相仿，应该要求两个班的均数不存在显著性差异；二是看改革后两个班的均数是否有了显著差异。为此，就得分两步进行检验。

①实验前两班均数的差异性检验：

A. 假设 H_O，即两班成绩无显著差异。

B. 将有关数据代入公式(11-9)，计算后得：$t_1 = 0.51$

C. 自由度 $df = 10 + 10 - 2 = 18$

D. 查 t 表得：$t_{0.01}(18) = 1.734$，$0.51 = t < t_{0.01} = 1.734$，$P > 0.1$。接受 H_O，即两班不存在显著性差异，换句话说，两个班级的原始基础大致相当。

②实验后两班均数的差异性检验：

A. 假设 H_O，即两班成绩无显著差异。

B. 将有关数据代入公式(11-9)，计算后得：$t_2 = 2.56$

C. 自由度 $df = 10 + 10 - 2 = 18$

D. 查 t 表得：$t_{0.05}(18) = 2.10$，$2.56 = t_2 < t_{0.05} = 2.10$，$P > 0.05$。拒绝 H_O，即两班均数存在显著性差异，换句话说，实验班显著优于对照班。

综合上述两次检验，可以确定地说该项教学改革是有成效的。

3. χ^2 检验(读作卡方)(chi-square test)

前面所说的 Z、t 检验，使用对象都是数量方面的资料，是计算数据的样本或总体。教育研究中，还常常出现属于品质方面的计数资料，统计的只是属于某些类别的人数、次数(频数)等，例如老、中、青三类教师的人数，考查成绩优、良、及格、不及格的人数等数等。这时，就可以采用 χ^2 检验。它是用来比较实际调查或实际观察次数(实得次数)与理论次数(期望次数)差异的最有效的方法之一，也是教育科学研究中作统计推断较为适用的方法。

χ^2 变量是观察所得次数(实得次数)与按某一假设所期望的频数(期望次数)之差的平方，并除以期望频数，再求其总和。

计算公式为：

$$\chi^2 = \sum \frac{(f_o - f_e)^2}{f_e} \qquad (11-10)$$

其中，f_o 为实际观察所得频数（实得次数），f_e 为按某一假设所期望的频数（理论次数）。

χ^2 检验也是一种假设检验。在"零假设"Ho 下，计算 χ^2 值；然后与一定的检验水平，即概率的临界 χ^2 值比较（可查 χ^2 数值表，方法类同 t 值表），再确定是否接受假设 Ho。χ^2 检验的基本步骤：

第一，作虚无假设 Ho；

第二，计算统计量；

$$\chi^2 = \sum \frac{(f_o - f_e)^2}{f_e}$$

自由度 $df = (k-1)(r-1) \times (k、r$ 是组数$)$

第三，查 χ^2 分布表，得临界值 $\chi^2_{0.05}$、$\chi^2_{0.01}$、$\chi^2_{0.001}$。

第四，判断结果。

[示例 11-10]为了解某师范一年级男女生对某事件的看法，对一个班级的 48 名同学进行了调查。结果如表 11-14。请问，不同性别对事件的看法有没有显著性差异？

表 11-14　某师范一年级学生对某事件的看法统计表

	赞成	反对	中立	Σ
男生	18(15.3)	9(8.7)	5(8)	32
女生	5(7.7)	4(4.3)	7(4)	16
Σ	23	13	12	48

检验步骤：

①作虚无假设 Ho

②计算理论次数。

男生赞成格的理论次数：$48 \times \frac{23}{48} \times \frac{32}{48} = 15.3$

男生反对格的理论次数：$48 \times \frac{13}{48} \times \frac{32}{48} = 8.7$

……

女生中立格的理论次数：$48 \times \frac{12}{48} \times \frac{32}{48} = 4.0$

③代入公式（11—10），计算统计量

$$\chi^2 = \frac{(18-15.3)^2}{15.3} + \frac{(9-8.7)^2}{8.7} + \cdots + \frac{(7-4)^2}{4} = 4.83$$

$\mathrm{d}f=(3-1)\times(2-1)=2$

查 χ^2 表得临界值 $\chi^2_{0.005}(2)=5.99$，$\chi^2=4.83<\chi^2_{0.005}(2)=5.99$，$P>0.05$

因此，接受 Ho，性别对事件的看法没有显著差异。

三、多元统计

由于影响教育教学现象的因素不是单一的，而是多方面的、多层次的、多特征的，因而要分析这些因素之间的各种关系需要用多元统计方法。多元分析的基本方法主要有回归分析、因素分析和聚类分析三种。

(一)回归分析(regression analysis)

对于两个具有不确定关系的变量，上述的相关系数可以对其两变量是否相关做出定性描述，对其相关程度做出总的定量描述，但是对如何通过自变量的值去估计和预测因变量的发展变化，相关分析无能为力，这时需要用回归分析。它一般分为一元线性回归和多元线性回归两种。

(二)因素分析(factor analysis)

当描述事物性质的变量比较多时，常常需要从中提取较少的几个主要的"一般因素"(或称"共同因素")，并依据一定的方式对所获得的"一般因素"作出较为合理的解释，这时就需要使用因素分析法。

(三)聚类分析(cluster analysis)

聚类分析又称群分析，它是研究(样品或指标)分类问题的一种多元统计方法。所谓类，通俗地说，就是指相似元素的集合，即凭借变量指标的定量分析对变量实施分类(如果类别已经清楚，只需归类；如果事先并不清楚类别，这时就是寻求一种规则进行新的恰当的分类)，使同类的变量比较均质，而不同类的变量差异比较大。还有其他方法，如图分析和模糊综合评判，等等。

【学习与反思】

1. 简述教育研究资料整理的步骤。

2. 简述定性分析的基本过程。

3. 对研究数据进行定量分析的方法主要有哪些？

4. 教育研究中有哪些主要的变量类型，分别适用于哪些统计方法？

5. 定量研究与定性研究中的资料分析有什么异同？

【实践与思考】

1. 日常教学中应怎样把平均数和标准差的概念应用于教学管理实践？

2. 结合实际的研究课题，运用 SPSS 统计软件进行数据处理。

3. 给出一组原始数据，(1)计算平均值和标准差；(2)列出频数分布表和绘出频数分布曲线；(3)按优、良、中、差四个等级检验原始数据是否符合正态性。

4. 根据附近小学各年级男女学生人数，编制一统计表，并绘制一复合条形图。

5. 描述一组实验结果数据时通常要报告数据的哪些特征？用什么指标？

6. t 检验有哪两种？各适用于什么资料？

【拓展阅读】

1. 李哉平，沈江天，张智青. 教育研究资料的收集与整理[J]. 教学与管理，2008(10).

2. 辛琼林，李玉玲. 质性研究资料分析方法应用的调查[J]. 中国护理管理，2007(10).

3. 刘青秀. 大学生闲暇时间分配特点、问题及原因——基于 1995－2010 年研究资料的分析[J]. 四川文理学院学报，2012(1).

【资源链接】

1. 金哲华，俞爱宗. 教育科学研究方法[M]. 北京：科学出版社，2011.

本书遵从教育研究的基本逻辑和教育研究方法学科发展趋势，主要介绍了教育科学研究的基本原理、方法与技术，内容包括教育科学研究方法概论、教育科学研究选题、教育研究设计、教育研究资料的收集与整理分析的具体方法、教育研究成果的表述与评价等。

参阅本书"第十四章 教育研究资料的整理与分析"。

2. 杨小微. 教育研究方法[M]. 北京：人民教育出版社，2005.

本书分三编：教育研究概论、教育研究方法的类型、教育研究的过程，阐述了教育研究的对象性质和价值，教育研究的历史现状，教育研究的实证方法、质性方法，教育研究课题的选择、方案的设计等。

参阅本书"第十章 教育研究的资料整理与成果表述"。

第十二章　教育研究成果的表述与评价

【内容提要】

教育研究成果的表述与评价，是整个教育研究活动的最后一个环节，也是非常重要的一个环节。以明确、规范的方式记录、分析和总结教育研究的过程和结果，并通过科学、合理的评价使其得到推广和应用，使教育研究成果获得学界的承认、接受社会的检验，才能充分发挥教育研究成果应有的学术价值和社会价值。本章主要介绍教育研究成果表述的基本结构和撰写的基本要求，其中重点介绍教育调查研究报告、教育实验研究报告、学术论文和学位论文的具体格式和撰写要求，并简要介绍了教育研究成果评价的标准和方法。

【学习目标】

1. 了解教育研究成果表述的目的
2. 理解教育研究成果的类型
3. 理解教育研究成果评价的标准和方法
4. 掌握教育研究成果表述的基本结构及几种主要类型的教育研究成果表述的具体格式和撰写要求

【关键术语】

教育研究成果	educational research finding		
教育调查研究报告	report of educational survey research		
教育实验研究报告	report of educational experiment research		
定性评价	qualitative evaluation		
定量评价	quantitative evaluation		
学术论文	paper	学位论文	thesis
摘要	abstract	关键词	keywords
注释	annotation	参考文献	reference

教育研究成果是教育研究者针对某一课题或选题，通过观察、调查、实验以及测量等，进行实证研究或逻辑思维活动，取得的在教育科学上具有一定创新意义和应用价值的认识和结果，是研究者对所从事的教育研究过程和结果的高度概括和科学总结的产物。教育研究者选择适当的形式和载体，以科学、规范、明确的方式将教育研究成果表述和呈现出来，并通过科学的评价将其推广和应用，这就是教育科学研究过程的最后一个环节，也是非常重要的一个环节，即教育研究成果的表述与评价。

第一节　教育研究成果的表述

教育研究成果的表述，是教育研究工作的一个重要环节，是对教育研究工作全过程的反映，具有十分重要的价值和意义。研究者进行教育研究工作所取得的创造性成果，只有以一定的载体或形式呈现表述出来，才能够及时得到学术界的认可，并适时发挥其社会影响和作用。因此，教育研究成果表述的质量，会对教育研究成果的交流、推广和应用产生直接的影响。

一、教育研究成果表述的意义

在教育研究中，常常可以看到这样的现象：一些研究者和一线教师长年累月辛辛苦苦地做了许多研究工作，并取得了许多富有创造性的成果，但往往由于他们没有重视研究成果的表述，使这些研究成果没能及时得到学术界的承认，没能适时发挥其学术价值和社会价值。可见，教育研究成果的表述，不仅能够科学、全面地呈现出教育研究的过程和结果，展现教育研究的水平，提升教育研究者个人的学术水平，促进教育研究成果的保存与交流，更有利于发挥教育研究的学术和社会价值。具体而言，教育研究成果表述的意义主要体现在以下四个方面。

(一)总结教育研究过程

教育研究成果的表述过程本身实质上是一个对教育研究工作做出全面总结、分析和反思的过程，是根据制订的教育研究计划，针对教育研究的每一个步骤进行概括、分析和评价的过程。这种对教育研究工作全过程和每个环节的审视及反思，会使研究者对之前的研究工作和研究问题有更清晰、更准确、更全面的认识，在获得理论升华的同时，总结出研究经验及研究中存在的问题教训，能够提高教育研究的科学化水平，有利于后续研究的深入和拓展。

(二)开展学术交流与合作

教育研究过程是教育研究者(一线教师)获得直接经验的过程。这种经过精心设计和探索而获得的直接经验，不仅对教育研究的直接参与者而言十分宝贵，对所有教育工作者，甚至是人类整体认识的提高和发展，都十分宝贵。因此，通过教育研究成果的表述，将教育研究成果以报告或论文的形式呈现出来，提供研究过程的实际资料和对研究结果的评价分析，能够便于其他研究者重复实验、验证或评价研究结果，交流研究经验，推进研究的进一步深化和拓展，有利于学术交流与合作。

(三)扩大教育研究的社会效益和影响

社会价值是衡量一项教育研究质量高低的重要标准，它是指一个研究结果是否对教学计划和教学方法有影响，是否为改善教育行动筹划了可供选择的途径，是否会给教育带来某些改善和改变等。通过对教育研究成果的表述，以论文、报告、书籍等形式在一定范围内展示研究的结果，得到社会的鉴定、评价和认可，有利于扩大教育研究的社会效益，也为社会提供了新的精神产品或物质产品，能够彰显教育研究的社会价值。

(四)提高研究者的思维能力和表达能力

教育研究成果的表述过程，是一个严密的逻辑思维过程，要求研究者具备一定的分析、综合、抽象、概括的能力，以及准确运用语言文字的能力。教育研究成果的表述质量，在很大程度上受到研究者思维能力和语言表达能力的影响。对研究者来说，善于教育研究成果的表述，会撰写教育研究报告或论文等，也是一项十分重要的基本技能。

此外，教育研究成果表述是评价教师素质和学校教育工作水平的一种标准，是衡量研究者个人、团队、学校以及一个国家在教育研究领域学术水平和学术地位的重要标志。因此，研究者应该及时地对研究成果加以总结和表述。

二、教育研究成果的类型

(一)按教育研究成果的形态划分

1. 知识类研究成果

知识类研究成果是教育研究成果最主要、最普遍的表现形式，主要包括研究报告(调查报告、实验报告、经验总结报告等)、学术论文(理论探讨型论文、综合论述型论文、预测性论文等)、学位论文(学士学位论文、硕士学位论文、博士学位论文)和著作(专著、编著、译著等)三类。

2. 方案类研究成果

方案类研究成果主要有改革方案、政策法规、咨询报告、发展规划和实施建议等。

3. 产品类研究成果

产品类研究成果主要有视听媒体、多媒体课件和素材、网络课程、仿真教学系统、教学管理软件、教学网络环境、学习平台等。

(二)按照教育研究方法划分

1. 实证性研究报告

研究报告是对研究过程和结果的概括与总结，是用具体的事实、数据来解释和说明问题的研究成果形式。

这类研究成果有相对比较固定的写作结构，要求数据具体、典型，研究方法要明确、科学，格式要科学客观地呈现研究过程和方法，并以数量化的形式合理解释结果。研究报告主要与实证性论文相联系，主要形式有教育观察报告、教育测量报告、教育调查报告、教育实验报告、教育经验总结报告等。

2. 理论性学术论文

学术论文是以议论文的形式，通过理性分析，用概念、判断、推理等逻辑方法来证明和解释问题的研究论文。

学术论文侧重于用深刻的哲理和严密的逻辑论证来说明问题，将感性认识上升到理性认识，从而探寻有规律性的成果。学术论文的写作在表现形式上更为灵活和自由，要求论文在内容上有所发现、有所创新、有所超越，逻辑上论点鲜明、论据确凿、论证严谨，能清楚地展现理论、观点和体系的形成过程。学术论文是理论性教育研究成果，其表现形式包括学术论文、学位论文、学术专著等。

教育研究者只有根据教育研究的不同情况，选择相应类型的研究成果加以撰写，才能写作出理想的研究报告或论文。

三、教育研究成果表述的基本结构及要求

教育研究成果的结构是研究内容的表现形式，是研究成果在写作上的布局、谋划和安排。

教育研究成果的结构问题即教育研究成果的表述是由哪些部分构成的。不论是研究报告，还是学术论文，都必须有一个完整的结构和体系。研究者只有了解了研究报告或论文的基本结构，进而掌握研究报告或论文的写作方法和要求，按照规范的格式来进行研究成果的撰写，才能形成高质量的研究报告或论文。

(一)教育研究成果表述的基本结构

虽然不同类型的研究成果都有其惯用的表述结构和写法，但也形成了一些

共同的结构部分，主要包括：题目、摘要（或提要）与关键词、引言（或前言、导言）、正文、结论、参考文献和注释。上述七个部分，构成了研究报告或论文的基本结构，也就是教育研究成果表述的一般格式，也被称为教育研究成果表述的基本型。其中，最重要的是导言、正文、结论三部分。

（二）教育研究成果各部分表述的基本要求

1. 题目

题目是研究报告或论文的眼睛，对一篇研究报告或论文而言至关重要。研究报告或论文的题目不宜过长，一般在 20 字以内。它应该能够简练、概括、明确地表明该研究报告或论文的研究主题、研究对象、研究方法或创新之处，吸引读者的阅读兴趣。

如"高校毕业生择业焦虑的心理教育实验研究"，题目中既传达了研究问题方面的信息——择业焦虑与心理教育的关系，又表明了其研究方法是实验法。又如，"文化视野下美国高校创业教育研究"中的"文化视野"，表明了研究的创新之处。

在确定研究报告或论文的题目时，要根据研究的侧重点和创新程度，来决定题目究竟强调或包含研究主题、研究方法、创新之处等信息的哪一方面。另外，如果研究存在两个同等重要的主题或论点，可以以副标题的形式对题目予以补充说明。

如"我国人文社会科学的演变——以某某大学为个案"，以副标题的形式明确了该研究的主题。

2. 摘要与关键词

摘要（abstract）又称为内容提要，是对研究过程、研究结论的浓缩和概括，一般要求在 200 字左右。

摘要应该言简意赅地表明研究内容、研究方法和研究结论。因此，摘要一般是在文章完成后，根据正文每一部分的主题来总结和凝练摘其内容。

关键词（keywords）又称为主题词，要选取最能表明全文主题内容的重要词语。

关键词一般为 3~5 个。选择恰当的关键词，便于检索时的分类。

[示例 12-1]学术论文"创业人才培养新视域：全校性创业教育理论与实践"（梅伟惠，教育研究，2012 年第 6 期）一文的摘要和关键词。

全校性创业教育不仅是新的创业现象对多样化创业人才的时代要求，也是高等教育机构内部转型的应然选择。全校性创业教育是覆盖全校学生，依托全校资源，以培养学生创业精神和创业能力为目标的创业教育，其发展具有阶段性特征。目前，发达国家开始探索全校性创业教育的新路径。中国全校性创业教育的发展需要进一步明确创业教育定位、培养"教育者"、搭建"教育载体"、完善创业教育评价体系。

关键词：全校性创业教育；创业精神；创业能力。

3. 引言

引言是在正文开始之前的一段文字。引言应简要介绍研究背景、研究问题、研究目的、研究方法以及研究的理论和实践意义等内容。

[示例12-2]学术论文"新加坡南洋理工大学的成功崛起——'创业型大学'战略的实施"(燕凌、洪成文，高等教育研究，2007年第2期)一文的引言。

创业型大学即在领导及管理方式上改变传统观念，寻求创新发展模式的大学。创业型大学兴起于欧洲，1965年创立的英国沃里克大学，在建校初期的20多年为走出发展困境，走出了一条特殊的创新之路，后被高教专家概括为创业型大学的发展战略和经验。随后，很多欧洲大学步其后尘，逐渐形成一股高校的创业热潮。这些学校以实践证明，"求变"是应对时代挑战的必然选择——在管理上寻求创新，追求标新立异；敢于到"市场"中去冒险；服膺"应选择变革的风险，而非选择维持传统形式"的信念。因此，创业型之路，意味着高校必须对环境变化极其敏感，并随着环境变化而变化，能够迅速更新传统观念，在贴近现实需要的基础上获得新的发展机会。与欧洲创业型大学相同的是，新加坡南洋理工大学也是通过引入创业型大学理念，逐步摆脱困境，短期内跻身于亚太地区一流大学的行列。2004年英国《泰晤士报(高教副刊)》通过调查对世界大学排名，南洋理工大学跻身前50名。这份成绩记录了南大不同寻常的发展之路。本文在实地考察与访谈的基础上，试图探讨其成功的内外因素以及可资借鉴的经验。

4. 正文

正文是研究报告或论文的主体部分，主要任务是详细阐述科学研究的过程及成果。研究报告与学术论文在正文的结构及写法上有不同的侧重点：研究报告的正文部分一般包括研究方法、研究程序、研究结论和讨论等内容，侧重于对研究过程和事实的描述；学术论文的正文部分则包括论点陈述、论据铺列、论证展开等内容，侧重于逻辑推理。

5. 结论

结论部分是对全篇研究的概括与总结，就研究问题提出观点、建议与对策等，起到深化主题的作用。

6. 参考文献

参考文献是指在写作过程中所提到或引用的文章、书籍、报刊、报告等。

参考文献与参考书目不同，参考书目既包括参考文献中所列的所有内容，又包括作者阅读过但没被引用的内容。在研究报告或论文文末，要按照文献在文章中出现的先后顺序编码，依次列出参考文献。完整的参考文献内容应该包括文献作者(外国作者要注明国籍，译文要注明译者)、名称、出处、出版单位、出版时间、版次期次等信息。常用参考文献的类型标示包括：

A——articles in a book；论文集中的析出文献

C——conference papers，compact papers，论文集；

D——dissertation，学位论文；

J——journal，期刊论文；

M——monograph，专著；

N——newspaper，报纸；

R——report，研究报告；

Z——其他未说明的文献、资料；

E——电子文献

[文献类型/载体类型标识]	[J/OL]网上期刊
[EB/OL]网上电子公告	[M/CD]光盘图书
[DB/OL]网上数据库	[DB/MT]磁带数据库

[示例 12-3]国内常用参考文献格式举例：

[1][美]伯顿·克拉克著，王承绪译. 建立创业型大学：组织上转型的途径[M]. 北京：人民教育出版社，2001.

[2]易高峰. 崛起中的创业型大学——基于研究型大学模式变革的视角[M]. 上海：上海交通大学出版社，2011.

[3]潘懋元，车如山. 略论应用型本科院校的定位[J]. 高等教育研究，2009(5).

[4]武学超. 美国研究型大学技术转移政策研究[D]. 重庆：西南大学，2009.

[5]陆健. "象牙塔"里的市场洗礼——温州大学学生实践创业的启示[N]. 光明日报，2006-06-21.

[6]鲁洁. 超越与创新[M]. 北京：人民教育出版社，2001.

[7]香港政府. "十一五"为香港带来的机遇、挑战和前瞻[EB/OL].
http：//www. info. gov. hk/info/econ _ summit/chi/pdf/summary _ ple-nary _ c. pdf，2007-11/2010-12.

7. 注释

注释(annotation)是文章直接或间接引用他人观点、方法、数据的文献出处。

如果直接引用他人的原话，要加冒号和双引号；如果直接引用一段较长的原话，要"提行引文"，即引文要换行自成一段；如果引用的是别人的原意而非原话，则不需要加冒号和引号；如果所引文献不是亲自阅读的文献，要在参考文献前加上"转引自"字样，方便读者进一步查阅。注释的格式与参考文献格式基本一致，并且要标明页码。

注释有三种：第一种是文中注，即行内夹注，是在正文所引内容之后用括号标明引用文献的作者、时间和页码，例如：（王冀生，2005：10）；第二种是脚注，即在本页底端加注；第三种是尾注，即在文末按章节顺序列出所引文献。

上述七个部分是常用研究报告或论文表述上的基本结构形式。当然，不同类型的研究报告或论文，可以根据其内容和体裁灵活安排其结构，而且不同的研究者在长期的研究成果撰写中形成了自己的惯用结构，但对研究报告或论文的初写者而言，应了解教育研究成果表述的基本结构及要求，尽快熟悉教育研究成果表述的结构及撰写要求，以便有效地表述教育研究成果。

四、教育研究成果表述的具体格式

不同研究报告或类型有着不同的具体格式和撰写要求。

（一）教育调查研究报告

教育调查研究报告是针对教育现象中的客观事物或问题进行深入细致地调查研究之后，经过整理和分析将获得成果写成的书面报告。

教育调查研究报告是对教育调查研究成果的概括和总结，是反映教育调查研究成果的一种文体。教育调查研究报告具有针对性、客观性、可读性和时效性强的特点，一份好的教育调查研究报告，能够对教育实践产生巨大、深刻的影响，有利于促进教育现实问题的解决和教育实践活动的改善。教育调查研究报告一般由题目、前言、正文、结论和建议、附录五部分构成。

1. 题目

题目用一句话点题，简练、确切、鲜明地表明调查的主要问题和范围。

如《西北贫困地区农村基础教育发展现状调查与政策建议》《小学环境教育的现状分析与对策研究》《农村九年义务教育实施情况调查报告》等。

题目可加副标题，副标题是对主标题的补充，用来说明在什么范围内基于什么问题的调查。

如《从根本上解决农村初中生流失问题——云南省楚雄市农村综合初中改

革个案的调查与思考》《"明星"与"孤雁"——小学生人际关系的调查与思考》等。

2. 前言

前言必须开宗明义地交代清楚调查的背景、目的、意义、任务和方法等，起到引导读者研读全文，激发其阅读兴趣的作用。

(1)简要说明调查的问题，调查此问题的缘由和背景，调查的筹备过程，主要调查内容，国内外对同一课题的研究概况及此次调查的意义和价值；

(2)简要说明调查的基本情况：概述调查的时间、地点、对象、范围、取样及调查的方式方法；

(3)对此次调查的有利因素和不利因素作简单分析。

[示例 12-4]王嘉义，梁永平在"西北贫困地区农村基础教育发展现状调查与政策建议"中，前言是这样的：①

基础教育是我国教育的重要组成部分，在构建和谐社会、建设创新性国中具有基础性、先导性和全局性的作用，是近年来我国教育改革与发展的重之重，党中央、国务院为此采取了诸多措施，并取得了明显的成效。但由于我国人口众多，经济发展落后，区域差异明显，再加上教育底子薄、欠账多，基础教育发展的任务还十分艰巨。特别是在西北地区，由于历史、自然、经济等原因，基础教育的发展不仅落后于国内其他地区，也落后于当地社会经济的发展。为此，国家启动并实施了国家西部地区"两基"攻坚计划，要求到 2007 年全国各地包括西北地区均要基本普及九年义务教育，基本扫除青壮年文盲。

为深入、全面了解西北地区农村基础教育发展现状，了解国家西部地区"两基"攻坚计划在西北地区实施的进展情况及其存在的问题，课题组通过问卷调查、深度访谈、参与式观察及个案研究等对西北地区农村基础教育的发展现状进行了调查，以期了解现状，发现问题，并探讨解决问题的对策，为国家西部地区"两基"攻坚计划的实施及其效果评估提供科学依据和理论支持。

3. 正文

即调查内容。通过叙述、调查图表、统计数字及有关文献资料，用纲目、项或篇、章、节的形式把主体内容有条理地、准确地揭示出来。教育调查报告正文的写作方法有两种：纵式结构和横式结构。

(1)纵式结构。

纵式结构是按照事物发展的脉络和逻辑顺序，将调查所得的基本情况分成

---

① 王嘉义，梁永平. 西北贫困地区农村基础教育发展现状调查与政策建议[J]. 北京大学教育评论，2007(4)：147-148.

相互衔接的几个部分加以排序，层层深入地来写。

这种写作方式的优点是便于读者了解问题发生发展的来龙去脉，更适用于针对专门问题的调查研究。

如"王小刚为什么不上学了——一位辍学生的个案调查"中，按照王小刚辍学这一事件发生发展的历史顺序，分别从辍学的过程和原因、辍学后的去向、辍学后的心情、今后的打算几个方面来表述和呈现调查研究的结果。

(2)横式结构。

横式结构是把调查的事实和形成的不同观点，按照其性质或类别分成并列的几部分或方面，分别叙述，从不同的方面分别说明主题。

如"西北贫困地区农村基础教育发展现状调查与政策建议"的调查，按照评价一个地区教育发展水平的基本指标，分别从儿童的入学情况、儿童辍学情况、学生留级情况、师生比情况、师资队伍情况、课桌椅情况几个方面对调查结果予以表述。

4. 结论和建议

在对整个调查内容进行总体的定性、定量分析的基础上，概括出事物的内在联系和规律，并提出新的见解、新的理论和参考意见。结论与建议的撰写要注意如下方面：

(1)提出的观点、建议要谨慎、严肃，观点要从事实中引出；

(2)要考虑其他社会因素的影响；

(3)要全面衡量理论或建议的合理性和可行性，不要轻率地下结论和提建议。

5. 附录

附录即附在报告后面的调查工具或部分原始材料。

附录不仅能使正文内容集中，更主要的是为读者提供可供分析的原始资料，以便让人分析鉴定收集调查材料的方法是否科学，材料是否可靠，并供其他的研究者参考。附录主要包括各种调查表格、原始数据、研究记录等。另外，附录的编制要防止杂乱和过于简单。

(二)教育实验研究报告

教育实验研究报告是以书面的形式客观、准确、全面地总结和反映教育实验研究的过程和结果所形成的一种研究报告。

教育实验研究报告主要是通过实验找出规律，提出经验、办法、建议，并得出相应的结论。撰写实验研究报告是实验研究的最后一步，是全面反映实验结果的重要环节，对实验的总结和推广发挥着重要作用。教育实验研究报告一般包括题目、前言、实验方法、实验结果、讨论、参考文献和附录等部分构成。

1. 题目

教育实验研究报告的题目与研究课题密切相关，常直接采用研究课题的名称，指明研究主要变量，使研究问题一目了然。

对学术性强、理论价值较大的，准备发表于专业研究杂志或学报上的研究报告，题目要简练具体。一般来说，标题应精确严谨，逻辑性强。对实践性较强的、准备发表于普及性报纸杂志上的研究报告，标题则应具体明确，引人注目，能引起读者对报告的兴趣和注意。如有必要，可以再以副标题的形式列出。

如《高校毕业生择业焦虑的心理教育实验研究》《青少年自尊与攻击的关系：中介变量和调节变量的作用》《小学生情绪教育活动课程的实验研究》《珠心算教育与儿童智力开发实验研究》等。

2. 前言

前言也称引言、导语，是实验研究报告的正文开头部分。主要内容包括：问题的提出，研究目的；选题依据，课题的价值和意义；目前，国内外在这一方面的研究成果、现状、问题及趋势；该项研究所要解决的问题以及研究的理论框架。

前言部分文字要简洁明了，字数不宜太多，表述要具体清楚。

[示例 12-5]张玉柱、陈忠永在"高校毕业生择业焦虑的心理教育实验研究"中的"引言"部分是下面这样的。①

择业焦虑是个体在面临职业选择时产生的一种紧张、不安、强烈、持久的情绪体验。随着大学生就业制度改革的推进和高校"扩招"带来的毕业生人数的大幅度增加，高校毕业生就业市场竞争日趋激烈，择业期间毕业生承受着较大的心理压力，焦虑情绪严重，危害着毕业生的心理健康，也影响毕业生顺利就业。研究表明，大学生的择业焦虑主要来自就业竞争压力、缺乏就业支持、自信心不足、对就业前景担忧等方面。对大学毕业生进行择业焦虑心理教育有利于提高心理健康水平，从而促进其成功就业。

有关焦虑的研究表明，团体辅导以及行为治疗技术是克服焦虑的有效方法。团体辅导，又称团体咨询或小组辅导或团体训练，是指通过团体内人际交

---

① 张玉柱，陈忠永. 高校毕业生择业焦虑的心理教育实验研究[J]. 心理发展与教育，2006(3)：99—102.

互作用，促进个体在交往中通过观察、学习、体验、认识自我、探讨自我、接纳自我、认识他人、调整改善与他人的关系、学习新的态度与行为方式以发展良好的适应的助人过程。近年来，团体心理辅导开始受到重视，其心理教育效果也得到认可，并开始在一些高校的心理教育实践中加以运用。一些针对大学生焦虑或心理压力进行团体干预的实验研究表明，团体或小组心理辅导是改善大学生考试焦虑、社交焦虑和应对方式，提高自信心的有效方式，人际互动、认知转变、角色扮演、自信心培养、团队训练等方法对大学生的心理教育效果显著。美国心理学家拉扎勒斯（A. Lazarus）将行为治疗技术引入团体辅导，提出行为治疗团体理论，即在团体情境下运用行为治疗技术对问题行为进行干预。松弛疗法、系统脱敏是行为治疗中常用且有效的方法，对焦虑的克服有明显效果。目前对毕业生择业焦虑及其心理干预的关注还很不够，个别研究对毕业生择业焦虑的心理教育方法的探讨也局限在理论层面，缺少实证研究。因此，通过心理教育实验的方式研究小组辅导和行为干预对大学生择业焦虑的心理教育效果具有较大的理论和现实意义，对高校开展大学择业心理指导将会提供有益的帮助和启示。

3. 实验方法

实验方法是教育实验研究报告的主要内容之一，旨在让读者了解实验的设计、组织和基本操作流程与方法，说明实验结果是在什么条件和情况下，通过什么方法，依据什么事实而得出的，并且可以依次而进行重复验证，提高实验的信度和效度。基本内容包括：

(1)研究课题中出现的主要概念的定义和阐述；

(2)被试的条件、数量、取样方法；

(3)实验的设计，实验组与控制组情况，研究的自变量因素的实施及条件控制等；

(4)实验的程序，通常涉及实验步骤的具体安排，研究时间的选择；

(5)数据的收集和分析处理，实验结果的检验方式。

这一部分在表述时结构要周密，条理要清楚，用词要准确明白。

4. 实验结果

对实验结果的陈述是教育实验研究报告的重点，要求全面准确地将实验所得到的各种结果呈现出来，并对每一结果与研究假设的关系做出简要说明。这一部分的基本内容包括：

(1)研究中所收集的原始数据、典型案例、观察资料，用统计表、曲线图结合文字进行初步整理、分析；

(2)既有对定性资料的归纳，又有对定量资料的统计分析等；

(3)在对资料进行初步整理分析基础上，采用一些逻辑的或统计的技术手段，得出研究的最终结果或结论。

实验结果的撰写，要注意以下问题：首先，要以准确无误的数据资料说明问题，陈述实验研究事实和结果，而不应该夹杂前人或他人的研究成果，也不应该加有研究者的主观议论和分析，从而保证实验结果的纯洁性、客观性和准确性；其次，要将定量与定性分析相结合，不仅要严格核实数据资料，而且要采用一定的统计分析技术，从数量变化中揭示出所研究事物的内在规律性联系，而不能仅仅是对事实的简单罗列；最后，资料翔实，层次清晰，前后连贯，语言表达准确简明。

5.讨论

讨论是对研究结果的含义、意义和可能的因果关系或相关关系做出的分析与评价。通过讨论，可以在理论上加深对研究结果的认识，为本研究的结论提供理论依据，同时对结果中不够完善之处进行补充说明，从而为得出结论铺平道路。讨论的基本内容包括：

(1)在理论上分析和论证实验结果；

(2)探讨本实验研究方法的科学性和局限性；

(3)提出可供深入研究的问题以及本实验研究中尚未解决或需要进一步解决的问题，对未来的研究以及如何推广研究提出建议。

讨论与结论的主要区别在于[①]：研究结论呈现的是研究中的客观事实，它应该是基本肯定的，并能够在相同的研究中重复出现；而讨论则是研究者个人主观的认识与分析，是研究者将研究的结果引向理论认识和实验应用的桥梁。因此，实验研究报告中的结论要下得恰如其分，解释要慎重；而讨论部分则可以充分发挥研究者个人的洞察力和创造力。

6.参考文献和附录

实验研究报告的末尾，应注明研究报告中所直接提到的或引用的资料的来源。

参考文献的排列：在期刊的参考项目中，包括作者的姓名，文章标题，期刊刊名和期号；在书籍的参考项目中，包括作者姓名，书名，出版社名，出版时间及页数。若需要，可将实验工具附在参考文献其后。

---

① 温忠麟.教育研究方法基础(第2版)［M］.北京：高等教育出版社，2009：253.

(三)学术论文

学术论文是针对教育科学中的某个问题,通过各种途径和方法收集和分析资料,进行科学的探索和思考而形成的以论述为主的文章。学术论文有学术性强的典型特点,不仅要有严密的逻辑性,论据确凿、论证合理,而且要体现出一定的创新性,在研究成果或研究方法上要有所创造和发展。

学术论文的基本结构可以划分为三大部分:信息项(标题、署名、内容摘要、关键词)、基本项(前言、正文、结论)和附属项(注释、参考文献、附录)。

1. 信息项

(1)标题。标题是论文内容的高度概括,向读者说明研究的问题及意义。好的学术论文标题有如下要求:第一,准确概括论文内容,能反映研究方向、范围和深度;第二,文字简练,具有新颖性;第三,便于分类。

(2)摘要。摘要是研究的主要内容与结构的简介,并略加评论。摘要的作用在于使读者通过这段概括简洁的文字,了解全文主题及主要内容,从而决定是否值得读全文。

为期刊文章或研究报告写的摘要简短,字数一般为 200 字以内。学位论文的摘要长,往往在 600~1000 字为宜,独立成篇,要求准确简练,结构严谨,逻辑性强。

(3)关键词。关键词属于主题词,排列顺序应从大到小,一般设 3~5 个,以便于检索。

2. 基本项

(1)序言。序言(引言、前言、绪论)写在正文之前,用于说明研究目的、研究价值及研究方法。

序言的具体内容一般包括三个方面:阐明研究的背景和动机,提出自己所要研究的问题;简要介绍研究方法和有关研究手段;概述研究成果的理论意义和现实意义。

(2)正文。正文是学术论文的主体部分,包括论点、论据、论证,是作者研究成果的表现。

自然科学研究论文,主要讨论取得成果所用的研究方法以及严谨的研究过程,以事实材料和数据资料说明研究结果的准确性和可靠性;社会科学研究论文,更着重于讨论取得研究成果所用的论证手段及所建构的理论观点或体系,观点与材料相结合,通过由表及里、由此及彼的推理论证,显示研究结论的正确性。

（3）结论与讨论。结论是围绕正文所作的结语，将研究成果进行更高层次的精确概括。

对自然科学研究来说，结论是经过严密的逻辑推理所做出的最后判断；对于社会科学研究来说，结论是论题被充分证明后得出的结果，作者将自己的观点鲜明的铺垫出来，并引出新的思考。因此，结论的措辞要严谨，逻辑要严密。

3. 附属项

（1）注释。引文注释分为页末注（脚注）、文末注（段落或篇后注）、文内注（行内夹注）以及书后注。

引用文字一定要注明出处，包括作者姓名、书刊名称、文献篇名、卷数、期数、页码、出版单位和时间等。如果是转引，一定要说明是"转引自"或"参见"，要说明是采用了别人的某理论观点或事实材料。

（2）参考文献。文后所列的参考文献，应有完整准确的出处，以便于读者查找。参考文献的呈现应按规范的格式要求。参考文献可按时间顺序，或按内容重要程度，或作者姓名标以序号。未公开发表的资料不要直接引用。

（3）附录。在较大型的研究论文中常有"附录"。附录一般包括详细的原始数据、实验观察记录、图表、问卷、测试题或其他不宜放入正文中的资料，以资查证。

不同期刊对学术论文的选题类型、长度、表达方式、格式规范等有不同的要求，研读不同期刊对学术论文的格式规范要求，也有利于把握学术论文的撰写规范。

[示例 12-6]《中国高教研究》的投稿要求

第一，来稿要求主题突出、内容充实、观点明确、资料翔实、论证严密、逻辑清晰、语言文字合乎规范，有独到见解，有一定的学术价值或实践借鉴价值。第二，稿件一般不超过 5000 字，个别优质稿件不受字数限制。第三，稿件体例：来稿的页面内容依次包括题目、作者姓名、摘要（中文摘要篇幅在 100～300 字）、关键词（一般可选 3～5 个关键词，多个关键词之间应以分号分隔）、文章内容、作者信息（包括姓名、单位、部门、职务、职称、单位所在省市、邮政编码）、参考文献（要求在文中标注）。第四，文中标题一般分为三级，第一级标题用"一、""二、""三、"标示；第二级标题用"（一）""（二）""（三）"标示；第三级标题用"1.""2.""3."标示，每级标题符号前均空两格。第五，引文务必注明出处。注释一律在本页使用脚注，每页重新排序，用①②③……表示；参考文献放在文末(尾注)，用[1][2][3]……标示。

(四)学位论文

学位论文(dissertation)是指为申请一定学位，根据不同学位等级的要求，为解决某一课题而撰写的具有不同深度和广度的学术论文。

学位论文包括学士学位论文、硕士学位论文和博士学位论文。不同层次的学位论文都有一定的质量规格和写作要求。

学位论文一般由标题、署名、目录、内容摘要、关键词、引言、正文、结论、注释、参考文献、附录、谢辞等部分构成。其基本结构和写作要求与学术论文基本一致，此处不再赘述。

五、教育研究成果的撰写

教育研究成果的撰写，既要遵循一定的原则，又有一定的步骤可循，以保证教育研究成果表述的质量。

(一)教育研究成果撰写的基本原则

1. 科学性原则

教育研究成果的撰写，首先要遵循科学性原则。在撰写研究报告或论文时，要以事实为基础，坚持实事求是，正确地运用概念，真实、客观地描述调查或实验过程，选择恰当的统计方法来分析数据，呈现准确、可靠的数据资料，不弄虚作假，不主观臆断，不妄加评论，在确凿可靠的论据和逻辑严谨的推理的基础之上，得出研究的结论。

2. 逻辑性原则

教育研究成果的撰写，要遵循逻辑性原则。在组织教育研究报告或论文时，第一，要保证结构上的逻辑性：研究报告或论文的题目与一级标题之间、每一个上级标题与下级标题之间，以及同级标题之间都要逻辑紧密，保证上级标题的内容能涵盖下级标题，下级标题能论证上级标题，同级标题之间是并列关系，分类标准一致统一。第二，要保证内容上的逻辑性：全文在论证时，都要保证文题相符，做到观点和材料保持一致，数据与结论环环相扣，论点明确，论据确凿，说理透彻，论证合理，研究结论顺理成章。

3. 简洁性原则

教育研究成果的撰写，要遵循简洁性原则。在撰写研究报告或论文时，要论点鲜明，中心突出，开门见山、直截了当地阐明观点，不拐弯抹角，不烦琐啰唆。文字表达要明确精练，措辞高雅，既不能使用过于生活化的日常用语来代替科学术语，又不能过于学究或枯燥，最好能用简单通畅的语言和短而连贯的句子来加以论证，增强其可读性。

4. 规范性原则

不同类型的教育研究成果，都有其惯用的结构和格式规范，因此在撰写教育研究成果时，要遵循规范性原则，以符合惯用要求和规范的结构格式来呈现具有创新性的思想和观点，使其他学者或读者能够迅速地找到他们想了解的内容，有利于学术思想的交流。

5. 创新性原则

创新性是衡量教育研究成果质量高低的一项重要标准。科学研究的目的就是通过不断地创新和创造来推动科学知识的不断发展。因此，教育研究成果的撰写，要尽量体现创新精神，能有新视角、新方法、新发现，提出新思想、新观点、新理论或新方法。

(二)教育研究成果撰写的步骤

教育研究成果撰写的全过程，主要包括以下几个环节。

1. 选定题目

教育研究成果的撰写，首先要根据研究课题的主题、方向和内容，明确教育研究成果的类型及题目，选择最合适的研究报告或论文的类型，并拟订合适的题目。

2. 拟订提纲

明确教育研究成果的类型和题目之后，要考虑的就是研究成果撰写的基本思路以及相关材料和素材的组织，也就是拟订撰写提纲，组织论文的框架结构。

拟订撰写提纲是谋篇构思的具体化。通过拟订提纲，能够使研究报告或论文中心明确、层次清晰、逻辑严密，对整篇报告或论文的篇章结构、内容表达层次、章节论述内容以及图表数据穿插等都有一个大致的考虑和安排，便于检查全篇文章论点和逻辑结构是否合理、整体与局部构成是否均衡。拟订的提纲既可以是简要提纲(粗纲)，也可以是详细提纲(细纲)。提纲的写作形式有标题式、句子式、段落式。

写作提纲的内容及结构如下：

一、上位论点

（一）下位论点

1. 论据材料（1）（2）（3）

2. 论据材料

3. 论据材料

（二）下位论点

1. 论据材料

2. 论据材料

3. 论据材料

二、上位论点

题目（总论点）

结论

……………………………

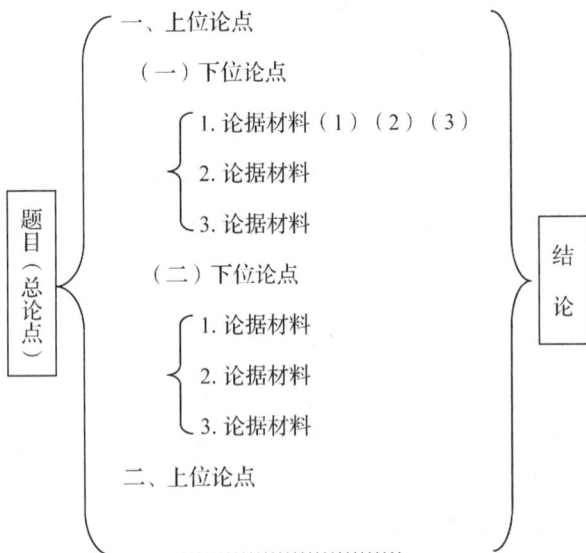

图 12-1　写作提纲的逻辑结构

[**示例 12-7**]李英、陈时见"新西兰初任教师入职教育的实施策略与基本经验"①一文的逻辑结构如下。

一、新西兰中小学初任教师入职教育的形成与完善

二、新西兰中小学初任教师入职教育的实施策略

（一）初任教师入职教育的基本程序与实施步骤

（二）初任教师入职教育的基本内容与主要方式

（三）初任教师入职教育的制度保障与效果评价

三、新西兰中小学初任教师入职教育的主要经验

（一）建立了与教师资格相联系的一体化机制

（二）完善了分工合作的管理体制

（三）制定了具体的保障措施

（四）推行完善的质量评估体系

3. 撰写初稿

初稿就是按照先前列出并已修改完善的写作提纲，将所要表达的思想、观

---

① 李英，陈时见. 新西兰初任教师入职教育的实施策略与基本经验[J]. 比较教育研究，2011(11)：15－20.

点、结论等见诸文字，并从逻辑结构、材料支撑、文字表述等方面加以推敲。撰写初稿是研究成果撰写的核心，在撰写初稿过程中，一定要遵循研究成果撰写的基本原则，紧密围绕文章主题，紧扣写作提纲，把握各部分之间的内在逻辑。初稿的写作方式因人而异，既可按照研究报告或论文的结构，从前往后循序渐进地来写，又可将全文分为几个相对独立又完整的部分，化整为零，逐个完成，最后再从整体上进行增删调整。

4. 修改定稿

修改定稿是教育研究成果撰写的最后一个环节。初稿完成后，往往要经过多次修订才能最终形成定稿。

初稿修改的内容，主要包括以下几个方面：(1)修改观点：要严格斟酌和审定文章的中心观点以及各分论点是否明确、严谨、合乎逻辑；(2)修改结构：要对文章的整体结构和各部分的结构进行审查和修订，看结构是否完整、论证是否合理、过渡是否自然；(3)修改材料：要仔细检查材料和论点之间是否和谐统一，所用材料是否真实、可靠，是否具有典型性，是否过于陈旧，并根据材料的质量进行适当的增改删减；(4)修改语言：要仔细斟酌表述句段、文字和标点的使用，做到语言表达精炼准确，格式符合规范。此外，准备投稿的研究报告或学术论文，要严格按照拟投稿期刊的格式规范和写作要求，认真加以修订。

初稿修改的方法按照修改的时机来划分，可以分为热改法(初稿完成后，趁热打铁，立即开始阅读修改)和冷改法(初稿完成后，不急于修改，间隔数日后再阅读修改)；按照修改的主体来划分，可以分为自改法和他改法：自我修改是一种最重要的修改方式，此外，还可以将修改稿送呈有关专家、同事、同学等人阅读，听取不同的人对文章内容、结构、表述上的不同意见。不同初稿修改的方法有其各自的优点，因此在修改初稿过程中，研究者可以将不同的方法结合起来综合运用。

初稿修改完成后就可定稿。定稿一定要符合研究报告或论文的规范与要求。

第二节　教育研究成果的评价

教育研究成果的评价是教育研究过程的逻辑终点。教育研究成果的评价，有助于教育研究信息的沟通与传播，使社会和学术界了解、认识并承认教育研究成果的价值，能够促进教育研究成果的推广，产生社会效益和经济效益；通过研究成果的评价所得到的反馈信息，不仅能够调动教育研究人员的工作热情和积极性，还有助于推进研究工作的改善，提高研究者的研究水平；通过研究成果的评价能够收集有关教育研究的资料，有助于教育行政部门对本地区、本单位教育科学研究的宏观管理和指导；通过研究成果的评价能够确立教育研究的基本规范和要求，有助于推动教育科研工作的发展。

教育研究成果的评价是对教育研究成果进行资格鉴定并做出价值判断的过程，是对教育研究的水平、价值和效益做出的综合评估。

一般而言，教育研究成果的评价，主要涉及评价内容、评价指标和评价方法几个方面。

一、教育研究成果的评价内容

教育科研成果的评价，主要包括两方面的内容：一是资格鉴定，二是价值判断。

(一)教育研究成果的资格鉴定

教育研究成果的资格鉴定就是鉴别被鉴定的对象是否具备教育研究成果的资格条件。

在对教育研究成果进行资格鉴定时，要重点考虑如下因素：

(1)是否在科学研究的基础上，提出新的教育发展规律、原则和特点，创造性地提出新的教育理论、技术和方法；

(2)是否发现教育过程中的新情况，并提出新观点、新见解，或对原有事实做出新的描述；

(3)是否提出教育工作中的新内容、新途径和新措施，或对原有的工作提出实质性的改进意见或建议；

(4)是否通过对教育实践的经验总结，为原有的教育理论提供新的例证，使之不断完善。

(二)教育研究成果的价值判断

教育科研成果对教育理论与实践的发展以及社会发展将产生不同的影响和效益，这本身就体现出不同教育研究成果价值的大小。因此，对于已经通过资格鉴定的教育研究成果，还应给予价值判断，主要从理论价值和应用价值两个层面来进行。

1. 理论价值

所谓理论价值，主要是指教育研究成果在整个教育理论体系中所处的学术地位以及所产生的学术影响，主要体现在是否具有理论观点上的创新、研究方法和技术上的突破、对某些研究领域空白的填补，以及该成果对其他相关研究的参考和启迪意义等。

2. 应用价值

所谓应用价值，主要是指教育研究成果在教育实践活动的改善与发展中发挥的作用与影响，主要体现在是否对有关部门的教育决策产生一定的影响，在具体的教育教学实践过程中具有一定的适用范围、推广价值、可行性和实效性。

二、教育研究成果的评价标准

教育研究成果评价的基本过程是：确定评价总目标—确立评价的指标体系—制定或选择评价工具—实施评价—收集评价信息—分析处理评价信息并得出结论。在这个过程中，评价指标体系的确立十分重要。评价指标体系的确立以及据此制定的评价标准，将对评价结果产生决定性影响。因此，制定科学、客观、可行的评价指标体系是教育研究成果评价标准的核心，是保证教育研究成果评价的科学性、客观性、公正性的关键。

对教育研究成果进行质量评价时，重点可以考虑如下方面[①]：选题是否具有理论意义与实践意义；研究设计是否合理；研究方法是否得当；资料是否可靠；数据分析是否严谨；参考文献是否全面、前沿、权威；篇章结构是否合理；行文是否流畅。

教育研究成果的评价，既要考虑其科学性、理论性、应用性和创新性，又要考虑到其表述和写作水平的高低，即可读性。因此，在评价教育研究成果时，要综合考虑以上因素。表 12-1 可供参考。[②]

表 12-1 教育研究成果评价指标体系

分项评价	评价项目	权重	评 价 标 准	评 价 等 级			
				A 95分	B 80分	C 65分	D 50分
分项评价	科学性	0.25	1. 选题符合客观实际，理论依据正确 2. 研究方案周密 3. 研究方法科学 4. 研究资料可靠 5. 论证、推理合乎逻辑				

① 张红霞. 教育科学研究方法[M]. 北京：教育科学出版社，2008：501.

② 华国栋. 教育科研方法[M]. 南京：南京大学出版社，2001：313.

续表

评价项目	权重	评 价 标 准	评 价 等 级			
			A 95分	B 80分	C 65分	D 50分
分项评价 — 创造性	0.25	1. 提出新理论、观点、概念，论证成立 2. 对已有理论做出新的解释、论证，使原有理论深化 3. 探索出事物的新规律，深化了理论认识 4. 纠正原有理论、概念原理的错误 5. 对学术界争鸣的问题发现了新资料、提出了新见解，使问题有所突破，并得到学术界的认可 6. 填补某项科学空白，具有国内、国际意义				
分项评价 — 学术性	0.20	1. 具有比较完备的理论体系和概念系统 2. 对已有知识进行了充实，使之条理化、系统化 3. 对事物之间的关系进行了较深入的分析，初步说明了事物的本质，得出某些新结论 4. 对已有的研究方法或技术有所突破				

分项评价	评价项目	权重	评　价　标　准	评　价　等　级			
				A 95分	B 80分	C 65分	D 50分
	实践性应用性	0.20	1. 研究成果为有关教育部门决策与管理提供参考依据，具有很高的实用价值 2. 研究成果形成了可操作方法，实用性强，具有一定的推广价值 3. 省内、国内学术界同行反映强烈，具有较高的引用率				
	规范性	0.10	1. 文字准确、精炼、深入浅出、通俗易懂 2. 主题明确，重点突出；结构严谨，层次分明；推理清楚，论证充分				

三、教育研究成果的评价方法和组织形式

明确了教育研究成果的评价标准后，就需要选择科学的方法和适当的形式，将评价标准付诸实践。

(一)教育研究成果的评价方法

近年来，常用的教育研究成果的评价方法可以归纳为以下两种[①]：

1. 定性评价法

定性评价(qualitative evaluation)是评价者按照评价标准，根据自己的主观经验和观察，运用综合和分析、比较和分类、归纳和演绎等分析方法，对研究报告或学术论文及其主要原始数据和资料做出评价与判断，并用语言来描述评价结果，所做出的评语式鉴定。

定性评价法的基本步骤是：先由每位评审专家依据评价标准独立地对研究成果进行逐项分析，或划定登记或写好简要评语，然后再进行集中评价。集中

---

① 赵新云．教育科学研究方法[M]．北京：中国人民大学出版社，2008：231－233．

评价时，每位专家先依次说明自己对研究成果的分项和整体评价等级或评语，然后再集体讨论、形成一致意见。在此基础上，由评价委员会主任或评价小组组长总结归纳全体专家的意见，做出初步鉴定意见，然后再集体讨论修改，明确最终评价意见。

2. 模糊评价法

定性评价法虽然简洁易行，但难以保证评价结果的准确性。因此，模糊评价法将定性评价与定量评价相结合，在做出定性评价之前，先对研究成果进行定量评价。

模糊评价（quantitative evaluation）是评价者按照事先制定的评价指标体系中各项评价指标的权重，对教育研究成果的每项指标赋予分值，以数量化的方式对教育研究成果的质量和价值做出判定。

模糊评价法的基本步骤是：先由每位专家按照评价指标体系对参评成果的各项指标按等级记分，然后再进行数据处理。在进行数据处理时，先统计每位专家的评分，再统计全员评分，全员评分即对该项研究成果的定量评价结果。在量化评分的基础之上，再利用定性语言进行全面评价。

定性评价法和模糊评价法各有所长，评价者在选择评级法方法时要考虑自身条件，评价经验丰富的评价组宜采用定性评价法，而评价经验不足的评价组宜采用模糊评价法。

(二)教育研究成果的评价形式

根据评价主体的不同，教育研究成果的评价可以分为研究者自我评价、同行专家论证、行政部门评审三种。研究者的自我评定有助于研究者总结研究经验、反思研究不足，提高研究者的科研水平。目前，最常用的方式是专家评议，组织形式主要有通讯评价和会议评价两种。通讯评价是将研究成果以信件的形式邮寄给评审专家，由评审专家在规定的时间内将评价结果邮寄给相关部门；会议评价是专门召开会议对研究成果进行鉴定和评价。不论是通讯评价还是会议评价，都要求研究者提前提交研究成果，以便给予评价者充足的时间来阅读、思考并做出评价。

【学习与反思】

1. 教育研究成果可以分为哪几类？

2. 教育研究成果撰写的基本结构是什么？每一部分有哪些要求和规范？

3. 教育调查研究报告、教育实验研究报告、学术论文和学位论文各有哪些具体的格式和规范？

4. 教育研究成果的撰写步骤有哪些？

5. 教育研究成果的评价主要包含哪些指标？

6. 教育研究成果的评价有哪些方法？

【实践与思考】

1. 找一篇教育科研论文，不看它的摘要和关键词，仔细研读后自己写一篇摘要和关键词，然后与原文的摘要和关键词进行比较，看有什么不同，并思考如何改进。

2. 找几本教育学类杂志，阅读调查报告、实验报告、学术论文各一篇，比较三类文章写法上的异同。

3. 请选择一个小课题，撰写一篇教育科研论文。

4. 翻阅教育杂志，阅读一篇教育研究论文，分析其具体的结构内容，并与自己撰写的论文进行比较。

5. 请你以"第六章　教育调查研究"的实践题为内容，撰写一份教育调查研究报告。

【拓展阅读】

1. 王嘉毅，梁永平. 西北贫困地区农村基础教育发展现状调查与政策建议[J]. 北京大学教育评论，2007(4).

2. 辛自强，郭素然，池丽萍. 青少年自尊与攻击的关系：中介变量和调节变量的作用[J]. 心理学报，2007(5).

3. 徐小洲，张敏. 创业教育的观念变革[J]. 教育研究，2012(5).

4. 谢春风. 我国教育行政决策的伦理困境与出路——基于流动儿童教育政策的伦理分析[D]. 北京：北京师范大学，2011.

【资源链接】

1.《教育研究》杂志

《教育研究》杂志是教育部主管、中国教育科学研究院主办的全国性、综合性教育理论学术刊物，创刊于1979年。作为教育理论权威期刊，《教育研究》杂志始终关注教育理论的前沿问题，引领开展重大教育理论和实践问题的探讨。基于其权威性高、覆盖面广、信息量大、实用性强的特点，《教育研究》长期保持中文核心期刊排行榜教育总类第一等多项荣誉，占据重要的学术地位，产生广泛的学术影响。

2.《比较教育研究》杂志

《比较教育研究》杂志是教育部主管、北京师范大学主办的教育类核心期刊和中国比较教育学会的代会刊，创刊于1961年。《比较教育研究》的办刊宗旨是：向教育工作者介绍各国教育情况，对外国教育进行研究，以促进我国教育的发展，加强中外教育比较和我国比较教育学科建设，提高学术研究水平。基于其较高的办刊质量，《比较教育研究》是教育界公认的有较高学术影响力的刊物。

3.《课程·教材·教法》杂志

《课程·教材·教法》杂志是教育部主管、人民教育出版社和课程教材研究所主办的国家级教育理论学术刊物，创刊于1981年。《课程·教材·教法》是我国第一家反映基础教育、教师教育课程、教材、教法领域最新研究成果、改革动向和教育实践经验，介绍国内外这些领域的改革动向和先进经验的权威期刊，是全国人文社科核心期刊、中文核心期刊。

4.《教育研究与实验》杂志

《教育研究与实验》杂志是教育部主管、华中师范大学主办的国内外公开发行的综合性教育理论学术期刊，现为中国教育学会教育实验研究分会会刊。《教育研究与实验》自创办以来，坚持"立志搭建教育管理者创新思想的平台；构筑教师培训者彰显智慧的殿堂；打造就教育实践者幸福成长的乐园"的办刊宗旨，刊发了一系列高质量研讨论文，产生了较大的学术影响，为全国中文核心期刊。

参考文献

[1]裴娣娜．教育研究方法导论[M]．合肥：安徽教育出版社，1995．

[2]袁振国．教育研究方法[M]．北京：高等教育出版社，2000．

[3]董奇．心理与教育研究方法（修订版）[M]．北京：北京师范大学出版社，2004．

[4]叶澜．教育研究方法论初探[M]．上海：上海教育出版社，1999．

[5]杨小微．教育研究方法[M]．北京：人民教育出版社，2005．

[6]宁虹．教育研究导论[M]．北京：北京师范大学出版集团，2010．

[7]李秉德．教育研究方法[M]．北京：人民教育出版社，1987．

[8]刘良华．教育研究方法[M]．上海：华东师范大学出版社，2014．

[9]韩延伦．教育研究方法[M]．北京：高等教育出版社，2011．

[10]陈时见．教育研究方法[M]．北京：高等教育出版社，2007．

[11]李春萍．教育研究方法[M]．长春：东北师范大学出版社，2001．

[12]温忠麟．教育研究方法基础[M]．北京：高等教育出版社，2004．

[13]陶保平，黄河清．教育调查[M]．上海：华东师范大学出版社，2005．

[14]侯怀银．教育研究方法[M]．北京：高等教育出版社，2009．

[15]张志勇．现代教育科研[M]．青岛：青岛海洋大学出版社，1997．

[16]刘良华．校本行动研究[M]．成都：四川教育出版社，2002．

[17]杨小微．教育研究的理论与方法[M]．北京：北京师范大学出版社，2008．

[18]郑金州．学校教育研究方法[M]．北京：教育科学出版社，2003．

[19]陈桂生．到中小学去研究教育——“教育行动研究”的尝试[M]．上海：华东师范大学出版社，2000．

[20]汪利兵．教育行动研究：制度、意义、方法[M]．杭州：浙江大学出版社，2003．

[21]金哲华，俞爱宗．教育科学研究方法[M]．北京：科学出版社，2011．

[22]华国栋．教育科研方法[M]．南京：南京大学出版社，2001．

[23]鲍传友．研究型教师[M]．北京：教育科学出版社，2009．

［24］李克东．教育技术学研究方法［M］．北京：北京师范大学出版社，2003．

［25］欧群慧，刘瑾．小学教育研究方法［M］．北京：北京师范大学出版社，2013．

［26］陈向明．质的研究方法与社会科学研究［M］．北京：教育科学出版社，2000．

［27］袁方．社会研究方法教程［M］．北京：北京大学出版社，1997．

［28］谢宇．社会学方法与定量研究［M］．北京：社会科学文献出版社，2012．

［29］陈向明．在行动中学作质的研究［M］．北京：教育科学出版社，2003．

［30］宋虎平．行动研究［M］．北京：教育科学出版社，2003．

［31］水延凯等．社会调查教程［M］．北京：中国人民大学出版社，2007．

［32］王孝玲．教育统计学［M］．上海：华东师范大学出版社，1988．

［33］William Wiersma，Stephen G. Jurs. 教育研究方法导论（影印版）Research Methods in Education an Introduction（Eighth Edition）［M］．北京：中国轻工业出版社，2004．

［34］杰克·R. 弗林克尔，诺曼·E. 瓦伦．教育研究的设计与评估［M］．蔡永红，等译．北京：华夏出版社，2004．

［35］J. Shaughnessy，E. B. Zechmeister，& J. S. Zechmeister. 心理学研究方法［M］．张明，译．北京：人民邮电出版社，2010．

［36］［美］梅雷迪斯·D. 高尔，等著．教育研究方法导论［M］．南京：江苏教育出版社，2002．

［37］［美］乔伊斯·P. 高尔，等著．教育研究方法实用指南［M］．北京：北京大学出版社，2007．

［38］罗伯特·C. 波格丹，萨利·诺普·比克伦．教育研究方法：定性研究的视角（第四版）［M］．北京：中国人民大学出版社，2008．

［39］［美］萨格．行动研究与学校发展［M］．北京：中国轻工业出版社，2006．

［40］［英］朱迪恩·贝尔．社会科学研究的基本规则［M］．北京：北京大学出版社，2008．

［41］［美］J. Amos Hatch. 如何做质的研究［M］．北京：中国轻工业出版社，2007．

［42］项贤明．教育改革中的问题辨析［J］．中国教育学刊，2015（1）．

［43］张玉柱，陈忠永．高校毕业生择业焦虑的心理教育实验研究［J］．心理发展与教育，2006（3）．

［44］毕晓白，张巳瑛，张志文．关于程序性教学的实验研究［J］．教育研究，2002（3）．

[45]谷传华.小学儿童社会创造性倾向培养的实验研究[J].教育研究与实验，2007(5).

[46]刘如平，梁朝阳，许春芳，何善平.中小学心理教育实验研究[J].教育研究与实验，2008(1).

[47]郝志军，田慧生.中国教育实验30年[J].教育研究，2009(2).

[48]岳亮萍.中小学教师怎样进行课题研究(三)——教育科研方法之教育调查研究法[J].教育理论与实践，2008(3).

[49]李宝敏.儿童网络素养现状调查分析与教育建议——以上海市六所学校的抽样调查为例[J].全球教育展望，2013(6).

[50]王嘉毅，梁永平.西北贫困地区农村基础教育发展现状调查与政策建议[J].北京大学教育评论，2007(2).

[51]全国中小学教师专业发展状况调查项目组.中国中小学教师专业发展状况调查与政策分析报告[J].教育研究，2011(3).

[52]中央教育科学研究所中小学生学业成就调查研究课题组.我国小学六年级学生学业成就调查报告[J].教育研究，2011(1).

[53]傅敏，田慧生.教育叙事研究：本质、特征与方法[J].教育研究，2008(5).

[54]张希希.教育叙事研究是什么[J].教育研究，2006(2).

[55]卜玉华.教师职业"叙事研究"素描[J].教育理论与实践，2003(6).

[56]陈振中.论教育叙事研究的若干理论问题[J].上海教育科研，2005(9).

[57]李酉亭，邹芳.行动研究法和教育[J].上海师范大学学报(哲学版)，1995(1).

[58]陈立.行动研究[J].外国心理学，1984(3).

[59]熊才平，吴瑞华.基础教育信息化城乡均衡发展：问题与对策——浙江台州市的实证研究[J].教育研究，2006(3).

[60]张连云.农村留守儿童社会支持与孤独感的关系[J].中国特殊教育，2011(5).

[61]张新海.农村学校教师知识、新课程实施程度及其关系研究[J].教育研究与实验，2013(1).

[62]张艳.中小学教师怎样进行课题研究(六)——教育科研方法之教育观察法[J].教育理论与实践，2008(6).

[63]王琼.时间取样观察法在幼儿园中的运用[J].齐齐哈尔高等专科学院学报，2013(2).

［64］ Creswell，J. W. Educational Research：Planning，Conducting，and E-valuating Quantitative and Qualitative Re-search［M］. New Jersey Merrill：Prentice Hall，2002.

［65］Johnson，B.．Educational Research：Quantitative，Qualitative and Mixed Approaches［M］. New Jersey：Pearson Education，2004.

［66］Kerlinger F N. Behavioral research：a conceptual approach［M］. New York：Holt，Rinhart & Winston，1979.